旅游大数据
挖掘理论、方法与应用

张传才　梁留科　苏小燕　等◎著

·北京·

图书在版编目（CIP）数据

旅游大数据挖掘理论、方法与应用 / 张传才等著. —北京: 科学技术文献出版社，2023.11
ISBN 978-7-5189-8412-1

Ⅰ.①旅⋯ Ⅱ.①张⋯ Ⅲ.①旅游业—数据采掘—研究 ②旅游业—数据处理—研究 Ⅳ.① F590

中国版本图书馆 CIP 数据核字（2021）第 197941 号

旅游大数据挖掘理论、方法与应用

| 策划编辑：郝迎聪 | 责任编辑：赵 斌 | 责任校对：王瑞瑞 | 责任出版：张志平 |

出 版 者　科学技术文献出版社
地　　址　北京市复兴路15号　邮编 100038
出 版 部　(010) 58882941，58882087（传真）
发 行 部　(010) 58882868，58882870（传真）
邮 购 部　(010) 58882873
官 方 网 址　www.stdp.com.cn
发 行 者　科学技术文献出版社发行　全国各地新华书店经销
印 刷 者　北京九州迅驰传媒文化有限公司
版　　次　2023 年 11 月第 1 版　2023 年 11 月第 1 次印刷
开　　本　787×1092　1/16
字　　数　422千
印　　张　19.5
书　　号　ISBN 978-7-5189-8412-1
定　　价　68.00元

版权所有　违法必究

购买本社图书，凡字迹不清、缺页、倒页、脱页者，本社发行部负责调换

前　言

旅游大数据研究是传统旅游信息化的延续，涉及旅游、经济、计算机、数学、管理等多个学科，旅游大数据研究内容涉及面广泛，涵盖专业领域众多。旅游大数据挖掘的内容和方法非常多，但已有研究成果比较分散，没有系统阐述旅游大数据挖掘理论、方法和应用的论著。鉴于此，作者根据多年旅游大数据研究积淀，撰写本书，期望推动旅游大数据挖掘研究的系统化。本书首先阐述了旅游大数据挖掘的发展目标、理论与技术体系、意义与作用和应用方向，以及旅游大数据的定义、特征和类型；随后系统阐述了旅游大数据挖掘的基础理论，以及旅游大数据采集与处理；最后从旅游客源地聚类挖掘、旅游景区关联挖掘、游客情感文本挖掘、旅游客流与关注度相关性挖掘，以及区域旅游大数据综合挖掘应用5个方面展开研究。本书内容较丰富，但仍然不能涵盖旅游大数据挖掘的全部。谨以此书抛砖引玉，期待更多的学者深入开展旅游大数据挖掘研究。

本书得到以下基金项目的资助：大数据驱动河南省旅游业高质量发展研究（中国工程科技发展战略河南研究院"2020年战略咨询研究项目"，编号：2020HENZT05）；河南省高等学校重点科研项目，编号：20A170012；河南省高校科技创新人才项目，编号：19HASTIT030；国家自然科学基金面上项目，编号：42071198；河南省重点研发与推广专项科技攻关项目，编号：212102310433。本书还得到以下学科平台的资助：旅游管理河南省特色骨干学科——旅游管理学科；河南省旅游公共服务大数据产业技术研究院。

特别感谢洛阳师范学院、河南省旅游公共服务大数据产业技术研究院的研究人员杨康老师、刘亚静老师，以及洛阳师范学院国土与旅游学院的马艳艳老师、郭珂老师、范会珍老师，感谢他们在数据处理、资料收集等方面的辛苦努力。

第 1、第 2 章由张传才、梁留科完成；第 3、第 4、第 6、第 7、第 8 章由张传才完成；第 5 章由张传才、梁留科、马艳艳、刘亚静完成；第 9 章由张传才、梁留科、杨康、苏小燕、马艳艳、郭珂完成；第 10 章由张传才完成；附表由张传才、马艳艳、郭珂、刘亚静完成。

张传才
2023 年 7 月 1 日于洛阳

目 录

第1章　绪论 ·· 1
 1.1　旅游大数据挖掘概述 ·· 1
 1.2　旅游大数据挖掘的发展目标 ·· 3
 1.3　旅游大数据挖掘的理论体系 ·· 4
 1.4　旅游大数据挖掘的技术体系 ·· 4
 1.5　旅游大数据挖掘的意义与作用 ··· 4
 1.6　旅游大数据挖掘的应用方向 ·· 5
 1.7　旅游大数据挖掘应用的技术路线 ·· 5
 1.8　小结 ·· 6
 参考文献 ·· 7

第2章　旅游大数据概述 ·· 9
 2.1　大数据的定义、特征与内涵 ·· 9
 2.2　旅游大数据的定义、形成与特征 ·· 11
 2.3　旅游大数据的类型 ··· 13
 2.4　小结 ··· 13
 参考文献 ·· 14

第3章　旅游大数据挖掘的基础理论 ··· 16
 3.1　大数据挖掘概述 ·· 16
 3.2　大数据挖掘的数据处理 ·· 19
 3.3　旅游大数据挖掘的定义、特点与任务 ·· 21
 3.4　旅游大数据挖掘的方法 ·· 22
 3.5　旅游大数据伦理与治理 ·· 28
 3.6　小结 ··· 30
 参考文献 ·· 30

第4章 旅游大数据采集与处理······34

- 4.1 旅游大数据的来源······34
- 4.2 旅游大数据的加工与清洗······35
- 4.3 小结······36
- 参考文献······36

第5章 旅游客源地聚类挖掘······39

- 5.1 数据聚类的概述······39
- 5.2 数据聚类算法······43
- 5.3 数据聚类技术······45
- 5.4 客源地聚类概述······46
- 5.5 旅游客源地聚类研究方法······46
- 5.6 网络关注度与游客量时空特征分析······47
- 5.7 基于网络关注度与游客量的客源地聚类······48
- 5.8 小结······52
- 参考文献······53

第6章 旅游景区关联挖掘······56

- 6.1 关联挖掘算法原理······56
- 6.2 数据关联分析算法······60
- 6.3 数据关联分析技术······63
- 6.4 研究对象······64
- 6.5 数据获取与处理······64
- 6.6 关联规则挖掘······65
- 6.7 小结······110
- 参考文献······110

第7章 游客情感文本挖掘······112

- 7.1 文本挖掘的概述······112
- 7.2 文本挖掘技术······115
- 7.3 研究对象······116
- 7.4 景点评论文本采集与处理······116
- 7.5 情感文本分词······117
- 7.6 分词软件······119
- 7.7 情感挖掘······121
- 7.8 语义网络分析······139
- 7.9 小结······143
- 参考文献······144

第 8 章　旅游客流与关注度相关性挖掘 ··· 146
8.1　研究对象 ·· 146
8.2　相关性挖掘 ·· 146
8.3　小结 ··· 157
参考文献 ··· 157

第 9 章　区域旅游大数据综合挖掘应用——以洛阳为例 ····································· 159
9.1　研究区概述 ·· 159
9.2　游客特征挖掘 ·· 165
9.3　区域旅游特征挖掘 ·· 178
9.4　小结 ··· 187
参考文献 ··· 187

第 10 章　旅游大数据挖掘应用展望 ··· 191
10.1　旅游大数据挖掘应用存在的问题 ··· 191
10.2　应用趋势展望 ··· 191
10.3　小结 ·· 192

附表　关联规则研究结果 ··· 193

图目录

图1-1　旅游大数据挖掘应用技术路线 ·· 6
图5-1　基于RapidMiner的K-Means聚类模型构建 ······················· 46
图5-2　旅游客源地聚类建模 ·· 49
图5-3　基于2018年来洛住宿游客量和网络关注度的中国各地级市客源市场聚类 ········ 50
图5-4　基于2019年来洛住宿游客量和网络关注度的中国各地级市客源市场聚类 ········ 50
图6-1　RapidMiner中的FP-Growth关联分析 ································ 63
图6-2　景区关联规则挖掘模型 ··· 66
图6-3　少林寺相关景区关联规则（筛选标准1） ····························· 71
图6-4　少林寺相关景区关联规则（筛选标准2） ····························· 71
图6-5　少林寺相关景区关联规则（筛选标准3） ····························· 72
图6-6　与龙门石窟相关的景区关联规则 ······································· 75
图6-7　与云台山相关的景区关联规则 ·· 80
图6-8　与清明上河园相关的景区关联规则 ···································· 86
图6-9　与红旗渠相关的景区关联规则 ·· 90
图6-10　与芒砀山相关的景区关联规则 ·· 96
图6-11　与龙潭大峡谷相关的景区关联规则 ·································· 98
图6-12　与鸡冠洞相关的景区关联规则 ·· 102
图6-13　与殷墟相关的景区关联规则 ··· 108
图7-1　文本挖掘界面 ·· 116
图7-2　洛阳著名景点的语义网络 ·· 140
图7-3　开封著名景点的语义网络 ·· 140
图7-4　郑州著名景点的语义网络 ·· 141
图7-5　焦作著名景点的语义网络 ·· 142
图7-6　西安著名景点的语义网络 ·· 142
图7-7　南京著名景点的语义网络 ·· 143
图8-1　河南省各地级市的客流量和5A景区网络关注度间的关联矩阵 ········ 148
图8-2　导入旅游因子数据 ··· 149
图8-3　设计视图 ·· 149

图8-4	生成关联矩阵结果	150
图8-5	2016年游客量与洛阳旅游代表关键词百度指数间的相关性	151
图8-6	2017年游客量与洛阳旅游代表关键词百度指数间的相关性	152
图8-7	2018年游客量与洛阳旅游代表关键词百度指数间的相关性	152
图8-8	2019年游客量与洛阳旅游代表关键词百度指数间的相关性	152
图9-1	2019年境外地区来洛游客人次变化	165
图9-2	2016—2020年来洛游客接待量年度变化	166
图9-3	2016—2020年全国客源占比	166
图9-4	2016—2020年全省客源占比	167
图9-5	2016—2020年全省客源人数变化	167
图9-6	2015—2019年来洛游客户籍占比统计	168
图9-7	2015—2019年来洛游客年龄占比统计	169
图9-8	2015—2019年游客来洛次数占比统计	170
图9-9	2015—2019年游客对洛了解途径占比统计	171
图9-10	2015—2019年来洛游客交通出行占比统计	173
图9-11	2015—2019年来洛游客旅游结伴方式占比统计	174
图9-12	2015—2019年来洛游客不同结伴方式TGI	175
图9-13	2015—2019年游客对洛旅游满意度分布	177
图9-14	2015—2019年游客对洛旅游满意度年度提升率	178
图9-15	2019年年票刷卡月度变化	180
图9-16	2020年年票刷卡月度变化	181
图9-17	2020年各景点年票刷卡数量	181
图9-18	2018—2019年各县区客流量与旅游收入变化	182
图9-19	2019—2020年全国来洛车辆分析	183
图9-20	2019—2020年全国来洛车辆类型对比	184
图9-21	2019年河南省内各地级市来洛车辆对比	184
图9-22	2020年河南省内各地级市来洛车辆对比	184

表目录

表4-1　2018年全国各地级市对洛阳5A景区的网络关注度及来洛游客量……35
表5-1　2018年洛阳5A景区网络关注度与来洛住宿游客量的客源地聚类结果……49
表6-1　游客到达景区示例数据（一）……64
表6-2　游客到达景区示例数据（二）……67
表6-3　到少林寺的游客到达景区关联频繁项结果……69
表6-4　到少林寺的游客到达景区关联规则结果（详见附表1-1）……69
表6-5　到龙门石窟的游客到达景区关联频繁项结果……73
表6-6　到龙门石窟的游客到达景区关联规则结果（详见附表1-2）……73
表6-7　到云台山的游客到达景区关联频繁项结果（详见附表1-3）……77
表6-8　到云台山的游客到达景区关联规则结果（详见附表1-4）……78
表6-9　到清明上河园的游客到达景区关联频繁项结果（详见附表1-5）……83
表6-10　到清明上河园的游客到达景区关联规则结果（详见附表1-6）……84
表6-11　到红旗渠的游客到达景区关联频繁项结果（详见附表1-7）……86
表6-12　到红旗渠的游客到达景区关联规则结果（详见附表1-8）……88
表6-13　到芒砀山的游客到达景区关联频繁项结果……94
表6-14　到芒砀山的游客到达景区关联规则结果……94
表6-15　到龙潭大峡谷的游客到达景区关联频繁项结果……97
表6-16　到龙潭大峡谷的游客到达景区关联规则结果……98
表6-17　到鸡冠洞的游客到达景区关联频繁项结果……99
表6-18　到鸡冠洞的游客到达景区关联规则结果（详见附表1-9）……101
表6-19　到殷墟的游客到达景区关联频繁项结果……106
表6-20　到殷墟的游客到达景区关联规则结果……107
表7-1　洛阳著名景点情感整体分析结果……122
表7-2　龙门石窟、龙门海洋馆详细情感分析结果……122
表7-3　中国国花园、丽景门景区详细情感分析结果……123
表7-4　洛阳博物馆、隋唐城遗址植物园详细情感分析结果……123
表7-5　重渡沟、龙潭大峡谷详细情感分析结果……124
表7-6　鸡冠洞、老君山景区详细情感分析结果……125

表7-7	天子驾六博物馆、关林庙详细情感分析结果	125
表7-8	开封著名景点情感整体分析结果	126
表7-9	开封府、开封包公祠详细情感分析结果	126
表7-10	龙亭公园、大相国寺详细情感分析结果	127
表7-11	铁塔、天波杨府详细情感分析结果	127
表7-12	包公湖详细情感分析结果	128
表7-13	郑州著名景点情感整体分析结果	128
表7-14	郑州市动物园、中国绿化博览园详细情感分析结果	129
表7-15	郑州海洋馆、郑州园博园详细情感分析结果	129
表7-16	郑州黄河文化公园、河南博物院详细情感分析结果	130
表7-17	少林寺、康百万庄园详细情感分析结果	130
表7-18	焦作著名景点情感整体分析结果	131
表7-19	云台山、青天河详细情感分析结果	131
表7-20	神农山详细情感分析结果	132
表7-21	西安著名景点情感整体分析结果	132
表7-22	西安城墙、西安鼓楼详细情感分析结果	133
表7-23	西安碑林博物馆、西安钟楼详细情感分析结果	134
表7-24	西安半坡博物馆、华清宫详细情感分析结果	134
表7-25	秦始皇帝陵博物院兵马俑、大唐芙蓉园详细情感分析结果	135
表7-26	骊山、陕西历史博物馆详细情感分析结果	135
表7-27	秦岭野生动物园、大唐不夜城详细情感分析结果	136
表7-28	牛首山文化旅游区、夫子庙秦淮风光带详细情感分析结果	137
表7-29	瞻园、阅江楼详细情感分析结果	137
表7-30	红山森林动物园、大报恩寺遗址公园详细情感分析结果	138
表7-31	中国科举博物馆江南贡院详细情感分析结果	138
表8-1	2016年洛阳旅游搜索关键词与游客量的网络关注度的关联矩阵	153
表8-2	2017年洛阳旅游搜索关键词与游客量的网络关注度的关联矩阵	154
表8-3	2018年洛阳旅游搜索关键词与游客量的网络关注度的关联矩阵	155
表8-4	2019年洛阳旅游搜索关键词与游客量的网络关注度的关联矩阵	156
表9-1	洛阳5A及4A以上的景区汇总	161
表9-2	洛阳市现有博物馆种类名录	162
表9-3	洛阳核心旅游景区分布	162
表9-4	2015—2019年游客年龄比例	168
表9-5	2015—2019年游客来洛次数比例	170
表9-6	2015—2019年游客对洛了解途径比例	171
表9-7	2015—2019年来洛游客交通出行比例	173
表9-8	2015—2019年游客对洛旅游满意度情况	176
表9-9	5A景区分类	179
表9-10	4A景区分类	179

表9-11	2006—2018年年票销售	180
表9-12	2018年和2019年各县区客流量与旅游收入	182
表9-13	景区与酒店舆情榜单	185
表9-14	旅行社与文旅政务舆情榜单	186
附表1-1	到少林寺的游客到达景区关联规则结果	193
附表1-2	到龙门石窟的游客到达景区关联规则结果	196
附表1-3	到云台山的游客到达景区关联频繁项结果	198
附表1-4	到云台山的游客到达景区关联规则结果	201
附表1-5	到清明上河园的游客到达景区关联频繁项结果	232
附表1-6	到清明上河园的游客到达景区关联规则结果	233
附表1-7	到红旗渠的游客到达景区关联频繁项结果	254
附表1-8	到红旗渠的游客到达景区关联规则结果	258
附表1-9	到鸡冠洞的游客到达景区关联规则结果	292

第1章 绪论

1.1 旅游大数据挖掘概述

1.1.1 旅游大数据的发展

随着生活水平的提高，有了一定经济基础的人们，对精神文化生活有了更高的要求，对旅游也有了更高的需求。同时，生活节奏的加快、工作压力的增大，人们在闲暇之余更渴望外出旅游放松身心。根据文化和旅游部发布的 2021 年度国内旅游数据情况，2021 年国内旅游总人次达 32.46 亿，恢复到 2019 年的 54.0%，根据国家统计局发布的《中华人民共和国 2022 年国民经济和社会发展统计公报》，全年国内游客 25.3 亿人次，比上年下降 22.1%，但是，在 2022 年触底后，2023 年国内旅游市场复苏按下"加速键"。中国旅游研究院发布的《2022 年中国旅游经济运行分析与 2023 年发展预测》（以下简称"报告"）指出，2022 年旅游市场景气下探，波动筑底，旅游消费呈现"时间前移、空间就近、结构分散"的特征。同时，中国旅游研究院预计 2023 年国内旅游人数约 45.5 亿人次，同比增长约 80%，约恢复至 2019 年的 76%。疫情之后，随着消费者消费习惯的改变，国内旅游市场也将迎来新趋势，在以跨省游为主流的同时，本地游、短途游将依旧受到人们的青睐。

随着移动互联网、物联网、5G 技术、大数据、人工智能和短视频技术的快速发展，旅游业迅速融合这些高新技术，产生了大量旅游数据，包括游客自主生成的游记、旅游照片和旅游短视频，旅游相关设备生成的游客位置、游客轨迹和手机信令数据，也包括旅游服务机构和涉旅企业产生的游客消费数据、浏览数据、企业报表，还包括科学研究机构产生的模拟数据，等等。这些多种类型的海量旅游数据构成了旅游大数据。

基于旅游大数据分析，可以为游客提供更全面详细的旅游出行信息，可以让政府和涉旅企业更准确地掌握旅游者对旅游服务的口碑评价和情感评价，以便改进旅游服务；同时促进了旅游大数据的应用，进而促进旅游大数据研究的发展，反过来激发旅游大数据技术的快速发展。大数据技术的快速发展极大地推动了旅游业的深刻变革和快速发展。

大数据的"大"，不仅是数据量庞大，也在于数据种类的齐全。基于旅游大数据可以进行游客属性分析、游客行为分析、旅游景区或目的地的特征和偏好度分析、景区或旅游目的地流量准确预测预警等。通过旅游大数据分析，能够有效推动旅游服务、旅游营销、旅游管理的变革，促进旅游的智慧化发展。旅游大数据可以促进旅游管理、游客服务和旅游营销的智慧化。首先，在旅游管理方面，国内各大电信运营商、互联网公司和导航定位手机APP服务提供商等可以通过手机蜂窝定位和GNSS定位服务，实现对景区及重点区域内的游客、人流、车流密度的监测预警，同时，基于网络文本数据的挖掘，实现对旅游目的地、热点景区的舆情监测及预警。其次，在游客服务方面，基于对旅游产品与旅游线路的数据挖掘分析，可以实现对游客旅游资讯的精准推送。最后，在旅游营销方面，通过对不同用户属性信息及用户兴趣偏好等数据的挖掘分析实现旅游目的地的精准营销。

随着大数据技术的发展，大数据在各个行业的应用也变得十分广泛，并且出现了专门提供大数据服务的数据平台、相关机构和各类单位，可以对不同的机构进行以下分类：①提供数据的机构，如通信运营商、BAT、OTA、微博、今日头条、喜马拉雅等。②提供数据集成能力的机构，如IT集成商，即某些专门进行大数据平台和SaaS服务开发运营的机构，如海鳗云、酷旅等。③文化和旅游行业的咨询机构，如旅游规划公司、文化和旅游相关资讯公司、传媒机构等。④高校和科研机构，一方面作为人才培养机构，进行旅游、大数据相关课程开发；另一方面作为研究和服务机构，开展文化和旅游业社会服务工作。

大数据在旅游行业的应用主要体现在管理、服务和营销3个维度。大数据使旅游管理呈现出智慧化的趋势，基于对大数据的运用，可以实时对旅游业的发展过程进行监控、舆情分析，以便及时发现问题并解决问题，降低旅游业内的管理成本。在服务方面，大数据使得旅游行业的服务更加人性化、便捷化、个性化，基于对不同游客的偏好相关分析，旅游从业者能够更加清楚旅游者的消费特征，提供个性化、人性化的高端服务；同时，大数据也使服务更加智能化、便捷化。在营销方面，大数据可以基于不同游客特性进行精准营销，营销的所有环节理论上都能够被数字化，从而为传统营销向智慧营销转变提供数据基础支撑。

旅游大数据是一个综合性的数据。从微观层面来看，旅游大数据包括交通大数据、住宿业大数据、景区行业大数据、旅游服务大数据、OTA在线预订数据、运营商数据、UGC数据和银联消费数据等。旅游大数据在交通、酒店、景区、旅行社、OTA在线预定等领域都有广泛应用。

1.1.2 旅游大数据挖掘的发展

数据挖掘是指通过算法搜索隐藏于大量数据中重要信息的过程。数据挖掘通常与计算机科学有关，并通过统计、在线分析处理、情报检索、机器学习、专家系统（依靠过去的经验法则）和模式识别等诸多方法来实现目标。数据挖掘是人工智能和数据库领域的热点研究问题，所谓数据挖掘是指从数据库的大量数据中揭示出隐含的、先前未知的并有潜在价值信息的非平凡过程。数据挖掘是一种决策支持过程，它主要基于人工智能、机器学习、模式识别、统计学、数据库、可视化技术等，高度自动化分析企业的数据，做出归纳性推理，从中挖掘出潜在模式，帮助决策者调整市场策略，减少风险，做出正确的决策。数据挖掘的类型包括关联分析、聚类分析、分类分析、异常分析、特异群组分析和演变分析等。目前，数据挖掘的算法主要包括神经网络法、决策树法、遗传算法、粗糙集法、模糊集法、关联规则法等。数据挖掘分为有指导的数据挖掘和无指导的数据挖掘。

旅游大数据挖掘是指从存储的旅游大数据中自动发现有价值的信息和知识的过程。数据挖掘与传统数据分析的本质区别在于数据挖掘是在没有明确假设的前提下去挖掘信息、发现知识的。在旅游大数据的应用研究和实践中，常用的旅游大数据挖掘方法主要有四类：回归分析、关联分析、聚类分析和分类分析。具体来说，旅游大数据的挖掘主要包括景区关联挖掘、游客情感文本挖掘、客源地聚类挖掘、游客行为特征挖掘、区域旅游特征挖掘、客流与关注度相关性挖掘和基于旅游照片的旅游流信息挖掘等。近年来对游客情感文本挖掘研究较多，促进了对旅游体验分析、舆情监测的研究。对基于旅游大数据的客流预测、游客行为特征挖掘研究也有促进作用。在景区关联挖掘、客源地聚类挖掘、客流与关注度相关性挖掘等方面研究偏少。

回归分析可用于客流预测，例如，想通过旅游搜索大数据对景区客流量进行预测，就可以通过建立景区搜索大数据与历史客流量的回归函数，从而对未来客流量进行预测。关联分析可用于景区关联分析和目的地关联分析，通过关联分析发现游客偏好的关联性，为旅游目的地推荐提供依据。聚类分析应用范围很广，如游客市场细分、热门景点提取、游客情绪分析等。旅游大数据为机器学习在旅游行业的应用提供了基础，使其在旅游推荐、旅游营销、旅游需求预测等方面都有应用。文本挖掘可以实现对游客的情绪和网络舆情分析。网络挖掘可以提高游客对旅游信息的搜索质量。

1.2 旅游大数据挖掘的发展目标

旅游大数据挖掘的最终目标是通过挖掘隐藏于旅游大数据中的信息，使其更好、更智慧地服务于旅游发展。旅游大数据挖掘的具体目标是在全面建立旅游大数据资源库的基础上，综合运用旅游大数据挖掘来实现精准的客流预测、深入的游客情感分析、准确及时的旅游舆情监控、准确的游客偏好分析、准确的景区关联分析等，以便实现旅游监管的智能化，旅游服务的人性化、智慧化以及旅游营销的精准化。

1.3 旅游大数据挖掘的理论体系

旅游大数据是一门综合性学科，涉及多门基础理论和新兴学科。旅游大数据挖掘以旅游学、大数据、计算机和数学为理论基础。严格意义上讲，旅游大数据挖掘目前还没有形成严谨的、完整的理论体系。本书结合现有研究，初步阐述了旅游大数据挖掘的理论体系。旅游大数据挖掘涉及3个方面的理论：一是旅游大数据的采集相关理论；二是旅游大数据的存储与处理相关理论；三是旅游大数据的分析相关理论。旅游大数据采集的相关理论主要包括自动控制理论、移动通信理论、计算机网络理论、物联网相关理论等重要组成部分。旅游大数据的存储与处理相关理论主要包括大数据相关理论、云计算相关理论。旅游大数据的分析相关理论主要涉及数学的数据统计、计算机的挖掘分析以及人工智能等相关理论。此外，旅游大数据挖掘还涉及旅游学对应的社会科学相关理论。因此，旅游大数据挖掘理论是一个庞大的理论体系。

1.4 旅游大数据挖掘的技术体系

旅游大数据挖掘还是一门技术，并形成了一个技术体系，涉及大数据技术、机器学习技术、数理统计技术、神经网络技术、数据库技术、模式识别技术、粗糙集技术、模糊集技术等。大数据需要特殊的技术，主要包括大规模并行处理（MPP）数据库、数据挖掘网络、分布式文件系统、分布式数据库、云计算平台、互联网和可扩展的存储系统。大数据技术分为整体技术和关键技术。整体技术主要有数据采集、数据存取、基础架构、数据处理、统计分析、数据挖掘、模型预测和结果呈现等。关键技术一般包括大数据采集、大数据预处理、大数据存储及管理、大数据分析及挖掘、大数据展现和应用（大数据检索、大数据可视化、大数据应用、大数据安全等）。

机器学习是人工智能的一个核心研究领域。机器学习是一种利用系统本身进行自我改进的过程，在这个过程中计算机程序的性能随着经验的积累而不断提高。机器学习不但是人工智能发展的重要标志，也是计算机获取知识的重要途径，它是一门研究怎样用计算机来模拟或实现人类学习活动的学科。半监督学习、迁移学习、概率图模型和集成学习等技术尤为重要。人工智能的关键技术是模式识别，而且在当今有着广泛的应用。模式识别主要有文字识别、语音识别和图像识别。

1.5 旅游大数据挖掘的意义与作用

在旅游火热的大背景下，旅游业仍然存在很多问题，如旅游客流预测不准确、游客旅游体验差、旅游服务不到位、旅游营销不精准等。而旅游大数据中蕴含了大量的有用信息，可以用于智慧旅游的发展，以辅助解决旅游中存在的各种问题。具体来说，利用旅游大数据挖掘可以准确进行客流预测，以提高游客的旅游体验；可以准确分析游客的旅游体验和旅游情感，以便于旅游景区改进服务质量；可以准确分析游客的行为偏好，以便于进行精准旅游营销。总之，旅游大数据挖掘可以挖掘出旅游大数据中有价值的信息和知识用于旅游的发展，使旅游真正走向智慧化。

1.6 旅游大数据挖掘的应用方向

旅游大数据挖掘包括多个应用方向，如旅游消费行为挖掘、旅游目标市场挖掘，进而实现旅游营销推广分析，也可以更好地服务于旅游行政监管。通过旅游大数据挖掘还可实现旅游舆情应急管理、旅游客流统计与预测。

旅游消费行为挖掘包括游客基本属性分析、游客客源地分析、游客的消费行为分析、游客消费偏好分析。旅游目标市场挖掘通过旅游大数据挖掘潜在的游客、旅游目标市场需求、旅游目标市场规模以及旅游目标市场竞争情况等。舆情分析是以舆情监测采集数据为基础，运用统计学、传播学、心理学等多种方法从不同维度，如情感、主题、时间及网友观点等，对数据进行深层次加工和分析研判，并最终得出舆情结论的过程。舆情分析主要包括情感分析、热词分析、传播分析和话题聚类。旅游舆情分析依赖以下3个要素：主题、声量、情绪。传统的旅游客流预测主要基于经验或者宏观的方法，预测的结果往往与实际的客流偏差较大，从而造成管理与服务的诸多问题。近年来频繁出现在热门景区的节假日客流超过预期而造成的超载、拥堵以及冲突等安全问题，有的甚至上升至突发公共事件，给旅游安全、旅游体验以及旅游业都带来了不良的经济和社会影响；另外，旅游淡季又会造成旅游资源过度浪费，成本居高不下等问题。因此，基于旅游大数据的实时性中短期预测，将为目的地及景区等的客流管理提供较好的决策支持。基于旅游大数据的客流预测方法主要包括线性回归、马尔可夫分析、多项式回归、灰色预测、多元回归和ARIMA预测。

1.7 旅游大数据挖掘应用的技术路线

旅游大数据挖掘应用十分广泛，内容涉及诸多方面。本书阐述了一个旅游大数据挖掘应用的框架和多个应用案例。本研究旅游大数据挖掘应用的技术路线如图1-1所示。

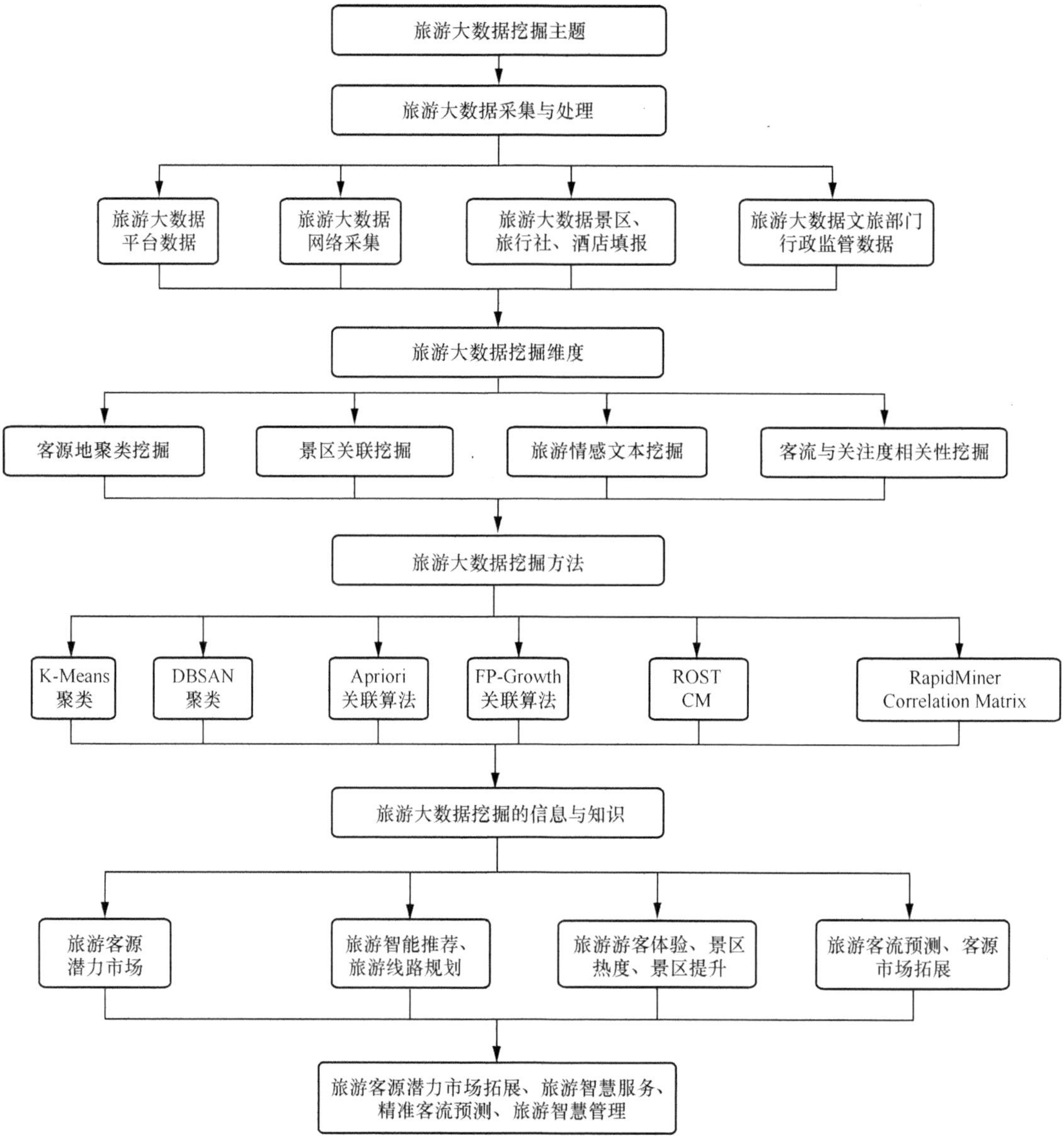

图 1-1 旅游大数据挖掘应用技术路线

1.8 小结

本章总体阐述了旅游大数据的发展、旅游大数据挖掘的发展目标、旅游大数据挖掘的理论体系、旅游大数据挖掘的技术体系、旅游大数据挖掘的意义和作用、旅游大数据挖掘的应用方向、旅游大数据挖掘应用的技术路线等方面。通过阅读本章，读者可以对旅游大数据挖掘有一个整体的认知。

参考文献

[1] 陈璐. 基于智慧旅游的目的地旅游管理体系分析[J]. 经济学, 2022, 5(2): 58-60.

[2] 刘逸, 陈海龙. 旅游危机管理中的大数据应用[J]. 旅游学刊, 2022, 37(7): 6-8.

[3] PENG P. Study on the characteristics of special cultural tourism securing and enhancing operations based on big data[J]. Advances in data science and adaptive analysis, 2022.

[4] 陆保一, 韦俊峰, 明庆忠, 等. 基于知识图谱的中国旅游大数据应用研究进展[J]. 经济地理, 2022, 42(1): 11.

[5] 方叶林, 黄震方, 李经龙, 等. 中国市域旅游流网络结构空间分异及其效应研究: 基于携程旅行网的大数据挖掘[J]. 自然资源学报, 2022, 37(1): 13.

[6] 刘俊, 杨璐瑜, 王胜宏, 等. 气候变化与登山旅游: 基于游客大数据的分析与模拟[J]. 旅游学刊, 2022, 37(9): 141-154.

[7] 马斌斌, 陈兴鹏, 陈芳婷. 基于社交大数据的敦煌旅游流多尺度时空分异特征[J]. 经济地理, 2021, 41(3): 202-212.

[8] 张坤, 苏欣蕾, 苏凯红, 等. 基于POI大数据的京津冀旅游资源空间分异研究[J]. 地域研究与开发, 2021, 40(1): 7.

[9] 程雪兰, 方叶林, 苏雪晴, 等. 中国东部沿海5大城市群旅游流网络结构空间分布特征研究[J]. 地理科学进展, 2021, 40(6): 10.

[10] 刘培学, 朱知沛, 张捷, 等. 旅游在线搜索与客流波动的动态关联研究: 以南京钟山风景名胜区为例[J]. 旅游学刊, 2021, 36(11): 11.

[11] 蒋志平, 孙显超, 郑文斌. 基于移动通信大数据的旅游统计体系构建[J]. 统计与决策, 2021(21): 6.

[12] LIU L. Visualized analysis of tourism big data based on real-time analysis and complexity measurement[C]//6th International Conference on Inventive Computation Technologies(ICICT), Hawaii, 2021.

[13] SU A. Tourism marketing innovation management model based on big Data[J]. Journal of physics: conference series, 2021, 1744(4): 042141.

[14] 王海江, 苏景轩, 苗长虹, 等. 中国中心城市旅游出行的空间分布规律与结构图谱研究[J]. 地理科学, 2021, 41(11): 10.

[15] 宋廷山, 郭思亮. 旅游客流大数据统计模型构建与验证[J]. 统计与决策, 2020(24): 4.

[16] 张坤, 李春林, 张津沂. 基于图片大数据的入境游客感知和行为演变研究: 以北京市为例[J]. 旅游学刊, 2020, 35(8): 10.

[17] IORIO C, PANDOLFO G, D'AMBROSIO A, et al. Mining big data in tourism[J]. Quality & quantity, 2020, 54(2).

[18] 李君轶, 朱函杰, 付利利. 基于大数据的西安市国内游客情感体验时空变化研究[J]. 干旱区地理, 2020, 43(4): 10.

[19] 龙睿. 基于人工智能的电商大数据分类与挖掘算法[J]. 现代电子技术, 2020, 43(14): 4.

[20] 王海江, 苏景轩, 李欣欣, 等. 旅游线路的空间集聚与中国旅游地理分区方案[J]. 经济地理, 2020, 40(9): 9.

[21] 杨柳, 张星, 邓春林, 等. 基于舆情大数据的境外旅游影响因素的灰色关联分析模型[J]. 湘潭大学自然科学学报, 2020, 42(2): 18-27.

[22] 戢晓峰, 戈艺澄, 陈方. 基于公路交通流大数据的节假日旅游流时空分异特征: 以云南省2017年7个节假日为例[J]. 旅游学刊, 2019(6): 37-47.

[23] 湛研. 智慧旅游目的地的大数据运用:体验升级与服务升级[J]. 旅游学刊, 2019, 34(8): 3.

[24] 顾秋实, 张海平, 陈旻, 等. 基于手机信令数据的南京市旅游客源地网络层级结构及区域分异研究[J]. 地理科学, 2019, 39(11): 10.

[25] LI Q, LI S, ZHANG S, et al. A review of text corpus-based tourism big data mining[J]. Applied sciences, 2019, 9(16): 3300.

[26] LIU X, LIU L, ZOU J, et al. Research on scenic spots recommendation algorithm based on tourism big data[C]//4th International Conference on Mechanical, Control and Computer Engineering (ICMCCE), 2019.

[27] 闫闪闪, 靳诚. 基于多源数据的市域旅游流空间网络结构特征: 以洛阳市为例[J]. 地理科学, 2019, 39(10): 10.

[28] 郭向阳, 穆学青, 明庆忠, 等. Spatial coupling between rapid traffic superiority degree and tourist flow intensity in tourist destinations[J]. 地理研究, 2019, 38(5): 1119-1135.

[29] 曹小曙, 刘丹. 大数据视角下中国城市旅游交通满意度的空间分异特征及影响因素[J]. 热带地理, 2018, 38(6): 771-780.

[30] 韩冬, 黄丽华. 基于旅游数字足迹的旅游流网络结构研究: 以内蒙古自治区为例[J]. 干旱区资源与环境, 2018, 32(3): 6.

[31] 陈晓艳, 张子昂, 胡小海, 等. 微博签到大数据中旅游景区客流波动特征分析: 以南京市钟山风景名胜区为例[J]. 经济地理, 2018(9): 9.

[32] BIN C, GU T, SUN Y, et al. Personalized POIs travel route recommendation system based on tourism big data[C]//Pacific Rim International Conference on Artificial Intelligence, Springer, Cham, 2018.

[33] 黎巎, 张俊刚, 张璐, 等. 旅游大数据应用与实践[M]. 北京: 中国旅游出版社, 2021.

[34] 戴斌, 唐晓云. 旅游大数据理论、技术与应用[M]. 北京: 高等教育出版社, 2022.

[35] 王国栋. 旅游大数据及其应用[M]. 北京: 旅游教育出版社, 2022.

[36] 邓宁, 牛宇. 旅游大数据:理论与应用[M]. 北京: 旅游教育出版社, 2019.

第 2 章 旅游大数据概述

2.1 大数据的定义、特征与内涵

2.1.1 大数据的定义

大数据或称巨量资料,是指所涉及的资料量规模巨大到无法透过主流软件工具在合理时间内达到撷取、管理、处理并整理成为帮助企业经营决策的资讯。对于"大数据",研究机构 Gartner 给出了这样的定义:需要新处理模式才能具有更强的决策力、洞察发现力和流程优化能力来适应海量、高增长率和多样化的信息资产。

麦肯锡全球研究所给出的定义:一种规模大到在获取、存储、管理、分析方面大大超出了传统数据库软件工具能力范围的数据集合,具有海量的数据规模、快速的数据流转、多样的数据类型和低价值密度四大特征。

从数据的类别上看,"大数据"指的是无法使用传统流程或工具处理或分析的信息。它定义了那些超出正常处理范围和大小、迫使用户采用非传统处理方法的数据集。

大数据技术的战略意义不在于掌握庞大的数据信息,而在于对这些含有意义的数据进行专业化处理。换而言之,如果把大数据比作一种产业,那么这种产业实现盈利的关键在于提高对数据的"加工能力",通过"加工"实现数据的"增值"。

从技术上看,大数据与云计算的关系就像一枚硬币的正反面一样密不可分。大数据无法用单台的计算机进行处理,大数据运算必须采用分布式架构的服务器。它的特色在于对海量数据进行分布式数据存储。大数据挖掘必须依托云计算的分布式处理、分布式数据库和云存储、虚拟化技术。

随着云时代的来临,大数据也吸引了越来越多的关注。分析师团队认为,大数据通常用来形容一个公司创造的大量非结构化和半结构化数据,这些数据在下载到关系型数据库用于分析时会花费过多时间和金钱。大数据分析常和云计算联系到一起,因为实时的大型数据集分析需要像 MapReduce 一样的框架来向数十、数百甚至数千台电脑分配工作。

大数据需要特殊的技术,以有效地处理大量的容忍经过时间内的数据。适用于大数据的技术,包括大规模并行处理(MPP)数据库、数据挖掘网络、分布式文件系统、分布式数据库、云计算平台、互联网和可扩展的存储系统。

2.1.2 大数据的特征

大数据特征为类型繁多、价值密度相对较低、处理速度快、时效性要求高。大数据特征可总结为以下4个方面。

(1) 海量性

大数据的规模一直是一个不断变化的指标,单一数据集的规模范围可以从几十TB到数PB不等,庞大的数据规模就是其显而易见的特征。随着信息技术的发展及互联网规模的不断扩大,每个人的生活都被记录在了大数据之中,由此数据本身也呈爆发性增长。大数据的计量单位也逐渐发展,现如今已达到EB级。1 EB=1024 PB,1 PB=1024 TB,1 TB=1024 GB,1 EB需要几十万台服务器,数据量十分庞大。

(2) 高速性

高速性指数据被创建和移动的速度。在高速网络时代,通过基于实现软件性能优化的高速电脑处理器和服务器创建实时数据流成为趋势。企业需要了解如何快速创建数据并快速处理、分析后返回给用户。

(3) 多样性

新型多结构数据导致了数据多样性的增加,包括了网络日志、社交媒体、手机通话记录、互联网搜索及传感器网络等数据类型。

(4) 易变性

因大数据具有多层结构会呈现出多变的形式和类型。相比传统的业务数据,大数据有不规则和模糊不清的特性,很难甚至不能使用传统的应用软件来分析。随着时间的演变,传统业务数据已拥有标准的格式,能够被标准的商务智能软件识别。目前,处理并从各种形式呈现的复杂数据中挖掘价值,成为企业面临的挑战。

2.1.3 大数据的内涵

(1) 大数据技术

大数据技术是指从各种各样类型的大数据中,快速获得有价值信息的技术,包括数据采集、存储、管理、分析挖掘、可视化等技术及其集成。

(2) 大数据应用

大数据应用是指对特定的大数据集合,集成应用大数据技术,获得有价值信息的行为。对于不同领域、不同企业的不同业务,甚至同一领域、不同企业的相同业务来说,由于其业务需求、数据集合和分析挖掘目标存在差异,所运用的大数据技术和大数据信息系统也可能有着相当大的不同。唯有坚持"对象、技术、应用"三位一体同步发展,才能充分实现大数据的价值。

大数据重要的不是如何定义,而是如何使用。最大的挑战在于哪些技术能更好地使用数据以及大数据的应用情况如何。与传统的数据库相比,开源的大数据分析工具(如

Hadoop），这些非结构化的数据服务的价值在哪里？

（3）大数据分类

①传统企业数据，包括CRMsystems的消费者数据、传统的ERP数据、库存数据以及账目数据等；②机器和传感器数据，包括呼叫记录、智能仪表、工业设备传感器、设备日志、交易数据等；③社交数据，包括用户行为记录、反馈数据等，如Twitter、Facebook这样的社交媒体平台产生的数据。

（4）大数据挖掘实现商业价值的方法

①客户群体细分，然后为每个群体定制特别的服务；②模拟现实环境，发掘新需求的同时提高投资的回报率；③加强部门联系，提高整条管理和产业链的效率；④降低服务成本，发现隐藏线索进行产品和服务的创新。

2.2 旅游大数据的定义、形成与特征

2.2.1 旅游大数据的定义

旅游业涉及的行业非常多，如交通、住宿、餐饮、文化和房地产等领域，产业综合程度十分高。旅游涉及信息高度密集，游客、管理者、运营者等行业参与者都处于一种高度活跃的数据生产状态，数据生产量巨大。旅游涉及的行业数据和外围数据构成了一个庞大的数据集合，包括结构化数据和非结构化位置数据、文本数据、图片数据、影像数据、地图数据、视频和音频数据等多源异构数据。因此，旅游大数据的定义：旅游行业涉及的交通、住宿、餐饮、文化和房地产等领域生产的一种规模大到在获取、存储、管理、分析方面远超传统数据库软件工具能力范围的包括结构化数据和非结构化位置数据、文本数据、图片数据、影像数据、地图数据、视频和音频数据等多源异构数据的数据集合，具有海量的数据规模、快速的数据流转、多样的数据类型和低价值密度四大特征。

旅游大数据是指旅游行业的从业者及消费者所产生的数据，包括景区、酒店、旅行社、导游、游客、旅游企业等产生的管理或业务数据、旅游行业基础资源信息、互联网数据、旅游宏观经济数据、旅游气象环保数据、交通数据、网络舆情数据等，其中游客的数据最重要，应用价值最大。

2.2.2 旅游大数据的形成

（1）旅游大数据采集

高效采集大量多元异构旅游大数据，整合各类异构涉旅数据资源，建立旅游大数据资源库。

（2）旅游大数据存储、管理和处理

通过旅游大数据共享交换技术，建立统一的公共数据共享开发平台，实现智慧旅游与智慧城市的数据共享与交换体系。

(3)旅游大数据分析和挖掘

构建多层次、立体化、可视化、智能化的数据挖掘与深度应用系统,提升旅游管理、服务、营销等智慧能力。

(4)旅游大数据呈现和应用

提升旅游管理部门和涉旅企业大数据应用能力,为游客、导游、旅行社、景区、管理部门提供相应的数据应用服务。旅游大数据平台数据分析面对游客、景区、旅行社、管理部门的应用如下。

面对游客:①旅游资讯信息查询;②智能导游、导览;③点评与投诉;④旅游活动推荐;⑤旅游产品预订;⑥景区周边服务等。

面对景区、旅行社:①产品信息、活动信息发布;②游客消费及行为分析;③实时流量监控和客流预测;④接待统计、客源地统计等;⑤旅游舆情分析;⑥拥堵预警、灾害预警;⑦实现旅游行业市场精准营销;⑧改善旅游行业服务水平。目前很多景区已经在数据采集和数据分析方面进行了探索,并且已经尝到了大数据给景区带来的甜头,但是目前大部分景区在大数据理解和运用方面仍然比较浅,只有通过打通景区内的智能设备和信息化软件,统一数据接口,才能促成大数据的形成,并通过数据科学地指导景区经营决策。例如,梦旅程智慧旅游云计算系统通过打通票务系统、停车系统和与其相关的智能设备,获取景区相关经营数据,通过数据采集、处理、分析,指导景区提升管理水平。

面对管理部门:①旅游信息、政策发布;②旅游行业资源基本信息库管理;③监控游客数量及趋势数据;④游客目的地及行为数据分析;⑤游客消费行为数据分析;⑥旅游舆情分析;⑦提升旅游企业服务质量数据;⑧实现旅游行业精准管理;⑨旅游宏观数据分析及预测。

2.2.3 旅游大数据的特征

旅游大数据除具有大数据的特征之外,还具有自己的特征,具体如下。

(1)多源异构性

旅游大数据涵盖多学科,涉及多个领域的结构化数据和非结构化数据。结构化数据指的是像社会经济统计数据等一样的以二维表形式保存的数据,非结构化数据包括旅游网络评论文本数据、旅游图片数据以及旅游视频数据等。因此,旅游大数据具有多源异构性。

(2)时空特征

旅游活动具有明显的时空特征,即旅游活动一定是在一定的时间和空间内完成,是在某一个时间段游客从客源地出发到达旅游目的地进行旅游行为的过程。因此,旅游大数据也具有明显的时空特征。

(3)周期性

旅游活动通常根据节假日和季节特点具有明显的波动,一般在假期具有较高的旅游客流,也伴随着产生周期性的数据。

2.3 旅游大数据的类型

2.3.1 按研究对象分类

以旅游学"三要素"（主体：旅游者；客体：旅游消费对象；媒体：旅游企业和旅游经营者）之说为基础，衍生出旅游学研究对象。李开、李云霞的《基础旅游学》以旅游者、旅游业、旅游资源，以及旅游对旅游目的地经济、社会及环境等方面的影响这四者作为研究对象。

基于旅游"三要素"，旅游大数据可以分为游客数据、旅游目的地数据和旅游运行数据。基于李开的旅游研究对象分类方法，旅游大数据可以分为旅游者信息数据、旅游业数据、旅游资源数据和旅游影响数据。

2.3.2 按数据源类型分类

旅游数据来源于以下几个方面：第一，来源于旅游者的出行轨迹、旅游消费、游客画像等旅游者自身的数据；第二，来源于旅游运行部门的运行数据；第三，来源于旅游目的地的资源情况等数据；第四，来源于旅游线上活动数据，包括旅游订票、旅游评论、旅游游记以及旅游博客等数据。

2.3.3 按结构化程度分类

根据结构化程度，旅游数据可以分为旅游结构化数据、旅游半结构化数据和旅游非结构化数据。旅游结构化数据包括旅游的收入、门票、接待人数等，旅游非结构化数据包括旅游图片、旅游视频等。

2.4 小结

本章对旅游大数据的定义、形成、特征和类型进行了详细的阐述，给出了旅游大数据较为详细的定义：旅游大数据是旅游行业涉及的交通、住宿、餐饮、文化和房地产等领域生产的一种规模大到在获取、存储、管理、分析方面远超传统数据库软件工具能力范围的包括结构化数据和非结构化位置数据、文本数据、图片数据、影像数据、地图数据、视频和音频数据等多源异构数据的数据集合，具有海量的数据规模、快速的数据流转、多样的数据类型和低价值密度四大特征。本章根据不同的对象，详细阐述了旅游大数据的定义、形成和特征，根据不同的标准对旅游大数据进行了类型划分。

参考文献

[1] KIBRIA M G, NGUYEN K, VILLARDI G P, et al. Big data analytics, machine learning, and artificial intelligence in next-generation wireless networks[J]. IEEE access, 2018: 1.

[2] FAN J, SUN Q, ZHOU W X, et al. Principal component analysis for big data[J]. American cancer society, 2018(1). arXiv: 1801.01602v1.

[3] MIFTACHUL H, ANDINO M, PARDIMIN A, et al. Big data emerging technology: insights into innovative environment for online learning resources[J]. International journal of emerging technologies in learning, 2018, 13(1): 23.

[4] SISAY W, HUNT A. Big data in smart farming[J]. 2018.

[5] WANG Y C, YI C, KUNG L A, et al. Big data analytics: understanding its capabilities and potential benefits for healthcare organizations[J].Technological forecasting and social change, 2018(1): 3-13.

[6] XU W, ZHOU H, CHENG N, et al. Internet of vehicles in big data era[J]. IEEE/CAA journal of automatica sinica, 2018, 5(1): 19-35.

[7] GIANNONE D, LENZA M, PRIMICERI G E. Economic predictions with big data: the illusion of sparsity[J]. Staff reports, 2018(4): 1-27.

[8] ZHANG Q, YANG L T, CHEN Z, et al. A survey on deep learning for big data[J]. Information fusion, 2018, 42: 146-157.

[9] IORIO C, PANDOLFO G, D'AMBROSIO A, et al. Mining big data in tourism[J]. Quality & quantity, 2020, 54(2): 1655-1669.

[10] 曹小曙, 刘丹.大数据视角下中国城市旅游交通满意度的空间分异特征及影响因素[J].热带地理, 2018, 38(6): 771-780.

[11] LIU X, LIU L, ZOU J, et al. Research on scenic spots recommendation algorithm based on tourism big data[C]//4th International Conference on Mechanical, Control and Computer Engineering (ICMCCE), 2019.

[12] LI Q, LI S, ZHANG S, et al. A review of text corpus-based tourism big data mining[J]. Applied Sciences, 2019, 9(16): 3300.

[13] 陈忱, 谢子龙.交旅融合大数据服务及资源研究[J]. 软件, 2019, 40(12): 215-217.

[14] BIN C, GU T, SUN Y, et al. Personalized POIs travel route recommendation system based on tourism big data[C]//Pacific Rim International Conference on Artificial Intelligence, Springer, Cham, 2018.

[15] SU A. Tourism marketing innovation management model based on big data[J]. Journal of physics: conference series, 2021, 1744(4): 042141.

[16] PENG P. Study on the characteristics of special cultural tourism securing and enhancing operations based on big data[J]. Advances in data science and adaptive analysis, 2022.

[17] LIU L. Visualized analysis of tourism big data based on real-time analysis and complexity measurement[C]//2021 6th International Conference on Inventive Computation Technologies (ICICT), 2021.

[18] 刘培学, 朱知沛, 张捷, 等. 旅游在线搜索与客流波动的动态关联研究: 以南京钟山风景名胜区为例[J]. 旅游学刊, 2021, 36(11): 11.

[19] 张坤, 李春林, 张津沂. 基于图片大数据的入境游客感知和行为演变研究: 以北京市为例[J]. 旅游学刊, 2020, 35(8): 10.

[20] 顾秋实, 张海平, 陈旻, 等. 基于手机信令数据的南京市旅游客源地网络层级结构及区域分异研究[J]. 地理科学, 2019, 39(11): 10.

[21] 韩冬, 黄丽华. 基于旅游数字足迹的旅游流网络结构研究: 以内蒙古自治区为例[J]. 干旱区资源与环境, 2018, 32(3): 6.

[22] 任宇杰, 马坤, 唐晓岚, 等. 基于LBSN大数据的旅游目的地类簇选点及热度分析[J]. 科技通报, 2019(1): 7.

[23] 刘逸, 陈海龙. 旅游危机管理中的大数据应用[J]. 旅游学刊, 2022, 37(7): 6-8.

[24] 蒋志平, 孙显超, 郑文斌. 基于移动通信大数据的旅游统计体系构建[J]. 统计与决策, 2021(21): 6.

[25] 陈璐. 基于智慧旅游的目的地旅游管理体系分析[J]. 经济学, 2022, 5(2): 58-60.

[26] 陆保一, 韦俊峰, 明庆忠, 等. 基于知识图谱的中国旅游大数据应用研究进展[J]. 经济地理, 2022, 42(1): 11.

第 3 章 旅游大数据挖掘的基础理论

3.1 大数据挖掘概述

3.1.1 大数据挖掘的定义

数据挖掘是指通过算法从大量的数据中搜索隐藏其中信息的过程。数据挖掘通常与计算机科学有关，需要通过统计、在线分析处理、情报检索、机器学习、专家系统（依靠过去的经验法则）和模式识别等诸多方法来实现上述目标。

数据挖掘是人工智能和数据库领域的热点研究问题，所谓数据挖掘是指从数据库的大量数据中揭示出隐含的、先前未知的并有潜在价值的信息的非平凡过程。数据挖掘是一种决策支持过程，它主要基于人工智能、机器学习、模式识别、统计学、数据库、可视化技术等，高度自动化地分析企业的数据，做出归纳性推理，从中挖掘出潜在的模式，帮助决策者调整市场策略，减少风险，做出正确的决策。知识发现过程由以下 3 个阶段组成：①数据准备；②数据挖掘；③结果表达和解释。数据挖掘可以与用户或知识库交互。

数据挖掘是通过分析每个数据，从大量数据中寻找其规律的技术，主要有数据准备、规律寻找和规律表示 3 个步骤。数据准备是从相关的数据源中选取所需的数据并整合成用于数据挖掘的数据集；规律寻找是用某种方法将数据集所隐含的规律找出来；规律表示是尽可能以用户可理解的方式（如可视化）将找出的规律表示出来。

近年来，数据挖掘引起了信息产业界的极大关注，主要原因是存在大量数据可以广泛使用，信息产业迫切需要将这些数据转换成有用的信息和知识。获取的信息和知识可以广泛用于各种领域，包括商务管理、生产控制、市场分析、工程设计和科学探索等。数据挖掘利用了来自如下一些领域的思想：①统计学的抽样、估计和假设检验；②人工智能、模式识别和机器学习的搜索算法、建模技术和学习理论。数据挖掘也迅速地接纳了来自其他领域的思想，这些领域包括最优化思想、进化计算、信息论、信号处理、可视化和信息检索。一些其他领域也起到重要的支撑作用，特别是数据库系统提供的有效存储、索引和查询处理支持。源于高性能（并行）计算的技术在处理海量数据集方面常常是重要的。分布式技术也能帮助处理海量数据，尤其在数据不能集中到一起处理时。

3.1.2 大数据挖掘的特点

（1）基于大量数据

并非说数据量小就不可以进行挖掘，实际上大多数数据挖掘的算法都可以在小数据量上运行并得到结果。但是，一方面过小的数据量完全可以通过人工分析来总结规律；另一方面，小数据量常常无法反映出真实世界中的普遍特性。

（2）非平凡性

所谓非平凡，指的是挖掘出来的知识应该是不简单的，绝不能是类似某著名体育评论员所说的"经过我的计算，我发现了一个有趣的现象，到本场比赛结束为止，这届世界杯的进球数和失球数是一样的。非常的巧合！"那种知识。这点看起来毋庸赘言，但是很多不懂业务知识的数据挖掘新手却常常犯这种错误。

（3）隐含性

数据挖掘要发现深藏在数据内部的知识，而不是那些浮现在数据表面的信息。常用的BI工具，如报表和OLAP，完全可以让用户找出这些表面信息。

（4）新奇性

挖掘出来的知识应该是以前未知的，否则只不过是验证了业务专家的经验而已。只有全新的知识，才可以帮助企业获得进一步的洞察力。

（5）价值性

挖掘的结果必须能给企业带来直接的或间接的效益。有人说数据挖掘只是"屠龙之技"，看起来神乎其神，却什么用处也没有。这只是一种误解，不可否认的是在一些数据挖掘项目中，或者因为缺乏明确的业务目标，或者因为数据质量的不足，或者因为人们对改变业务流程的抵制，或者因为挖掘人员的经验不足，都会导致效果不佳甚至完全没有效果。但大量的成功案例也在证明，数据挖掘的确可以变成提升效益的利器。

3.1.3 大数据挖掘的任务

数据挖掘主要做什么？换而言之，数据挖掘主要解决什么问题呢？这些问题，可以归结为数据挖掘的基本任务。数据挖掘的基本任务包括分类与预测、聚类分析、关联规则、奇异值检测和智能推荐等。实际上对每个基本任务，可以看作数据挖掘所能解决问题的一种类型。通过完成这些任务，发现数据的价值，指导商业抉择，带来商业新价值。对于每个任务，可以从其定义、方法、评价和应用4个方面来认识。

分类与预测，一种基于类标号的学习方式，这种类标号若是离散的，属于分类问题；若是连续的，属于预测问题，或者称为回归问题。广义上说，不管是分类，还是回归，都可以看作一种预测，差异就是预测的结果是离散的还是连续的。

聚类分析，就是"物以类聚，人以群分"在原始数据集中的运用，目的是把原始数据聚成几类，从而使得类内相似度高，类间差异性大。

关联规则，数据挖掘可以用来发现规则，关联规则是一种非常重要的规则，即通过数据挖掘方法，发现事务数据背后所隐含的某一种或者多种关联，从而利用这些关联来指导商业决策和行为。

奇异值检测，根据一定的准则识别或者检测出数据集中的异常值，所谓异常值就是和数据集中的绝大多数数据表现不一致。

智能推荐，这是数据挖掘中一个很活跃的研究和应用领域，各大电商网站都会有各种形式的推荐，比方说同类用户所购买的产品、与你所购买产品相关联的产品等。

对于每一种基本任务，除了了解它们具体可以做什么，更重要的是要学习每一个任务有哪些行之有效的方法。举个例子来说，分类与预测，常用的方法有决策树、神经网络、最近邻、朴素贝叶斯、支持向量机、随机森林等，因而对于这些典型的方法，其具体原理是什么？怎么使用？各自有着什么样的特点？都应该深入理解。接下来就是针对特定数据挖掘问题，思考其属于哪一种类型的任务，然后根据任务的具体特点选择合适的方法来处理，并且对基于各种方法所建立的数据挖掘模型要进行客观评估，以选择最佳模型。

3.1.4 大数据挖掘的方法

在大数据环境下，面对商业价值高、价值密度低的大数据集，大数据挖掘增加了一项任务，即特异群组分析。大数据挖掘涉及的相关内容包括数据预处理、关联规则挖掘、分类、聚类、异常检测、演变分析、特异群组分析以及各种应用场景。

数据挖掘分为有指导的数据挖掘和无指导的数据挖掘。有指导的数据挖掘是利用可用的数据建立一个模型，这个模型是对一个特定属性的描述。无指导的数据挖掘是在所有属性中寻找某种关系。具体而言，分类、估值和预测属于有指导的数据挖掘；关联规则和聚类属于无指导的数据挖掘。

（1）分类

首先从数据中选出已经分好类的训练集，在该训练集上运用数据挖掘技术建立一个分类模型，再使用该模型将没有分类的数据分类。

（2）估值

估值与分类类似，但估值最终的输出结果是连续型的数值，估值的量并非预先确定。估值可以作为分类的准备工作。

（3）预测

通过分类或估值的训练得出一个模型，如果对于检验样本组而言该模型具有较高的准确率，可将该模型用于对新样本的未知变量进行预测。

（4）关联规则

关联规则的目的是发现哪些事情总是一起发生。关联规则是反映一个事物与其他事物之间的相互依存性和关联性，是数据挖掘的一个重要技术，用于从大量数据中挖掘出有价值的数据项之间的相关关系。简单的理解就是从数据集中寻找物品之间的隐含关系，这种关系并没有在数据中直接表示出来。

（5）聚类

聚类是自动寻找并建立分组规则的方法，通过判断样本之间的相似性，把相似样本划分在一个簇中。

3.2 大数据挖掘的数据处理

数据预处理是指对数据进行数据挖掘的主要处理以前，先对原始数据进行的采样、清洗、集成、转换、规约、特征选择和提取等一系列处理工作，以达到挖掘算法进行知识获取研究所要求的最低规范和标准。

数据挖掘的对象是从现实世界采集到的各式各样的大量数据。现实中产生的数据样式五花八门，不确定性、多样性和复杂性并存，导致采集的原始数据比较散乱，这些数据不符合挖掘算法进行知识获取研究所要求的规范和标准。数据不规范和不标准具体包括：

（1）数据不完整

数据不完整是指在数据采集和记录过程中的数据丢失和不确定性问题导致缺少必要的数据。数据缺失的原因很多，包括人为漏录、设备故障、无意删除和理解错误等。

（2）统计标准不一致

数据的生产渠道多样，往往来自不同的系统、部门、行业。各个渠道生产的数据的统计标准不一样，统计单位不同也会导致统计数据杂乱。

（3）噪声

噪声指的是数据具有不正确的属性值，包含错误或存在明显偏差的数值。产生噪声的原因很多，包括设备故障、人为录入错误以及数据传输中产生的错误等。

3.2.1 大数据挖掘的算法

目前，数据挖掘的算法主要包括神经网络法、决策树法、遗传算法、粗糙集法、模糊集法、关联规则法等。

（1）神经网络法

神经网络法是模拟生物神经系统的结构和功能，是一种通过训练来学习的非线性预测模型，它将每一个连接看作一个处理单元，试图模拟人脑神经元的功能，可完成分类、聚类、特征挖掘等多种数据挖掘任务。神经网络的学习方法主要表现在权值的修改上。其优点是抗干扰、非线性学习、具有联想记忆功能，且针对复杂情况能得到精确的预测结果。缺点首先是不适合处理高维变量，不能观察中间的学习过程，具有"黑箱"性，输出结果也难以解释；其次是需较长的学习时间。神经网络法主要应用于数据挖掘的聚类技术中。

（2）决策树法

决策树是根据对目标变量产生效用的不同而建构分类的规则，通过一系列的规则对数据进行分类的过程，其表现形式是类似于树形结构的流程图。最典型的算法是 J. R. Quinlan 于 1986 年提出的 ID3 算法，之后在 ID3 算法的基础上又提出了极其流行的 C4.5 算法。采用决策树法的优点是决策制定的过程是可见的，不需要长时间构造过程，描述简单，易于理解，分类速度快；缺点是很难基于多个变量组合发现规则。决策树法擅长处理非数值型数据，而且特别适合大规模的数据处理。决策树提供了一种展示类似在什么条件下会得到什么值这类规则的方法。例如，在贷款申请中，要对申请的风险大小做出判断。

（3）遗传算法

遗传算法模拟了自然选择和遗传中发生的繁殖、交配和基因突变现象，是一种采用遗传结合、遗传交叉变异及自然选择等操作来生成实现规则的、基于进化理论的机器学习方法。它的基本观点是"适者生存"原理，具有隐含并行性、易于和其他模型结合等性质。主要优点是可以处理许多数据类型，同时可以并行处理各种数据；缺点是需要的参数太多，编码困难，一般计算量比较大。遗传算法常用于优化神经网络，能够解决其他技术难以解决的问题。

（4）粗糙集法

粗糙集法也称粗糙集理论，是由波兰数学家Z. Pawlak在20世纪80年代初提出的，是一种新的处理含糊、不精确、不完备问题的数学工具，可以处理数据约简、数据相关性发现、数据意义评估等问题。优点是算法简单，在处理过程中可以不需要关于数据的先验知识，可以自动找出问题的内在规律；缺点是难以直接处理连续的属性，须先进行属性的离散化。因此，连续属性的离散化问题是制约粗糙集理论实用化的难点。粗糙集理论主要应用于近似推理、数字逻辑分析和化简、建立预测模型等问题。

（5）模糊集法

模糊集法利用模糊集合理论对问题进行模糊评判、模糊决策、模糊模式识别和模糊聚类分析。模糊集合理论用隶属度来描述模糊事物的属性。系统的复杂性越高，模糊性就越强。

（6）关联规则法

关联规则反映了事物之间的相互依赖性或关联性。最著名的算法是R. Agrawal等人提出的Apriori算法。该算法的思想是：首先找出频繁性至少和预定意义的最小支持度一样的所有频集，然后由频集产生强关联规则。最小支持度和最小可信度是为了发现有意义的关联规则给定的2个阈值。在这个意义上，数据挖掘的目的就是从源数据库中挖掘出满足最小支持度和最小可信度的关联规则。

3.2.2 大数据挖掘的可视化

可视化是利用计算机图形学和图像处理技术，将数据转换成图形或图像在屏幕上显示出来，并利用数据分析和开发工具发现其中的未知信息，并进行交互处理的理论、方法和技术。通过可视化（图表等）工具展现挖掘结果。在碎片化时代，用户每天面对海量的信息，可视化数据结果可以让用户更加直观地了解和记住相关结果和知识。

旅游行业数据可视化的方法和技术发展的速度不容小觑，它使大数据处理和分析形成了一个从数据整合、分析、挖掘到展示的完整闭环。数据可视化是对大型数据库或数据仓库中数据的可视化，这是可视化技术在非空间数据领域的应用，不再局限于通过关系数据表来观察和分析数据信息，还能以更直观的方式看到数据及其结构关系，最直白的解释就是用图和表来呈现数据的结果。它的起点来自独立的关系型数据库，经过数据整合之后形成统一的、多源的数据存储系统，再根据用户的需求，重新取出若干数据子集，或构造多维立方体进行联机分析，或通过数据挖掘发现隐藏的规律和趋势。如果挖掘的结果经得起现实的检验，那就形成了新的知识，这种知识还可以通过数据可视化表达、展示和传递。

数据经过一系列的清洗、分析处理之后，如何以合适的方式表达出来才有它独特的意义。数据展现就是以更直观和互动的方式把分析结果展示出来，便于人们理解，被理解才能被使用，这样一系列的大数据处理才能变得有意义。大数据的分析系统必须提供数据来源、分析过程、查询机制等一系列的信息，最终以图表、文字等可视化的方式呈现在我们眼前。

3.3 旅游大数据挖掘的定义、特点与任务

3.3.1 旅游大数据挖掘的定义

根据大数据挖掘的定义和旅游大数据的概念与内涵，可将旅游大数据挖掘定义为：综合运用数理统计、在线分析、情报检索、机器学习、专家系统、模式识别和人工智能等诸多方法从旅游行业运行、旅游环境、游客画像和旅游舆情等方面的超大规模数据集合中挖掘隐藏的旅游信息的过程。隐藏旅游信息可用于提高旅游规划决策水平，改善景区运营管理水平，提升旅游精准营销水平，提升游客旅游体验，最终促进智慧旅游的发展。

3.3.2 旅游大数据挖掘的特点

旅游大数据挖掘具有大数据挖掘的共性特征，即从海量数据中抽取信息，挖掘出的信息是隐含的深层知识或规律，且具有未知性，挖掘的信息具有较高的价值。

此外，旅游大数据挖掘还具有自身的特点。旅游大数据挖掘具有跨领域综合性，挖掘中需要综合多源异构数据，并且互相佐证。旅游大数据挖掘涉及的数据具有时空特征和周期特征，影响因素众多，因此旅游大数据挖掘的难度非常大。

3.3.3 旅游大数据挖掘的任务

旅游大数据挖掘的任务涵盖旅游现状特征分析、旅游预测预警、旅游智慧服务、旅游智慧营销等多个方面的信息挖掘。旅游大数据挖掘的基本任务主要包括：发现旅游行业运行的规律与问题；对游客进行精准画像和分类，进而实现智能旅游推荐；发展游客对旅游的需求变化，改善旅游体验；挖掘追踪旅游模式发展变化，提供旅游战略调整决策信息支撑。

具体而言，旅游大数据的挖掘聚焦以下 3 个层面。

（1）挖掘旅游活动信息

通过分析游客浏览旅游网站的日志，利用数据挖掘技术发现用户常见的浏览行为，或通过游客游记、评论等内容中涉及的旅游活动安排，掌握游客感兴趣的旅游目标和信息。针对这些内容的数据挖掘可帮助旅游企业和管理部门进一步优化旅游产品的线路组合策略，提升旅游管理服务，甚至发现新的旅游项目与旅游目的地。例如，通过数据挖掘分析发现，某游客在浏览张家界国家森林公园网页信息的同时，浏览了凤凰古城网页信息，由此可以得知，该游客在游玩张家界国家森林公园之后继续游玩凤凰古城的概率很大，反之也成立。因此，旅游管理部门可以在两个景区之间增加旅游大巴，或者在张家界国家森林公园网页中推荐凤凰古城。

针对客户的旅游爱好与需求可提供个性化的旅游建议和旅游线路，协助客户做出相应的旅游计划。例如，携程等在线旅游企业开发的定制旅游服务，通过分析客户提交的个人信息，根据客户特征来推荐（或者说定制）更适合、更舒适的旅游线路。

（2）挖掘潜在旅游市场

通过旅游数据挖掘能够获得潜在的旅游客户，主要采用数据聚类与分析方法。对于新的游客，通过对游客的访问记录进行聚类与分析，识别潜在的旅游客户，向其推荐感兴趣的旅游动态。例如，用户虽然并未明确浏览过旅游网站信息，但经常浏览非登录地的住宿信息，则该用户很可能是位经常出差的商务人士，可以在住宿页面推荐当地特色休闲旅游动态。

大数据可以针对特定旅游产品做出需求预测，使企业管理者掌握和了解旅游行业潜在的市场需求，把握未来一段时间每个细分市场的产品销售量和产品价格走势等，从而使企业能够通过价格的杠杆来调节市场的供需平衡，并针对不同的细分市场来实行动态定价和差别定价。此外，通过定位到的潜在旅游市场群体，旅游营销可以更加准确地定位到那些已经搜索和预订的旅行者细分市场，将营销嵌入整个旅行环节内部并实现精准营销。

（3）挖掘旅游的满意度

微博、微信、论坛、评论板等平台随处可见网友在旅游目的地的游玩点评，点评内容涉及住宿、餐饮、景区景点、服务人员、休闲设施等各个方面。通过收集网上旅游行业的评论数据，建立网评大数据库，利用分词、聚类、情感分析了解消费者的消费行为、价值取向、新消费需求和企业产品质量问题，改进和创新产品，量化产品价值，制定合理的价格，提高服务质量，从而获取更大的收益。

3.4 旅游大数据挖掘的方法

3.4.1 旅游大数据挖掘数据处理

（1）旅游大数据的来源

旅游大数据是智慧旅游建设实施的基础。旅游大数据的来源主要有两个：①企业内部获取的各类数据。其中包括了用户在与企业互动过程中的交易、评价、轨迹、调研等数据，以及企业的管理营销等数据。②外部数据。企业可以通过购买的方式从第三方机构获取相关数据。另外，企业也可以通过数据软件采集的方式获得相关旅游数据，如利用相关的数据爬取软件和数据拥有方提供的API接口来进行数据采集。其中常用的数据采集软件有火车采集器、网络矿工采集器等。

（2）数据采集的渠道

数据采集的来源渠道较多：①公众Wi-Fi是性价比较高的游客信息采集渠道，能获取游客的手机号码、游客微调研问卷以及了解游客的具体位置数据。②旅游一卡通是最佳游客行为数据采集渠道，能够获取游客旅游消费清单数据、旅游消费轨迹数据。③旅游手机应用是高性价比的游客行为采集渠道，能获取游客信息关注行为数据，采集游客旅行轨迹数据以及游客满意度调研与反馈数据。④旅游资讯网是采集潜在消费者信息的渠道，可采集消费者旅游信息关注数据、旅游网络营销效果评估数据以及智慧化的旅游信息服务数据。⑤旅游呼叫中心是采集高价值游客信息的渠道，可采集游客需求数据、旅游CRM维护平台数据等。⑥在线旅游企业的用户使用数据是比较热门的渠道，如携程、去哪儿、途牛等在线OTA（在线旅游代理商）类企业，此类企业的网站积累了大量的用户数据，包括酒店、机票、景区门票、旅行社的交易数据。⑦智慧旅游类系统或平台数据，即城市、景区、酒店、旅行社等信息库统计和记录，可通过这些智慧数据库收集到具体的运营和监管数据，包括旅游出入境及本地游客数量、海陆空各交通枢纽游客流量、饭店入住人数、景区入园人数、各旅游景区游客分布与拥挤状况、旅游经济与环境现状等特征数据。

（3）数据整理分析

旅游作为一项经济、复杂、庞大的社会活动，旅游大数据庞大复杂且碎片化。每个旅游业者都会有自己的会员和消费数据记录，这些记录是大数据的基础信息，那么，如何在一堆数字和消费者行为中分析处理并得出结论呢？

①结构化数据分析。结构化数据是指在固定字段集合中存放的数据，如关系数据和电子表格数据，属于传统的数据技术。结构化数据的分析处理相对简单，如将现在的数字与上一年同期做比较，或直接计算占比等。

②非结构化数据分析。非结构化数据是指难以用数据库二维逻辑表现的数据，包括文本数据以及未标记的视频、音频和图像数据等。

处理非结构化旅游数据时，首先要看懂消费者行为，包括浏览、预订、出行等整个过程。现在很多游客会在OTA上比价和预订酒店，其搜索的关键词和浏览痕迹会体现在OTA的记录里，如果客人浏览过这家酒店的页面却跳转了，并未下单，则可以通过这个记录分析该客人不下单的原因；当这个客人通过价格、品牌、区域等关键词排序查找酒店信息后，其留下的浏览记录则可以统计出人们是价格敏感还是品牌敏感。此外针对互联网上的旅游评论，大数据还可采用非结构化的方式对评论内容的情感心理偏好等做出判断。

③半结构化数据则介于两者之间，是用标签和其他标志划分数据元素的数据，可扩展标记语言和超文本标记语言都属于半结构化数据。

3.4.2 旅游大数据挖掘服务

大数据是庞大复杂且碎片化的，无从处理和编辑，大数据分析的目的就是把隐藏在一大批看起来杂乱无章的数据中的信息集中、萃取和提炼出来，以便找出研究对象的内在规律。要快速挖掘出数据的价值，寻找到隐藏在沙子里的"金子"，第一步就是去除不需要的石头和沙砾，在大数据分析过程中，这个过程叫数据清洗，也可以理解为数据的预分析，这对数据挖掘的方向有重要影响。

数据挖掘可称为数据的知识发现，是从大量不完全的、模糊的、有噪声的随机数据中提取隐含的有价值的信息，并通过统计、在线分析处理、情报检索、机器学习、专家系统和模式识别等众多方法实现数据分析的目标，通常与计算机科学有关。它是一个基于机器学习、人工智能、数据库、模式识别等的决策支持过程，可以自动分析大量数据，做出归纳性推理，并从中挖掘出潜在模式，为用户提供决策性支持。

大数据挖掘技术主要包括关联分析、序列模式、分类、聚类、异常检测等。在旅游大数据挖掘分析应用中可以采用关联分析对旅游数据进行搜索，从中找出出现概率较高的模式，或者通过数据的聚类与分类，分析旅游数据的相似性，将相似的数据存放在一起，为决策者提供决策支持。

3.4.3 旅游数据分析库

将分析模型与结果保存起来，作为数据分析工具，便于开发人员快速地进行旅游数据挖掘应用。数据分析模型常作为数据分析的工具为开发人员所采用，通过合理的算法模型对数据进行分析后能快速地进行旅游数据挖掘。

旅游行业是高度复杂、高度关联的行业，旅游部门对大数据的分析内容包括旅游市场需求预测、旅游景区和旅游供应商销售预测、旅游产品优化、资源库存管理、多渠道市场营销方案优化、旅游税收流失分析等。旅游部门和企业需要对来自不同渠道的数据源进行整合分析，利用在线门户网站和旅游运营商的数据，使用不同参数提高销售和市场营销的有效性。

社交媒体上的非结构性数据是研究游客行为模式的最佳资料。社交媒体还提供了丰富的群体情感信息，帮助政府和企业分析市场趋势和游客偏好，提出细分市场的销售战略，识别未知的市场风险。

3.4.4 旅游大数据挖掘方法分类

旅游大数据挖掘方法是实现旅游大数据应用的重要技术，根据挖掘方法的原理可以将旅游大数据挖掘方法分为旅游数据挖掘、基于机器学习的旅游大数据挖掘、旅游大数据文本挖掘、旅游大数据网络挖掘、基于短视频的旅游推介和客流预测等。

（1）旅游数据挖掘

旅游数据挖掘是从存储的旅游大数据中自动发现有价值的信息和知识的过程。数据挖掘与传统的数据分析的本质区别在于数据挖掘是在没有明确假设的前提下去挖掘信息、发现知识。数据挖掘通常与计算机科学有关，通过统计、在线分析处理、情报检索、机器学习算法、专家系统和模式识别等诸多方法来实现上述目标。

（2）基于机器学习的旅游大数据挖掘

机器学习是专门研究计算机如何模拟人类的学习行为以获取新的知识和技能，重新组织已有的知识结构，不断完善自身性能的学科。机器学习从过去的数据中获取知识，并利用这些知识预测未来，最终实现人工智能。大数据为机器学习提供了充足的数据基础，使得机器学习可以更好地训练模型，实现人工智能。

旅游大数据的产生为机器学习在旅游行业的应用提供了基础机器学习，在旅游推荐、旅游营销、旅游需求预测等多个方面都有广泛应用。基于旅游大数据的机器学习训练，进而使机器学习能够实现自动旅游推荐，跳出旅游学者的人为认知，是更具有意义的一个研究工作和发展方向。基于旅游大数据训练的机器学习模型，可以在智慧旅游营销中发挥作用，也可以打破传统旅游研究人员关于旅游营销的框架和思路。基于旅游大数据的机器学习训练，在旅游需求预测当中更能发挥强大的作用，传统的旅游研究基于的数据是样本数据，旅游需求预测具有片面性，是在原有的禁锢之下开展的。基于旅游大数据训练的机器学习模型能够使得旅游需求预测更为全面、更为精准、更智能化和更智慧化。

（3）旅游大数据文本挖掘

文本挖掘是把非结构化数据转化为结构化数据，并对其进行分析的一种人工智能技术。文本挖掘和数据挖掘的不同之处在于预处理，数据挖掘主要是面向结构化数据，而文本挖掘则面向非结构化文本数据，所以说文本挖掘需要先进行预处理，将非结构化数据转换成结构化数据，进而运用机器学习等数据挖掘方法进行挖掘。因为缺乏机器可理解的语义，所以必须使用自然语言处理技术对文本进行特征标记，进而实现非结构化文本向结构化数据的转化。文本的预处理主要包括分词、去停用词、合并同类词和文本表示等。

旅游大数据文本挖掘主要是挖掘游客对旅游景区的评价以及旅游体验，进而实现情感分析，也可以通过对游客游记的文本挖掘，实现旅游线路提取、旅游流分析等，还可以通过对景区描述文本的挖掘，实现旅游推介等智慧化旅游服务。

（4）旅游大数据网络挖掘

网络挖掘是面向数据密集型WEB系统的数据分析技术。数据密集型WEB系统是一个包括网络连接、网络文本和访问日志等数据的网络数据库系统，是网络挖掘的目标。网络内容挖掘以网页的内容为目标，包括搜索引擎、信息检索、网络文本、分类网络、文本聚类、网络文本总结等技术。其中，搜索引擎技术指网页爬取、网页内容分析和链接分析、网络索引、网页排名搜索和查询网页处理等任务的综合技术；信息检索是指把信息按照一定的方式组织起来，并根据信息用户的需求找出有关信息的过程和技术。

通过旅游网络检索、旅游网络数据爬取可以进行旅游客流预测分析、在线旅游消费偏好分析、旅游出行规划分析、旅游信息获取方式分析等。

（5）基于短视频的旅游推介和客流预测

随着短视频的火热，短视频成为人们获取旅游信息的重要渠道。短视频对旅游景点的推介对游客出行具有重要的引导作用。短视频成为重要的挖掘旅游信息和知识的途径。旅游推介短视频对旅游客流的影响以及与旅游目的地的距离关系等都是重要的旅游视频大数据挖掘课题。

3.4.5 旅游大数据挖掘算法

旅游大数据挖掘算法主要涉及聚类算法、关联算法、分类算法、相关矩阵算法、网络挖掘算法以及文本挖掘算法等。其中，聚类算法涉及多种算法，本书中主要使用了K-Means聚类算法、DBSCAN聚类算法、FP-Growth关联算法、Apriori关联算法等。

3.4.6 常用挖掘工具

（1）SAS Enterprise Miner

SAS是全球最大的软件公司之一，是全球商业智能和分析软件的领袖。自1976年成立以来，公司收入和利润稳步提高，凭借雄厚的资源，公司在产品开发和客户支持方面不断取得新的成功。全球120个国家的50 000多家客户都在采用SAS解决方案，其中包括《财富》全球500强企业前100家企业中的93家。SAS通过三部分服务——软件及解决方案服务、咨询服务、培训及技术支持服务帮助客户洞察商机、成就变革、改善业绩。

SAS Enterprise Miner支持SAS统计模块，使之具有杰出的力量和影响，它还通过大量数据挖掘算法增强了那些模块。SAS使用它的SEMMA方法学以提供一个能支持包括关联、聚类、决策树、神经网络和统计回归在内的广阔范围的模型数据挖掘工具。

SAS Enterprise Miner是在数据挖掘市场上令人敬畏的竞争者。它的GUI界面是数据流驱动的，且它易于理解和使用。它允许分析者通过构造一个连接数据节点和处理节点的可视数据流图来建造一个模型。另外，此界面允许把处理节点直接插入数据流中。由于支持多种模型，所以SAS Enterprise Miner允许用户比较（评估）不同模型并利用评分节点选择最适合的模型。另外，SAS Enterprise Miner提供了一个能产生被任何SAS应用程序访问的评分模型的评分节点。

SAS Enterprise Miner能运行在客户端/服务器上或（计算机的外围设备）能独立运行的配置上。此外，在客户端/服务器模式下，SAS Enterprise Miner允许把服务器配置成一个数据服务器、计算服务器或两者的综合。SAS Enterprise Miner能在所有SAS支持的平台上运行。该结构支持胖客户机配置（要求客户机上的完全SAS许可证）以及瘦客户机（浏览器）版本。

（2）IBM SPSS Modeler

IBM SPSS Modeler是一组数据挖掘工具，能够使用业务专业知识快速开发预测模型并将其部署到业务运营中以改进决策制定。IBM SPSS Modeler围绕行业标准CRISP-DM模型设计，支持从数据到更好的业务结果的整个数据挖掘过程。

IBM SPSS Modeler提供了多种来自机器学习、人工智能和统计的建模方法。建模面板上可用的方法允许从数据中获取新信息并开发预测模型。每种方法都有一定的优势，最适合解决特定类型的问题。

IBM SPSS Modeler是用户在个人计算机上安装和运行的功能完整的产品版本。用户可以在本地模式下作为独立产品运行，或者在分布式模式下与 IBM SPSS Modeler Server 一起使用，以提高大型数据集的性能。

借助 IBM SPSS Modeler，用户无须编程即可快速直观地构建准确的预测模型。使用独特的可视化界面，用户可以轻松地将数据挖掘过程可视化。在产品中嵌入的高级分析的支持下，用户可以发现数据中隐藏的模式和趋势。用户也可以对结果进行建模并了解影响它们的因素，从而利用商机并降低风险。

（3）Python

Python 是由荷兰数学和计算机科学研究学会的吉多·范罗苏姆于 20 世纪 90 年代初设计，作为 ABC 语言的替代品。Python 提供了高效的高级数据结构，还能简单有效地面向对象编程。Python 语法和动态类型以及解释型语言的本质，使它成为多数平台上写脚本和快速开发应用的编程语言，随着版本的不断更新和语言新功能的添加，逐渐被用于独立的、大型项目的开发。

Python 在各种编程语言中比较适合新手学习，Python 解释器易于扩展，可以使用 C 语言或 C++（或者其他可以通过 C 调用的语言）扩展新的功能和数据类型。Python 也可用于可定制化软件中的扩展程序语言。Python 丰富的标准库提供了适用于各个主要系统平台的源码或机器码。

（4）WEKA

WEKA 的全名是怀卡托智能分析环境（Waikato Environment for Knowledge Analysis），是一款免费的、非商业化（与之对应的是 SPSS 公司商业数据挖掘产品 Clementine）的、基于 Java 环境下开源的机器学习以及数据挖掘软件。它和它的源代码可在其官方网站下载。有趣的是，该软件的缩写 WEKA 也是新西兰独有的一种鸟（新西兰秧鸡）的名字，而 WEKA 的主要开发者恰好同时来自新西兰的怀卡托大学。

WEKA 作为一个公开的数据挖掘工作平台，集合了大量能承担数据挖掘任务的机器学习算法，包括对数据进行预处理、分类、回归、聚类、关联规则以及在新的交互式界面上的可视化。如果想自己实现数据挖掘算法的话，可以参考 WEKA 的接口文档。在 WEKA 中集成自己的算法甚至借鉴它的方法自己实现可视化工具并不是件很困难的事情。

（5）KNIME

KNIME Analytics Platform 是面向数据驱动创新的领先开源解决方案，可帮助发现隐藏在数据中的潜力，挖掘新鲜见解或预测新的未来。

KNIME 由康斯坦茨大学的软件工程师们研发，与其他 BI 工具不同的是，KNIME 是开源的。用户只需下载、安装和运行，即可进行免费测试。我们的企业级开源平台部署速度快，易于扩展和直观学习。

KNIME Analytics Platform 拥有超过 1500 个模块、数百个可立即运行实例、全面的集成工具以及非常先进的高级算法，是所有数据科学家的理想工具箱。

KNIME 坚信该平台需要开源且"免费"。KNIME 平台深受用户的好评，它提供的模块化与便利的操作环境，可以用直观的方式整合、转换、分析大量数据。在生命科学领域中，KNIME 已经成为整合众多第三方软件不可或缺的工作流。

3.5 旅游大数据伦理与治理

3.5.1 大数据伦理

科技伦理是指科学技术创新与运用活动中的道德标准和行为准则,是一种观念与概念上的道德哲学思考。它规定了科学技术共同体应遵守的价值观、行为规范和社会责任范畴。人类科学技术的不断进步也带来了一些新的科技伦理问题,因此,只有不断丰富科技伦理这一基本概念的内涵,才能有效应对和处理新的伦理问题,提高科学技术行为的合法性和正当性,确保科学技术能够真正做到为人类谋福利。

大数据伦理问题就属于科技伦理的范畴,指的是由于大数据技术的产生和使用而引发的社会问题,是集体和人、人与人之间关系的行为准则问题。作为一种新的技术,大数据技术像其他所有技术一样,其本身是无所谓好坏的,而它的"善"与"恶"全然在于大数据技术的使用者想要通过大数据技术达到怎样的目的。一般而言,使用大数据技术的个人、公司都有着不同的目的和动机,导致了大数据技术的应用会产生积极或消极的影响。

3.5.2 旅游伦理与旅游大数据伦理

(1) 旅游伦理

旅游伦理是指人们在旅游活动中形成的,用于调节这一领域中各种道德关系的道德观念、道德原则和道德规范的总和。关于旅游伦理的含义,代表性的观点有以下几种:一是总和说,旅游伦理是人们在旅游活动中所应遵循的道德规范的总和;二是关系说,旅游伦理是伦理学的应用学科,是关于旅游者和旅游利益相关者的道德学说;三是行为活动评价说,广义的旅游伦理应包括一切可以进行善恶评价的旅游行为和旅游活动。事实上,3种观点异曲同工,都包含3层含义:一是关于旅游伦理的主体,即从事旅游活动的人;二是关涉旅游伦理的内容,即道德规范;三是关乎旅游伦理的实践,即"应遵循"和"可评价"。

旅游伦理是人们在旅游活动中所应遵循的道德规范的总和,通过调节旅游活动中人与人、人与社会、人与自然之间关系的意识和行为,指导、约束人们的旅游及与旅游相关的实践。旅游伦理学研究的核心问题就是旅游利益和旅游道德的关系问题,对旅游伦理规范问题的理解,应主要从个人伦理规范、企业伦理规范、政府伦理规范和社会伦理规范等4个层次来把握,旅游伦理思想必须坚持公平原则和效率性原则两大基本原则。

(2) 旅游大数据伦理

旅游大数据伦理指的是由于旅游大数据相关技术的产生、运用而引发的与旅游相关的社会问题,是旅游监管机构、旅行社、酒店、旅游运营企业、景区与旅游者之间的关系的行为准则问题。旅游大数据技术的运用可以实现旅游智能推荐,能够提高旅游服务的智慧化、智能化,同时会导致旅游杀熟问题、游客隐私泄露问题,这些问题都属于旅游大数据的伦理问题范畴。

旅游大数据通过收集处理旅游者的各类数据甚至敏感数据，包括旅游者的位置、兴趣偏好、购买记录、到访历史、旅行社的行为等来实现对旅游者的智能化、个性化旅游景点、旅游线路的推荐，这些有可能导致旅游数据安全问题、游客隐私泄露问题、游客信息过度采集问题、数据歧视问题、数据失信问题等。

3.5.3 旅游大数据伦理问题根源

旅游大数据伦理问题的根源主要包括技术性根源、主体性根源和社会性根源3个方面。技术性根源主要来源于大数据采集、数据清洗、数据处理和大数据安全。旅游大数据采集导致的伦理问题主要是受移动互联网和物联网的自动旅游数据采集导致的旅游者信息过度采集以及旅游者信息泄露、滥用和被盗用等。旅游大数据处理可以追溯到旅游者个人，导致了旅游者隐私保护措施的失效。旅游大数据安全受到黑客等的攻击也会导致旅游者信息丢失、泄露，进而带来旅游大数据的伦理问题。

旅游大数据的应用主体包括：旅游者个人、涉旅企业、涉旅研究机构、政府和国家等。每个主体在不同的角度、不同的层面对旅游大数据的应用需求不同，可能导致旅游者信息、旅游景区信息和涉旅企业信息的过度使用、信息泄露和信息安全等伦理问题。旅游大数据应用的伦理问题社会性根源主要是法律机制不健全、伦理规范不统一和社会监督机制缺失。

3.5.4 旅游大数据伦理治理

旅游大数据伦理治理在伦理治理原则下，从法律维度、技术维度和管理维度开展，建立伦理治理的基本框架。旅游大数据治理的原则包括无害性原则、尊重自主原则和责权统一原则。无害性原则指的是旅游大数据技术不应该伤害游客、涉旅企业、涉旅机构和景区的健康发展。尊重自主原则指的是旅游数据的采集、删除、使用和知情权应该充分赋予旅游大数据的产生者，特别是应充分尊重旅游者的知情权和使用授权。责权统一原则指的是旅游大数据谁收集、谁负责，谁使用、谁负责。旅游大数据伦理治理框架主要由信息行业伦理准则、信息职业执照制度、信息伦理委员会和信息伦理教育培训制度4个部分构成。

3.5.5 旅游大数据数字鸿沟

数字鸿沟是指在全球数字化进程中，不同国家、地区、行业、企业、社区、个人由于对信息、网络技术的拥有程度、应用程度以及创新能力的差别而造成的信息落差及贫富进一步两极分化的趋势。数字鸿沟是经济和社会发展矛盾在数字时代的集中反应，弥合数字鸿沟不仅是为了帮助弱势群体跟上时代步伐，更是落实一系列国家发展战略的客观需要和迫切要求。

旅游大数据数字鸿沟是指旅行社、涉旅企业、政府机构、旅游者对旅游信息的掌握程度严重不对等，导致利益倾向于掌握旅游大数据信息的一方。通常情况下，旅游者对旅游大数据信息的掌握很少,从而导致了旅游决策失误或旅游消费行为偏颇等情况。旅游大数据数字鸿沟还体现在老年旅游者对信息化旅游信息获取能力不足带来的旅游出行意愿降低、旅游决策不当、旅游消费不足和偏颇以及旅游体验较差等。因此,消除旅游大数据数字鸿沟,对于均衡旅行社、涉旅企业、政府机构、旅游研究机构和各类旅游者获取和使用旅游大数据的能力,促进旅游业健康高质量发展具有重要的作用和意义。

3.6 小结

本章详细阐述了旅游大数据挖掘的概念、任务、方法以及旅游大数据伦理和治理等理论内容。对旅游大数据挖掘的方法进行了十分详细的介绍,通过本章的学习,可以对旅游大数据挖掘方法有一个系统的了解,对深入开展旅游大数据挖掘研究和应用具有一定的指导价值。

参考文献

[1] 徐少甫, 张天明. 复杂网络数据挖掘在智慧旅游系统中的应用研究[J]. 数字技术与应用, 2017(10): 39-40, 42.

[2] BIN C, GU T, SUN Y, et al. Personalized POIs travel route recommendation system based on tourism big data[C]//Pacific Rim International Conference on Artificial Intelligence, Springer, Cham, 2018.

[3] ZHU W, HOU Y, WANG E, et al. Design of geographic information visualization system for marine tourism based on data mining[J]. Journal of coastal research, 2020, 103(sp1): 1034.

[4] SINGH S, CHAUHAN T, WAHI V, et al. Mining tourists' opinions on popular indian tourism hotspots using sentiment analysis and topic modeling[C]//International Conference on Computing Methodologies and Communication, IEEE, 2021.

[5] ZHU W. Research on image monitoring and management of hot tourism destination based on data mining technology[C]//2021 IEEE Asia-Pacific Conference on Image Processing, Electronics and Computers (IPEC), IEEE, 2021.

[6] CHEN H, DAI Z, TANG J, et al. Web evaluation analysis of tourism destinations based on data mining[C]//2018 IEEE 4th International Conference on Computer and Communications (ICCC), IEEE, 2018.

[7] DU J. Research on intelligent tourism information system based on data mining algorithm[J]. Mobile Information Systems, 2021.

[8] ZHANG F. Prediction and evaluation of urban eco-sports tourism behavior using data mining technology[C]//2019 4th International Conference, 2019.

[9] KIM H B, SIM Y S. A study on the big data analysis of tourist destination image through data mining by association rules[J]. Journal of tourism and leisure research, 2018, 30(12): 57-76.

[10] IORIO C, PANDOLFO G, D'AMBROSIO A, et al. Mining big data in tourism[J].Quality & quantity, 2020, 54(2).

[11] LIU H. Tourist big data, mining and their application direction in tourism[C]//2016 International Conference on Education, Sports, Arts and Management Engineering, 2016.

[12] SHAPOVAL V, WANG M C, HARA T, et al. Data mining in tourism data analysis: inbound visitors to Japan[J]. Journal of travel research, 2018, 57(3): 310-323.

[13] 谷文林, 任敏.大数据时代乡村旅游数据挖掘与分析[J].江西农业学报, 2015, 27(8): 143-146, 150.

[14] ZHANG J, DONG L. Image monitoring and management of hot tourism destination based on data mining technology in big data environment[J]. Microprocessors and microsystems, 2021, 80(18): 103515.

[15] YUNG C. Mining massive web log data of an official tourism web site as a step towards big data analysis in tourism[J]. ACM, 2015.

[16] LI Q, LI S, ZHANG S, et al. A review of text corpus-based tourism big data mining[J]. Applied sciences, 2019, 9(16): 3300.

[17] LIU X, LIU L, ZOU J, et al. Research on scenic spots recommendation algorithm based on tourism big data[C]//2019 4th International Conference on Mechanical, Control and Computer Engineering (ICMCCE), 2019.

[18] 闫记影, 孙秋兰. 重庆市旅游大数据开发利用研究[J]. 河北旅游职业学院学报, 2019, 24(1): 15-20.

[19] 陈忱, 谢子龙. 交旅融合大数据服务及资源研究[J]. 软件, 2019, 40(12): 215-217.

[20] JIE L. Knowledge maps of tourism big data research in China based on visualization analysis[C]//AMME 2019: 2019 Annual Meeting on Management Engineering, 2019.

[21] 王春生. 旅游大数据潮流下民宿信息化发展探讨[J].信息与电脑(理论版), 2019(8): 117-118.

[22] SU A. Tourism Marketing Innovation Management Model Based on Big Data[J].Journal of Physics: Conference Series, 2021, 1744(4): 042141 (6pp).

[23] PENG P. Study on the characteristics of special cultural tourism securing and enhancing operations based on big data[J]. Advances in data science and adaptive analysis, 2022.

[24] LIU L. Visualized analysis of tourism big data based on real-time analysis and complexity measurement[C]//2021 6th International Conference on Inventive Computation Technologies (ICICT), 2021.

[25] LI J, XU L, TANG L, et al. Big data in tourism research: A literature review[J]. Tourism management, 2018, 68(10): 301-323.

[26] 刘飞, 李柯青, 项清, 等. 基于大数据分析的旅游景点承载力模型设计[J].现代电子技术, 2018, 41(12): 4.

[27] 陈晓艳, 张子昂, 胡小海, 等. 微博签到大数据中旅游景区客流波动特征分析: 以南京市钟

山风景名胜区为例[J].经济地理, 2018(9): 9.

[28] 郭向阳, 穆学青, 明庆忠, 等. 旅游地快速交通优势度与旅游流强度的空间耦合分析[J].地理研究, 2019(5): 17.

[29] 吴倩, 邢希希. 基于舆情大数据的贵州旅游创意营销路径研究: 以黄果树瀑布景区为例[J]. 价格月刊, 2019.

[30] 杨更生, 王东, 孙彬. "一带一路"下旅游文化产业的大数据体系架构与实施途径研究[J]. 干旱区地理, 2019, 42(1): 8.

[31] 杨柳, 张星, 邓春林, 等. 基于舆情大数据的境外旅游影响因素的灰色关联分析模型[J].湘潭大学自然科学学报, 2020, 42(2): 18-27.

[32] 贺剑武. 基于大数据分析技术的旅游智慧平台设计[J]. 现代电子技术, 2020, 43(14): 4.

[33] 任宇杰, 马坤, 唐晓岚, 等. 基于LBSN大数据的旅游目的地类簇选点及热度分析[J]. 科技通报, 2019(1): 7.

[34] 徐敏, 黄震方, 曹芳东, 等. 基于大数据分析的城市旅游地网络结构特征及其演化模式: 以新浪微博签到数据为例[J].地理研究, 2019(4): 13.

[35] 陆保一, 韦俊峰, 明庆忠, 等. 基于知识图谱的中国旅游大数据应用研究进展[J]. 经济地理, 2022, 42(1): 11.

[36] 张娅. 基于K均值聚类的大数据频繁项集挖掘研究[J].计算机仿真, 2020, 37(8): 5.

[37] 赵蓉英, 魏绪秋. 计量视角下的我国人文社会科学领域大数据研究热点挖掘与分析[J].情报杂志, 2016, 35(2): 6.

[38] 李迅雷, 顾建明. 基于大数据技术与挖掘的智慧校园建设[J]. 企业管理, 2019(S02): 2.

[39] 方培元, 祝振宇. 基于大数据的卫生经济管理数据挖掘[J]. 中华医院管理杂志, 2015, 31(2): 3.

[40] 孙健. 数据挖掘技术在茶旅游产业发展中的应用[J].福建茶叶, 2019, 41(8): 1.

[41] 孙文平, 常亮, 宾辰忠, 等. 基于知识图谱和频繁序列挖掘的旅游路线推荐[J].计算机科学, 2019, 46(2): 6.

[42] 谢永俊. 基于微博数据的北京市热点区域意象感知[J]. 地理科学进展, 2017, 36(9): 12.

[43] 吴倩, 邢希希. 基于舆情大数据的贵州旅游创意营销路径研究: 以黄果树瀑布景区为例[J]. 价格月刊, 2019(10): 8.

[44] 陈丽平, 郭鑫. 最小能耗优化云模型中的动态图挖掘方法[J].计算机工程, 2015, 41(8): 9.

[45] 易嘉伟, 杜云艳, 涂文娜. 基于位置大数据的国庆假期青藏高原人群分布时空变化模式挖掘[J].地球信息科学学报, 2019, 21(9): 15.

[46] 冯泽琪, 彭霞, 吴亚朝. 基于社交媒体数据挖掘的旅游者情绪感知[J].地理与地理信息科学, 2022, 38(1): 31-36.

[47] 敖长林, 李凤佼, 许荔珊, 等. 基于网络文本挖掘的冰雪旅游形象感知研究: 以哈尔滨市为例[J].数学的实践与认识, 2020(1): 11.

[48] 龙睿.基于人工智能的电商大数据分类与挖掘算法[J].现代电子技术, 2020, 43(14): 4.

[49] 陈宁, 彭霞, 黄舟. 社交媒体地理大数据的旅游景点热度分析[J].测绘科学, 2016, 41(12): 6.

[50] 邹涵, 邱问, 胡明星. 基于旅游意象大数据的武汉旅游空间可达性研究[J].华中师范大学学

报(自然科学版), 2022, 56(6): 10.

[51] 李君轶, 任涛, 陆路正. 游客情感计算的文本大数据挖掘方法比较研究[J].浙江大学学报(理学版), 2020, 47(4): 14.

[52] 方叶林, 黄震方, 李经龙, 等. 中国市域旅游流网络结构空间分异及其效应研究: 基于携程旅行网的大数据挖掘[J].自然资源学报, 2022, 37(1): 13.

[53] 李校林, 杜托, 谢勇. 基于Hadoop的大数据频繁模式挖掘算法[J].微电子学与计算机, 2018, 35(9): 6.

[54] 梅梅, 刘颖, 唐小利, 等. 微博非结构化数据的情绪挖掘方法及在旅游预测中的应用[J]. 情报资料工作, 2019, 40(1): 9.

[55] 顾渐萍, 王远斌, 刘贵文, 等. 基于文本大数据的游客旅游意象感知挖掘研究: 以重庆市为例[J].现代城市研究, 2019, 34(12): 9.

[56] 李坤鹏. 基于旅游大数据挖掘的智能景点推荐体系研究[J].旅游与摄影, 2023(1): 3.

[57] 黎巎, 张俊刚, 张璐, 等. 旅游大数据应用与实践[M]. 北京: 中国旅游出版社, 2021.

[58] 戴斌, 唐晓云. 旅游大数据理论、技术与应用[M]. 北京: 高等教育出版社, 2022.

[59] 王国栋. 旅游大数据及其应用[M]. 北京: 旅游教育出版社, 2022.

[60] 邓宁, 牛宇. 旅游大数据: 理论与应用[M]. 北京: 旅游教育出版社, 2019.

第4章 旅游大数据采集与处理

4.1 旅游大数据的来源

4.1.1 旅游大数据综合管理平台

住宿客源大数据是本研究客源地聚类分析中的主要数据源，通过洛阳市智慧旅游大数据分析综合平台获取 2018—2019 年两个年份全国各地级市来洛游客量，研究中使用的客源数据是指住宿客源数据，来源于公安系统，数据准确可靠。旅游信息搜索大数据的数据种类繁多，本研究主要基于百度指数大数据平台，对洛阳 5A 景区的百度综合搜索指数进行采集和处理，获取 2018—2019 年两个年份全国各地级市对洛阳 5A 景区——龙门石窟、白云山、龙潭大峡谷、老君山和鸡冠洞的百度指数数据。

4.1.2 网络搜索大数据采集

本研究中旅游网络关注度通过百度指数数据来表达。通过开发百度指数网络爬虫工具，自动采集百度指数数据。百度指数采集涉及采集关键词、采集间隔、采集区域等数据采集条件。本研究采集的关键词体现了洛阳旅游网络关注度的各个方面，能够代表洛阳旅游的网络关注度的详细情况。百度指数采集条件使用的关键词包括洛阳旅游、洛阳一日游、龙门石窟、白云山、老君山、龙潭大峡谷、关林庙、伏牛山滑雪场、重渡沟、洛阳博物馆、王城公园、薰衣草园、洛阳美食、洛阳景点等 25 个关键词。采集的时间间隔分别为年度、月度和周度。采集的区域分省级、市级，采集的数据保存在关系数据库中。本研究共采集 2011—2019 年每天的百度指数数据，共 20 余万条。

4.1.3 旅游足迹数据采集

通过采集旅游攻略数据，获取游客去过的景区数据、游客的游览轨迹。选择著名旅游景点作为检索对象，采集去过该旅游景点的游客同时去过的其他景点，获得游客旅游轨迹。选择的检索景点包括：洛阳的龙门石窟、龙潭大峡谷、鸡冠洞、清明上河园、云台山、红旗渠、殷墟以及西安和南京的著名景点。

4.1.4 旅游评价数据采集

洛阳市景区网络评论数据是展开分析的基础，因此选取合适的数据源以及采集完整的数据要素至关重要。本书通过网络爬虫技术对国内用户量较大的携程旅行网、途牛旅游网、去哪儿网、同程旅游网和马蜂窝等平台游客评论数据采集处理，从多维度的数据需求对各个平台数据展开对比，最终确定洛阳市景区网评数据源及数据内容。

游客对景区网络评论数据的获取主要来源于国内主做旅游业务的OTA平台。截至2019年底，国内热门的旅游服务型网站中用户流量最大的前5位分别是携程旅行网、途牛旅游网、去哪儿网、同程旅游网和马蜂窝。从用户评论数据样本的充实性、数据的完善性多方面原则考虑，并且为避免不同平台用户评论数据的结构、模式差异，从以上五大网站上获取原始研究数据，经过清洗后从各个平台中选出质量有效性最好的一个平台数据进行分析研究。

4.2 旅游大数据的加工与清洗

4.2.1 结构化数据加工

旅游大数据研究首先需要对旅游大数据进行处理，其中，旅游大数据的加工和清洗属于基础数据处理工作。旅游大数据的数据处理方法很多，常见的方法包括旅游数据的抽取、分类、转换以及标准化等。使用RapidMiner大数据挖掘软件对洛阳的全国地级市客源地进行聚类分析，旅游数据必须满足聚类分析模型的数据输入标准。在数据清洗、加工、处理的基础上，对全国各地级市搜索洛阳5A景区获得百度指数数据和全国各地级市来洛游客量进行结构化制表（部分数据如表4-1所示），时间尺度为2018年和2019年。

表4-1 2018年全国各地级市对洛阳5A景区的网络关注度及来洛游客量

ID	2018年洛阳5A景区网络关注度	2018年总游客量	洛阳5A2018_标准化	总人数2018_标准化
1	18 055	0	4.086 062 158	0
2	8227	3	1.847 735 482	0.006 628 223
3	10 213	4	2.300 046 916	0.008 837 631
4	25 663	12	5.818 783 906	0.026 512 892
5	16 145	14	3.651 059 721	0.030 931 707
6	5678	16	1.267 200 816	0.035 350 523

续表

ID	2018年洛阳5A景区网络关注度	2018年总游客量	洛阳5A2018_标准化	总人数2018_标准化
7	65 827	22	14.966 133 58	0.048 606 968
8	10 059	24	2.264 973 422	0.053 025 784
9	3787	28	0.836 525 629	0.061 863 414
…	…	…	…	…
317	373 061	45 261	84.938 666 93	100

4.2.2 非结构化数据加工

旅游大数据涉及的非结构化数据主要包括旅游文本数据、图像数据、视频数据等。本书在游客网评情感分析和景区关联分析等方面都用到了旅游文本数据。在分析旅游文本数据前，首先要进行筛查有用数据、去除重复数据、处理错别字、处理别名、分割语句、处理分词等一系列操作。除了以上基础处理操作外，有时需要将文本数据转变成为二进制数据。

4.3 小结

本章阐述了旅游大数据采集与处理的方法，使读者对旅游大数据采集与处理有更清晰的认识，对旅游大数据平台有更深入的了解。旅游大数据包括内容广泛，涉及的数据采集和处理方法很多，本章仅对本书使用到的旅游大数据采集与处理方法进行简单阐述。

参考文献

[1] 不公告发明人.一种基于大数据可视化的智慧旅游管理平台及其方法: 中国,201911252670.1[P]. 2023-06-22.

[2] 刘宏宇,张伟,侯金江,等.一种基于大数据的旅游信息采集系统: 202122254182[P]. 2023-06-22.

[3] 徐坤.一种基于大数据采集的旅游营销系统: 202210098311[P]. 2023-06-22.

[4] 徐兵,张燕,张远夏,等.一种便于移动的旅游景区客源地分析大数据采集装置: 中国,201922287509.X[P]. 2023-06-22.

[5] 袁铨,程雪苹.一种基于大数据的旅游信息采集系统: 中国,201921911040.6[P]. 2023-06-22.

[6] 邹巍,朱麟奇.一种红色旅游景点大数据人群信息采集摄像头: CN202120439218.2[P]. 2023-06-22.

[7] 张波, 苟佳洁, 王宗杰.智慧旅游大数据分析方法: 中国, 201810264197.8[P]. 2023-06-22.

[8] 谭炯. 游客公共服务体系构建研究: 基于杭州旅游大数据的应用分析[D]. 杭州: 浙江工商大学, 2017.

[9] 林仁状.文旅大数据资源架构建设研究: 以浙江省文化和旅游厅大数据资源建设为例[J]. 图书馆研究与工作, 2019(12): 5.

[10] 杨凌云. 关于OLAP在旅游大数据采集挖掘处理方面存在的问题及对策[J].信息通信, 2018(10): 2.

[11] AGUIAR A B, SZEKUT A. Big data and tourism: opportunities and aplications in tourism destination management[J]. Applied tourism, 2019.

[12] JWA K J W. Development of android based smart tourism application based on tourism big data analytics[J]. Journal of engineering & applied sciences, 2018, 13(5).

[13] IORIO C, PANDOLFO G, D'AMBROSIO A, et al. Mining big data in tourism[J]. Quality & quantity, 2020, 54(2).

[14] OGBEIDE G C, FU Y Y, CECIL A K. Are hospitality/tourism curricula ready for big data?[J]. Journal of hospitality and tourism technology, 2020, ahead-of-print(ahead-of-print).

[15] KANG H C, JWA J W. Development of android based smart tourism application based on tourism bigdata analytics[J]. Journal of engineering and applied sciences, 2018, 13(5): 1164-1169.

[16] XIAOSHU C, DAN L. Spatial differentiation of urban tourism satisfaction in China based on tourism big data[J]. Tropical geography, 2018.

[17] JUN Z, WENYAN Z, JIAN T, et al. Research on the informatization development of homestay under the trend of tourism big data[J].Computer Era, 2018.

[18] LIU X, LIU L, ZOU J, et al. Research on scenic spots recommendation algorithm based on tourism big data[C]//2019 4th International Conference on Mechanical, Control and Computer Engineering (ICMCCE), 2019.

[19] JIYING R, QIULAN S. Research on the development and utilization of tourism big data in Chongqing[J]. Journal of Hebei Tourism Vocational College, 2019.

[20] ZHENGUO Z, YAN C. Construction of teaching system for "Tourism big data analysis" course in nationalities universities[J]. Experimental technology and management, 2019.

[21] CHEN C, ZI-LONG X. Research on integration of transportation & tourism big data services and resources[J]. Computer engineering & software, 2019.

[22] JIE L. Knowledge maps of tourism big data research in China based on visualization analysis[C]//AMME 2019: 2019 Annual Meeting on Management Engineering, 2019.

[23] SAMARA D, MAGNISALIS I, PERISTERAS V. Artificial intelligence and big data in tourism: a systematic literature review[J]. Journal of hospitality and tourism technology, 2020, ahead-of-print(ahead- of-print).

[24] ROMAN E, WOLFGANG A. Big data in tourism research – a brief introduction: Editorial[J]. Zeitschrift für tourismuswissenschaft, 2021, 13.

[25] WEAVER A. Tourism, big data, and a crisis of analysis[J].Annals of tourism research, 2021, 88(4): 103158.

[26] JINGJING, LIZHI, TANG, et al.Big data in tourism research: a literature review[J].Tourism management, 2018.

[27] BIN C, GU T, SUN Y, et al. Personalized POIs travel route recommendation system based on tourism big data[C]//Pacific Rim International Conference on Artificial Intelligence.Springer, Cham, 2018.

[28] LI Q, LI S, ZHANG S, et al. A review of text corpus-based tourism big data mining[J]. Applied sciences, 2019, 9(16): 3300.

[29] CHUNSHENG W. Discussion on the development of hostel informatization under the trend of tourism big data[J].China computer & communication, 2019.

[30] ZHU B. Impact of tourism big data on B & B sharing economy[J].Journal of physics: conference series, 2021, 1852(4): 042061 (7pp).

[31] LIU L. Visualized analysis of tourism big data based on real-time analysis and complexity measurement[C]//2021 6th International Conference on Inventive Computation Technologies (ICICT), 2021.

[32] LI J, XU L, TANG L, et al. Big data in tourism research: a literature review[J].Tourism management, 2018, 68(10): 301-323.

[33] LE S. Industry-university-research cooperation education of tourism English under big data technology[J]. Journal of physics: conference series, 2021, 1992(4): 042007.

[34] MARCELLO, MARIANI, RODOLFO, et al. Business intelligence and big data in hospitality and tourism: a systematic literature review[J].International journal of contemporary hospitality management, 2018.

[35] ALAEI A R, BECKEN S, STANTIC B. Sentiment analysis in tourism: capitalizing on big data[J]. Journal of travel research, 2017, 58(9): 004728751774775.

第 5 章 旅游客源地聚类挖掘

旅游客源地聚类分析是旅游客源市场研究的重要方向。基于客源住宿大数据和景区搜索大数据，抽取 2018—2019 年全国各地级市到洛阳的住宿游客量和全国各地级市对洛阳 5A 景区的百度指数数据，并通过 GIS 可视化方法分析洛阳住宿游客量与洛阳 5A 景区网络关注度的时空分布特征。基于客源地 ID、网络关注度和游客量，构建旅游客源地 K-Means 聚类模型，并运用 RapidMiner 大数据挖掘软件对洛阳的全国地级市客源地进行 K-Means 聚类分析。

5.1 数据聚类的概述

5.1.1 数据聚类基本概念

数据聚类（Cluster Analysis）是指根据数据的内在性质将数据分成一些聚合类，每一个聚合类中的元素尽可能具有相同的特性，不同聚合类之间的特性差别尽可能大。

聚类分析的目的是分析数据是否属于各个独立的分组，一组中的成员彼此相似，且与其他组中的成员不同。它对一个数据对象的集合进行分析，但与分类分析不同的是，它所划分的类是未知的，因此，聚类分析也称为无指导或无监督的学习。聚类分析的一般方法是将数据对象分组为多个类或簇（Cluster），在同一个簇中的对象之间具有较高的相似度，而不同簇中的对象差异较大。由于聚类分析的上述特征，在许多应用中，对数据集进行了聚类分析后，可将一个簇中的各数据对象作为一个整体对待。

数据聚类是分析静态数据的一门技术，在许多领域得到广泛应用，包括机器学习、数据挖掘、模式识别、图像分析以及生物信息。

所谓聚类，就是将一个数据单位的集合分割成几个称为簇或类别的子集，每个类中的数据都有相似性，它的划分依据就是"物以类聚"。数据聚类分析是根据事物本身的特性，研究对被聚类的对象进行类别划分的方法。聚类分析依据的原则是使同一个聚簇中的对象具有尽可能大的相似性，而不同聚簇中的对象具有尽可能大的相异性，聚类分析主要解决的问题就是如何在没有先验知识的前提下，实现满足这种要求的聚簇的聚合。聚类分析又称为无监督学习，主要体现在聚类学习的数据对象没有类别标记，需要由聚类学习算法自动计算。

5.1.2 数据聚类类型

经过半个多世纪的聚类算法深入研究，聚类技术已经成为最常用的数据分析技术之一。其各种算法的提出、发展、演化，也使得聚类算法家族"家大口阔，人丁兴旺"。下面就目前数据分析和数据挖掘业界主流的认知对聚类算法进行介绍。

（1）划分方法

给定具有 n 个对象的数据集，采用划分方法对数据集进行 k 个划分，每个划分（每个组）代表一个簇，$k \leq n$，并且每个簇至少包含一个对象，而且每个对象一般只能属于一个组。对于给定的 k 值，划分方法要做一个初始划分，然后采取迭代重新定位技术，通过让对象在不同组间移动来改进划分的准确度和精度。一个好的划分原则下，同一个簇中对象之间的相似性很高（或距离很近），而不同簇的对象之间相异度很高（或距离很远）。

①K-Means算法：又叫K均值算法，这是目前最著名、使用最广泛的聚类算法。在给定一个数据集和需要划分的数目 k 后，该算法可以根据某个距离函数反复把数据划分到 k 个簇中，直到收敛为止。K-Means算法用簇中对象的平均值来表示划分的每个簇，大致的步骤是：首先将随机抽取的 k 个数据点作为初始的聚类中心（种子中心），然后计算每个数据点到每个种子中心的距离，并把每个数据点分配到距离它最近的种子中心；一旦所有的数据点都被分配完成，每个聚类的聚类中心（种子中心）按照本聚类（本簇）的现有数据点重新计算；这个过程不断重复，直到收敛，即满足某个终止条件为止，最常见的终止条件是误差平方和SSE（指令集的简称）局部最小。

②K-Medoids算法：又叫K中心点算法，该算法用最接近簇中心的一个对象来表示划分的每个簇。K-Medoids算法与K-Means算法的划分过程相似，最大的区别在于K-Medoids算法是用簇中最靠近中心点的一个真实的数据对象来代表该簇的，而K-Means算法是用计算出来的簇中对象的平均值来代表该簇的，这个平均值是虚拟的，并没有一个真实的数据对象具有这些平均值。

（2）层次方法

在给定 n 个对象的数据集后，可用层次方法（Hierarchical Methods）对数据集进行层次分解，直到满足某种收敛条件为止。按照层次分解的形式不同，层次方法又可以分为凝聚层次聚类和分裂层次聚类。

①凝聚层次聚类：又叫自底向上方法，初始将每个对象作为单独的一类，然后相继合并与其相近的对象或类，直到所有小的类别合并成一个类，即层次的最上面，或者达到一个收敛，即终止条件为止。

②分裂层次聚类：又叫自顶向下方法，初始将所有对象置于一个簇中，在迭代的每一步中，类会被分裂成更小的类，直到最终每个对象在一个单独的类中，或者满足一个收敛，即终止条件为止。

层次方法的最大缺陷在于，合并或者分裂点的选择比较困难，对局部来说，好的合并或者分裂点的选择往往并不能保证得到高质量的、全局的聚类结果，而且一旦一个步骤（合并或分裂）完成，就无法被撤销。

（3）基于密度的方法

传统的聚类算法都是基于对象之间的距离，即距离作为相似性的描述指标进行聚类划分，但是这些基于距离的方法只能发现球状类型的数据，而对于非球状类型的数据来说，只根据距离来描述和判断是不够的。鉴于此，人们提出了一个密度的概念——基于密度的方法（Density-based Methods），其原理是：只要邻近区域内的密度（对象的数量）超过了某个阈值，就继续聚类。换言之，给定某个簇中的每个数据点（数据对象），在一定范围内必须包含一定数量的其他对象。该算法从数据对象的分布密度出发，把密度足够大的区域连接在一起，因此可以发现任意形状的类。该算法还可以过滤噪声数据（异常值）。基于密度的方法的典型算法包括DBSCAN（Density-based Spatial Clustering of Application with Noise）以及其扩展算法OPTICS（Ordering Points to Identify the Clustering Structure）。其中，DBSCAN算法会根据一个密度阈值来控制簇的增长，将具有足够高密度的区域划分为类，并可在带有噪声的空间数据库里发现任意形状的聚类。此算法优势明显，但其最大的缺点在于需要用户确定输入参数，而且对参数十分敏感。

（4）基于网格的方法

基于网格的方法（Grid-based Methods）把对象空间量化为有限数目的单元，这些单元则形成了网格结构，所有的聚类操作都是在这个网格结构中进行的。该算法的优点是处理速度快，处理时间常常独立于数据对象的数目，只跟量化空间中每一维的单元数目有关。基于网格的方法的典型算法是STING（统计信息网格方法，Statistical Information Grid）。该算法是一种基于网格的多分辨率聚类技术，将空间区域划分为不同分辨率级别的矩形单元，并形成一个层次结构，高层的低分辨率单元会被划分为多个低一层次的较高分辨率单元。这种算法从最底层的网格开始逐渐向上计算网格内数据的统计信息并储存。网格建立完成后，则用类似DBSCAN的方法对网格进行聚类。

5.1.3 数据聚类解决的问题

数据聚类主要解决不知道类别标签的样本集的分类问题。聚类其实也是实现分类的功能。聚类和分类的区别：分类是用知道类别标签的样本集去训练一个分类器，然后用该分类器对其他未知类别的样本进行归类，由于训练分类器用到了知道类别的样本，属于有导师学习；聚类是完全不知道各个样本的类别，按照一定的聚类度量准则直接进行聚类，属于无导师的学习。聚类可以用在图像处理、模式识别、客户信息分析、金融分析、医学等很多领域。用模糊聚类进行图像分割就是一个非常典型的应用。

数据聚类具有广泛的应用。例如，聚类分析在客户细分中的应用和在实验市场选择中的应用。消费同一种类的商品或服务时，不同的客户有不同的消费特点，通过研究这些特点，企业可以制定出不同的营销组合，从而获取最大的消费者剩余，这就是客户细分的主要目的。常用的客户分类方法主要有3类：经验描述法，由决策者根据经验对客户进行类别划分；传统统计法，根据客户属性特征的简单统计来划分客户类别；非传统统计方法，即基于人工智能技术的非数值方法。聚类分析法兼有后两类方法的特点，能够有效完成客户细分的过程。例如，客户的购买动机一般由需要、认知、学习等内因和文化、社会、家庭、小群体、参考群体等外因共同决定。在按购买动机的不同来划分客户时，可以把前述因素作为分析变量，并将所有目标客户每一个分析变量的指标值量化出来，再运用聚类分析法进行分类。在指标值量化时如果遇到一些定性的指标值，可以用一些定性数据定量化的方法加以转化，如模糊评价法等。除此之外，可以将客户满意度水平和重复购买机会大小作为属性进行分类；还可以在区分客户之间差异性的问题上纳入一套新的分类法，将客户的差异性变量划分为5类：产品利益、客户之间的相互作用力、选择障碍、议价能力和收益率，依据这些分析变量聚类得到的归类，可以为企业制定营销决策提供有益参考。以上分析的共同点在于都是依据多个变量进行分类，这正好符合聚类分析法解决问题的特点；不同点在于从不同的角度寻求分析变量，为某一方面的决策提供参考，这正是聚类分析法在客户细分问题中运用范围广的体现。

实验调查法是市场调查中一种有效的一手资料收集方法，主要用于市场销售实验，即市场测试。通过小规模的实验性改变，观察客户对产品或服务的反应，从而分析该改变是否值得在大范围内推广。实验调查法最常用的领域有市场饱和度测试。市场饱和度反映市场的潜在购买力，是市场营销战略和策略决策的重要参考指标。企业通常通过将消费者购买产品或服务的各种决定因素（如价格等）降到最低限度的方法来测试市场饱和度。或者在出现滞销时，企业投放类似的新产品或服务到特定的市场，以测试市场是否真正达到饱和，是否具有潜在的购买力。前述两种措施由于利益和风险的原因，不可能在企业覆盖的所有市场中实施，只能选择合适的实验市场和对照市场加以测试，得到近似的市场饱和度。产品的价格实验：这种实验往往将新定价的产品投放市场，对顾客的态度和反应进行测试，了解顾客对这种价格是否接受或接受程度。新产品上市实验：波士顿矩阵研究的企业产品生命周期图表明，企业为了生存和发展往往要不断开发新产品，并使之向明星产品和金牛产品过渡。然而新产品投放市场后的失败率很高，为66%～90%。因而为了降低新产品的失败率，在产品大规模上市前，运用实验调查法对新产品的各方面（外观设计、性能、广告和推广营销组合等）进行实验是非常有必要的。

在实验调查方法中，最常用的是前后单组对比实验、对照组对比实验和前后对照组对比实验。这些方法要求科学地选择实验和非实验单位，即随机选择出的实验单位和非实验单位之间必须具备一定的可比性，两类单位的主客观条件应基本相同。通过聚类分析，可将待选的实验市场（商场、居民区、城市等）分成同质的几类小组，在同一组内选择实验单位和非实验单位，这样便保证了这两个单位之间具有一定的可比性。聚类时，商店的规模、类型、设备状况、所处的地段、管理水平等就是聚类的分析变量。

5.1.4 数据聚类存在的问题

在聚类分析的研究中，有许多亟待进一步解决的问题。

①处理数据为大数据量，具有复杂数据类型的数据集合时，聚类分析结果的精确性问题；
②对高维数据的处理能力；
③数据对象分布形状不规则时的处理能力；
④处理噪声数据的能力，能够处理数据中包含的孤立点、未知数据、空缺或者错误的数据；
⑤对数据输入顺序的独立性，也就是对于任意的数据输入顺序产生相同的聚类结果；
⑥减少对先决知识或参数的依赖性。

这些问题的存在使研究高正确率、低复杂度、I/O开销小、适合高维数据、具有高度可伸缩性的聚类方法迫在眉睫，这也是今后聚类方法研究的方向。

5.2 数据聚类算法

5.2.1 K-Means聚类算法

K-Means算法是一种基于划分的聚类算法，它以k为参数，把n个数据对象分成k个簇，使簇内具有较高的相似度，而簇间的相似度较低。

（1）基本思想

K-Means算法是根据给定的n个数据对象的数据集，构建k个划分聚类的方法，每个划分聚类即为一个簇。该方法将数据划分为n个簇，每个簇至少有一个数据对象，每个数据对象必须属于而且只能属于一个簇。同时要满足同一簇中的数据对象相似度高，不同簇中的数据对象相似度较小。聚类相似度是利用各簇中对象的均值来进行计算的。

K-Means算法的处理流程如下。首先随机地选择k个数据对象，每个数据对象代表一个簇中心，即选择k个初始中心；然后对剩余的每个对象，根据其与各簇中心的相似度（距离），将它赋给与其最相似的簇中心对应的簇；最后重新计算每个簇中所有对象的平均值，作为新的簇中心。

不断重复以上过程，直到准则函数收敛，也就是簇中心不发生明显的变化。通常采用均方差作为准则函数，即最小化每个点到最近簇中心的距离的平方和。

K-Means算法使用距离来描述两个数据对象之间的相似度。距离函数有明氏距离、欧氏距离、马氏距离和兰氏距离，最常用的是欧氏距离。

K-Means算法是当准则函数达到最优或者达到最大的迭代次数时即可终止。当采用欧氏距离时，准则函数一般为最小化数据对象到其簇中心的距离的平方和，即

$$\min \sum_{i=1}^{k} \sum_{x \in C_i} \text{dist}(C_i, x)^2 \text{。} \tag{5-1}$$

其中，k是簇的个数，C_i是第i个簇的中心点，$\text{dist}(C_i, x)$为x到C_i的距离。

（2）K-Means原理

K-Means算法是无监督的聚类算法，实现起来比较简单，聚类效果也不错，因此应用很广泛。K-Means算法有大量的变体，本书从最传统的K-Means算法讲起，在其基础上讲述K-Means的优化变体方法，包括初始化优化K-Means++、距离计算优化elkan K-Means算法和大数据情况下的优化Mini Batch K-Means算法。

K-Means算法的思想很简单，对于给定的样本集，按照样本之间的距离大小，将样本集划分为k个簇，让簇内的点尽量紧密地连在一起，而让簇间的距离尽量大。

上一节对K-Means的原理做了初步的探讨，这里对K-Means算法做一个总结：

①对于K-Means算法，首先要注意的是k值的选择，一般来说，我们会根据对数据的先验经验选择一个合适的k值，如果没有什么先验知识，则可以通过交叉验证选择一个合适的k值。

②在确定了k的个数后，我们需要选择k个初始化的质心。由于是启发式方法，k个初始化的质心的位置选择对最后的聚类结果和运行时间都有很大的影响，因此需要选择合适的k个质心，最好这些质心不能太近。

（3）K-Means与KNN

初学者很容易把K-Means和KNN搞混，两者其实差别还是很大的。K-Means是无监督学习的聚类算法，没有样本输出；而KNN是有监督学习的分类算法，有对应的类别输出。KNN基本不需要训练，对测试集里的点，只需要找到在训练集中最近的k个点，用这最近的k个点的类别来决定测试点的类别。而K-Means则有明显的训练过程，需要找到k个类别的最佳质心，从而决定样本的簇类别。当然，两者也有一些相似点，两个算法都包含一个过程，即找出和某一个点最近的点，都利用了最近邻（Nearest Neighbors）的思想。

（4）K-Means小结

K-Means是个简单实用的聚类算法，主要优点：①原理比较简单，很容易实现，收敛速度快；②聚类效果较优；③算法的可解释度比较强；④需要调整的参数仅仅是簇数k。K-Means的主要缺点：①k值的选取不好把握；②对于不是凸的数据集比较难收敛；③如果各隐含类别的数据不平衡，如各隐含类别的数据量严重失衡，或者各隐含类别的方差不同，则聚类效果不佳；④采用迭代方法，得到的结果只是局部最优；⑤对噪声和异常点比较敏感。

5.2.2　DBSCAN聚类算法

DBSCAN（Density-based Spatial Clustering of Application with Noise）是一个比较有代表性的基于密度的聚类算法。与划分和层次聚类方法不同，它将簇定义为密度相连的点的最大集合，能够把足够高密度的区域划分为簇，并可在噪声的空间数据库中发现任意形状的聚类。

（1）DBSCAN中的几个定义

E邻域：给定对象半径为E内的区域称为该对象的E邻域；核心对象：如果给定对象E邻域内的样本点数大于等于$minPts$，则称该对象为核心对象；直接密度可达：对于样本

集合 D，如果样本点 q 在 p 的 E 邻域内，并且 p 为核心对象，那么对象 q 从对象 p 直接密度可达；密度可达：对于样本集合 D，给定一串样本点 p_1、p_2、…、p_n，$p=p_1$，$q=p_n$，假如对象 p_i 从 p_{i-1} 直接密度可达，那么对象 q 从对象 p 密度可达；密度相连：存在样本集合 D 中的一点 o，如果对象 o 到对象 p 和对象 q 都是密度可达的，那么 p 和 q 密度相连。可以发现，密度可达是直接密度可达的传递闭包，并且这种关系是非对称的。密度相连是对称关系。DBSCAN 的目的是找到密度相连对象的最大集合。

（2）DBSCAN 算法流程

①从数据集中任选一个未访问过的点作为初始点，这个点称为"种子"。以该初始点为圆心，以 ω 为半径画一个圆，圆形区域即为该点的邻域。

②如果在该初始点的邻域中至少含有 minPts 个点，则该点是一个核心对象（core object），聚类开始，该点成为新聚类中的第一个点；否则，该点将被标记为噪声点（noise）。在这两种情况下，这个点都被标记为"已访问（visited）"。

③对于新聚类中的第一个点，其距离内的点都成为同一聚类中的一部分。

④若核心对象邻域内的点满足步骤②的条件，则成为新的核心对象，并吸纳其距离内的点为同一聚类中的一部分，不断重复此过程，直到该聚类附近的所有点都已被访问。

⑤当完成当前的聚类时，重新检索下一个新的未访问点，重复步骤①～④，直到所有点都被标记为"已访问"。

其中，不是核心点但落在某个核心点邻域内的点称为边界点。

（3）步骤

DBSCAN 需要两个参数：扫描半径（*eps*）和最小包含点数（*minPts*）。任选一个未被访问（unvisited）的点开始，找出与其距离在 *eps* 之内（包括 *eps*）的所有附近点。如果附近点的数量≥*minPts*，则当前点与其附近点形成一个簇，并且出发点被标记为已访问（visited）。然后递归，以相同的方法处理该簇内所有未被标记为已访问的点，从而对簇进行扩展。如果附近点的数量<*minPts*，则该点暂时被标记作为噪声点。如果簇充分地被扩展，即簇内的所有点被标记为已访问，然后用同样的算法去处理未被访问的点。

5.3 数据聚类技术

5.3.1 基于RapidMiner的K-Means聚类技术

（1）数据导入与处理

导入聚类数据集，筛选可用数据列，对有错误数据进行清洗，删除缺失数据。设置数列格式，保证数据输入的正确性。

（2）基于 RapidMiner 的 K-Means 聚类模型构建

在设计界面下，拖入数据集对象，然后拖入 K-Means 聚类操作对象，连接 K-Means 聚类操作对象和待聚类数据集对象。最后点击运行，进行聚类分析（图 5-1）。

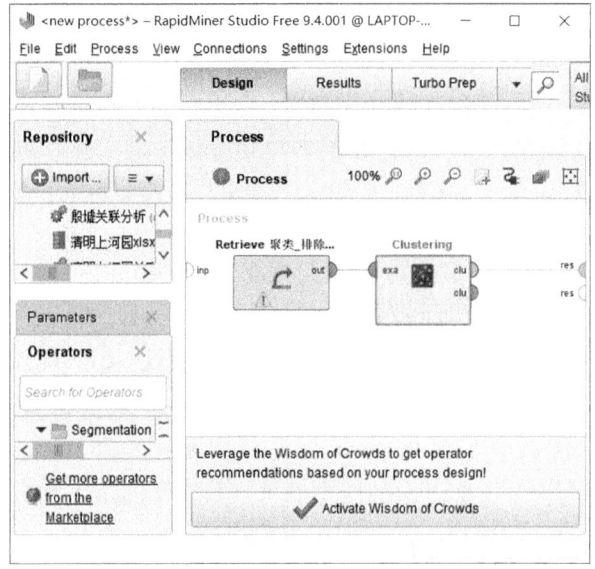

图 5-1　基于 RapidMiner 的 K-Means 聚类模型构建

5.4　客源地聚类概述

客源地是旅游系统的重要组成部分，是旅游客源市场的供给地，旅游地生存和发展的关键之一就是建立良好的旅游客源市场，因此，对旅游客源地的深入研究是旅游学的重要研究内容之一。深入研究客源地的特点，进而对客源地进行科学分类具有重要的实践意义。有学者从各种视角运用各种方法对客源市场分类进行了深入研究，也分别运用熵值法、聚类分析法、主成分分析法等对客源市场的地理细分进行了较多研究，另有学者运用聚类分析方法对客源市场分类进行了研究。旅游大数据为旅游客源市场研究提供了数据和方法上的支撑，但很少有文献运用旅游大数据对旅游客源地进行聚类分析，综合GIS的空间分析能力和旅游大数据聚类分析能力的客源地聚类分析研究更少，本节从旅游网络关注度和游客量的角度综合运用聚类分析算法和GIS空间分析功能对客源地进行聚类分析和空间格局分析。对旅游客源地的聚类分析和空间格局分析对进一步研究客源市场具有重要的价值。

5.5　旅游客源地聚类研究方法

5.5.1　研究区概况

洛阳是河南省的副中心城市，地处中原腹地，交通便利，高速公路、高铁和航空都十分发达。洛阳具有 5000 年文明史，是国务院首批公布的历史文化名城之一，先后有 105

位帝王在洛阳建都。洛阳拥有 3 项世界文化遗产,拥有公私博物馆 120 余座,称得上是博物馆之都,夏都二里头遗址和偃师商城等都城遗址反映了洛阳真正拥有 4000 年的建都历史。洛阳是国内外重要旅游目的地城市,拥有 5A 景区 5 个、4A 景区 27 个,是牡丹之城,旅游收入和旅游人次都非常多。

5.5.2 研究方法

使用加工处理后的洛阳旅游住宿客流量数据和洛阳 5A 景区网络关注度数据,构建洛阳旅游时空数据库。运用 GIS 的分级专题图和图表可视化功能,绘制洛阳旅游住宿客流量和洛阳 5A 景区网络关注度时空分布图。通过在 RapidMiner 中构建 5A 景区网络关注度和游客量的 K-Means 聚类模型,探索全国各地级市客源地的特征和聚类情况。

基于 K-Means 聚类算法使用住宿客源数据和洛阳 5A 景区网络关注度数据对洛阳客源地进行聚类分析。K-Means 聚类算法是一种迭代求解的聚类分析算法。K-Means 算法确定了 1 组 k 个聚类,并将每个例子分配给精确的一个聚类。集群中也有类似的例子,例子之间的相似性基于它们之间的距离度量。K-Means 算法中的聚类是由样本集的 n 个属性的中心在 n 维空间中的位置决定的,这个位置叫作形心。K-Means 算法以 k 个点作为 k 个潜在簇的质心。这些起始点要么是输入示例集的 k 个随机抽取的示例的位置,要么是由 K-Means + +启发式确定的。

5.6 网络关注度与游客量时空特征分析

5.6.1 网络关注度时空特征分析

基于洛阳旅游时空数据库,使用 ArcGIS 软件运用分级统计图法对 2019 年全国各地级市对洛阳 5A 景区网络关注度之和数据来绘制全国各地级市对洛阳旅游网络关注度的专题图。受限于数据采集和数据本身质量等问题,极个别区域未采集到网络关注度数据,缺乏数据的区域赋予绿点结构填充,称为无数据区。无数据区极少,不影响研究结论。

2019 年的百度指数之和反映了网络关注度的整体情况。全国范围对洛阳 5A 景区网络关注度较高的地级市大部分在中东部。整体结构与黑河—腾冲人口线具有相同结构。整体上对洛阳 5A 景区的网络关注度比较高的地级市较为集中地分布在洛阳所在省份的周边地级市,与各地级市至洛阳的距离具有正相关性。排除距离因素,对洛阳 5A 景区的网络关注度较高的地级市为山东部分地级市、河北部分地级市和北京[1]。排除与洛阳相邻地级市客源地,对洛阳 5A 景区网络关注度较高的地级市还包括北京、苏州、杭州、上海、福州和哈尔滨等。虽然广东省距离洛阳非常远,但是广东部分地级市对洛阳 5A 景区的网络关注

---

[1] 为方便研究,将直辖市作为一个整体与其他地级市并列进行研究。

度非常高，研究认为此现象与客源地较高的经济发展水平具有较大的关系。对洛阳 5A 景区网络关注度比较高的地级市客源地，基本上对龙门石窟的网络关注度都比较高，这与龙门石窟作为洛阳旅游的代表性景区和龙门石窟的较高知名度具有很大的关系。

5.6.2 游客量时空特征分析

基于旅游网络关注度和游客量数据库，使用 ArcGIS 软件的分级专题图法，对 2019 年全国各地级市来洛旅游住宿游客数据，绘制全国各地级市来洛旅游住宿游客量空间分布专题图。

来洛游客量与距离洛阳的距离直接相关，因此认为距离是影响来洛游客量的主要因素。随着距离的增大，来洛游客量衰减明显，但是河北与北京方向衰减相对缓慢，宝鸡和重庆方向衰减也相对较为缓慢。除距离因素之外，来洛游客量与客源地的经济发展水平有直接关系，此外一个很重要的因素就是文化因素，因此，全国各地级市客源地来洛游客量从一定程度上反映了文化认同分布。相比 2018 年，2019 年各地级市来洛游客量出现明显的上升趋势，变化速率快的仍然是相邻省份的地级市，因此尽管各地级市来洛游客量具有较大差别，但是相邻省份的地级市整体上仍然是洛阳旅游的主要贡献者。

5.6.3 洛阳旅游网络关注度与游客量的综合分析

对洛阳 5A 景区网络关注度较大的地级市主要分布在中国东部。但是，全国范围内的各地级市至洛阳的游客量却集中分布在与洛阳相邻的地区，来洛游客量和对洛阳 5A 景区网络关注度的空间分布不一致。除与洛阳相邻的地级市客源地之外，中东部的地级市对洛阳 5A 景区的网络关注度较高，但是中东部的地级市来洛游客量明显低于洛阳的相邻地级市，因此，可以认为这些地级市的潜在游客量比较大。目前往来洛阳的铁路、公路和航空线路等非常便捷，对潜在高客源地级市加大宣传力度等营销手段，促使这些地级市的潜在游客尽可能多地参与实际出行，成为真正的来洛阳游客。广东省的部分地级市对洛阳 5A 景区的网络关注度非常高，从一定程度上说，广东省这些地级市的客源市场潜力较大。

5.7 基于网络关注度与游客量的客源地聚类

5.7.1 旅游客源地聚类建模

根据全国各地级市来洛游客量数据和全国各地级市对洛阳 5A 景区网络关注度数据，对洛阳的全国地级市级客源地进行 K-Means 聚类。设置 K-Means 聚类的 k 值为 12，以便将客源地更好地细分，迭代次数设置为 1000，尽可能使迭代次数足够多，以使得分类趋于稳定。分类的结果包括了 12 类客源地以及每个类中包含的客源地的详细信息（ID、该客源地对洛阳 5A 景区的网络关注度和该客源地来洛住宿游客量）[图 5-2（a）]。在 RapidMiner 中对该客源地聚类模型进行执行建模[图 5-2（b）]。

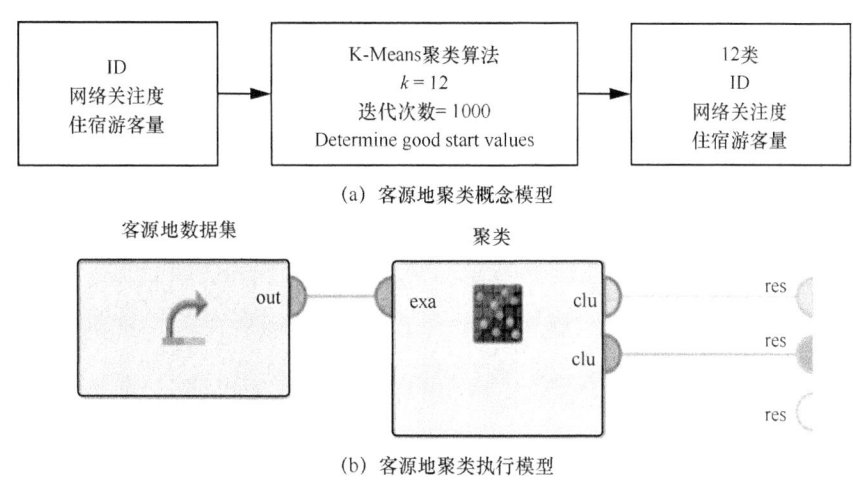

图 5-2　旅游客源地聚类建模

5.7.2　市际尺度旅游客源地聚类挖掘

建立洛阳旅游时空数据库，运用 RapidMiner 大数据分析挖掘软件中的 K-Means 聚类算法基于结构化的游客量数据和对洛阳 5A 景区的网络关注度数据进行全国地级市客源地聚类。表 5-1、图 5-3、图 5-4 显示了 2018 年和 2019 年的客源地聚类结果。

表 5-1　2018 年洛阳 5A 景区网络关注度与来洛住宿游客量的客源地聚类结果

ID	洛阳 5A2018_ 原数据	总人数 2018_ 原数据	类名
1	4.086 062 158	0	cluster_6
2	1.847 735 482	0.006 628 223	cluster_6
3	2.300 046 916	0.008 837 631	cluster_6
4	5.818 783 906	0.026 512 892	cluster_6
5	3.651 059 721	0.030 931 707	cluster_6
6	1.267 200 816	0.035 350 523	cluster_6
7	14.966 133 58	0.048 606 968	cluster_7
…	…	…	…
317	84.938 666 93	100	cluster_1

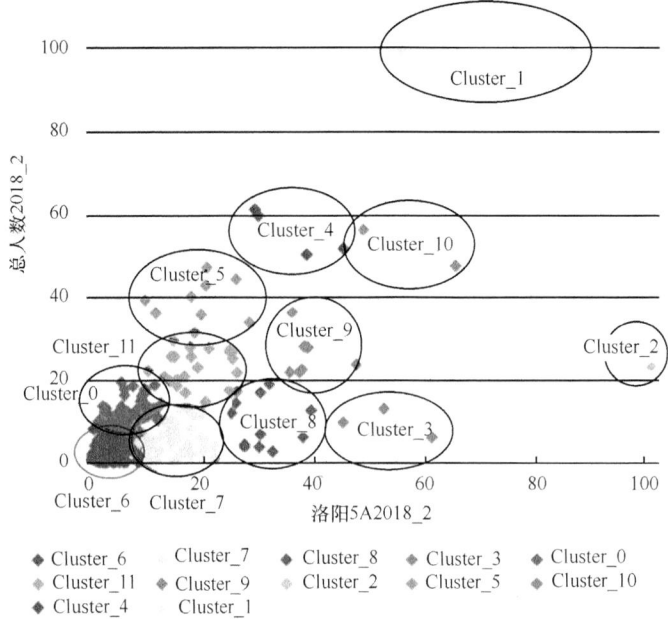

图 5-3 基于 2018 年来洛住宿游客量和网络关注度的中国各地级市客源市场聚类

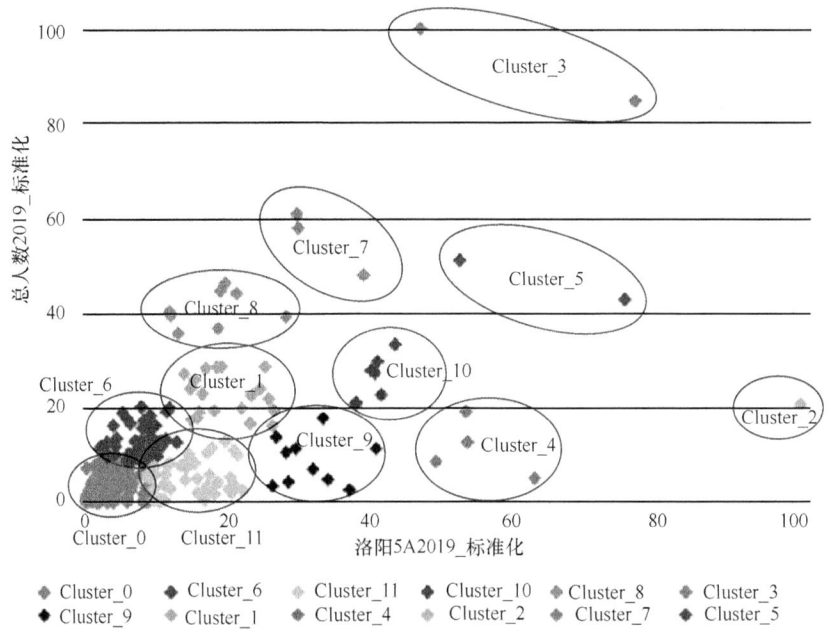

图 5-4 基于 2019 年来洛住宿游客量和网络关注度的中国各地级市客源市场聚类

根据图 5-3 和图 5-4，洛阳旅游的中国地级市客源市场聚类为 12 类，其中，图 5-3 中的 Cluster_1、Cluster_2、Cluster_10 类和图 5-4 中的 Cluster_2、Cluster_3、Cluster_5 类的各地级市对洛阳 5A 景区的网络关注度或住宿游客量十分高，单独分析。将剩余的 9 类划分为网络关注度住宿游客量均较低类、较低网络关注度低住宿游客量类、较低网络关注度极低住宿游客量类、低网络关注度低住宿游客量类、较高网络关注度低住宿游客量类、高网络关注度低住宿游客量类、高网络关注度较高住宿游客量类、特高网络关注度低住宿游客量类、高网络关注度特高住宿游客量类。

根据图 5-3 和图 5-4，属于 2019 年的 Cluster_7 和 Cluster_5 类，并且属于 2018 年的 Cluster_4 和 Cluster_10 类的地级市包括石家庄、武汉和上海，即 3 个地级市都属于高网络关注度中等住宿游客量的地区。同时属于 2018 年的 Cluster_5 类和 2019 年的 Cluster_8 类的地级市包括济宁、渭南、宝鸡、阜阳，这几个地级市都属于较高网络关注度高住宿游客量的地区。同属于 2018 年的 Cluster_9 类和 2018 年的 Cluster_10 类的地级市包括济南和长沙。同属于 2018 年的 Cluster_11 类和 2019 年的 Cluster_1 类的地级市包括沧州、潍坊、淄博、临沂、盐城、扬州、宜昌、晋城、温州、唐山，都属于中等网络关注度中等住宿游客量的地区。同属于 2018 年的 Cluster_8 类和 2019 年的 Cluster_9 类的地级市包括东莞和厦门，两个地区均属于高网络关注度低住宿游客量的地区。

同属于 2018 年的 Cluster_0 类和 2019 年的 Cluster_6 类的地区包括齐齐哈尔、大庆、赤峰、承德、张家口、大同、衡水、德州、东营、枣庄、宿迁、淮北、蚌埠、泰州、莆田、株洲、九江、常德、孝感、荆门、邵阳、衡阳、恩施、宜昌、铜川、延安、庆阳、淮南、包头、西宁、平凉、广元，这些地区属于住宿游客量大于网络关注度、稍低住宿游客量低网络关注度的地级市，也构成了洛阳旅游的重要客源，有进一步开发的潜力。同属于 2018 年的 Cluster_7 类和 2019 年的 Cluster_11 类的地级市包括中山、威海、菏泽、亳州、镇江、嘉兴、金华、宁德、揭阳、惠州、江门、珠海、肇庆、上饶、海口、桂林、大理、宜宾、遵义、怀化、晋中、榆林和汕头，这些低网络关注度特低住宿游客量的地级市具有一定的网络关注度，但住宿游客量却十分低，具有一定的开发潜力。

5.7.3 市际尺度旅游客源市场聚类空间格局

为了从空间格局的角度研究各地级市客源地的聚类结果，制作全国各地级市客源地聚类分析图。住宿游客量与网络关注度相当的地级市具有明显的距离效应和沿海效应，即分布在洛阳一定距离范围内和沿海，这与旅游的距离原则和经济原则一致。

根据 2018 年的客源地聚类结果，运用 K-Means 聚类方法获取的全国各地级市客源地聚类结果可以看出，高住宿游客量高网络关注度的客源地在空间上具有聚集效应，同样，低住宿游客量低网络关注度的客源地在空间上也具有聚集效应，这一规律对于客源市场营销策略的制定具有重要参考价值。住宿游客量与网络关注度的占比中，整体上分类 Cluster_0、Cluster_4、Cluster_5、Cluster_11 在 45 度线以上，而 Cluster_7、Cluster_8、Cluster_9 和 Cluster_3 在 45 度线以下。45 度线反映了网络关注度与住宿游客量的关系，45 度线以上属于高游客量区，以下属于低游客量区。属于高游客量区的 Cluster_0、Cluster_4、Cluster_5 类在以洛阳为中心的西、南、北和沿海地级市聚集。洛阳西部的高游客量客源地在定西、平凉、宝鸡、庆阳、延安、铜川、渭南聚集；洛阳南部的高游客量客源聚集在重庆、恩施、宜昌、荆门、孝感、襄阳、常德，另外在邵阳、衡阳和株洲也形成小面积聚集；洛阳东部的高游客量客源聚集在苏州、泰州、杭州、上海、盐城、连云港、临沂、潍坊、济南、烟台、东营等地级市；洛阳北部的高游客量客源聚集在天津、北京、秦皇岛、唐山、承德、张家口、赤峰、保定、石家庄、衡水、长轴、德州等地级市。这些聚集地区在经济或文化上具有一定的相似性，因此，可作为客源市场研究的出发点，深入探讨客源市场开发的策略。

根据2019年的客源地聚类结果，整体上分类Cluster_1、Cluster_6、Cluster_7、Cluster_8在45度线以上，而Cluster_5、Cluster_9、Cluster_10、Cluster_11在45度线以下。根据2019年的聚类结果的空间格局，客源地聚类在空间上也具有聚集效应。在洛阳西部，天水、宝鸡、平凉、铜川、渭南、庆阳、延安和吕梁产生一个聚集区；在洛阳南部，十堰、襄阳、随州、宜昌、恩施、孝感、荆州、常德、黄冈、安庆等地产生一个聚集区；在洛阳东部，宿迁、淮安、滁州、蚌埠、南通、泰州、盐城、连云港、临沂、泰安、潍坊、济南、烟台等地级市产生一个沿海地级市的聚集区；在洛阳北部，邯郸、德州、衡水、沧州、石家庄、保定、张家口、承德、赤峰产生一个聚集区。而低住宿游客量低网络关注度的客源地也出现明显的客源地聚集现象。

以洛阳为中心，分别以700千米、1000千米和1200千米为半径，形成了3层客源地分布格局。700千米范围内是高住宿游客量高网络关注度的客源地主要地区，在700～1000千米范围内，高游客量客源地明显减少，主要分布在沿海的苏州、杭州、上海等地。在1000千米范围圈以外客源地，来洛阳住宿游客量和网络关注度大部分都比较低，因此，可以将1000千米作为洛阳旅游客源市场开发的优先范围，对于1000千米范围圈以外的客源地，根据实际情况单独研究开发策略。

5.8 小结

利用洛阳市旅游大数据分析平台，提取2018年和2019年两个年份的全国范围内地级市客源地来洛游客量数据。基于百度指数爬虫软件采集相应两个年份的全国各地级市客源地对洛阳5A景区的网络关注度数据。使用ArcGIS研究了洛阳5A景区网络关注度的时空分布特征，构建了地级市客源地聚类模型，并基于RapidMiner大数据分析软件研究了全国各地级市客源地的K-Means聚类特征。研究表明：①全国各地级市客源地到洛阳的游客量与到洛阳的距离具有正相关性，洛阳的全国各地级市客源地对洛阳5A景区的网络关注度与距离有关，但相关性相对较小；②洛阳的全国各地级市客源地在空间上具有明显的聚集效应，高住宿游客量高网络关注度客源地聚集，低住宿游客量低网络关注度客源地也聚集；③整体上，全国各地级市在以洛阳为中心的700千米范围圈内的客源地属于优质范畴，1000千米范围圈具有一定的优质客源地，1200千米范围圈具有较少的优质客源地，1200千米范围圈以外优质客源地极少；④不同类别的客源地聚集现象为客源市场开发提供一定的参考价值。本章从游客量和网络关注度两个维度对洛阳的全国各地级市客源地进行了聚类分析，采用的维度较低，在后续研究中可以增加客源地的经济、交通、文化、人口等维度进行深入研究，对客源地的市场深入开发具有重要的理论和实践指导意义。

参考文献

[1] NURDEWANTO B, SONALITHA E, ZUBAIR A, et al. Taxonomy of artist and art works using hybrid TF-IDF fuzzy C-Means clustering[J]. International journal of advanced science and technology, 2020, 29(3): 12066-12075.

[2] D'AMORE M, BAGGIO R, VALDANI E. A practical approach to big data in tourism: a low cost raspberry Pi cluster[J]. Springer books, 2015.

[3] PUTRI R A, MAGHFIRANI N I, SETYAWAN G R, et al. Analisis pengelompokan peraturan kementerian dengan menggunakan K-Means clustering[J]. Jurnal sisfokom (sistem informasi dan komputer), 2020, 9(2): 152.

[4] HENG L I, HUA Q, BUSINESS S O. Research on tourism virtual industry cluster based on big data platform[J]. Business management journal, 2018.

[5] 何利芳, 陈奕娟, 张诚一. 海南省市县旅游收益聚类分析及MATLAB实现[J]. 海南师范大学学报（自然科学版），2014, 27(2): 5.

[6] REINA M N R. Google trends and tourism: regression cluster analysis[C]//11th Inter. Conference on Modern Research in Management, Economics and Accounting, 2020.

[7] RUKOMOINIKOVA V, POLUKHINA A. Development of cluster approach in tourism (Russia case study)[J]. Istrazivanja i projektovanja za privredu, 2016, 14(1): 61-67.

[8] LINCARU C, PRCIOG S, ATANASIU D, et al. Patterns of mainly tourism sectors at local level by employee's characteristics using gis multivariate clustering analysis - romania case study[J]. Regional science inquiry, 2020, xii.

[9] SAVAIANO S, DRAGO C. Cluster validation in unsupervised machine learning with application to the analysis of the tourism demand in Italy after COVID-19 lockdown[J]. SSRN electronic journal, 2021.

[10] 戈国梁. 基于大数据模糊K均值聚类的英语教学能力评估算法研究[J]. 现代电子技术, 2017, 40(20): 3.

[11] 陈雪刚. 基于大数据技术的微博舆情快速自聚类方法研究[J]. 情报杂志, 2017, 36(5): 5.

[12] 罗恩韬, 王国军. 大数据中一种基于语义特征阈值的层次聚类方法[J]. 电子与信息学报, 2015, 37(12): 2795-2801.

[13] 周润物, 李智勇, 陈少淼, 等. 面向大数据处理的并行优化抽样聚类K-means算法[J]. 计算机应用, 2016, 36(2): 6.

[14] 向尧, 袁景凌, 钟珞, 等. 一种面向大数据集的粗粒度并行聚类算法研究[J]. 小型微型计算机系统, 2014, 35(10): 2370-2374.

[15] 陈小玉, 李晓静, 马海英. 一种面向大数据的快速自动聚类算法[J]. 计算机应用研究, 2017, 34(9): 2651-2654, 2658.

[16] 杨克光. 面向大数据集的递增聚类方法研究[J]. 现代电子技术, 2017, 40(9): 4.

[17] 于彦伟, 贾召飞, 曹磊, 等. 面向位置大数据的快速密度聚类算法[J].软件学报, 2018, 29(8): 2470-2484.

[18] 卢献华, 王洪俊. 基于大数据计算框架的分布式新闻聚类系统设计[J].计算机科学, 2019, 46(S11): 4.

[19] 杨文静. 大数据环境下基于狼群优化的聚类算法分析与研究[J]. 现代电子技术, 2019, 42(17): 3.

[20] 陈利锋. 基于优化聚类算法的多源大数据跨源调度系统设计[J].现代电子技术, 2022, 45(24): 151-155.

[21] 段莉琼, 宫辉力, 刘少俊, 等. 基于客源地的聚类-ARIMA模型的短期旅游需求预测:以天津欢乐谷主题公园为例[J]. 地域研究与开发, 2017, 36(3): 108-112, 141.

[22] 朱晓斌, 周应新, 杨建喜, 等.基于大数据的桥梁监测信息聚类分析[J].公路交通科技: 应用技术版, 2015(4): 3.

[23] 李春英, 张巍巍. 全球大数据与健康管理的研究热点聚类分析[J].中国医院管理, 2016, 36(10): 3.

[24] 卢志茂, 冯进玫, 范冬梅, 等. 面向大数据处理的划分聚类新方法[J].系统工程与电子技术, 2014, 36(5): 1010-1015.

[25] 李明倩, 王苗, 刘芳. 基于相似度计算的大数据访存踪迹聚类仿真[J].计算机仿真, 2023, 40(3): 5.

[26] 何玉新.增广链修复下大数据并行搜索聚类算法[J].科技通报, 2016, 32(3): 5.

[27] 谭海中, 刘玉春. 关联规则聚类更新的大数据文件请求流分析[J].计算机工程与设计, 2017, 38(11): 7.

[28] 刘先花. 基于群体协同智能聚类的大数据存储系统设计[J].现代电子技术, 2017, 40(23): 130-133.

[29] 田华, 何翼. 基于绕质心聚类算法的大数据挖掘[J].计算机应用研究, 2020(12): 37.

[30] 张娅.基于K均值聚类的大数据频繁项集挖掘研究[J].计算机仿真, 2020, 37(8): 5.

[31] 顾秋实, 张海平, 陈旻, 等. 基于手机信令数据的南京市旅游客源地网络层级结构及区域分异研究[J]. 地理科学, 2019, 39(11): 10.

[32] 刘逸, 陈欣诺, 保继刚, 等. 游客对自然和人文旅游资源的情感画像差异研究[J].旅游学刊, 2019, 34(10): 11.

[33] 顾渐萍, 王远斌, 刘贵文, 等. 基于文本大数据的游客旅游意象感知挖掘研究: 以重庆市为例[J].现代城市研究, 2019, 34(12): 9.

[34] 李君轶, 朱函杰, 付利利. 基于大数据的西安市国内游客情感体验时空变化研究[J].干旱区地理, 2020, 43(4): 10.

[35] 罗恩韬, 王国军, 李超良. 大数据环境中多维数据去重的聚类算法研究[J]. 小型微型计算机系统, 2016, 37(3): 438-442.

[36] 吕国, 肖瑞雪, 白振荣, 等. 大数据挖掘中的MapReduce并行聚类优化算法研究[J]. 现代电子技术, 2019, 42(11): 4.

[37] 姜延文. 大数据分析下多维离散数据高效聚类方法仿真[J].计算机仿真, 2019, 36(2).
[38] 徐宇昭, 肖婧嫣, 杨柳, 等. 大数据环境下基于K均值聚类的网络伪舆情分类研究[J]. 湘潭大学自然科学学报, 2020(6): 42.
[39] 张玲玲, 张笑, 崔怡雯. 基于聚类方法的百度搜索指数关键词优化及客流量预测研究[J]. 管理评论, 2018, 30(8): 12.
[40] 任宇杰, 马坤, 唐晓岚, 等. 基于LBSN大数据的旅游目的地类簇选点及热度分析[J].科技通报, 2019(1): 7.
[41] 陈宁, 彭霞, 黄舟. 社交媒体地理大数据的旅游景点热度分析[J]. 测绘科学, 2016, 41(12): 6.
[42] 汪永旗, 王惠娇. 旅游大数据的MapReduce客户细分应用[J].华侨大学学报(自然科学版), 2015, 36(3): 5.

第 6 章 旅游景区关联挖掘

6.1 关联挖掘算法原理

6.1.1 数据关联分析概述

关联分析又称关联挖掘，就是在交易数据、关系数据或其他信息载体中，查找存在于项目集合或对象集合之间的频繁模式、关联、相关性或因果结构。或者说，关联分析就是发现交易数据库中不同商品（项）之间的联系。

关联分析是一种简单、实用的分析技术，就是发现存在于大量数据集中的关联性或相关性，从而描述一个事物中某些属性同时出现的规律和模式。

关联分析是从大量数据中发现项集之间有趣的关联和相关联系。关联分析的一个典型例子是购物篮分析。该过程通过发现顾客放入购物篮中不同商品之间的联系，分析顾客的购买习惯。通过了解哪些商品频繁被顾客同时购买，这种关联可以帮助零售商制定营销策略。其他的应用还包括价目表设计、商品促销、商品的排放和基于购买模式的顾客划分。

可从数据库中关联分析出形如"由于某些事件的发生而引起另外一些事件的发生"之类的规则，如"67%的顾客在购买啤酒的同时会购买尿布"，因此通过合理的啤酒和尿布的货架摆放或捆绑销售可提高超市的服务质量和效益。

6.1.2 数据关联分析方法

（1）Apriori 算法

Apriori 算法是挖掘产生布尔关联规则所需频繁项集的基本算法，也是最著名的关联规则挖掘算法之一。Apriori 算法就是根据有关频繁项集特性的先验知识命名的。它使用一种称作逐层搜索的迭代方法，k-项集用于探索（$k+1$）-项集。首先，找出频繁 1-项集的集合，记作 $L1$，$L1$ 用于找出频繁 2-项集的集合 $L2$，再用于找出 $L3$，如此下去，直到不能

找到频繁 k-项集。找每个 Lk 需要扫描一次数据库。为提高按层次搜索并产生相应频繁项集的处理效率，Apriori 算法利用了一个重要性质，并应用该性质来帮助有效缩小频繁项集的搜索空间。

Apriori 性质：一个频繁项集的任一子集也应该是频繁项集。证明根据定义，若一个项集 I 不满足最小支持度阈值 min_sup，则 I 不是频繁的，即 $P(I) < min\_sup$。若增加一个项 A 到项集 I 中，则结果新项集（$I \cup A$）也不是频繁的，在整个事务数据库中出现的次数也不可能多于原项集 I 出现的次数，因此 $P(I \cup A) < min\_sup$，即（$I \cup A$）也不是频繁的。这样就可以根据逆反公理确定 Apriori 性质成立。

针对 Apriori 算法的不足，对其进行优化：

①基于划分的方法。该算法先把数据库从逻辑上分成几个互不相交的块，每次单独考虑一个分块并对它生成所有的频繁项集，然后把产生的频繁项集合并，用来生成所有可能的频繁项集，最后计算这些项集的支持度。这里分块的大小选择要使得每个分块可以被放入主存，每个阶段只需被扫描一次。而算法的正确性是由每一个可能的频繁项集至少在某一个分块中是频繁项集保证的。

上面所讨论的算法是可以高度并行的。可以把每一个分块分别分配给某一个处理器生成频繁项集。产生频繁项集的每一个循环结束后，处理器之间进行通信来产生全局的候选是一项集。通常这里的通信过程是算法执行时间的主要瓶颈。另外，每个独立的处理器生成频繁项集的时间也是一个瓶颈。其他的方法还有在多处理器之间共享一个杂凑树来产生频繁项集，更多关于生成频繁项集的并行化方法可以在其中找到。

②基于哈希的方法。Park 等人提出了一个高效产生频繁项集的基于哈希的算法。通过实验可以发现，寻找频繁项集的主要计算是在生成频繁 2-项集 Lk 上，Park 等人就是利用这个性质引入哈希技术来改进产生频繁 2-项集的方法。

③基于采样的方法。基于前一遍扫描得到的信息，详细地对它做组合分析，可以得到一个改进的算法，其基本思想是：先使用从数据库中抽取出来的采样得到一些在整个数据库中可能成立的规则，然后对数据库的剩余部分验证这个结果。这个算法相当简单并显著地减少了 FO 代价，但是缺点在于产生的结果不精确，即存在所谓的数据扭曲（Datas Kew）。分布在同一页面上的数据时常是高度相关的，不能表示整个数据库中模式的分布，由此而导致的是采样 5%的交易数据所花费的代价同扫描一遍数据库相近。

（2）FP-Growth 算法

由于 Apriori 方法的固有缺陷，即使进行了优化，其效率仍然不能令人满意。2000 年，Han 等人提出了基于频繁模式树（Frequent Pattern Tree，FP-Tree）的发现频繁模式的算法 FP-Growth。在 FP-Growth 算法中，通过两次扫描事务数据库，把每个事务所包含的频繁项目按其支持度降序压缩存储到 FP-Tree 中。在以后发现频繁模式的过程中，不需要再扫描事务数据库，仅在 FP-Tree 中进行查找即可，并通过递归调用 FP-Growth 的方法直接产生频繁模式，因此在整个发现过程中也无须产生候选模式。该算法克服了 Apriori 算法中存在的问题，在执行效率上也明显好于 Apriori 算法。

6.1.3 数据关联分析解决的问题

应用背景：除最常见的捆绑销售、购物车推荐外，还有库存管理、促销设计、排版、网站浏览、广告流量、关键字搜索、互斥规则规避等。本书整理了10个阿里云天池、DataCastle、DataFountain等中出现的，可使用关系规则算法处理的问题场景实例。

（1）穿衣搭配推荐

穿衣搭配是服饰鞋包导购中非常重要的课题，基于搭配专家和达人生成的搭配组合数据、百万级别的商品文本和图像数据以及用户的行为数据，期待能从以上行为、文本和图像数据中挖掘穿衣搭配模型，为用户提供个性化、优质的、专业的穿衣搭配方案，预测给定商品的搭配商品集合。

（2）互联网情绪指标和生猪价格的关联关系挖掘和预测

生猪是畜牧业的第一大产业，价格波动的社会反应非常敏感。生猪价格变动主要受市场供求关系的影响。然而专家和媒体对于生猪市场前景的判断以及疫情的报道，是否会对养殖户和消费者的情绪产生影响？情绪上的变化是否会对这些人群的行为产生一定影响，从而影响生猪市场的供求关系？互联网作为网民发声的第一平台，在网民情绪的捕捉上具有天然的优势。可以基于提供的数据，挖掘出互联网情绪指标与生猪价格之间的关联关系，从而形成基于互联网数据的生猪价格预测模型，挖掘互联网情绪指标与生猪价格之间的关联关系。

（3）依据用户轨迹的商户精准营销

随着用户访问移动互联网的与日俱增，随着移动终端的大力发展，越来越多的用户选择使用移动终端访问网络，根据用户访问网络偏好，也形成了相当丰富的用户网络标签和画像。如何根据用户的画像对用户进行精准营销成为很多互联网和非互联网企业的新发展方向。如何利用已有的用户画像对用户进行分类，并针对不同分类进行业务推荐，特别是在用户身处特定的地点，如何根据用户画像进行商户和用户的匹配，并通过不同渠道推送相应的优惠和广告信息。

希望根据商户位置及分类数据、用户标签画像数据提取用户标签和商户分类的关联关系，然后根据用户在某一段时间内的位置数据，判断用户进入该商户范围300米内，则对用户推送符合该用户画像的商户位置和其他优惠信息。

（4）地点推荐系统

随着移动社交网络的兴起，用户的移动数据得到了大量累积，这些移动数据能够基于地点推荐技术帮助人们熟悉周遭环境，提升地点的影响力。希望利用用户的签到记录和地点的位置、类别等信息，为每个用户推荐50个感兴趣的地点。

（5）气象关联分析

在社会经济生活中，不少行业，如农业、交通业、建筑业、旅游业、销售业、保险业等，无一例外与天气的变化息息相关。随着各行各业对气象信息的需求越来越大，社会各方对气象数据服务的个性化和精细化要求也在不断提升，如何开发气象数据在不同领域的应用，更好地支持大众创业、万众创新，服务国计民生，是气象大数据面临的迫切需求。

为了更深入地挖掘气象资源的价值，希望基于中国地面历史气象数据，推动气象数据与其他行业数据的有效结合，寻求气象要素之间以及气象与其他事物之间的相互关系，让气象数据发挥更多元化的价值。

（6）交通事故成因分析

随着时代发展，便捷交通对社会产生巨大贡献的同时，各类交通事故也严重地影响了人们生命财产安全和社会经济发展。为了更深入挖掘交通事故的潜在诱因，带动公众关注交通安全，贵阳市交通管理局开放交通事故数据及多维度参考数据，希望通过对事故类型、事故人员、事故车辆、事故天气、驾照信息、驾驶人员犯罪记录等数据以及其他和交通事故有关的数据进行深度挖掘，形成交通事故成因分析方案。

（7）基于兴趣的实时新闻推荐

随着近年来互联网的飞速发展，个性化推荐已成为各大主流网站的一项必不可少服务。提供各类新闻是门户网站在互联网上的传统服务，但是与当今蓬勃发展的电子商务网站相比，新闻的个性化推荐服务水平仍存在较大差距。一个互联网用户可能不会在线购物，但是绝大部分的互联网用户都会在线阅读新闻。因此资讯类网站的用户覆盖面更广，如果能够更好地挖掘用户的潜在兴趣并进行相应的新闻推荐，就能够产生更大的社会和经济价值。初步研究发现，同一个用户浏览的不同新闻内容之间会存在一定的相似性和关联，物理世界完全不相关的用户也有可能拥有类似的新闻浏览兴趣。此外，用户浏览新闻的兴趣也会随着时间变化，这给推荐系统带来了新的机会和挑战。

因此，希望通过对带有时间标记的用户浏览行为和新闻文本内容进行分析，挖掘用户的新闻浏览模式和变化规律，设计及时准确的推荐系统预测用户未来可能感兴趣的新闻。

（8）银行金融客户交叉销售分析

某商业银行希望通过对个人客户购买本银行金融产品的数据进行分析，从而发现交叉销售的机会。

（9）电子商务搭配购买推荐

电子购物网站使用关联规则进行挖掘，然后设置用户有意要一起购买的捆绑包。也有一些购物网站使用它们设置相应的交叉销售，购买某种商品的顾客会看到相关的另外一种商品的广告。

（10）银行营销方案推荐

关联规则挖掘技术已经被广泛应用在金融行业企业中，它可以成功预测银行客户需求。一旦获得了这些信息，银行就可以改善自身营销。如各银行在自己的ATM机上捆绑了顾客可能感兴趣的本行产品信息，供使用本行ATM机的用户了解。如果数据库中显示，某个高信用限额的客户更换了地址，这个客户很有可能新近购买了一栋更大的住宅，因此会有可能需要更高信用限额、更高端的新信用卡，或者一个住房改善贷款，这些产品都可以通过信用卡账单邮寄给客户。当客户打电话咨询的时候，数据库可以有力地帮助电话销售代表，销售代表的电脑屏幕上可以显示出客户的特点，同时可以显示出顾客会对什么产品感兴趣。

6.2 数据关联分析算法

6.2.1 Apriori关联分析算法

Apriori算法是第一个关联规则挖掘算法，也是最经典的算法。它利用逐层搜索的迭代方法找出数据库中项集的关系以形成规则，其过程由连接（类矩阵运算）与剪枝（去掉那些没必要的中间结果）组成。该算法中项集的概念为项的集合。包含k个项的集合为k项集。项集出现的频率是包含项集的事务数，称为项集的频率。如果某项集满足最小支持度，则称它为频繁项集。

（1）简介

关联规则挖掘是数据挖掘中最活跃的研究方法之一。最早是1993年由Agrawal等人针对购物篮分析问题提出的，目的是发现交易数据库中不同商品之间的联系规则。这些规则刻画了顾客购买行为模式，可以用来指导商家科学地安排进货、库存以及货架设计等。之后诸多研究人员对关联规则的挖掘问题进行了大量研究。他们的工作涉及关联规则挖掘理论的探索、原有的算法改进和新算法的设计、并行关联规则挖掘（Parallel Association Rule Mining）以及数量关联规则挖掘（Quantitive Association Rule Mining）等问题。在提高挖掘规则算法的效率、适应性、可用性以及应用推广等方面，许多学者进行了不懈努力。

Apriori算法是一种挖掘关联规则的频繁项集算法，是一种最有影响的挖掘布尔关联规则频繁项集的算法。其核心思想是通过候选集生成和情节的向下封闭检测两个阶段来挖掘频繁项集，是基于两阶段频繁项集思想的递推算法。该关联规则在分类上属于单维、单层、布尔关联规则。在这里，所有支持度大于最小支持度的项集称为频繁项集，简称频集。Apriori算法已经被广泛应用到商业、网络安全等各个领域。Apriori算法采用了逐层搜索的迭代的方法，算法简单明了，没有复杂的理论推导，也易于实现。但其有一些难以克服的缺点：①对数据库的扫描次数过多；②会产生大量的中间项集；③采用唯一支持度；④算法的适用面窄。

（2）算法思想

首先找出所有的频集，这些项集出现的频繁性至少和预定义的最小支持度一样。然后由频集产生强关联规则，这些规则必须满足最小支持度和最小可信度。然后使用第1步找到的频集产生期望的规则，产生只包含集合的项的所有规则，其中每一条规则的右部只有一项，这里采用的是中规则的定义。一旦这些规则被生成，那么只有那些大于用户给定的最小可信度的规则才被留下来。为了生成所有频集，使用了递归的方法。

（3）算法应用

Apriori算法广泛应用于各种领域，通过对数据的关联性进行分析和挖掘，挖掘出的这些信息在决策制定过程中具有重要的参考价值。

Apriori算法广泛应用于商业中，应用于消费市场价格分析中，它能够很快求出各种产品之间的价格关系和它们之间的影响。通过数据挖掘，市场商人可以瞄准目标客户，采用个人股票行市、最新信息、特殊的市场推广活动或其他一些特殊的信息手段，从而极大地减少广告预算。百货商场、超市和一些老字型大小的零售店也在进行数据挖掘，以便猜测这些年来顾客的消费习惯。

Apriori算法应用于网络安全领域，如网络入侵检测技术中。早期中大型的电脑系统都收集审计信息来建立跟踪档案，这些审计跟踪的目的多是性能测试或计费，因此对攻击检测提供的有用信息比较少。它通过模式学习和训练可以发现网络用户的异常行为模式。采用作用度的Apriori算法削弱了Apriori算法的挖掘结果规则，使网络入侵检测系统可以快速发现用户的行为模式，能够快速锁定攻击者，提高了基于关联规则的入侵检测系统的检测性。

Apriori算法应用于高校管理中。随着高校贫困生人数的不断增加，学校管理部门资助工作难度也逐渐提高。针对这一现象，提出一种基于数据挖掘算法的解决方法。将关联规则的Apriori算法应用到贫困助学体系中，并且针对经典Apriori算法存在的不足进行改进，先将事务数据库映射为一个布尔矩阵，用一种逐层递增的思想来动态地分配内存进行存储，再利用向量求"与"运算，寻找频繁项集。实验结果表明，改进后的Apriori算法在运行效率上有了很大提升，挖掘出的规则也可以有效地辅助学校管理部门有针对性地开展贫困助学工作。

Apriori算法应用于移动通信领域。移动增值业务逐渐成为移动通信市场上最有活力、最具潜力、最受瞩目的业务。随着产业的复苏，越来越多的增值业务表现出强劲的发展势头，呈现出应用多元化、营销品牌化、管理集中化、合作纵深化的特点。针对这种趋势，在关联规则数据挖掘中广泛应用的Apriori算法被很多公司应用。依托某电信运营商正在建设的增值业务Web数据仓库平台，对来自移动增值业务方面的调查数据进行相关的挖掘处理，从而获得了关于用户行为特征和需求的，间接反映市场动态的有用信息，这些信息在指导运营商的业务运营和辅助业务提供商的决策制定等方面具有十分重要的参考价值。

在地球科学数据分析中，关联模式可以揭示海洋、陆地和大气过程之间的有意义的关系。这些信息能够帮助地球科学家更好地理解地球系统中不同的自然力之间的相互作用。

（4）有关术语

1）支持度（support）：support（A=>B）=P（A∪B），表示A和B同时出现的概率。

2）置信度（confidence）：confidence（A=>B）=support（A∪B）/support（A），表示A和B同时出现的概率占A出现概率的比值。

3）频繁项集：频繁项集挖掘是数据挖掘研究课题重要的研究基础，它可以告诉我们数据集中经常一起出现的变量，为可能的决策提供一些支持。频繁项集挖掘是关联规则、相关性分析、因果关系、序列项集、局部周期性、情节片段等许多重要数据挖掘任务的基础。因此，频繁项集有着很广泛的应用，如购物篮数据分析、网页预取、交叉购物、个性化网站、网络入侵检测等。对频繁项集挖掘算法进行研究的方向大概可归纳为以下4个方面：①在遍历方向上采取自底向上、自顶向下以及混合遍历的方式；②在搜索策略上采取深度优先和宽度优先策略；③在项集的产生上着眼于是否会产生候选项集；④在数据库的布局上，从垂直和水平两个方向考虑。对于不同的遍历方式，数据库的搜索策略和布局方式将会产生不同的方法，研究表明，没有什么挖掘算法能同时对所有的定义域和数据类型都优于其他的挖掘算法，每一种相对较为优秀的算法都有具体的适用场景和环境。

4）强关联规则：满足最小支持度和最小置信度的关联规则。

6.2.2 FP-Growth关联分析算法

使用FP-Growth算法高效发现频繁项集。

（1）简述

搜索引擎有这样一个功能：输入一个单词或者单词的一部分，搜索引擎会自动补全查询词项，用户甚至都不知道搜索引擎推荐的东西是否存在，反而会去查找推荐词项，如在百度输入"为什么"开始查询时，会出现诸如"为什么我有了变身器却不能变身奥特曼"之类滑稽的推荐结果。为了给出这些推荐查询词项，搜索引擎公司的研究人员使用了本书要介绍的一个算法，他们通过查看互联网上的用词来找出经常一起出现的词对，这需要一种高效发现频繁项集的方法。该算法称作FP-Growth，又称为FP-增长算法，它比Apriori算法要快，基于Apriori构建，但在完成相同任务时采用了一些不同的技术。

（2）FP-Tree表示法

FP-Tree是一种输入数据的压缩表示，它通过逐个读入事务，并把事务映射到FP-Tree中的一条路径来构造，由于不同的事务可能会有若干个相同的项，因此它们的路径可能部分重叠。路径相互重叠越多，使用FP-Tree结构获得的压缩效果越好，如果FP-Tree足够小，能够存放在内存中，就可以直接从这个内存中的结构提取频繁项集，而不必重复地扫描存放在硬盘中的数据。

（3）FP-Growth算法的频繁项集产生

FP-Growth是一种自底向上方式探索树，是由FP-Tree产生频繁项集的算法。给定上面构建的FP-Tree，算法首先查找以e结尾的频繁项集，接下来是b、c、d，最后是a，由于每一个事务都映射到FP-Tree中的一条路径，因为通过仅考察包含特定节点（如e）的路径，就可以发现以e结尾的频繁项集，使用与节点e相关联的指针，可以快速访问这些路径。

FP-Growth采用分治策略将一个问题分解为较小的子问题，从而发现以某个特定后缀结尾的所有频繁项集。例如，假设对发现所有以e结尾的频繁项集感兴趣，为了实现这个目的，必须首先检查项集{e}本身是否频繁，如果它是频繁的，则考虑发现以de结尾的频繁项集子问题，接下来依次是ce和ae，每一个子问题可以进一步划分为更小的子问题，通过合并这些子问题的结果，就可以找到所有以e结尾的频繁项集，这种分治策略是FP-Growth算法采用的关键策略。

FP-Growth是一个有趣的算法，它展示了如何使用事务数据集的压缩表示来有效地产生频繁项集，此外对于某些事务数据集，FP-Growth算法比标准的Apriori算法要快几个数量级，FP-Growth算法的运行性能取决于数据集的"压缩因子"。如果生成的FP-Tree非常茂盛（在最坏的情况下，是一颗完全二叉树），则算法的性能显著下降，因为算法必须产生大量的子问题，并且需要合并每个子问题返回的结果。

6.3 数据关联分析技术

采用基于 RapidMiner 的 FP-Growth 关联分析技术。

（1）导入关联数据集

将待分析的关联数据集拖入建模界面，该数据集中的数据一般为数值类型，需要将数据集转换成布尔型数据值类型。

（2）数据类型转换

拖入数值转布尔型操作对象，执行数据类型转换。在进行数值类型转换之前，需要首先处理数据缺失和数据错误。

（3）FP-Growth 关联分析

将 FP-Growth 关联分析操作对象拖入建模界面，设置关联分析操作对象参数，设置最小支持度，通常为 0.8，连接数值转换操作对象与 FP-Growth 关联分析操作对象。

（4）创建关联规则

将关联规则操作对象拖入建模界面，设置最小置信度，通常可以设置为 0.9，在模型执行过程中，可以实时调整模型参数。将创建规则操作对象连接 FP-Growth 关联分析对象。建好的模型如图 6-1 所示。

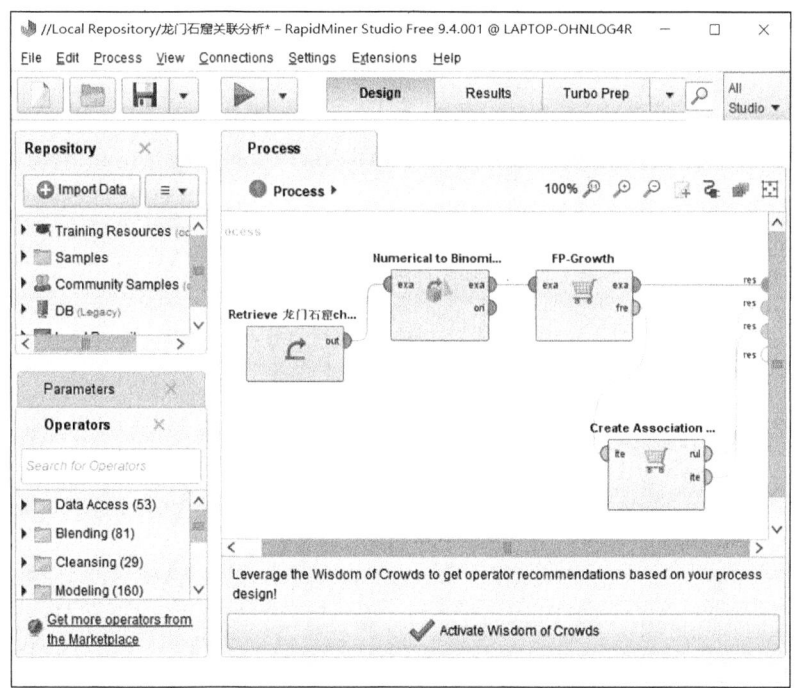

图 6-1　RapidMiner 中的 FP-Growth 关联分析

6.4 研究对象

以河南省内的一些著名景区为研究对象，研究这些景区之间的关联关系。景区选择少林寺、龙门石窟、白马寺、老君山、嵖岈山、红旗渠、鸡冠洞、龙潭大峡谷、大峡谷、芒砀山、清明上河园、殷墟等。将每一个游客所游览的景区之间的关联关系提取出来，进一步为景区旅游线路规划提供参考。游客对景区的选择代表了游客的旅游偏好，通过这些旅游偏好，能够研究出游客更希望游览的景区有哪些。不同的游客对景区的偏好是不同的，有的以休闲观光为主，可能选择自然风光类景区，那么，对于这些游客来说，自然风光类景区之间的关联性就比较强。有些游客选择文化古迹类景区作为游览对象，对于这些游客来说，文化古迹类景区之间的关联性就比较强。通过本研究，我们也可以把景区和游客进行分类研究。通过关联关系和关联规则的挖掘，也能够反过来研究游客的分类。通过这些游客的分类，能够帮助我们进一步进行旅游管理和旅游规划的细化。

6.5 数据获取与处理

通过爬取携程等在线旅游网上的旅游攻略数据获取游客所到达的景区数据。对通过网络爬虫爬取的游客足迹数据进行提取，得到每个游客曾经到达的旅游景区数据。对采集的游客足迹数据进行标准化处理，统一、归纳、补充，进而获得完整的游客所达景区足迹数据。对游客所达景区的足迹数据进行处理，获得游客是否到达某些景区，到达设置为1，没有到达设置为0，结果如表6-1所示。由表6-1我们可以看到，ID为1的游客到达了龙门石窟、白马寺、嵩山、少林寺、香山寺、白园、嵩山书院、塔林景区，没有去过古墓博物馆、永泰寺等景区。

表 6-1 游客到达景区示例数据（一）

游客ID	洛阳	龙门石窟	白马寺	嵩山	少林寺	香山寺	白园	嵩阳书院	塔林	古墓博物馆	栾川	伊川	洛阳易家快捷（公寓）酒店	永泰寺	洛阳舒阁快捷酒店	天子驾六博物馆
1	1	1	1	1	1	1	1	1	1	0	0	0	0	0	0	0
2	1	1	1	0	1	1	1	0	0	1	1	1	0	0	0	0
3	1	1	1	1	1	1	1	0	1	0	0	0	1	1	1	1
4	0	1	1	0	1	1	1	1	1	0	0	0	0	1	0	0
5	0	0	0	0	1	0	0	0	0	0	0	0	0	0	0	0

第6章 旅游景区关联挖掘

续表

游客ID	洛阳	龙门石窟	白马寺	嵩山	少林寺	香山寺	白园	嵩阳书院	塔林	古墓博物馆	栾川	伊川	洛阳易家快捷（公寓）酒店	永泰寺	洛阳舒阁快捷酒店	天子驾六博物馆
6	0	1	1	0	1	0	0	0	0	0	0	0	0	0	0	0
7	0	0	0	1	1	0	0	0	1	0	0	0	0	0	0	0
8	0	0	0	1	1	0	0	1	0	0	0	0	0	0	0	0
9	1	1	1	1	1	1	1	1	1	0	0	0	0	0	0	1
10	0	0	0	0	1	0	0	0	0	0	0	0	0	0	0	0
11	1	0	0	1	1	0	0	0	1	0	0	0	0	0	0	0
12	0	0	0	0	1	0	0	1	1	0	0	0	0	0	0	0
13	0	0	0	0	1	0	0	1	1	0	0	0	0	0	0	0
14	0	0	0	1	1	0	0	0	1	0	0	0	0	0	0	0
15	0	0	0	1	1	0	0	0	1	0	0	0	0	1	0	0
16	0	0	0	1	1	0	0	0	0	0	0	0	0	0	0	0
17	0	0	0	0	1	0	0	0	0	0	0	0	0	0	0	0
18	0	0	0	0	1	0	0	0	0	0	0	0	0	0	0	0
19	0	0	0	0	1	0	0	0	0	0	0	0	0	0	0	0
20	0	0	0	0	1	0	0	1	0	0	0	0	0	0	0	0
21	1	1	1	1	0	1	0	1	1	0	0	0	0	0	0	0
22	0	1	1	0	1	1	0	0	0	0	0	0	0	0	0	0
23	0	0	0	0	1	0	0	0	0	0	0	0	0	0	0	0
24	0	0	0	1	1	0	0	0	1	0	0	0	0	0	0	0
25	1	1	1	0	1	1	1	0	0	0	0	0	0	0	0	0
26	0	0	0	0	1	0	0	0	0	0	0	0	0	0	0	0
27	0	1	0	0	1	0	0	0	1	0	0	0	0	0	0	0
28	1	1	1	1	1	0	1	1	1	0	0	0	0	0	0	0
29	1	1	1	0	1	0	0	0	0	0	0	0	0	0	0	0
30	0	0	0	1	0	0	0	0	0	0	0	0	0	0	0	0

6.6 关联规则挖掘

基于RapidMiner数据分析软件和FP-Growth关联规则算法，建立景区关联规则挖掘模型，如图 6-2 所示。具体来说，首先进行数据类型转换，将数值类型转换成布尔类型，1 转为真，0 转为假，示例结果如表 6-2 所示，然后进行 FP-Growth 关联挖掘，设置合适的置信度和支持度阈值，建立游客到达景区的频繁项，然后基于频繁项数据创建关联规则。

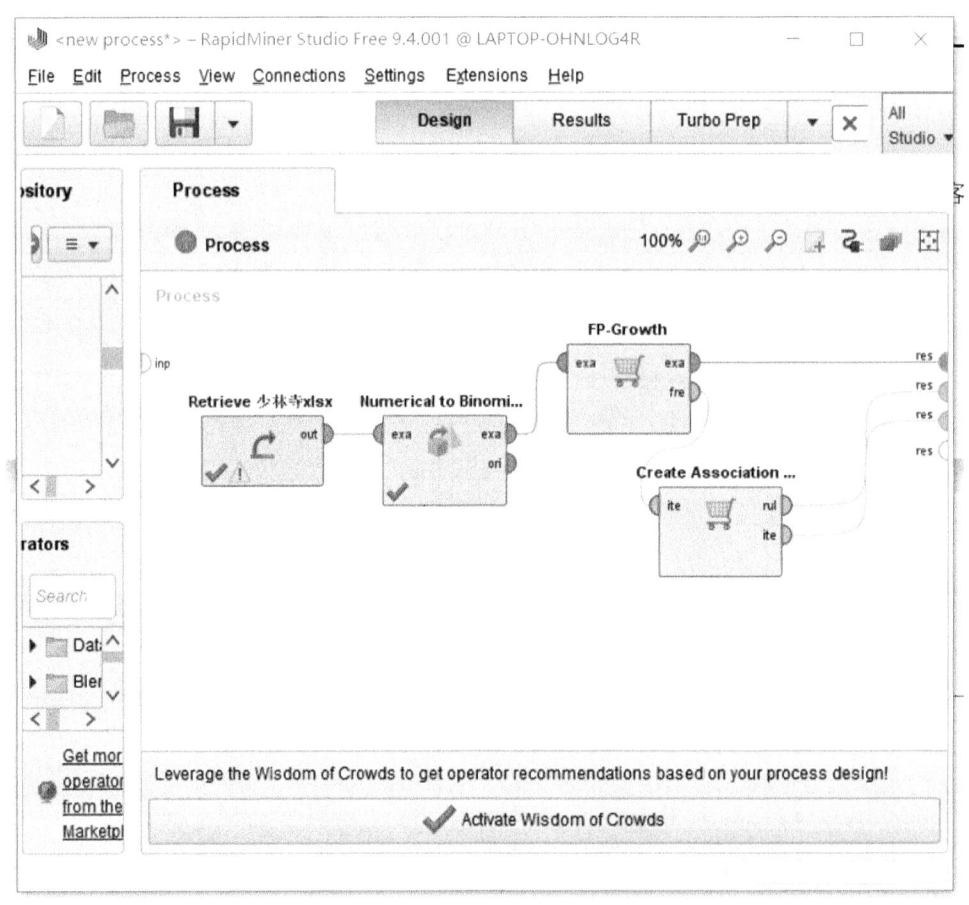

图 6-2　景区关联规则挖掘模型

模型参数需要反复设置，本书为减少篇幅，设置 FP-Growth 关联算法的支持度为 0.5，关联规则的置信度也设置为 0.5，最后运行模型，生成景区关联频繁项和关联规则。基于建立的关联规则挖掘模型，分别对多个景区的关联性进行挖掘。

6.6.1　少林寺的关联景区间的关联规则挖掘

搜索到达少林寺的游客同时到达的其他景区，挖掘到达景区之间的关联规则。基于刚刚建立的关联规则挖掘模型，通过反复尝试，最后在模型中设置最低支持度和最低置信度均为 0.5。运行关联规则挖掘模型，得到景区间的景区关联频繁项，如表 6-3 所示。进一步得到景区关联规则，如表 6-4 所示。

表 6-2 游客到达景区示例数据（二）

游客ID	洛阳	龙门石窟	白马寺	嵩山	少林寺	香山寺	白园	嵩阳书院	塔林	古墓博物馆	栾川	伊川	洛阳易家快捷（公寓）酒店	永泰寺	洛阳舒阁快捷酒店	天子驾六博物馆
1	TRUE	TRUE	TRUE	TRUE	TRUE	TRUE	TRUE	TRUE	TRUE	FALSE	FALSE	FALSE	FALSE	FALSE	FALSE	FALSE
2	TRUE	TRUE	TRUE	FALSE	TRUE	TRUE	TRUE	FALSE	FALSE	TRUE	TRUE	TRUE	FALSE	FALSE	FALSE	FALSE
3	TRUE	TRUE	TRUE	TRUE	TRUE	TRUE	TRUE	FALSE	TRUE	FALSE	FALSE	FALSE	TRUE	TRUE	TRUE	TRUE
4	FALSE	FALSE	FALSE	TRUE	TRUE	TRUE	FALSE	FALSE	FALSE	FALSE	FALSE	FALSE	FALSE	TRUE	FALSE	FALSE
5	FALSE	FALSE	TRUE	FALSE	TRUE	TRUE	FALSE	FALSE	TRUE	FALSE	FALSE	FALSE	FALSE	FALSE	FALSE	FALSE
6	FALSE	TRUE	TRUE	TRUE	TRUE	TRUE	FALSE	FALSE	TRUE	FALSE	FALSE	FALSE	FALSE	FALSE	FALSE	FALSE
7	FALSE	FALSE	FALSE	FALSE	TRUE	TRUE	FALSE	FALSE	FALSE	FALSE	FALSE	FALSE	FALSE	FALSE	FALSE	FALSE
8	FALSE	FALSE	FALSE	TRUE	TRUE	FALSE	FALSE	FALSE	TRUE	TRUE	FALSE	FALSE	FALSE	FALSE	FALSE	FALSE
9	TRUE	TRUE	TRUE	TRUE	TRUE	FALSE	FALSE	TRUE	TRUE	FALSE	FALSE	FALSE	FALSE	FALSE	FALSE	TRUE
10	FALSE	FALSE	FALSE	TRUE	TRUE	FALSE	FALSE	TRUE	TRUE	FALSE	FALSE	FALSE	FALSE	FALSE	FALSE	FALSE
11	TRUE	FALSE	FALSE	TRUE	TRUE	FALSE	FALSE	TRUE	TRUE	FALSE	FALSE	FALSE	FALSE	FALSE	FALSE	FALSE
12	FALSE	FALSE	FALSE	TRUE	TRUE	FALSE	FALSE	TRUE	TRUE	FALSE	FALSE	FALSE	FALSE	FALSE	FALSE	FALSE
13	FALSE	FALSE	FALSE	TRUE	TRUE	FALSE	FALSE	TRUE	TRUE	FALSE	FALSE	FALSE	FALSE	FALSE	FALSE	FALSE
14	FALSE	FALSE	FALSE	TRUE	TRUE	FALSE	FALSE	FALSE	TRUE	FALSE	FALSE	FALSE	FALSE	FALSE	FALSE	FALSE
15	FALSE	FALSE	FALSE	TRUE	TRUE	FALSE	FALSE	FALSE	TRUE	FALSE	FALSE	FALSE	FALSE	TRUE	FALSE	FALSE

续表

游客ID	洛阳	龙门石窟	白马寺	嵩山	少林寺	香山寺	白园	嵩阳书院	塔林	古墓博物馆	栾川	伊川	洛阳易家快捷（公寓）酒店	永泰寺	洛阳舒阁快捷酒店	天子驾六博物馆
16	FALSE	FALSE	FALSE	FALSE	TRUE	FALSE	FALSE	FALSE	FALSE	FALSE	FALSE	FALSE	FALSE	FALSE	FALSE	FALSE
17	FALSE	FALSE	FALSE	FALSE	TRUE	FALSE	FALSE	FALSE	FALSE	FALSE	FALSE	FALSE	FALSE	FALSE	FALSE	FALSE
18	FALSE	FALSE	FALSE	TRUE	TRUE	FALSE	FALSE	FALSE	TRUE	FALSE	FALSE	FALSE	FALSE	FALSE	FALSE	FALSE
19	FALSE	FALSE	FALSE	FALSE	TRUE	FALSE	FALSE	FALSE	FALSE	FALSE	FALSE	FALSE	FALSE	FALSE	FALSE	FALSE
20	FALSE	FALSE	FALSE	TRUE	TRUE	FALSE	FALSE	FALSE	TRUE	FALSE	FALSE	FALSE	FALSE	FALSE	FALSE	FALSE
21	TRUE	TRUE	TRUE	FALSE	TRUE	TRUE	TRUE	FALSE	FALSE	TRUE	FALSE	FALSE	FALSE	FALSE	FALSE	FALSE
22	FALSE	TRUE	TRUE	TRUE	TRUE	FALSE	FALSE	FALSE	TRUE	FALSE	FALSE	FALSE	FALSE	FALSE	FALSE	FALSE
23	FALSE	FALSE	FALSE	FALSE	TRUE	FALSE	FALSE	FALSE	FALSE	FALSE	FALSE	FALSE	FALSE	FALSE	FALSE	FALSE
24	FALSE	FALSE	TRUE	TRUE	TRUE	TRUE	TRUE	FALSE	TRUE	FALSE	FALSE	FALSE	FALSE	FALSE	FALSE	FALSE
25	TRUE	TRUE	TRUE	FALSE	TRUE	FALSE	TRUE	FALSE	FALSE	FALSE	FALSE	FALSE	FALSE	FALSE	FALSE	FALSE
26	FALSE	FALSE	FALSE	TRUE	TRUE	FALSE	TRUE	FALSE	TRUE	FALSE	FALSE	FALSE	FALSE	FALSE	FALSE	FALSE
27	FALSE	FALSE	TRUE	FALSE	TRUE	FALSE	FALSE	TRUE	FALSE	FALSE	FALSE	FALSE	FALSE	FALSE	FALSE	FALSE
28	TRUE	TRUE	TRUE	TRUE	TRUE	TRUE	TRUE	FALSE	TRUE	TRUE	FALSE	FALSE	FALSE	FALSE	FALSE	FALSE
29	TRUE	TRUE	FALSE	FALSE	TRUE	FALSE	FALSE	FALSE	FALSE	FALSE	FALSE	FALSE	FALSE	FALSE	FALSE	FALSE
30	FALSE	FALSE	FALSE	FALSE	TRUE	FALSE	FALSE	FALSE	FALSE	FALSE	FALSE	FALSE	FALSE	FALSE	FALSE	FALSE

第6章 旅游景区关联挖掘

表 6-3 到少林寺的游客到达景区关联频繁项结果

支持度	项1	项2	项3	项4	支持度	项1	项2	项3	项4
0.272	少林寺	洛阳			0.113	塔林	登封		
0.259	少林寺	龙门石窟			0.105	白园	香山寺		
0.245	少林寺	嵩山			0.234	少林寺	洛阳	龙门石窟	
0.226	少林寺	塔林			0.191	少林寺	洛阳	白马寺	
0.204	少林寺	白马寺			0.124	少林寺	洛阳	白园	
0.161	少林寺	三皇寨			0.114	少林寺	洛阳	香山寺	
0.159	少林寺	登封			0.18	少林寺	龙门石窟	白马寺	
0.145	少林寺	郑州			0.126	少林寺	龙门石窟	白园	
0.13	少林寺	白园			0.118	少林寺	龙门石窟	香山寺	
0.122	少林寺	香山寺			0.164	少林寺	嵩山	塔林	
0.12	少林寺	嵩阳书院			0.124	少林寺	嵩山	三皇寨	
0.113	少林寺	开封			0.104	少林寺	嵩山	登封	
0.234	洛阳	龙门石窟			0.132	少林寺	塔林	三皇寨	
0.191	洛阳	白马寺			0.113	少林寺	塔林	登封	
0.124	洛阳	白园			0.105	少林寺	白园	香山寺	
0.114	洛阳	香山寺			0.171	洛阳	龙门石窟	白马寺	
0.18	龙门石窟	白马寺			0.121	洛阳	龙门石窟	白园	
0.126	龙门石窟	白园			0.113	洛阳	龙门石窟	香山寺	
0.118	龙门石窟	香山寺			0.103	嵩山	塔林	三皇寨	
0.164	嵩山	塔林			0.171	少林寺	洛阳	龙门石窟	白马寺
0.124	嵩山	三皇寨			0.121	少林寺	洛阳	龙门石窟	白园
0.104	嵩山	登封			0.113	少林寺	洛阳	龙门石窟	香山寺
0.132	塔林	三皇寨			0.103	少林寺	嵩山	塔林	三皇寨

表 6-4 到少林寺的游客到达景区关联规则结果（详见附表1-1）

Premises	Conclusion	Support	Confidence	LaPlace	Gain	P-S	Lift
少林寺,香山寺	洛阳	0.11	0.94	0.99	-0.13	0.08	3.44
白马寺	洛阳	0.19	0.94	0.99	-0.22	0.14	3.44
白马寺	少林寺,洛阳	0.19	0.94	0.99	-0.22	0.14	3.44
少林寺,白马寺	洛阳	0.19	0.94	0.99	-0.22	0.14	3.44
龙门石窟,白马寺	洛阳	0.17	0.95	0.99	-0.19	0.12	3.47

续表

Premises	Conclusion	Support	Confidence	LaPlace	Gain	P-S	Lift
龙门石窟，白马寺	少林寺，洛阳	0.17	0.95	0.99	−0.19	0.12	3.47
少林寺，龙门石窟，白马寺	洛阳	0.17	0.95	0.99	−0.19	0.12	3.47
白园	洛阳	0.12	0.95	0.99	−0.14	0.09	3.49
白园	少林寺，洛阳	0.12	0.95	0.99	−0.14	0.09	3.49
少林寺，白园	洛阳	0.12	0.95	0.99	−0.14	0.09	3.49
龙门石窟，香山寺	洛阳	0.11	0.95	0.99	−0.12	0.08	3.49
龙门石窟，香山寺	少林寺，洛阳	0.11	0.95	0.99	−0.12	0.08	3.49
少林寺，龙门石窟，香山寺	洛阳	0.11	0.95	0.99	−0.12	0.08	3.49
龙门石窟，白园	洛阳	0.12	0.96	1.00	−0.13	0.09	3.52
龙门石窟，白园	少林寺，洛阳	0.12	0.96	1.00	−0.13	0.09	3.52
少林寺，龙门石窟，白园	洛阳	0.12	0.96	1.00	−0.13	0.09	3.52
白园	龙门石窟	0.13	0.97	1.00	−0.13	0.09	3.75
白园	少林寺，龙门石窟	0.13	0.97	1.00	−0.13	0.09	3.75
少林寺，白园	龙门石窟	0.13	0.97	1.00	−0.13	0.09	3.75
香山寺	龙门石窟	0.12	0.97	1.00	−0.12	0.09	3.76
香山寺	少林寺，龙门石窟	0.12	0.97	1.00	−0.12	0.09	3.76
少林寺，香山寺	龙门石窟	0.12	0.97	1.00	−0.12	0.09	3.76
洛阳，白园	龙门石窟	0.12	0.98	1.00	−0.13	0.09	3.78
洛阳，白园	少林寺，龙门石窟	0.12	0.98	1.00	−0.13	0.09	3.78
少林寺，洛阳，白园	龙门石窟	0.12	0.98	1.00	−0.13	0.09	3.78
洛阳，香山寺	龙门石窟	0.11	0.99	1.00	−0.12	0.08	3.82
洛阳，香山寺	少林寺，龙门石窟	0.11	0.99	1.00	−0.12	0.08	3.82
少林寺，洛阳，香山寺	龙门石窟	0.11	0.99	1.00	−0.12	0.08	3.82

绘制了少林寺相关的景区关联规则图，根据不同的筛选标准，可以获得多个景区关联规则图。筛选标准设置越高，参与关联规则的景区越少（图6-3、图6-4），筛选规则越低，参与关联规则的景区越多（图6-5）。当关联规则筛选标准设置较高时，只有5个景区参与关联规则（图6-4）；当筛选标准稍微降低一点时，有6个景区参与关联规则（图6-3）；当筛选标准再低时，增加到13个景区参与关联规则（图6-5）。

根据图6-3，与少林寺关联的景区或地区包括：香山寺、白马寺、洛阳、龙门石窟、白园。根据图6-4，与少林寺关联的景区中，白马寺没有了。根据图6-5，与少林寺关联的景区或地区包括：嵩山、塔林、嵩山书院、三皇寨、香山寺、白马寺、龙门石窟、白园、登封、开封、洛阳、郑州。因此，关联强的景区主要包括：嵩山、塔林、嵩山书院、三皇寨、香山寺、白马寺、龙门石窟、白园。可以将此设计为增强旅游路线，以增加旅游景区的关联效应，进一步增加旅游收益。

图 6-3　少林寺相关景区关联规则（筛选标准 1）

图 6-4　少林寺相关景区关联规则（筛选标准 2）

图 6-5　少林寺相关景区关联规则（筛选标准 3）

除以图形（图 6-3 至图 6-5）的方式展示景区或地区间的关联规则外，还可以用关联规则文本的方式进行描述。根据置信水平，可以获得多条关联规则，主要关联规则如下：

● 主要关联规则：

[白马寺]→[洛阳，龙门石窟]（confidence：0.835）

[白马寺]→[少林寺，洛阳，龙门石窟]（confidence：0.835）

[少林寺，白马寺]→[洛阳，龙门石窟]（confidence：0.835）

[洛阳]→[龙门石窟]（confidence：0.857）

[洛阳]→[少林寺，龙门石窟]（confidence：0.857）

[少林寺，洛阳]→[龙门石窟]（confidence：0.857）

[白马寺]→[龙门石窟]（confidence：0.883）

[白马寺]→[少林寺，龙门石窟]（confidence：0.883）

[少林寺，白马寺]→[龙门石窟]（confidence：0.883）

[洛阳，白马寺]→[龙门石窟]（confidence：0.892）

[洛阳，白马寺]→[少林寺，龙门石窟]（confidence：0.892）

[少林寺，洛阳，白马寺]→[龙门石窟]（confidence：0.892）

[龙门石窟]→[洛阳]（confidence：0.902）

[龙门石窟]→[少林寺，洛阳]（confidence：0.902）

[少林寺，龙门石窟]→[洛阳]（confidence：0.902）

[白马寺]→[洛阳]（confidence：0.937）

[白马寺]→[少林寺，洛阳]（confidence：0.937）

[少林寺，白马寺]→[洛阳]（confidence：0.937）

[龙门石窟，白马寺]→[洛阳]（confidence：0.946）

[龙门石窟，白马寺]→[少林寺，洛阳]（confidence：0.946）

[少林寺，龙门石窟，白马寺]→[洛阳]（confidence：0.946）

6.6.2 龙门石窟的关联景区间的关联规则挖掘

搜索到达龙门石窟的游客同时到达的其他景区，挖掘到达景区之间的关联规则。基于刚刚建立的关联规则挖掘模型，通过反复尝试，最后在模型中设置最低支持度和最低置信度均为0.5。运行关联规则挖掘模型，得到景区间的景区关联频繁项，如表6-5所示。进一步得到景区关联规则，如表6-6所示。

表6-5 到龙门石窟的游客到达景区关联频繁项结果

支持度	项1	项2	项3	项4	项5	支持度	项1	项2	项3	项4	项5
0.415	龙门石窟	洛阳				0.194	龙门石窟	洛阳	白园		
0.272	龙门石窟	白马寺				0.183	龙门石窟	洛阳	香山寺		
0.205	龙门石窟	白园				0.14	龙门石窟	白马寺	白园		
0.193	龙门石窟	香山寺				0.128	龙门石窟	白马寺	香山寺		
0.153	龙门石窟	少林寺				0.166	龙门石窟	白园	香山寺		
0.114	龙门石窟	云冈石窟				0.136	洛阳	白马寺	香山寺		
0.112	龙门石窟	大同				0.124	洛阳	白马寺	香山寺		
0.105	龙门石窟	西安				0.159	洛阳	白园	香山寺		
0.26	洛阳	白马寺				0.113	白马寺	白园	香山寺		
0.194	洛阳	白园				0.136	龙门石窟	洛阳	白马寺	白园	
0.183	洛阳	香山寺				0.124	龙门石窟	洛阳	白马寺	香山寺	
0.14	白马寺	白园				0.159	龙门石窟	洛阳	白园	香山寺	
0.128	白马寺	香山寺				0.113	龙门石窟	白马寺	白园	香山寺	
0.166	白园	香山寺				0.11	洛阳	白马寺	白园	香山寺	
0.26	龙门石窟	洛阳	白马寺			0.11	龙门石窟	洛阳	白马寺	白园	香山寺

表6-6 到龙门石窟的游客到达景区关联规则结果（详见附表1-2）

Premises	Conclusion	Support	Confidence	LaPlace	Gain	P-S	Lift
香山寺	白园	0.17	0.86	0.98	−0.22	0.13	4.20
香山寺	龙门石窟，白园	0.17	0.86	0.98	−0.22	0.13	4.20
龙门石窟，香山寺	白园	0.17	0.86	0.98	−0.22	0.13	4.20

续表

Premises	Conclusion	Support	Confidence	LaPlace	Gain	P-S	Lift
洛阳，香山寺	白园	0.16	0.87	0.98	-0.21	0.12	4.26
洛阳，香山寺	龙门石窟，白园	0.16	0.87	0.98	-0.21	0.12	4.26
龙门石窟，洛阳，香山寺	白园	0.16	0.87	0.98	-0.21	0.12	4.26
白马寺，香山寺	白园	0.11	0.88	0.99	-0.14	0.09	4.31
白马寺，香山寺	龙门石窟，白园	0.11	0.88	0.99	-0.14	0.09	4.31
龙门石窟，白马寺，香山寺	白园	0.11	0.88	0.99	-0.14	0.09	4.31
洛阳，白马寺，香山寺	白园	0.11	0.89	0.99	-0.14	0.08	4.33
洛阳，白马寺，香山寺	龙门石窟，白园	0.11	0.89	0.99	-0.14	0.08	4.33
龙门石窟，洛阳，白马寺，香山寺	白园	0.11	0.89	0.99	-0.14	0.08	4.33
香山寺	洛阳	0.18	0.95	0.99	-0.20	0.10	2.29
香山寺	龙门石窟，洛阳	0.18	0.95	0.99	-0.20	0.10	2.29
龙门石窟，香山寺	洛阳	0.18	0.95	0.99	-0.20	0.10	2.29
白园	洛阳	0.19	0.95	0.99	-0.21	0.11	2.29
白园	龙门石窟，洛阳	0.19	0.95	0.99	-0.21	0.11	2.29
龙门石窟，白园	洛阳	0.19	0.95	0.99	-0.21	0.11	2.29
白马寺	洛阳	0.26	0.96	0.99	-0.28	0.15	2.31
白马寺	龙门石窟，洛阳	0.26	0.96	0.99	-0.28	0.15	2.31
龙门石窟，白马寺	洛阳	0.26	0.96	0.99	-0.28	0.15	2.31
白园，香山寺	洛阳	0.16	0.96	0.99	-0.17	0.09	2.32
白园，香山寺	龙门石窟，洛阳	0.16	0.96	0.99	-0.17	0.09	2.32
龙门石窟，白园，香山寺	洛阳	0.16	0.96	0.99	-0.17	0.09	2.32
白马寺，香山寺	洛阳	0.12	0.96	1.00	-0.13	0.07	2.33
白马寺，香山寺	龙门石窟，洛阳	0.12	0.96	1.00	-0.13	0.07	2.33
龙门石窟，白马寺，香山寺	洛阳	0.12	0.96	1.00	-0.13	0.07	2.33
白马寺，白园，香山寺	洛阳	0.11	0.97	1.00	-0.12	0.06	2.34
白马寺，白园，香山寺	龙门石窟，洛阳	0.11	0.97	1.00	-0.12	0.06	2.34
龙门石窟，白马寺，白园，香山寺	洛阳	0.11	0.97	1.00	-0.12	0.06	2.34
白马寺，白园	洛阳	0.14	0.97	1.00	-0.14	0.08	2.34
白马寺，白园	龙门石窟，洛阳	0.14	0.97	1.00	-0.14	0.08	2.34
龙门石窟，白马寺，白园	洛阳	0.14	0.97	1.00	-0.14	0.08	2.34

绘制与龙门石窟相关的景区关联规则图,根据不同的筛选标准,可以获得多个景区关联规则图。为了减少篇幅,在此只设置一种筛选标准,绘制景区关联规则图(图6-6)。

图6-6 与龙门石窟相关的景区关联规则

根据图6-6,与龙门石窟关联的景区或地区包括:香山寺、白马寺、少林寺、白园、云冈石窟、洛阳、西安和大同。可以将此设计为增强旅游路线,以增加旅游景区的关联效应,进一步增加旅游收益。香山寺、白马寺、龙门石窟、白园具有较强的关联规则是因为景区的地区聚集效应。而与云冈石窟具有关联性,是因为景区类型特征的相似性。与西安具有强关联性,是因为洛阳和西安都属于古城系列,具有吸引同类型游客的特征。

根据景区关联挖掘结果,获得以下景区关联规则。在这些关联规则中,有的具有一定重复性,有的属于明显的关联特性,如洛阳和龙门石窟之间的关联规则。作为洛阳的代表性景区,来洛游客大部分都会去龙门石窟游玩。以下关联规则不仅显示了景区的关联性,还给出了景区关联的置信度,如来洛游客会有0.627的可能去白马寺;到香山寺的游客,去白马寺的置信度为0.664;到白园的游客,也到白马寺的置信度为0.686。这些关联规则为旅游规划和旅游攻略提供了重要的信息参考。

[洛阳]→[白马寺](confidence:0.627)

[洛阳]→[龙门石窟,白马寺](confidence:0.627)

[龙门石窟,洛阳]→[白马寺](confidence:0.627)

[香山寺]→[洛阳,白马寺](confidence:0.641)

[香山寺]→[龙门石窟,洛阳,白马寺](confidence:0.641)

[龙门石窟,香山寺]→[洛阳,白马寺](confidence:0.641)

[香山寺]→[白马寺](confidence:0.664)

[香山寺]→[龙门石窟，白马寺]（confidence：0.664）
[龙门石窟，香山寺]→[白马寺]（confidence：0.664）
[白园]→[洛阳，白马寺]（confidence：0.666）
[白园]→[龙门石窟，洛阳，白马寺]（confidence：0.666）
[龙门石窟，白园]→[洛阳，白马寺]（confidence：0.666）
[洛阳，香山寺]→[白马寺]（confidence：0.676）
[洛阳，香山寺]→[龙门石窟，白马寺]（confidence：0.676）
[龙门石窟，洛阳，香山寺]→[白马寺]（confidence：0.676）
[白园]→[白马寺]（confidence：0.686）
[白园]→[龙门石窟，白马寺]（confidence：0.686）
[龙门石窟，白园]→[白马寺]（confidence：0.686）
[洛阳，白园]→[白马寺]（confidence：0.700）
[洛阳，白园]→[龙门石窟，白马寺]（confidence：0.700）
[龙门石窟，洛阳，白园]→[白马寺]（confidence：0.700）
[白园]→[洛阳，香山寺]（confidence：0.779）
[白园]→[龙门石窟，洛阳，香山寺]（confidence：0.779）
[龙门石窟，白园]→[洛阳，香山寺]（confidence：0.779）
[白园]→[香山寺]（confidence：0.811）
[白园]→[龙门石窟，香山寺]（confidence：0.811）
[龙门石窟，白园]→[香山寺]（confidence：0.811）
[洛阳，白园]→[香山寺]（confidence：0.819）
[洛阳，白园]→[龙门石窟，香山寺]（confidence：0.819）
[龙门石窟，洛阳，白园]→[香山寺]（confidence：0.819）
[香山寺]→[洛阳，白园]（confidence：0.826）
[香山寺]→[龙门石窟，洛阳，白园]（confidence：0.826）
[龙门石窟，香山寺]→[洛阳，白园]（confidence：0.826）
[香山寺]→[白园]（confidence：0.859）
[香山寺]→[龙门石窟，白园]（confidence：0.859）
[龙门石窟，香山寺]→[白园]（confidence：0.859）
[洛阳，香山寺]→[白园]（confidence：0.871）
[洛阳，香山寺]→[龙门石窟，白园]（confidence：0.871）
[龙门石窟，洛阳，香山寺]→[白园]（confidence：0.871）

6.6.3　云台山的关联景区间的关联规则挖掘

搜索到达云台山的游客同时到达的其他景区，挖掘到达景区之间的关联规则。基于刚刚建立的关联规则挖掘模型，通过反复尝试，最后在模型中设置最低支持度和最低置信度均为0.5。基于不同的置信度和支持度可以获得不同的关联规则，具有不同的参考价值，但是限于篇幅，这里只使用了 0.5 的置信度和 0.5 的支持度。运行关联规则挖掘模型，得到景区间的景区关联频繁项，如表 6-7 所示。进一步得到景区关联规则，如表 6-8 所示。

表 6-7 到云台山的游客到达景区关联频繁项结果（详见附表 1-3）

支持度	项 1	项 2	项 3	项 4	项 5	项 6
0.175	云台山	红石峡	茱萸峰	泉瀑峡		
0.163	云台山	红石峡	茱萸峰	猕猴谷		
0.152	云台山	红石峡	茱萸峰	子房湖		
0.137	云台山	红石峡	茱萸峰	叠彩洞		
0.116	云台山	红石峡	茱萸峰	万善寺		
0.148	云台山	红石峡	泉瀑峡	猕猴谷		
0.141	云台山	红石峡	泉瀑峡	子房湖		
0.121	云台山	红石峡	泉瀑峡	叠彩洞		
0.11	云台山	红石峡	泉瀑峡	万善寺		
0.128	云台山	红石峡	猕猴谷	子房湖		
0.106	云台山	红石峡	猕猴谷	叠彩洞		
0.108	云台山	红石峡	子房湖	叠彩洞		
0.142	云台山	茱萸峰	泉瀑峡	猕猴谷		
0.13	云台山	茱萸峰	泉瀑峡	子房湖		
0.121	云台山	茱萸峰	泉瀑峡	叠彩洞		
0.107	云台山	茱萸峰	泉瀑峡	万善寺		
0.122	云台山	茱萸峰	猕猴谷	子房湖		
0.109	云台山	茱萸峰	猕猴谷	叠彩洞		
0.106	云台山	茱萸峰	子房湖	叠彩洞		
0.118	云台山	泉瀑峡	猕猴谷	子房湖		
0.138	红石峡	茱萸峰	泉瀑峡	猕猴谷		
0.128	红石峡	茱萸峰	泉瀑峡	子房湖		
0.119	红石峡	茱萸峰	泉瀑峡	叠彩洞		
0.107	红石峡	茱萸峰	泉瀑峡	万善寺		
0.119	红石峡	茱萸峰	猕猴谷	子房湖		
0.106	红石峡	茱萸峰	猕猴谷	叠彩洞		
0.105	红石峡	茱萸峰	子房湖	叠彩洞		
0.115	红石峡	泉瀑峡	猕猴谷	子房湖		
0.109	茱萸峰	泉瀑峡	猕猴谷	子房湖		
0.138	云台山	红石峡	茱萸峰	泉瀑峡	猕猴谷	
0.128	云台山	红石峡	茱萸峰	泉瀑峡	子房湖	
0.119	云台山	红石峡	茱萸峰	泉瀑峡	叠彩洞	
0.107	云台山	红石峡	茱萸峰	泉瀑峡	万善寺	

续表

支持度	项1	项2	项3	项4	项5	项6
0.119	云台山	红石峡	茱萸峰	猕猴谷	子房湖	
0.106	云台山	红石峡	茱萸峰	猕猴谷	叠彩洞	
0.105	云台山	红石峡	茱萸峰	子房湖	叠彩洞	
0.115	云台山	红石峡	泉瀑峡	猕猴谷	子房湖	
0.109	云台山	茱萸峰	泉瀑峡	猕猴谷	子房湖	
0.107	红石峡	茱萸峰	泉瀑峡	猕猴谷	子房湖	
0.107	云台山	红石峡	茱萸峰	泉瀑峡	猕猴谷	子房湖

表6-8 到云台山的游客到达景区关联规则结果（详见附表1-4）

Premises	Conclusion	Support	Confidence	LaPlace	Gain	P-S	Lift
红石峡，叠彩洞	茱萸峰	0.14	0.98	1.00	-0.14	0.10	3.53
红石峡，叠彩洞	云台山，茱萸峰	0.14	0.98	1.00	-0.14	0.10	3.53
云台山，红石峡，叠彩洞	茱萸峰	0.14	0.98	1.00	-0.14	0.10	3.53
红石峡，子房湖，叠彩洞	茱萸峰	0.11	0.98	1.00	-0.11	0.08	3.53
红石峡，子房湖，叠彩洞	云台山，茱萸峰	0.11	0.98	1.00	-0.11	0.08	3.53
云台山，红石峡，子房湖，叠彩洞	茱萸峰	0.11	0.98	1.00	-0.11	0.08	3.53
泉瀑峡，子房湖	红石峡	0.14	0.98	1.00	-0.15	0.10	3.06
泉瀑峡，子房湖	云台山，红石峡	0.14	0.98	1.00	-0.15	0.10	3.06
云台山，泉瀑峡，子房湖	红石峡	0.14	0.98	1.00	-0.15	0.10	3.06
猕猴谷，叠彩洞	红石峡	0.11	0.98	1.00	-0.11	0.07	3.06
子房湖，叠彩洞	茱萸峰	0.11	0.98	1.00	-0.11	0.08	3.53
猕猴谷，叠彩洞	云台山，红石峡	0.11	0.98	1.00	-0.11	0.07	3.06
云台山，猕猴谷，叠彩洞	红石峡	0.11	0.98	1.00	-0.11	0.07	3.06
子房湖，叠彩洞	云台山，茱萸峰	0.11	0.98	1.00	-0.11	0.08	3.53
云台山，子房湖，叠彩洞	茱萸峰	0.11	0.98	1.00	-0.11	0.08	3.53
猕猴谷，叠彩洞	红石峡，茱萸峰	0.11	0.98	1.00	-0.11	0.08	4.06
茱萸峰，猕猴谷，叠彩洞	红石峡	0.11	0.98	1.00	-0.11	0.07	3.06
猕猴谷，叠彩洞	云台山，红石峡，茱萸峰	0.11	0.98	1.00	-0.11	0.08	4.06
云台山，猕猴谷，叠彩洞	红石峡，茱萸峰	0.11	0.98	1.00	-0.11	0.08	4.06
茱萸峰，猕猴谷，叠彩洞	云台山，红石峡	0.11	0.98	1.00	-0.11	0.07	3.06
云台山，茱萸峰，猕猴谷，叠彩洞	红石峡	0.11	0.98	1.00	-0.11	0.07	3.06
叠彩洞	茱萸峰	0.14	0.98	1.00	-0.15	0.10	3.53

续表

Premises	Conclusion	Support	Confidence	LaPlace	Gain	P-S	Lift
叠彩洞	云台山，茱萸峰	0.14	0.98	1.00	−0.15	0.10	3.53
云台山，叠彩洞	茱萸峰	0.14	0.98	1.00	−0.15	0.10	3.53
红石峡，泉瀑峡，叠彩洞	茱萸峰	0.12	0.98	1.00	−0.12	0.09	3.54
茱萸峰，泉瀑峡，叠彩洞	红石峡	0.12	0.98	1.00	−0.12	0.08	3.07
红石峡，泉瀑峡，叠彩洞	云台山，茱萸峰	0.12	0.98	1.00	−0.12	0.09	3.54
云台山，红石峡，泉瀑峡，叠彩洞	茱萸峰	0.12	0.98	1.00	−0.12	0.09	3.54
茱萸峰，泉瀑峡，叠彩洞	云台山，红石峡	0.12	0.98	1.00	−0.12	0.08	3.07
云台山，茱萸峰，泉瀑峡，叠彩洞	红石峡	0.12	0.98	1.00	−0.12	0.08	3.07
泉瀑峡，叠彩洞	红石峡	0.12	0.98	1.00	−0.13	0.08	3.07
泉瀑峡，叠彩洞	茱萸峰	0.12	0.98	1.00	−0.13	0.09	3.54
泉瀑峡，叠彩洞	云台山，红石峡	0.12	0.98	1.00	−0.13	0.08	3.07
云台山，泉瀑峡，叠彩洞	红石峡	0.12	0.98	1.00	−0.13	0.08	3.07
泉瀑峡，叠彩洞	云台山，茱萸峰	0.12	0.98	1.00	−0.13	0.09	3.54
云台山，泉瀑峡，叠彩洞	茱萸峰	0.12	0.98	1.00	−0.13	0.09	3.54
茱萸峰，泉瀑峡，猕猴谷，子房湖	红石峡	0.11	0.99	1.00	−0.11	0.07	3.09
茱萸峰，泉瀑峡，猕猴谷，子房湖	云台山，红石峡	0.11	0.99	1.00	−0.11	0.07	3.09
云台山，茱萸峰，泉瀑峡，猕猴谷，子房湖	红石峡	0.11	0.99	1.00	−0.11	0.07	3.09
茱萸峰，泉瀑峡，子房湖	红石峡	0.13	0.99	1.00	−0.13	0.09	3.09
茱萸峰，泉瀑峡，子房湖	云台山，红石峡	0.13	0.99	1.00	−0.13	0.09	3.09
云台山，茱萸峰，泉瀑峡，子房湖	红石峡	0.13	0.99	1.00	−0.13	0.09	3.09
茱萸峰，子房湖，叠彩洞	红石峡	0.11	0.99	1.00	−0.11	0.07	3.11
茱萸峰，子房湖，叠彩洞	云台山，红石峡	0.11	0.99	1.00	−0.11	0.07	3.11
云台山，茱萸峰，子房湖，叠彩洞	红石峡	0.11	0.99	1.00	−0.11	0.07	3.11
子房湖，叠彩洞	红石峡	0.11	0.99	1.00	−0.11	0.07	3.11
子房湖，叠彩洞	云台山，红石峡	0.11	0.99	1.00	−0.11	0.07	3.11
云台山，子房湖，叠彩洞	红石峡	0.11	0.99	1.00	−0.11	0.07	3.11
泉瀑峡，万善寺	红石峡	0.11	0.99	1.00	−0.11	0.07	3.11
泉瀑峡，万善寺	云台山，红石峡	0.11	0.99	1.00	−0.11	0.07	3.11
云台山，泉瀑峡，万善寺	红石峡	0.11	0.99	1.00	−0.11	0.07	3.11

绘制与云台山相关的景区关联规则图，根据不同的筛选标准，可以获得多个景区关联规则图。为了减少篇幅，在此只设置一种筛选标准，绘制景区关联规则图（图6-7）。

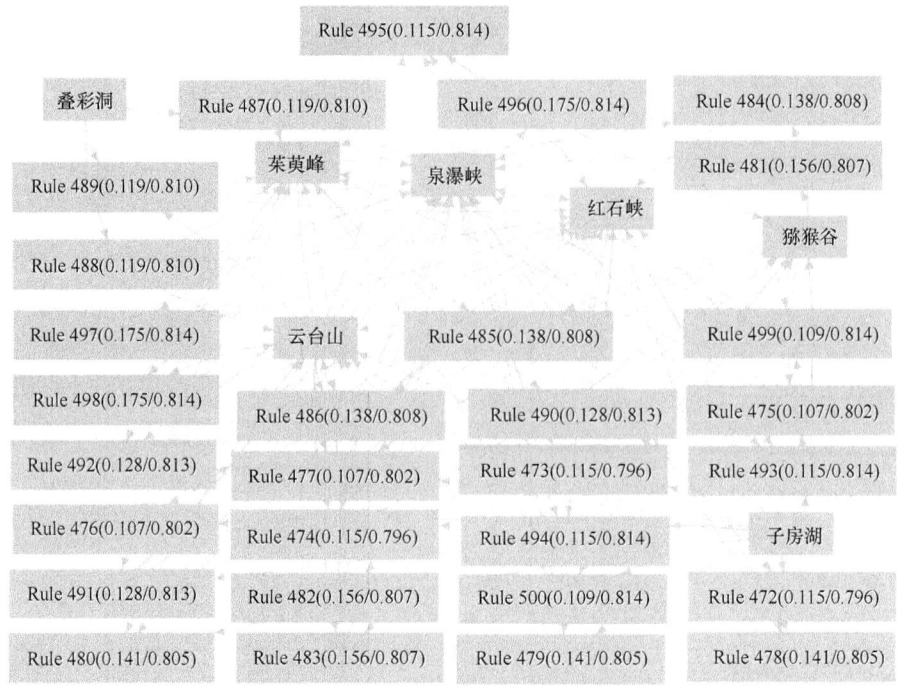

图6-7　与云台山相关的景区关联规则

根据图6-7，与云台山关联的景区或地区包括：叠彩洞、茱萸峰、泉瀑峡、红石峡、猕猴谷和子房湖。可以将此设计为增强旅游路线，以增加旅游景区的关联效应，进一步增加旅游收益。叠彩洞、茱萸峰、泉瀑峡、红石峡、猕猴谷和子房湖具有较强的关联规则是因为景区的地区聚集效应。云台山景区内的景点聚集效应明显、关联性强，当置信度和支持度都设置为0.5时，只挖掘出云台山景区内的景点间的关联规则，为了探索云台山与外地景区间的关联规则，将置信度和支持度设置为0.05时，可以挖掘到其与白马寺、少林寺、龙门石窟和连云港间的关联规则，因为游客来自五湖四海，置信度和支持度虽小，但是仍然具有重要的参考价值。进一步减少置信度和支持度，获得更为广泛的关联规则。设置置信度和支持度为0.01时，挖掘出的关联景区包括：龙门石窟、白马寺、连云港、白园、香山寺、开封府、塔林、清明上河园、大相国寺、西安、龙庭、三皇寨、金山寺、青天河、三元宫、镇远古城、万仙山、郭亮村、华山、崇阳书院、王城公园、神农山、甘露寺、梵净山、华清池、苍龙岭、天波杨府、白云山、云台阁、鼓楼、宋都御街、山陕甘会馆、平遥、包公湖、太行山、瘦西湖、秦始皇陵、黄古树瀑布、南京、上海、扬州、南阳、北京、晋城、桂林和太原。

除以图形（图6-7）的方式展示景区或地区间的关联规则外，还可以以关联规则文本的方式进行描述。根据置信水平，可以获得多条关联规则，主要关联规则如下：

[红石峡,茱萸峰]→[泉瀑峡]（confidence：0.725）
[红石峡,茱萸峰]→[云台山,泉瀑峡]（confidence：0.725）
[云台山,红石峡,茱萸峰]→[泉瀑峡]（confidence：0.725）
[泉瀑峡]→[猕猴谷]（confidence：0.729）
[泉瀑峡]→[云台山,猕猴谷]（confidence：0.729）
[云台山,泉瀑峡]→[猕猴谷]（confidence：0.729）
[红石峡,泉瀑峡]→[猕猴谷]（confidence：0.744）
[红石峡,泉瀑峡]→[云台山,猕猴谷]（confidence：0.744）
[云台山,红石峡,泉瀑峡]→[猕猴谷]（confidence：0.744）
[红石峡]→[茱萸峰]（confidence：0.755）
[红石峡]→[云台山,茱萸峰]（confidence：0.755）
[云台山,红石峡]→[茱萸峰]（confidence：0.755）
[猕猴谷]→[红石峡,泉瀑峡]（confidence：0.765）
[猕猴谷]→[云台山,红石峡,泉瀑峡]（confidence：0.765）
[云台山,猕猴谷]→[红石峡,泉瀑峡]（confidence：0.765）
[子房湖]→[泉瀑峡]（confidence：0.780）
[子房湖]→[云台山,泉瀑峡]（confidence：0.780）
[云台山,子房湖]→[泉瀑峡]（confidence：0.780）
[猕猴谷]→[泉瀑峡]（confidence：0.807）
[猕猴谷]→[云台山,泉瀑峡]（confidence：0.807）
[云台山,猕猴谷]→[泉瀑峡]（confidence：0.807）
[泉瀑峡]→[红石峡,茱萸峰]（confidence：0.814）
[泉瀑峡]→[云台山,红石峡,茱萸峰]（confidence：0.814）
[云台山,泉瀑峡]→[红石峡,茱萸峰]（confidence：0.814）
[子房湖]→[红石峡,茱萸峰]（confidence：0.823）
[子房湖]→[云台山,红石峡,茱萸峰]（confidence：0.823）
[云台山,子房湖]→[红石峡,茱萸峰]（confidence：0.823）
[红石峡,猕猴谷]→[泉瀑峡]（confidence：0.827）
[红石峡,猕猴谷]→[云台山,泉瀑峡]（confidence：0.827）
[云台山,红石峡,猕猴谷]→[泉瀑峡]（confidence：0.827）
[猕猴谷]→[红石峡,茱萸峰]（confidence：0.840）
[猕猴谷]→[云台山,红石峡,茱萸峰]（confidence：0.840）
[云台山,猕猴谷]→[红石峡,茱萸峰]（confidence：0.840）
[泉瀑峡]→[茱萸峰]（confidence：0.848）
[泉瀑峡]→[云台山,茱萸峰]（confidence：0.848）
[云台山,泉瀑峡]→[茱萸峰]（confidence：0.848）
[子房湖]→[茱萸峰]（confidence：0.853）

[子房湖]→[云台山,茱萸峰]（confidence：0.853）

[云台山,子房湖]→[茱萸峰]（confidence：0.853）

[红石峡,子房湖]→[茱萸峰]（confidence：0.868）

[红石峡,子房湖]→[云台山,茱萸峰]（confidence：0.868）

[云台山,红石峡,子房湖]→[茱萸峰]（confidence：0.868）

[茱萸峰]→[红石峡]（confidence：0.870）

[茱萸峰]→[云台山,红石峡]（confidence：0.870）

[云台山,茱萸峰]→[红石峡]（confidence：0.870）

[红石峡,泉瀑峡]→[茱萸峰]（confidence：0.876）

[红石峡,泉瀑峡]→[云台山,茱萸峰]（confidence：0.876）

[云台山,红石峡,泉瀑峡]→[茱萸峰]（confidence：0.876）

[猕猴谷]→[茱萸峰]（confidence：0.881）

[猕猴谷]→[云台山,茱萸峰]（confidence：0.881）

[云台山,猕猴谷]→[茱萸峰]（confidence：0.881）

[红石峡,猕猴谷]→[茱萸峰]（confidence：0.907）

[红石峡,猕猴谷]→[云台山,茱萸峰]（confidence：0.907）

[云台山,红石峡,猕猴谷]→[茱萸峰]（confidence：0.907）

[猕猴谷]→[红石峡]（confidence：0.926）

[猕猴谷]→[云台山,红石峡]（confidence：0.926）

[云台山,猕猴谷]→[红石峡]（confidence：0.926）

[泉瀑峡]→[红石峡]（confidence：0.929）

[泉瀑峡]→[云台山,红石峡]（confidence：0.929）

[云台山,泉瀑峡]→[红石峡]（confidence：0.929）

[子房湖]→[红石峡]（confidence：0.948）

[子房湖]→[云台山,红石峡]（confidence：0.948）

[云台山,子房湖]→[红石峡]（confidence：0.948）

[泉瀑峡,猕猴谷]→[红石峡]（confidence：0.949）

[泉瀑峡,猕猴谷]→[云台山,红石峡]（confidence：0.949）

[云台山,泉瀑峡,猕猴谷]→[红石峡]（confidence：0.949）

[茱萸峰,猕猴谷]→[红石峡]（confidence：0.953）

[茱萸峰,猕猴谷]→[云台山,红石峡]（confidence：0.953）

[云台山,茱萸峰,猕猴谷]→[红石峡]（confidence：0.953）

[茱萸峰,泉瀑峡]→[红石峡]（confidence：0.961）

[茱萸峰,泉瀑峡]→[云台山,红石峡]（confidence：0.961）

[云台山,茱萸峰,泉瀑峡]→[红石峡]（confidence：0.961）

[茱萸峰,子房湖]→[红石峡]（confidence：0.965）

[茱萸峰,子房湖]→[云台山,红石峡]（confidence：0.965）

[云台山,茱萸峰,子房湖]→[红石峡]（confidence：0.965）

6.6.4 清明上河园的关联景区间的关联规则挖掘

搜索到达清明上河园的游客同时达到的其他景区，挖掘到达景区之间的关联规则。基于刚刚建立的关联规则挖掘模型，通过反复尝试，最后在模型中设置最低支持度和最低置信度均为0.5。基于不同的置信度和支持度可以获得不同的关联规则，具有不同的参考价值，但是限于篇幅，这里只使用了0.5的置信度和0.5的支持度。运行关联规则挖掘模型，得到景区间的景区关联频繁项，如表6-9所示。进一步得到景区关联规则，如表6-10所示。

表6-9 到清明上河园的游客到达景区关联频繁项结果（详见附表1-5）

支持度	项1	项2	项3	项4	项5	项6
0.260	清明上河园	开封	开封府	龙亭		
0.275	清明上河园	开封	开封府	铁塔		
0.275	清明上河园	开封	开封府	大相国寺		
0.218	清明上河园	开封	开封府	天波杨府		
0.292	清明上河园	开封	龙亭	铁塔		
0.239	清明上河园	开封	龙亭	大相国寺		
0.231	清明上河园	开封	龙亭	天波杨府		
0.265	清明上河园	开封	铁塔	大相国寺		
0.208	清明上河园	开封	铁塔	天波杨府		
0.195	清明上河园	开封	大相国寺	天波杨府		
0.206	清明上河园	开封府	龙亭	铁塔		
0.183	清明上河园	开封府	龙亭	大相国寺		
0.162	清明上河园	开封府	龙亭	天波杨府		
0.216	清明上河园	开封府	铁塔	大相国寺		
0.158	清明上河园	开封府	铁塔	天波杨府		
0.168	清明上河园	开封府	大相国寺	天波杨府		
0.204	清明上河园	龙亭	铁塔	大相国寺		
0.172	清明上河园	龙亭	铁塔	天波杨府		
0.206	开封	开封府	龙亭	铁塔		
0.183	开封	开封府	龙亭	大相国寺		
0.162	开封	开封府	龙亭	天波杨府		
0.214	开封	开封府	铁塔	大相国寺		

续表

支持度	项1	项2	项3	项4	项5	项6
0.160	开封	开封府	大相国寺	天波杨府		
0.204	开封	龙亭	铁塔	大相国寺		
0.172	开封	龙亭	铁塔	天波杨府		
0.162	开封府	龙亭	铁塔	大相国寺		
0.206	清明上河园	开封	开封府	龙亭	铁塔	
0.183	清明上河园	开封	开封府	龙亭	大相国寺	
0.162	清明上河园	开封	开封府	龙亭	天波杨府	
0.214	清明上河园	开封	开封府	铁塔	大相国寺	
0.160	清明上河园	开封	开封府	大相国寺	天波杨府	
0.204	清明上河园	开封	龙亭	铁塔	大相国寺	
0.172	清明上河园	开封	龙亭	铁塔	天波杨府	
0.162	清明上河园	开封府	龙亭	铁塔	大相国寺	
0.162	开封	开封府	龙亭	铁塔	大相国寺	
0.162	清明上河园	开封	开封府	龙亭	铁塔	大相国寺

表6-10 到清明上河园的游客到达景区关联规则结果（详见附表1-6）

Premises	Conclusion	Support	Confidence	LaPlace	Gain	P-S	Lift
龙亭，大相国寺	铁塔	0.20	0.86	0.97	-0.27	0.11	2.23
龙亭，大相国寺	清明上河园，铁塔	0.20	0.86	0.97	-0.27	0.11	2.23
清明上河园，龙亭，大相国寺	铁塔	0.20	0.86	0.97	-0.27	0.11	2.23
龙亭，大相国寺	开封，铁塔	0.20	0.86	0.97	-0.27	0.11	2.25
开封，龙亭，大相国寺	铁塔	0.20	0.86	0.97	-0.27	0.11	2.23
龙亭，大相国寺	清明上河园，开封，铁塔	0.20	0.86	0.97	-0.27	0.11	2.25
清明上河园，龙亭，大相国寺	开封，铁塔	0.20	0.86	0.97	-0.27	0.11	2.25
开封，龙亭，大相国寺	清明上河园，铁塔	0.20	0.86	0.97	-0.27	0.11	2.23
清明上河园，开封，龙亭，大相国寺	铁塔	0.20	0.86	0.97	-0.27	0.11	2.23
开封府，龙亭，大相国寺	铁塔	0.16	0.89	0.98	-0.20	0.09	2.31
开封府，龙亭，大相国寺	清明上河园，铁塔	0.16	0.89	0.98	-0.20	0.09	2.31
清明上河园，开封府，龙亭，大相国寺	铁塔	0.16	0.89	0.98	-0.20	0.09	2.31

续表

Premises	Conclusion	Support	Confidence	LaPlace	Gain	P-S	Lift
开封府，龙亭，大相国寺	开封，铁塔	0.16	0.89	0.98	-0.20	0.09	2.33
开封，开封府，龙亭，大相国寺	铁塔	0.16	0.89	0.98	-0.20	0.09	2.31
开封府，龙亭，大相国寺	清明上河园，开封，铁塔	0.16	0.89	0.98	-0.20	0.09	2.33
清明上河园，开封府，龙亭，大相国寺	开封，铁塔	0.16	0.89	0.98	-0.20	0.09	2.33
开封，开封府，龙亭，大相国寺	清明上河园，铁塔	0.16	0.89	0.98	-0.20	0.09	2.31
清明上河园，开封，开封府，龙亭，大相国寺	铁塔	0.16	0.89	0.98	-0.20	0.09	2.31
洛阳	龙门石窟	0.21	0.90	0.98	-0.26	0.16	3.81
洛阳	清明上河园，龙门石窟	0.21	0.90	0.98	-0.26	0.16	3.81
清明上河园，洛阳	龙门石窟	0.21	0.90	0.98	-0.26	0.16	3.81
龙门石窟	洛阳	0.21	0.90	0.98	-0.26	0.16	3.81
龙门石窟	清明上河园，洛阳	0.21	0.90	0.98	-0.26	0.16	3.81
清明上河园，龙门石窟	洛阳	0.21	0.90	0.98	-0.26	0.16	3.81
白马寺	龙门石窟	0.16	0.93	0.99	-0.18	0.12	3.97
白马寺	清明上河园，龙门石窟	0.16	0.93	0.99	-0.18	0.12	3.97
清明上河园，白马寺	龙门石窟	0.16	0.93	0.99	-0.18	0.12	3.97
白马寺	洛阳	0.16	0.94	0.99	-0.18	0.12	3.99
白马寺	清明上河园，洛阳	0.16	0.94	0.99	-0.18	0.12	3.99
清明上河园，白马寺	洛阳	0.16	0.94	0.99	-0.18	0.12	3.99

绘制与清明上河园相关的景区关联规则图，根据不同的筛选标准，可以获得多个景区关联规则图。为了减少篇幅，在此只设置一种筛选标准，绘制景区关联规则（图6-8）。

根据图6-8，与清明上河园关联的景区或地区包括：开封府、天波杨府、龙亭、铁塔和大相国寺。可以将此设计为增强旅游路线，以增加旅游景区的关联效应，进一步增加旅游收益。挖掘出的关联景区中主要的几个景点是开封市内景点。这些关联规则说明了清明上河园的关联景区是市域旅游景点，也反映了开封旅游的特点是市内旅游。

当置信度和支持度都调整到0.1时，关联景区包括：龙门石窟、少林寺、白马寺、山陕甘会馆、延庆观、繁塔、白园、塔林、香山寺和中国翰园。由此可以看出，开封、郑州和洛阳的著名景点具有较强的关联性，这些关联规则对于研究市际旅游规划和线路具有重要的参考价值。

图 6-8　与清明上河园相关的景区关联规则

6.6.5　红旗渠的关联景区间的关联规则挖掘

搜索到达红旗渠的游客同时到达的其他景区，挖掘到达景区之间的关联规则。基于刚刚建立的关联规则挖掘模型，通过反复尝试，最后在模型中设置最低支持度和最低置信度均为 0.5。基于不同的置信度和支持度可以获得不同的关联规则，具有不同的参考价值，但是限于篇幅，这里只使用了 0.5 的置信度和支持度。运行关联规则挖掘模型，得到景区间的景区关联频繁项，如表 6-11 所示。进一步得到景区关联规则，如表 6-12 所示。

表 6-11　到红旗渠的游客到达景区关联频繁项结果（详见附表 1-7）

支持度	项 1	项 2	项 3	项 4	项 5	项 6
0.197	红旗渠	武陵源	天子山	袁家界		
0.168	红旗渠	武陵源	天子山	张家界		
0.168	红旗渠	武陵源	天子山	张家界大峡谷		
0.181	红旗渠	武陵源	天子山	十里画廊		
0.168	红旗渠	武陵源	天子山	黄龙洞		
0.168	红旗渠	武陵源	天子山	张家界国家森林公园		
0.168	红旗渠	武陵源	天子山	黄石寨		
0.164	红旗渠	武陵源	天子山	杨家界		
0.161	红旗渠	武陵源	袁家界	张家界		

第 6 章　旅游景区关联挖掘

续表

支持度	项1	项2	项3	项4	项5	项6
0.161	红旗渠	武陵源	袁家界	张家界大峡谷		
0.174	红旗渠	武陵源	袁家界	十里画廊		
0.161	红旗渠	武陵源	袁家界	黄龙洞		
0.164	红旗渠	武陵源	袁家界	张家界国家森林公园		
0.161	红旗渠	武陵源	袁家界	黄石寨		
0.164	红旗渠	武陵源	袁家界	杨家界		
0.164	红旗渠	武陵源	张家界	张家界大峡谷		
0.158	红旗渠	武陵源	十里画廊	杨家界		
0.161	红旗渠	天子山	袁家界	张家界		
0.161	红旗渠	天子山	袁家界	张家界大峡谷		
0.174	红旗渠	天子山	袁家界	十里画廊		
0.161	红旗渠	天子山	袁家界	黄龙洞		
0.164	红旗渠	天子山	袁家界	张家界国家森林公园		
0.161	红旗渠	天子山	袁家界	黄石寨		
0.164	红旗渠	天子山	袁家界	杨家界		
0.158	红旗渠	天子山	张家界	张家界大峡谷		
0.158	红旗渠	天子山	十里画廊	杨家界		
0.158	红旗渠	袁家界	十里画廊	杨家界		
0.161	武陵源	天子山	袁家界	张家界		
0.161	武陵源	天子山	袁家界	张家界大峡谷		
0.174	武陵源	天子山	袁家界	十里画廊		
0.161	武陵源	天子山	袁家界	黄龙洞		
0.164	武陵源	天子山	袁家界	张家界国家森林公园		
0.161	武陵源	天子山	袁家界	黄石寨		
0.164	武陵源	天子山	袁家界	杨家界		
0.158	武陵源	天子山	张家界	张家界大峡谷		
0.158	武陵源	天子山	十里画廊	杨家界		
0.158	武陵源	袁家界	十里画廊	杨家界		
0.158	天子山	袁家界	十里画廊	杨家界		
0.161	红旗渠	武陵源	天子山	袁家界	张家界	
0.161	红旗渠	武陵源	天子山	袁家界	张家界大峡谷	
0.174	红旗渠	武陵源	天子山	袁家界	十里画廊	
0.161	红旗渠	武陵源	天子山	袁家界	黄龙洞	

续表

支持度	项1	项2	项3	项4	项5	项6
0.164	红旗渠	武陵源	天子山	袁家界	张家界国家森林公园	
0.161	红旗渠	武陵源	天子山	袁家界	黄石寨	
0.164	红旗渠	武陵源	天子山	袁家界	杨家界	
0.158	红旗渠	武陵源	天子山	张家界	张家界大峡谷	
0.158	红旗渠	武陵源	天子山	十里画廊	杨家界	
0.158	红旗渠	武陵源	袁家界	十里画廊	杨家界	
0.158	红旗渠	天子山	袁家界	十里画廊	杨家界	
0.158	武陵源	天子山	袁家界	十里画廊	杨家界	
0.158	红旗渠	武陵源	天子山	袁家界	十里画廊	杨家界

表6-12 到红旗渠的游客到达景区关联规则结果（详见附表1-8）

Premises	Conclusion	Support	Confidence	LaPlace	Gain	P-S	Lift
武陵源，张家界大峡谷	红旗渠，天子山	0.17	0.96	0.99	-0.18	0.13	4.72
红旗渠，武陵源，张家界大峡谷	天子山	0.17	0.96	0.99	-0.18	0.13	4.72
张家界国家森林公园	红旗渠，武陵源，天子山	0.17	0.96	0.99	-0.18	0.13	4.72
红旗渠，张家界国家森林公园	武陵源，天子山	0.17	0.96	0.99	-0.18	0.13	4.72
武陵源，张家界国家森林公园	红旗渠，天子山	0.17	0.96	0.99	-0.18	0.13	4.72
红旗渠，武陵源，张家界国家森林公园	天子山	0.17	0.96	0.99	-0.18	0.13	4.72
黄龙洞	武陵源	0.17	0.96	0.99	-0.18	0.13	4.50
黄龙洞	红旗渠，武陵源	0.17	0.96	0.99	-0.18	0.13	4.50
红旗渠，黄龙洞	武陵源	0.17	0.96	0.99	-0.18	0.13	4.50
十里画廊	袁家界	0.17	0.96	0.99	-0.19	0.14	4.88
十里画廊	红旗渠，袁家界	0.17	0.96	0.99	-0.19	0.14	4.88
红旗渠，十里画廊	袁家界	0.17	0.96	0.99	-0.19	0.14	4.88
十里画廊	武陵源，袁家界	0.17	0.96	0.99	-0.19	0.14	4.88
武陵源，十里画廊	袁家界	0.17	0.96	0.99	-0.19	0.14	4.88
十里画廊	天子山，袁家界	0.17	0.96	0.99	-0.19	0.14	4.88
天子山，十里画廊	袁家界	0.17	0.96	0.99	-0.19	0.14	4.88
十里画廊	红旗渠，武陵源，袁家界	0.17	0.96	0.99	-0.19	0.14	4.88
红旗渠，十里画廊	武陵源，袁家界	0.17	0.96	0.99	-0.19	0.14	4.88
武陵源，十里画廊	红旗渠，袁家界	0.17	0.96	0.99	-0.19	0.14	4.88

续表

Premises	Conclusion	Support	Confidence	LaPlace	Gain	P-S	Lift
红旗渠，武陵源，十里画廊	袁家界	0.17	0.96	0.99	−0.19	0.14	4.88
十里画廊	红旗渠，天子山，袁家界	0.17	0.96	0.99	−0.19	0.14	4.88
红旗渠，十里画廊	天子山，袁家界	0.17	0.96	0.99	−0.19	0.14	4.88
天子山，十里画廊	红旗渠，袁家界	0.17	0.96	0.99	−0.19	0.14	4.88
红旗渠，天子山，十里画廊	袁家界	0.17	0.96	0.99	−0.19	0.14	4.88
十里画廊	武陵源，天子山，袁家界	0.17	0.96	0.99	−0.19	0.14	4.88
武陵源，十里画廊	天子山，袁家界	0.17	0.96	0.99	−0.19	0.14	4.88
天子山，十里画廊	武陵源，袁家界	0.17	0.96	0.99	−0.19	0.14	4.88
武陵源，天子山，十里画廊	袁家界	0.17	0.96	0.99	−0.19	0.14	4.88
十里画廊	红旗渠，武陵源，天子山，袁家界	0.17	0.96	0.99	−0.19	0.14	4.88
红旗渠，十里画廊	武陵源，天子山，袁家界	0.17	0.96	0.99	−0.19	0.14	4.88
武陵源，十里画廊	红旗渠，天子山，袁家界	0.17	0.96	0.99	−0.19	0.14	4.88
红旗渠，武陵源，十里画廊	天子山，袁家界	0.17	0.96	0.99	−0.19	0.14	4.88
天子山，十里画廊	红旗渠，武陵源，袁家界	0.17	0.96	0.99	−0.19	0.14	4.88
红旗渠，天子山，十里画廊	武陵源，袁家界	0.17	0.96	0.99	−0.19	0.14	4.88
武陵源，天子山，十里画廊	红旗渠，袁家界	0.17	0.96	0.99	−0.19	0.14	4.88
红旗渠，武陵源，天子山，十里画廊	袁家界	0.17	0.96	0.99	−0.19	0.14	4.88
天子山	袁家界	0.20	0.97	0.99	−0.21	0.16	4.90
天子山	红旗渠，袁家界	0.20	0.97	0.99	−0.21	0.16	4.90
红旗渠，天子山	袁家界	0.20	0.97	0.99	−0.21	0.16	4.90
天子山	武陵源，袁家界	0.20	0.97	0.99	−0.21	0.16	4.90
武陵源，天子山	袁家界	0.20	0.97	0.99	−0.21	0.16	4.90
天子山	红旗渠，武陵源，袁家界	0.20	0.97	0.99	−0.21	0.16	4.90
红旗渠，天子山	武陵源，袁家界	0.20	0.97	0.99	−0.21	0.16	4.90
武陵源，天子山	红旗渠，袁家界	0.20	0.97	0.99	−0.21	0.16	4.90
红旗渠，武陵源，天子山	袁家界	0.20	0.97	0.99	−0.21	0.16	4.90

绘制与红旗渠相关的景区关联规则图，根据不同的筛选标准，可以获得多个景区关联规则图。为了减少篇幅，在此只设置一种筛选标准，绘制景区关联规则（图6-9）。

Rule 486(0.158/0.873)	Rule 488(0.158/0.873)	Rule 491(0.158/0.873)	Rule 492(0.158/0.873)
Rule 493(0.158/0.873)	Rule 483(0.158/0.873)	Rule 464(0.158/0.873)	Rule 463(0.158/0.873)
Rule 474(0.158/0.873)	Rule 465(0.158/0.873)	Rule 466(0.158/0.873)	武陵源
十里画廊	天子山	Rule 478(0.158/0.873)	Rule 479(0.158/0.873)
Rule 473(0.158/0.873)	Rule 489(0.158/0.873)	Rule 487(0.158/0.873)	Rule 481(0.158/0.873)
Rule 475(0.158/0.873)	Rule 460(0.158/0.873)	Rule 490(0.158/0.873)	Rule 482(0.158/0.873)
红旗渠	Rule 498(0.158/0.873)	杨家界	Rule 480(0.158/0.873)
	Rule 499(0.158/0.873)	Rule 484(0.158/0.873)	Rule 497(0.158/0.873)
Rule 462(0.158/0.873)	Rule 500(0.158/0.873)	Rule 476(0.158/0.873)	袁家界
Rule 461(0.158/0.873)	Rule 472(0.158/0.873)	Rule 477(0.158/0.873)	Rule 467(0.158/0.873)
Rule 469(0.158/0.873)	Rule 496(0.158/0.873)	Rule 494(0.158/0.873)	Rule 495(0.158/0.873)
Rule 471(0.158/0.873)	Rule 470(0.158/0.873)	Rule 468(0.158/0.873)	Rule 485(0.158/0.873)

图6-9　与红旗渠相关的景区关联规则

根据图6-9，与红旗渠关联的景区或地区包括：十里画廊、天子山、武陵源、杨家界、袁家界。可以将此设计为增强旅游路线，以增加旅游景区的关联效应，进一步增加旅游收益。挖掘出的关联景区中的几个景点主要是张家界武陵源的内部景点。这些关联规则说明了河南红旗渠和湖南张家界间的关联。它们之间的关联值得深入研究，一个是文化遗迹，另一个是自然风光。

根据景区关联挖掘结果，获得以下景区关联规则。在这些关联规则中，有的具有一定重复性，有的属于明显的关联特性，如武陵源和十里画廊、杨家界、天子山之间的关联规则，作为武陵源的内部景区，具有天然的关联性。在以下关联规则中，不仅显示了景区的关联性，还给出了景区关联的置信度，如到过红旗渠和武陵源的游客，会有0.738的可能去十里画廊和杨家界。

本部分也仅仅基于一个置信度和有限数据得到的关联规则，仅为景区关联规则研究提供了方法。这些关联规则为旅游规划和攻略提供了重要的信息参考。真正执行旅游规划和攻略时，仍需要更全面地收集数据和反复调整置信度。

[武陵源]→[十里画廊,杨家界](confidence:0.738)
[武陵源]→[红旗渠,十里画廊,杨家界](confidence:0.738)
[红旗渠,武陵源]→[十里画廊,杨家界](confidence:0.738)
[武陵源]→[天子山,张家界,张家界大峡谷](confidence:0.738)
[武陵源]→[天子山,十里画廊,杨家界](confidence:0.738)
[武陵源]→[袁家界,十里画廊,杨家界](confidence:0.738)
[武陵源]→[红旗渠,天子山,张家界,张家界大峡谷](confidence:0.738)
[红旗渠,武陵源]→[天子山,张家界,张家界大峡谷](confidence:0.738)
[武陵源]→[红旗渠,天子山,十里画廊,杨家界](confidence:0.738)
[红旗渠,武陵源]→[天子山,十里画廊,杨家界](confidence:0.738)
[武陵源]→[红旗渠,袁家界,十里画廊,杨家界](confidence:0.738)
[红旗渠,武陵源]→[袁家界,十里画廊,杨家界](confidence:0.738)
[武陵源]→[天子山,袁家界,十里画廊,杨家界](confidence:0.738)
[武陵源]→[红旗渠,天子山,袁家界,十里画廊,杨家界](confidence:0.738)
[红旗渠,武陵源]→[天子山,袁家界,十里画廊,杨家界](confidence:0.738)
[武陵源]→[袁家界,张家界](confidence:0.754)
[武陵源]→[袁家界,张家界大峡谷](confidence:0.754)
[武陵源]→[袁家界,黄龙洞](confidence:0.754)
[武陵源]→[袁家界,黄石寨](confidence:0.754)
[武陵源]→[红旗渠,袁家界,张家界](confidence:0.754)
[红旗渠,武陵源]→[袁家界,张家界](confidence:0.754)
[武陵源]→[红旗渠,袁家界,张家界大峡谷](confidence:0.754)
[红旗渠,武陵源]→[袁家界,张家界大峡谷](confidence:0.754)
[武陵源]→[红旗渠,袁家界,黄龙洞](confidence:0.754)
[红旗渠,武陵源]→[袁家界,黄龙洞](confidence:0.754)
[武陵源]→[红旗渠,袁家界,黄石寨](confidence:0.754)
[红旗渠,武陵源]→[袁家界,黄石寨](confidence:0.754)
[武陵源]→[天子山,袁家界,张家界](confidence:0.754)
[武陵源]→[天子山,袁家界,张家界大峡谷](confidence:0.754)
[武陵源]→[天子山,袁家界,黄龙洞](confidence:0.754)
[武陵源]→[天子山,袁家界,黄石寨](confidence:0.754)
[武陵源]→[红旗渠,天子山,袁家界,张家界](confidence:0.754)
[红旗渠,武陵源]→[天子山,袁家界,张家界](confidence:0.754)
[武陵源]→[红旗渠,天子山,袁家界,张家界大峡谷](confidence:0.754)
[红旗渠,武陵源]→[天子山,袁家界,张家界大峡谷](confidence:0.754)
[武陵源]→[红旗渠,天子山,袁家界,黄龙洞](confidence:0.754)
[红旗渠,武陵源]→[天子山,袁家界,黄龙洞](confidence:0.754)

[武陵源]→[红旗渠,天子山,袁家界,黄石寨]（confidence：0.754）
[红旗渠,武陵源]→[天子山,袁家界,黄石寨]（confidence：0.754）
[武陵源]→[杨家界]（confidence：0.769）
[武陵源]→[红旗渠,杨家界]（confidence：0.769）
[红旗渠,武陵源]→[杨家界]（confidence：0.769）
[武陵源]→[天子山,杨家界]（confidence：0.769）
[武陵源]→[袁家界,张家界国家森林公园]（confidence：0.769）
[武陵源]→[袁家界,杨家界]（confidence：0.769）
[武陵源]→[张家界,张家界大峡谷]（confidence：0.769）
[武陵源]→[红旗渠,天子山,杨家界]（confidence：0.769）
[红旗渠,武陵源]→[天子山,杨家界]（confidence：0.769）
[武陵源]→[红旗渠,袁家界,张家界国家森林公园]（confidence：0.769）
[红旗渠,武陵源]→[袁家界,张家界国家森林公园]（confidence：0.769）
[武陵源]→[红旗渠,袁家界,杨家界]（confidence：0.769）
[红旗渠,武陵源]→[袁家界,杨家界]（confidence：0.769）
[武陵源]→[红旗渠,张家界,张家界大峡谷]（confidence：0.769）
[红旗渠,武陵源]→[张家界,张家界大峡谷]（confidence：0.769）
[武陵源]→[天子山,袁家界,张家界国家森林公园]（confidence：0.769）
[武陵源]→[天子山,袁家界,杨家界]（confidence：0.769）
[武陵源]→[红旗渠,天子山,袁家界,张家界国家森林公园]（confidence：0.769）
[红旗渠,武陵源]→[天子山,袁家界,张家界国家森林公园]（confidence：0.769）
[武陵源]→[红旗渠,天子山,袁家界,杨家界]（confidence：0.769）
[红旗渠,武陵源]→[天子山,袁家界,杨家界]（confidence：0.769）
[天子山]→[张家界,张家界大峡谷]（confidence：0.774）
[天子山]→[十里画廊,杨家界]（confidence：0.774）
[天子山]→[红旗渠,张家界,张家界大峡谷]（confidence：0.774）
[红旗渠,天子山]→[张家界,张家界大峡谷]（confidence：0.774）
[天子山]→[红旗渠,十里画廊,杨家界]（confidence：0.774）
[红旗渠,天子山]→[十里画廊,杨家界]（confidence：0.774）
[天子山]→[武陵源,张家界,张家界大峡谷]（confidence：0.774）
[武陵源,天子山]→[张家界,张家界大峡谷]（confidence：0.774）
[天子山]→[武陵源,十里画廊,杨家界]（confidence：0.774）
[武陵源,天子山]→[十里画廊,杨家界]（confidence：0.774）
[天子山]→[袁家界,十里画廊,杨家界]（confidence：0.774）
[天子山]→[红旗渠,武陵源,张家界,张家界大峡谷]（confidence：0.774）
[红旗渠,天子山]→[武陵源,张家界,张家界大峡谷]（confidence：0.774）
[武陵源,天子山]→[红旗渠,张家界,张家界大峡谷]（confidence：0.774）

[红旗渠,武陵源,天子山]→[张家界,张家界大峡谷]（confidence：0.774）
[天子山]→[红旗渠,武陵源,十里画廊,杨家界]（confidence：0.774）
[红旗渠,天子山]→[武陵源,十里画廊,杨家界]（confidence：0.774）
[武陵源,天子山]→[红旗渠,十里画廊,杨家界]（confidence：0.774）
[红旗渠,武陵源,天子山]→[十里画廊,杨家界]（confidence：0.774）
[天子山]→[红旗渠,袁家界,十里画廊,杨家界]（confidence：0.774）
[红旗渠,天子山]→[袁家界,十里画廊,杨家界]（confidence：0.774）
[天子山]→[武陵源,袁家界,十里画廊,杨家界]（confidence：0.774）
[武陵源,天子山]→[袁家界,十里画廊,杨家界]（confidence：0.774）
[天子山]→[红旗渠,武陵源,袁家界,十里画廊,杨家界]（confidence：0.774）
[红旗渠,天子山]→[武陵源,袁家界,十里画廊,杨家界]（confidence：0.774）
[武陵源,天子山]→[红旗渠,袁家界,十里画廊,杨家界]（confidence：0.774）
[红旗渠,武陵源,天子山]→[袁家界,十里画廊,杨家界]（confidence：0.774）
[武陵源]→[黄石寨]（confidence：0.785）
[武陵源]→[红旗渠,黄石寨]（confidence：0.785）
[红旗渠,武陵源]→[黄石寨]（confidence：0.785）
[武陵源]→[天子山,张家界]（confidence：0.785）
[武陵源]→[天子山,张家界大峡谷]（confidence：0.785）
[武陵源]→[天子山,黄龙洞]（confidence：0.785）
[武陵源]→[天子山,张家界国家森林公园]（confidence：0.785）
[武陵源]→[天子山,黄石寨]（confidence：0.785）
[武陵源]→[红旗渠,天子山,张家界]（confidence：0.785）
[红旗渠,武陵源]→[天子山,张家界]（confidence：0.785）
[武陵源]→[红旗渠,天子山,张家界大峡谷]（confidence：0.785）
[红旗渠,武陵源]→[天子山,张家界大峡谷]（confidence：0.785）
[武陵源]→[红旗渠,天子山,黄龙洞]（confidence：0.785）
[红旗渠,武陵源]→[天子山,黄龙洞]（confidence：0.785）

6.6.6 芒砀山的关联景区间的关联规则挖掘

搜索到达芒砀山的游客同时到达的其他景区，挖掘到达景区之间的关联规则。基于刚刚建立的关联规则挖掘模型，通过反复尝试，最后在模型中设置最低支持度和最低置信度均为0.5。基于不同的置信度和支持度可以获得不同的关联规则，具有不同的参考价值，但是限于篇幅，这里只使用了0.5的置信度和支持度。运行关联规则挖掘模型，得到景区间的景区关联频繁项，如表6-13所示。进一步得到景区关联规则，如表6-14所示。

表 6-13 到芒砀山的游客到达景区关联频繁项结果

支持度	项1	项2	项3	项4
0.302	芒砀山	芒山镇		
0.283	芒砀山	永城		
0.170	芒砀山	南阳		
0.170	芒砀山	商丘		
0.170	芒砀山	龙潭大峡谷		
0.113	芒砀山	七十二潭		
0.113	芒砀山	万泉湖		
0.113	芒砀山	伊河漂流		
0.113	芒砀山	张巡祠		
0.113	芒砀山	洛阳		
0.113	芒砀山	神农山		
0.113	芒砀山	郭亮村		
0.151	芒山镇	永城		
0.170	芒山镇	南阳		
0.113	芒山镇	龙潭大峡谷		
0.113	芒山镇	七十二潭		
0.113	芒山镇	郭亮村		
0.113	南阳	七十二潭		
0.151	芒砀山	芒山镇	永城	
0.170	芒砀山	芒山镇	南阳	
0.113	芒砀山	芒山镇	龙潭大峡谷	
0.113	芒砀山	芒山镇	七十二潭	
0.113	芒砀山	芒山镇	郭亮村	
0.113	芒砀山	南阳	七十二潭	
0.113	芒山镇	南阳	七十二潭	
0.113	芒砀山	芒山镇	南阳	七十二潭

表 6-14 到芒砀山的游客到达景区关联规则结果

Premises	Conclusion	Support	Confidence	LaPlace	Gain	P-S	Lift
芒山镇	南阳	0.17	0.56	0.90	-0.43	0.12	3.31
芒山镇	芒砀山, 南阳	0.17	0.56	0.90	-0.43	0.12	3.31
芒砀山, 芒山镇	南阳	0.17	0.56	0.90	-0.43	0.12	3.31
龙潭大峡谷	芒山镇	0.11	0.67	0.95	-0.23	0.06	2.21
南阳	七十二潭	0.11	0.67	0.95	-0.23	0.09	5.89

续表

Premises	Conclusion	Support	Confidence	LaPlace	Gain	P-S	Lift
龙潭大峡谷	芒砀山，芒山镇	0.11	0.67	0.95	-0.23	0.06	2.21
芒砀山，龙潭大峡谷	芒山镇	0.11	0.67	0.95	-0.23	0.06	2.21
南阳	芒砀山，七十二潭	0.11	0.67	0.95	-0.23	0.09	5.89
芒砀山，南阳	七十二潭	0.11	0.67	0.95	-0.23	0.09	5.89
南阳	芒山镇，七十二潭	0.11	0.67	0.95	-0.23	0.09	5.89
芒山镇，南阳	七十二潭	0.11	0.67	0.95	-0.23	0.09	5.89
南阳	芒砀山，芒山镇，七十二潭	0.11	0.67	0.95	-0.23	0.09	5.89
芒砀山，南阳	芒山镇，七十二潭	0.11	0.67	0.95	-0.23	0.09	5.89
芒山镇，南阳	芒砀山，七十二潭	0.11	0.67	0.95	-0.23	0.09	5.89
芒砀山，芒山镇，南阳	七十二潭	0.11	0.67	0.95	-0.23	0.09	5.89
芒山镇	芒砀山	0.30	1.00	1.00	-0.30	0.00	1.00
永城	芒砀山	0.28	1.00	1.00	-0.28	0.00	1.00
南阳	芒砀山	0.17	1.00	1.00	-0.17	0.00	1.00
商丘	芒砀山	0.17	1.00	1.00	-0.17	0.00	1.00
龙潭大峡谷	芒砀山	0.17	1.00	1.00	-0.17	0.00	1.00
七十二潭	芒砀山	0.11	1.00	1.00	-0.11	0.00	1.00
万泉湖	芒砀山	0.11	1.00	1.00	-0.11	0.00	1.00
伊河漂流	芒砀山	0.11	1.00	1.00	-0.11	0.00	1.00
张巡祠	芒砀山	0.11	1.00	1.00	-0.11	0.00	1.00
洛阳	芒砀山	0.11	1.00	1.00	-0.11	0.00	1.00
神农山	芒砀山	0.11	1.00	1.00	-0.11	0.00	1.00
郭亮村	芒砀山	0.11	1.00	1.00	-0.11	0.00	1.00
南阳	芒山镇	0.17	1.00	1.00	-0.17	0.12	3.31
七十二潭	芒山镇	0.11	1.00	1.00	-0.11	0.08	3.31
郭亮村	芒山镇	0.11	1.00	1.00	-0.11	0.08	3.31
七十二潭	南阳	0.11	1.00	1.00	-0.11	0.09	5.89
芒山镇，永城	芒砀山	0.15	1.00	1.00	-0.15	0.00	1.00
南阳	芒砀山，芒山镇	0.17	1.00	1.00	-0.17	0.12	3.31

绘制与芒砀山相关的景区关联规则图，根据不同的筛选标准，可以获得多个景区关联规则图（图6-10）。根据图6-10，与芒砀山关联的景区或地区包括：南阳、伊河漂流、万泉湖、七十二潭、芒山镇、永城、龙潭大峡谷、郭亮村、洛阳、商丘、张巡祠、神农山。可以将此设计为增强旅游路线，以增加旅游景区的关联效应，进一步增加旅游收益。挖掘

出的关联景区涉及区域和景点较多,更值得深入研究和开发。因此,这些关联规则对于研究市际旅游规划和线路具有重要的参考价值。

图 6-10　与芒砀山相关的景区关联规则

根据景区关联挖掘结果,获得以下景区关联规则。在这些关联规则中,有的具有一定重复性,有的属于明显的关联特性,如芒砀山、芒山镇和永城之间的关联规则,因为本就是一个地区。但是与神农山、郭亮村以及龙潭大峡谷就属于明显的不同区域间的景区关联规则,具有重要的挖掘意义。以下的景区关联规则具有重要的研究意义,供相关研究学者参考。这些关联规则为旅游规划和旅游攻略提供了重要的信息参考。

[芒山镇]→[永城]（confidence：0.500）

[芒山镇]→[芒砀山,永城]（confidence：0.500）

[芒砀山,芒山镇]→[永城]（confidence：0.500）

[永城]→[芒山镇]（confidence：0.533）

[永城]→[芒砀山,芒山镇]（confidence：0.533）

[芒砀山,永城]→[芒山镇]（confidence：0.533）

[芒山镇]→[南阳]（confidence：0.562）

[芒山镇]→[芒砀山,南阳]（confidence：0.562）

[芒砀山,芒山镇]→[南阳]（confidence：0.562）

[龙潭大峡谷]→[芒山镇]（confidence：0.667）
[南阳]→[七十二潭]（confidence：0.667）
[龙潭大峡谷]→[芒砀山,芒山镇]（confidence：0.667）
[芒砀山,龙潭大峡谷]→[芒山镇]（confidence：0.667）
[南阳]→[芒砀山,七十二潭]（confidence：0.667）
[芒砀山,南阳]→[七十二潭]（confidence：0.667）
[南阳]→[芒山镇,七十二潭]（confidence：0.667）
[芒山镇,南阳]→[七十二潭]（confidence：0.667）
[南阳]→[芒砀山,芒山镇,七十二潭]（confidence：0.667）
[芒砀山,南阳]→[芒山镇,七十二潭]（confidence：0.667）
[芒山镇,南阳]→[芒砀山,七十二潭]（confidence：0.667）
[芒砀山,芒山镇,南阳]→[七十二潭]（confidence：0.667）

6.6.7 龙潭大峡谷的关联景区间的关联规则挖掘

搜索到达龙潭大峡谷的游客同时到达的其他景区，挖掘到达景区之间的关联规则。基于刚刚建立的关联规则挖掘模型。通过反复尝试，最后在模型中设置最低支持度和最低置信度均为0.5。基于不同的置信度和支持度可以获得不同的关联规则，具有不同的参考价值，但是限于篇幅，这里只使用了0.5的置信度和0.5的支持度。运行关联规则挖掘模型，得到景区间的景区关联频繁项，如表6-15所示。进一步得到景区关联规则，如表6-16所示。

表6-15 到龙潭大峡谷的游客到达景区关联频繁项结果

支持度	项1	项2	项3
0.394	龙潭大峡谷	洛阳	
0.263	龙潭大峡谷	南阳	
0.162	龙潭大峡谷	万泉湖	
0.162	龙潭大峡谷	新安	
0.141	龙潭大峡谷	七十二潭	
0.121	龙潭大峡谷	老界岭	
0.111	龙潭大峡谷	郭亮村	
0.111	龙潭大峡谷	黄河三峡	
0.152	洛阳	南阳	
0.141	南阳	七十二潭	
0.111	南阳	老界岭	
0.152	龙潭大峡谷	洛阳	南阳
0.141	龙潭大峡谷	南阳	七十二潭
0.111	龙潭大峡谷	南阳	老界岭

表 6-16　到龙潭大峡谷的游客到达景区关联规则结果

Premises	Conclusion	Support	Confidence	LaPlace	Gain	P-S	Lift
老界岭	南阳	0.11	0.92	0.99	−0.13	0.08	3.49
老界岭	龙潭大峡谷，南阳	0.11	0.92	0.99	−0.13	0.08	3.49
龙潭大峡谷，老界岭	南阳	0.11	0.92	0.99	−0.13	0.08	3.49
洛阳	龙潭大峡谷	0.39	1.00	1.00	−0.39	0.00	1.00
南阳	龙潭大峡谷	0.26	1.00	1.00	−0.26	0.00	1.00
万泉湖	龙潭大峡谷	0.16	1.00	1.00	−0.16	0.00	1.00
新安	龙潭大峡谷	0.16	1.00	1.00	−0.16	0.00	1.00
七十二潭	龙潭大峡谷	0.14	1.00	1.00	−0.14	0.00	1.00
老界岭	龙潭大峡谷	0.12	1.00	1.00	−0.12	0.00	1.00
郭亮村	龙潭大峡谷	0.11	1.00	1.00	−0.11	0.00	1.00
黄河三峡	龙潭大峡谷	0.11	1.00	1.00	−0.11	0.00	1.00
七十二潭	南阳	0.14	1.00	1.00	−0.14	0.10	3.81
洛阳，南阳	龙潭大峡谷	0.15	1.00	1.00	−0.15	0.00	1.00
七十二潭	龙潭大峡谷，南阳	0.14	1.00	1.00	−0.14	0.10	3.81
龙潭大峡谷，七十二潭	南阳	0.14	1.00	1.00	−0.14	0.10	3.81
南阳，七十二潭	龙潭大峡谷	0.14	1.00	1.00	−0.14	0.00	1.00
南阳，老界岭	龙潭大峡谷	0.11	1.00	1.00	−0.11	0.00	1.00

根据不同的筛选标准，可以获得多个景区关联规则图。为了减少篇幅，在此设置一种筛选标准，绘制与龙潭大峡谷相关的景区关联规则图（图 6-11）。

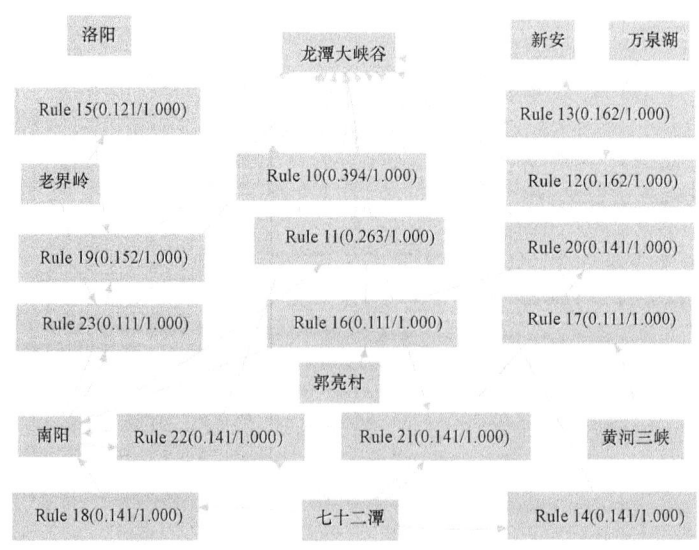

图 6-11　与龙潭大峡谷相关的景区关联规则

第 6 章 旅游景区关联挖掘

根据图 6-11，与龙潭大峡谷关联的景区或地区包括：洛阳、新安、万泉湖、老界岭、郭亮村、南阳、七十二潭和黄河三峡。可以将此设计为增强旅游路线，以增加旅游景区的关联效应，进一步增加旅游收益。万泉湖位于林州市，七十二潭、老界岭位于南阳市，郭亮村位于新乡市，黄河三峡位于济源市，而龙潭大峡谷位于洛阳市。这些景区间的关联规则属于市际的景区关联，对于开发河南省的市际旅游具有重要的参考价值。因此，这些关联规则对于研究市际旅游规划和线路具有重要的参考价值。

根据景区关联挖掘结果，获得以下景区关联规则。在这些关联规则中，有的具有一定重复性，有的属于明显的关联特性，如南阳和七十二潭之间的关联规则。作为南阳的代表性景区，来南阳游客相当大部分都会到七十二潭去游玩。在以下关联规则中，不仅显示了景区的关联性，还给出了景区关联的置信度，如来南阳的游客，会有 0.577 的可能去洛阳，当然这些规则限于数据分析，本书采集的数据是一定时期的数据，不够全面，因此对应的关联规则也有一定的局限性，因此属于供参考的层面。然而，这些关联规则的研究为旅游规划和旅游攻略提供重要的研究方法。

[南阳]→[七十二潭]（confidence：0.538）

[南阳]→[龙潭大峡谷,七十二潭]（confidence：0.538）

[龙潭大峡谷,南阳]→[七十二潭]（confidence：0.538）

[南阳]→[洛阳]（confidence：0.577）

[南阳]→[龙潭大峡谷,洛阳]（confidence：0.577）

[龙潭大峡谷,南阳]→[洛阳]（confidence：0.577）

[老界岭]→[南阳]（confidence：0.917）

[老界岭]→[龙潭大峡谷,南阳]（confidence：0.917）

[龙潭大峡谷,老界岭]→[南阳]（confidence：0.917）

6.6.8 鸡冠洞的关联景区间的关联规则挖掘

搜索到达鸡冠洞的游客同时到达的其他景区，挖掘到达景区之间的关联规则。基于刚刚建立的关联规则挖掘模型。通过反复尝试，最后在模型中设置最低支持度和最低置信度均为 0.5。基于不同的置信度和支持度可以获得不同的关联规则，具有不同的参考价值，但是限于篇幅，这里只使用了 0.5 的置信度和支持度。运行关联规则挖掘模型，得到景区间的景区关联频繁项，如表 6-17 所示。进一步得到景区关联规则，如表 6-18 所示。

表 6-17 到鸡冠洞的游客到达景区关联频繁项结果

支持度	项 1	项 2	项 3	项 4	项 5
0.24	鸡冠洞	栾川	洛阳		
0.15	鸡冠洞	栾川	龙门石窟		
0.11	鸡冠洞	栾川	白马寺		
0.11	鸡冠洞	栾川	白云山		
0.13	鸡冠洞	栾川	龙峪湾		

续表

支持度	项1	项2	项3	项4	项5
0.20	鸡冠洞	洛阳	龙门石窟		
0.17	鸡冠洞	洛阳	白马寺		
0.15	鸡冠洞	洛阳	王城公园		
0.13	鸡冠洞	洛阳	古墓博物馆		
0.13	鸡冠洞	洛阳	白云山		
0.13	鸡冠洞	龙门石窟	白马寺		
0.11	鸡冠洞	龙门石窟	王城公园		
0.13	鸡冠洞	龙门石窟	白云山		
0.15	鸡冠洞	白马寺	王城公园		
0.13	鸡冠洞	白马寺	古墓博物馆		
0.13	鸡冠洞	王城公园	古墓博物馆		
0.15	鸡冠洞	栾川	洛阳	龙门石窟	
0.11	鸡冠洞	栾川	洛阳	白马寺	
0.11	鸡冠洞	栾川	洛阳	白云山	
0.11	鸡冠洞	栾川	龙门石窟	白马寺	
0.11	鸡冠洞	栾川	龙门石窟	白云山	
0.13	鸡冠洞	洛阳	龙门石窟	白马寺	
0.11	鸡冠洞	洛阳	龙门石窟	王城公园	
0.13	鸡冠洞	洛阳	龙门石窟	白云山	
0.15	鸡冠洞	洛阳	白马寺	王城公园	
0.13	鸡冠洞	洛阳	白马寺	古墓博物馆	
0.13	鸡冠洞	洛阳	王城公园	古墓博物馆	
0.11	鸡冠洞	龙门石窟	白马寺	王城公园	
0.13	鸡冠洞	白马寺	王城公园	古墓博物馆	
0.11	栾川	洛阳	龙门石窟	白马寺	
0.11	栾川	洛阳	龙门石窟	白云山	
0.11	洛阳	龙门石窟	白马寺	王城公园	
0.13	洛阳	白马寺	王城公园	古墓博物馆	
0.11	鸡冠洞	栾川	洛阳	龙门石窟	白马寺
0.11	鸡冠洞	栾川	洛阳	龙门石窟	白云山
0.11	鸡冠洞	洛阳	龙门石窟	白马寺	王城公园
0.13	鸡冠洞	洛阳	白马寺	王城公园	古墓博物馆

表 6-18 到鸡冠洞的游客到达景区关联规则结果（详见附表 1-9）

Premises	Conclusion	Support	Confidence	LaPlace	Gain	P-S	Lift
王城公园	古墓博物馆	0.13	0.86	0.98	-0.17	0.11	6.57
王城公园	鸡冠洞，古墓博物馆	0.13	0.86	0.98	-0.17	0.11	6.57
鸡冠洞，王城公园	古墓博物馆	0.13	0.86	0.98	-0.17	0.11	6.57
王城公园	洛阳，古墓博物馆	0.13	0.86	0.98	-0.17	0.11	6.57
洛阳，王城公园	古墓博物馆	0.13	0.86	0.98	-0.17	0.11	6.57
王城公园	白马寺，古墓博物馆	0.13	0.86	0.98	-0.17	0.11	6.57
白马寺，王城公园	古墓博物馆	0.13	0.86	0.98	-0.17	0.11	6.57
王城公园	鸡冠洞，洛阳，古墓博物馆	0.13	0.86	0.98	-0.17	0.11	6.57
鸡冠洞，王城公园	洛阳，古墓博物馆	0.13	0.86	0.98	-0.17	0.11	6.57
洛阳，王城公园	鸡冠洞，古墓博物馆	0.13	0.86	0.98	-0.17	0.11	6.57
鸡冠洞，洛阳，王城公园	古墓博物馆	0.13	0.86	0.98	-0.17	0.11	6.57
王城公园	鸡冠洞，白马寺，古墓博物馆	0.13	0.86	0.98	-0.17	0.11	6.57
鸡冠洞，王城公园	白马寺，古墓博物馆	0.13	0.86	0.98	-0.17	0.11	6.57
白马寺，王城公园	鸡冠洞，古墓博物馆	0.13	0.86	0.98	-0.17	0.11	6.57
鸡冠洞，白马寺，王城公园	古墓博物馆	0.13	0.86	0.98	-0.17	0.11	6.57
王城公园	洛阳，白马寺，古墓博物馆	0.13	0.86	0.98	-0.17	0.11	6.57
洛阳，王城公园	白马寺，古墓博物馆	0.13	0.86	0.98	-0.17	0.11	6.57
白马寺，王城公园	洛阳，古墓博物馆	0.13	0.86	0.98	-0.17	0.11	6.57
洛阳，白马寺，王城公园	古墓博物馆	0.13	0.86	0.98	-0.17	0.11	6.57
王城公园	鸡冠洞，洛阳，白马寺，古墓博物馆	0.13	0.86	0.98	-0.17	0.11	6.57
鸡冠洞，王城公园	洛阳，白马寺，古墓博物馆	0.13	0.86	0.98	-0.17	0.11	6.57
洛阳，王城公园	鸡冠洞，白马寺，古墓博物馆	0.13	0.86	0.98	-0.17	0.11	6.57
鸡冠洞，洛阳，王城公园	白马寺，古墓博物馆	0.13	0.86	0.98	-0.17	0.11	6.57
白马寺，王城公园	鸡冠洞，洛阳，古墓博物馆	0.13	0.86	0.98	-0.17	0.11	6.57
鸡冠洞，白马寺，王城公园	洛阳，古墓博物馆	0.13	0.86	0.98	-0.17	0.11	6.57
洛阳，白马寺，王城公园	鸡冠洞，古墓博物馆	0.13	0.86	0.98	-0.17	0.11	6.57
鸡冠洞，洛阳，白马寺，王城公园	古墓博物馆	0.13	0.86	0.98	-0.17	0.11	6.57
白马寺	王城公园	0.15	0.88	0.98	-0.20	0.13	5.75

续表

Premises	Conclusion	Support	Confidence	LaPlace	Gain	P-S	Lift
白马寺	鸡冠洞，王城公园	0.15	0.88	0.98	−0.20	0.13	5.75
鸡冠洞，白马寺	王城公园	0.15	0.88	0.98	−0.20	0.13	5.75
白马寺	洛阳，王城公园	0.15	0.88	0.98	−0.20	0.13	5.75
洛阳，白马寺	王城公园	0.15	0.88	0.98	−0.20	0.13	5.75
白马寺	鸡冠洞，洛阳，王城公园	0.15	0.88	0.98	−0.20	0.13	5.75
鸡冠洞，白马寺	洛阳，王城公园	0.15	0.88	0.98	−0.20	0.13	5.75
洛阳，白马寺	鸡冠洞，王城公园	0.15	0.88	0.98	−0.20	0.13	5.75
鸡冠洞，洛阳，白马寺	王城公园	0.15	0.88	0.98	−0.20	0.13	5.75

绘制与鸡冠洞相关的景区关联规则图，根据不同的筛选标准，可以获得多个景区关联规则图。为了减少篇幅，在此只设置一种筛选标准，绘制景区关联规则（图6-12）。

图6-12 与鸡冠洞相关的景区关联规则

根据图6-12，与鸡冠洞关联的景区或地区包括：洛阳、龙门石窟、白马寺、栾川和王城公园。可以将此设计为增强旅游路线，以增加旅游景区的关联效应，进一步增加旅游收益。挖掘出的关联景区中的几个景点主要是洛阳市域内景点。这些关联规则说明了鸡冠洞的关联景区是市域旅游景点，也反映了洛阳旅游的特点是市域旅游。

第6章 旅游景区关联挖掘

当置信度和支持度都调整到 0.1 时，关联景区包括：龙门石窟、少林寺、白马寺、山陕甘会馆、延庆观、繁塔、白园、塔林、香山寺和中国翰园。由此可以看出，开封、郑州和洛阳的著名景点具有较强的关联性，因此，这些关联规则对于研究市际旅游规划和线路具有重要的参考价值。

根据景区关联挖掘结果，获得以下景区关联规则。在这些关联规则中，有的具有一定重复性，有的属于明显的关联特性，如鸡冠洞和栾川之间的关联规则。龙门石窟作为洛阳的代表性景区，到过鸡冠洞的游客，也很可能会到龙门石窟去游玩。以下关联规则不仅显示了景区的关联性，还给出了景区关联的置信度，如来洛阳和栾川的游客，会有 0.636 的可能去龙门石窟，到鸡冠洞和龙门石窟的游客，去白马寺的置信度为 0.667，到鸡冠洞、白马寺的游客又去洛阳王城公园的置信度为 0.875。更多关联规则参考下文。这些关联规则为旅游规划和旅游攻略提供了重要的信息参考。

[栾川,洛阳]→[龙门石窟]（confidence：0.636）

[栾川,洛阳]→[鸡冠洞,龙门石窟]（confidence：0.636）

[鸡冠洞,栾川,洛阳]→[龙门石窟]（confidence：0.636）

[鸡冠洞]→[栾川]（confidence：0.652）

[龙门石窟]→[白马寺]（confidence：0.667）

[龙门石窟]→[白云山]（confidence：0.667）

[龙门石窟]→[鸡冠洞,白马寺]（confidence：0.667）

[鸡冠洞,龙门石窟]→[白马寺]（confidence：0.667）

[龙门石窟]→[鸡冠洞,白云山]（confidence：0.667）

[鸡冠洞,龙门石窟]→[白云山]（confidence：0.667）

[龙门石窟]→[洛阳,白马寺]（confidence：0.667）

[洛阳,龙门石窟]→[白马寺]（confidence：0.667）

[龙门石窟]→[洛阳,白云山]（confidence：0.667）

[洛阳,龙门石窟]→[白云山]（confidence：0.667）

[龙门石窟]→[鸡冠洞,洛阳,白马寺]（confidence：0.667）

[鸡冠洞,龙门石窟]→[洛阳,白马寺]（confidence：0.667）

[洛阳,龙门石窟]→[鸡冠洞,白马寺]（confidence：0.667）

[鸡冠洞,洛阳,龙门石窟]→[白马寺]（confidence：0.667）

[龙门石窟]→[鸡冠洞,洛阳,白云山]（confidence：0.667）

[鸡冠洞,龙门石窟]→[洛阳,白云山]（confidence：0.667）

[洛阳,龙门石窟]→[鸡冠洞,白云山]（confidence：0.667）

[鸡冠洞,洛阳,龙门石窟]→[白云山]（confidence：0.667）

[洛阳]→[栾川]（confidence：0.688）

[洛阳]→[鸡冠洞,栾川]（confidence：0.688）

[鸡冠洞,洛阳]→[栾川]（confidence：0.688）

[白马寺]→[龙门石窟]（confidence：0.750）

[白马寺]→[古墓博物馆]（confidence：0.750）

[白马寺]→[鸡冠洞,龙门石窟]（confidence：0.750）

[鸡冠洞,白马寺]→[龙门石窟]（confidence：0.750）

[白马寺]→[鸡冠洞,古墓博物馆]（confidence：0.750）

[鸡冠洞,白马寺]→[古墓博物馆]（confidence：0.750）

[白马寺]→[洛阳,龙门石窟]（confidence：0.750）

[洛阳,白马寺]→[龙门石窟]（confidence：0.750）

[白马寺]→[洛阳,古墓博物馆]（confidence：0.750）

[洛阳,白马寺]→[古墓博物馆]（confidence：0.750）

[白马寺]→[王城公园,古墓博物馆]（confidence：0.750）

[白马寺]→[鸡冠洞,洛阳,龙门石窟]（confidence：0.750）

[鸡冠洞,白马寺]→[洛阳,龙门石窟]（confidence：0.750）

[洛阳,白马寺]→[鸡冠洞,龙门石窟]（confidence：0.750）

[鸡冠洞,洛阳,白马寺]→[龙门石窟]（confidence：0.750）

[白马寺]→[鸡冠洞,洛阳,古墓博物馆]（confidence：0.750）

[鸡冠洞,白马寺]→[洛阳,古墓博物馆]（confidence：0.750）

[洛阳,白马寺]→[鸡冠洞,古墓博物馆]（confidence：0.750）

[鸡冠洞,洛阳,白马寺]→[古墓博物馆]（confidence：0.750）

[白马寺]→[鸡冠洞,王城公园,古墓博物馆]（confidence：0.750）

[鸡冠洞,白马寺]→[王城公园,古墓博物馆]（confidence：0.750）

[白马寺]→[洛阳,王城公园,古墓博物馆]（confidence：0.750）

[洛阳,白马寺]→[王城公园,古墓博物馆]（confidence：0.750）

[白马寺]→[鸡冠洞,洛阳,王城公园,古墓博物馆]（confidence：0.750）

[鸡冠洞,白马寺]→[洛阳,王城公园,古墓博物馆]（confidence：0.750）

[洛阳,白马寺]→[鸡冠洞,王城公园,古墓博物馆]（confidence：0.750）

[鸡冠洞,洛阳,白马寺]→[王城公园,古墓博物馆]（confidence：0.750）

[龙门石窟]→[栾川]（confidence：0.778）

[龙门石窟]→[鸡冠洞,栾川]（confidence：0.778）

[鸡冠洞,龙门石窟]→[栾川]（confidence：0.778）

[龙门石窟]→[栾川,洛阳]（confidence：0.778）

[洛阳,龙门石窟]→[栾川]（confidence：0.778）

[龙门石窟]→[鸡冠洞,栾川,洛阳]（confidence：0.778）

[鸡冠洞,龙门石窟]→[栾川,洛阳]（confidence：0.778）

[洛阳,龙门石窟]→[鸡冠洞,栾川]（confidence：0.778）

[鸡冠洞,洛阳,龙门石窟]→[栾川]（confidence：0.778）

[王城公园]→[古墓博物馆]（confidence：0.857）

[王城公园]→[鸡冠洞,古墓博物馆]（confidence：0.857）

[鸡冠洞,王城公园]→[古墓博物馆]（confidence：0.857）
[王城公园]→[洛阳,古墓博物馆]（confidence：0.857）
[洛阳,王城公园]→[古墓博物馆]（confidence：0.857）
[王城公园]→[白马寺,古墓博物馆]（confidence：0.857）
[白马寺,王城公园]→[古墓博物馆]（confidence：0.857）
[王城公园]→[鸡冠洞,洛阳,古墓博物馆]（confidence：0.857）
[鸡冠洞,王城公园]→[洛阳,古墓博物馆]（confidence：0.857）
[洛阳,王城公园]→[鸡冠洞,古墓博物馆]（confidence：0.857）
[鸡冠洞,洛阳,王城公园]→[古墓博物馆]（confidence：0.857）
[王城公园]→[鸡冠洞,白马寺,古墓博物馆]（confidence：0.857）
[鸡冠洞,王城公园]→[白马寺,古墓博物馆]（confidence：0.857）
[白马寺,王城公园]→[鸡冠洞,古墓博物馆]（confidence：0.857）
[鸡冠洞,白马寺,王城公园]→[古墓博物馆]（confidence：0.857）
[王城公园]→[洛阳,白马寺,古墓博物馆]（confidence：0.857）
[洛阳,王城公园]→[白马寺,古墓博物馆]（confidence：0.857）
[白马寺,王城公园]→[洛阳,古墓博物馆]（confidence：0.857）
[洛阳,白马寺,王城公园]→[古墓博物馆]（confidence：0.857）
[王城公园]→[鸡冠洞,洛阳,白马寺,古墓博物馆]（confidence：0.857）
[鸡冠洞,王城公园]→[洛阳,白马寺,古墓博物馆]（confidence：0.857）
[洛阳,王城公园]→[鸡冠洞,白马寺,古墓博物馆]（confidence：0.857）
[鸡冠洞,洛阳,王城公园]→[白马寺,古墓博物馆]（confidence：0.857）
[白马寺,王城公园]→[鸡冠洞,洛阳,古墓博物馆]（confidence：0.857）
[鸡冠洞,白马寺,王城公园]→[洛阳,古墓博物馆]（confidence：0.857）
[洛阳,白马寺,王城公园]→[鸡冠洞,古墓博物馆]（confidence：0.857）
[鸡冠洞,洛阳,白马寺,王城公园]→[古墓博物馆]（confidence：0.857）
[白马寺]→[王城公园]（confidence：0.875）
[白马寺]→[鸡冠洞,王城公园]（confidence：0.875）
[鸡冠洞,白马寺]→[王城公园]（confidence：0.875）
[白马寺]→[洛阳,王城公园]（confidence：0.875）
[洛阳,白马寺]→[王城公园]（confidence：0.875）
[白马寺]→[鸡冠洞,洛阳,王城公园]（confidence：0.875）
[鸡冠洞,白马寺]→[洛阳,王城公园]（confidence：0.875）
[洛阳,白马寺]→[鸡冠洞,王城公园]（confidence：0.875）
[鸡冠洞,洛阳,白马寺]→[王城公园]（confidence：0.875）

6.6.9 殷墟的关联景区间的关联规则挖掘

搜索到达殷墟的游客同时到达的其他景区，挖掘到达景区之间的关联规则。基于刚刚建立的关联规则挖掘模型。通过反复尝试，最后在模型中设置最低支持度和最低置信度均为 0.5。基于不同的置信度和支持度可以获得不同的关联规则，具有不同的参考价值，但是限于篇幅，这里只使用了 0.5 的置信度和支持度。运行关联规则挖掘模型，得到景区间的景区关联频繁项，如表 6-19 所示。进一步得到景区关联规则，如表 6-20 所示。

表 6-19　到殷墟的游客到达景区关联频繁项结果

支持度	项 1	项 2	项 3	项 4
0.412	殷墟	安阳		
0.180	殷墟	妇好墓		
0.160	殷墟	红旗渠		
0.160	殷墟	郑州		
0.153	殷墟	洛阳		
0.143	殷墟	林州		
0.143	殷墟	龙门石窟		
0.122	殷墟	白马寺		
0.116	殷墟	羑里城		
0.112	殷墟	少林寺		
0.109	殷墟	开封		
0.109	殷墟	汤阴		
0.163	安阳	妇好墓		
0.143	安阳	红旗渠		
0.109	安阳	林州		
0.109	安阳	羑里城		
0.129	洛阳	龙门石窟		
0.105	洛阳	白马寺		
0.116	龙门石窟	白马寺		
0.163	殷墟	安阳	妇好墓	
0.143	殷墟	安阳	红旗渠	
0.109	殷墟	安阳	林州	
0.109	殷墟	安阳	羑里城	
0.129	殷墟	洛阳	龙门石窟	
0.105	殷墟	洛阳	白马寺	
0.116	殷墟	龙门石窟	白马寺	
0.105	洛阳	龙门石窟	白马寺	
0.105	殷墟	洛阳	龙门石窟	白马寺

表 6-20 到殷墟的游客到达景区关联规则结果

Premises	Conclusion	Support	Confidence	LaPlace	Gain	P-S	Lift
龙门石窟	洛阳,白马寺	0.11	0.74	0.97	-0.18	0.09	7.00
龙门石窟	殷墟,洛阳,白马寺	0.11	0.74	0.97	-0.18	0.09	7.00
殷墟,龙门石窟	洛阳,白马寺	0.11	0.74	0.97	-0.18	0.09	7.00
林州	安阳	0.11	0.76	0.97	-0.18	0.05	1.85
林州	殷墟,安阳	0.11	0.76	0.97	-0.18	0.05	1.85
殷墟,林州	安阳	0.11	0.76	0.97	-0.18	0.05	1.85
龙门石窟	白马寺	0.12	0.81	0.98	-0.17	0.10	6.61
龙门石窟	殷墟,白马寺	0.12	0.81	0.98	-0.17	0.10	6.61
殷墟,龙门石窟	白马寺	0.12	0.81	0.98	-0.17	0.10	6.61
洛阳,龙门石窟	白马寺	0.11	0.82	0.98	-0.15	0.09	6.66
洛阳,龙门石窟	殷墟,白马寺	0.11	0.82	0.98	-0.15	0.09	6.66
殷墟,洛阳,龙门石窟	白马寺	0.11	0.82	0.98	-0.15	0.09	6.66
洛阳	龙门石窟	0.13	0.84	0.98	-0.18	0.11	5.91
洛阳	殷墟,龙门石窟	0.13	0.84	0.98	-0.18	0.11	5.91
殷墟,洛阳	龙门石窟	0.13	0.84	0.98	-0.18	0.11	5.91
白马寺	洛阳	0.11	0.86	0.98	-0.14	0.09	5.63
白马寺	殷墟,洛阳	0.11	0.86	0.98	-0.14	0.09	5.63
殷墟,白马寺	洛阳	0.11	0.86	0.98	-0.14	0.09	5.63
白马寺	洛阳,龙门石窟	0.11	0.86	0.98	-0.14	0.09	6.66
白马寺	殷墟,洛阳,龙门石窟	0.11	0.86	0.98	-0.14	0.09	6.66
殷墟,白马寺	洛阳,龙门石窟	0.11	0.86	0.98	-0.14	0.09	6.66
红旗渠	安阳	0.14	0.89	0.99	-0.18	0.08	2.17
红旗渠	殷墟,安阳	0.14	0.89	0.99	-0.18	0.08	2.17
殷墟,红旗渠	安阳	0.14	0.89	0.99	-0.18	0.08	2.17
龙门石窟	洛阳	0.13	0.90	0.99	-0.16	0.11	5.91
龙门石窟	殷墟,洛阳	0.13	0.90	0.99	-0.16	0.11	5.91
殷墟,龙门石窟	洛阳	0.13	0.90	0.99	-0.16	0.11	5.91
妇好墓	安阳	0.16	0.91	0.99	-0.20	0.09	2.20
妇好墓	殷墟,安阳	0.16	0.91	0.99	-0.20	0.09	2.20
殷墟,妇好墓	安阳	0.16	0.91	0.99	-0.20	0.09	2.20
龙门石窟,白马寺	洛阳	0.11	0.91	0.99	-0.13	0.09	5.96
龙门石窟,白马寺	殷墟,洛阳	0.11	0.91	0.99	-0.13	0.09	5.96

续表

Premises	Conclusion	Support	Confidence	LaPlace	Gain	P-S	Lift
殷墟，龙门石窟，白马寺	洛阳	0.11	0.91	0.99	-0.13	0.09	5.96
羑里城	安阳	0.11	0.94	0.99	-0.12	0.06	2.29
羑里城	殷墟，安阳	0.11	0.94	0.99	-0.12	0.06	2.29
殷墟，羑里城	安阳	0.11	0.94	0.99	-0.12	0.06	2.29
白马寺	龙门石窟	0.12	0.94	0.99	-0.13	0.10	6.61
白马寺	殷墟，龙门石窟	0.12	0.94	0.99	-0.13	0.10	6.61
殷墟，白马寺	龙门石窟	0.12	0.94	0.99	-0.13	0.10	6.61

绘制与殷墟相关的景区关联规则图，根据不同的筛选标准，可以获得多个景区关联规则图。为了减少篇幅，在此只设置一种筛选标准，绘制景区关联规则（图6-13）。

图6-13 与殷墟相关的景区关联规则

根据图6-13，与殷墟关联的景区或地区包括：羑里城、红旗渠、汤阴、白马寺、安阳、少林寺、林州、龙门石窟、妇好墓、郑州、洛阳和开封。可以将此设计为增强旅游路线，以增加旅游景区的关联效应，进一步增加旅游收益。挖掘出的关联景区中的几个景点主要涉及洛阳、郑州、安阳和开封等地区。这些关联规则说明了殷墟的关联景区是市域旅游景点，也反映了殷墟旅游特点与跨域旅游景区具有较强的关联性。

根据景区关联挖掘结果，获得以下景区关联规则。在这些关联规则中，有的具有一定重复性，有的属于明显的关联特性，如洛阳和龙门石窟之间的关联规则，作为洛阳的代表性景区，来洛游客相当大部分都会到龙门石窟去游玩。在以下关联规则中，不仅显示了景区的关联性，还给出了景区关联的置信度，如来洛阳并去了殷墟的游客，会有0.689的可能去白马寺，到洛阳白马寺的游客，去殷墟的置信度为0.861。更多关联规则见下文，这些关联规则为旅游规划和旅游攻略提供了重要的信息参考。

[洛阳]→[白马寺]（confidence：0.689）

[洛阳]→[殷墟,白马寺]（confidence：0.689）

[殷墟,洛阳]→[白马寺]（confidence：0.689）

[洛阳]→[龙门石窟,白马寺]（confidence：0.689）

[洛阳]→[殷墟,龙门石窟,白马寺]（confidence：0.689）

[殷墟,洛阳]→[龙门石窟,白马寺]（confidence：0.689）

[龙门石窟]→[洛阳,白马寺]（confidence：0.738）

[龙门石窟]→[殷墟,洛阳,白马寺]（confidence：0.738）

[殷墟,龙门石窟]→[洛阳,白马寺]（confidence：0.738）

[林州]→[安阳]（confidence：0.762）

[林州]→[殷墟,安阳]（confidence：0.762）

[殷墟,林州]→[安阳]（confidence：0.762）

[龙门石窟]→[白马寺]（confidence：0.810）

[龙门石窟]→[殷墟,白马寺]（confidence：0.810）

[殷墟,龙门石窟]→[白马寺]（confidence：0.810）

[洛阳,龙门石窟]→[白马寺]（confidence：0.816）

[洛阳,龙门石窟]→[殷墟,白马寺]（confidence：0.816）

[殷墟,洛阳,龙门石窟]→[白马寺]（confidence：0.816）

[洛阳]→[龙门石窟]（confidence：0.844）

[洛阳]→[殷墟,龙门石窟]（confidence：0.844）

[殷墟,洛阳]→[龙门石窟]（confidence：0.844）

[白马寺]→[洛阳]（confidence：0.861）

[白马寺]→[殷墟,洛阳]（confidence：0.861）

[殷墟,白马寺]→[洛阳]（confidence：0.861）

[白马寺]→[洛阳,龙门石窟]（confidence：0.861）

[白马寺]→[殷墟,洛阳,龙门石窟]（confidence：0.861）

[殷墟,白马寺]→[洛阳,龙门石窟]（confidence：0.861）

[红旗渠]→[安阳]（confidence：0.894）

[红旗渠]→[殷墟,安阳]（confidence：0.894）

[殷墟,红旗渠]→[安阳]（confidence：0.894）

[龙门石窟]→[洛阳]（confidence：0.905）

[龙门石窟]→[殷墟,洛阳]（confidence：0.905）

[殷墟,龙门石窟]→[洛阳]（confidence：0.905）

[妇好墓]→[安阳]（confidence：0.906）

[妇好墓]→[殷墟,安阳]（confidence：0.906）

[殷墟,妇好墓]→[安阳]（confidence：0.906）

[龙门石窟,白马寺]→[洛阳]（confidence：0.912）

[龙门石窟,白马寺]→[殷墟,洛阳]（confidence：0.912）

[殷墟,龙门石窟,白马寺]→[洛阳]（confidence：0.912）

[羑里城]→[安阳]（confidence：0.941）

[羑里城]→[殷墟,安阳]（confidence：0.941）

[殷墟,羑里城]→[安阳]（confidence：0.941）

[白马寺]→[龙门石窟]（confidence：0.944）

[白马寺]→[殷墟,龙门石窟]（confidence：0.944）

[殷墟,白马寺]→[龙门石窟]（confidence：0.944）

6.7 小结

通过采集已有游客游览轨迹，提取游客去过的景区、景点，基于这些数据，运用FP-Growth关联算法，使用RapidMiner数据分析软件，获得了少林寺、龙门石窟、云台山、清明上河园、红旗渠、芒砀山、龙潭大峡谷、鸡冠洞和殷墟所关联景区间的关联规则。这些景区间的关联规则对于旅游规划、市际旅游发展具有重要的参考意义。可以基于这些关联规则，开发特定旅游线路，制定旅游策略。根据已挖掘的关联规则，距离仍是景区间关联性的最重要因子，处于同一个市域范围内的景区间关联性自然较强，因此，市域范围内的景区关联开发仍是核心的任务。通过挖掘市际旅游景点间的关联规则，开发市际旅游路线，进而提高旅游的关联效应，提高旅游发展水平，促进旅游经济发展。

参考文献

[1] 马晓龙, 杨新军. 高级别旅游景区的关联性分析: 以中国4A级旅游区(点)为例[J]. 西北大学学报(自然科学版), 2004, 34(2): 5.

[2] 梅虎, 朱金福, 汪侠. 基于灰色关联分析的旅游景区顾客满意度测评研究[J]. 旅游科学, 2005, 19(5): 6.

[3] 王坤晓, 吴晋峰, 石晓腾. 基于旅游信息关联分析的旅游目的地成长性研究: 以黄河流域为例[J]. 地理科学进展, 2023, 42(5): 867-883.

[4] 马晓龙, 杨新军. 高级别旅游景区的关联性分析: 以中国4A级旅游区(点)为例[J]. 西北大学

学报(自然科学版), 2004(2): 114-118.

[5] 杨柳, 张星, 邓春林, 等. 基于舆情大数据的境外旅游影响因素的灰色关联分析模型[J].湘潭大学自然科学学报, 2020, 42(2): 18-27.

[6] TAN Y, ZHAO Z. Research on global tourism information query method based on association mining[J].International journal of information and communication technology, 2021, 18(3): 288.

[7] KABIR K, SHETU S A. Association between economic changes and trend in tourism resort business: Bangladesh perspective[J]. International journal of science and business, 2020, 4.

[8] FIGINI P, SAHLI M, VICI L. Advances in tourism economics: The sixth IATE (International Association for Tourism Economics) conference[J]. Tourism economics, 2018, 24(8): 911-914.

[9] ELSAYED M I, SHAWKY H, VIFIAN J, et al. Hurghada environmental protection and conservation association (HEPCA) changing the future of tourism and diving industry in Egypt[J]. 2018.

[10] PORTO N, RAMOS V, PORTO N, et al. Developments in the field of tourism economics: the Seventh IATE (International Association for Tourism Economics) conference[J]. Tourism economics, 2022, 28(2): 473-475.

[11] ZHANG M, HOSHINO S. Roles and issues on association of farm inns in inbound tourism: a case study of Shunran-no-Sato in Noto Town, Ishikawa Prefecture[J]. Journal of rural problems, 2019, 55.

[12] CROMPTON J L. Asia Pacific tourism association is launched[J]. Annals of tourism research, 1996, 23(4): 965-966.

[13] ARBAY E. Proceedings of The International Tourism Studies Association (ITSA) 2020, Arbay, E. Page: 482-483[J]. 2021.

[14] LEDESMABERRIOS V. Caribbean hotel & tourism association names Jeff Vasser as director General/CEO[J]. Deutsche medizinische wochenschrift, 2013, 138(50): 2582.

[15] 刘志江, 刘莉莉. 组建中的中国旅游协会旅游教育专业委员会: 一个交流信息、整合资源、研究学术、共谋发展的服务平台[J]. 旅游学刊, 2003(S1): 10-11.

[16] 何建英.关于会展旅游行业协会工作的思考[J].桂林旅游高等专科学校学报, 2004(1): 79-80.

[17] YANG Z, LU S, JIN X. Tourism spatial association analysis based on GIS technology for the cities in Anhui of China[C]//International Conference on Geoinformatics, IEEE, 2011.

[18] ARMSTRONG B, MASON S, FULLER D, et al. Coffs Coast visitor survey: report to Coffs Coast Tourism Association[J]. Journal of the international aroid society, 2005, 32(32): 142-146.

[19] YIPENG Z, JUNPING D, GUANGPING Z, et al. Constructing tourism association words set based on association rule mining[C]//Fourth International Conference on Natural Computation, IEEE Computer Society, 2008.

第 7 章

游客情感文本挖掘

7.1 文本挖掘的概述

7.1.1 文本挖掘基本概念

文本挖掘是抽取有效、新颖、有用、可理解的、散布在文本文件中的有价值知识，并且利用这些知识更好地组织信息的过程。1998 年底，国家重点研究发展规划首批实施项目中明确指出，文本挖掘是"图像、语言、自然语言理解与知识挖掘"中的重要内容。

文本挖掘是信息挖掘的一个研究分支，用于基于文本信息的知识发现。文本挖掘利用智能算法，如神经网络、基于案例的推理、可能性推理等，结合文字处理技术，分析大量的非结构化文本源（如文档、电子表格、客户电子邮件、问题查询、网页等），抽取或标记关键字概念和文字间的关系，并按照内容对文档进行分类，以获取有用的知识和信息。

文本挖掘是一个多学科混杂的领域，涵盖了多种技术，包括数据挖掘、信息抽取、信息检索、机器学习、自然语言处理、计算语言学、统计数据分析、线性几何、概率理论，甚至还有图论。

数据挖掘技术本身就是当前数据技术发展的新领域，文本挖掘发展历史更短。传统的信息检索技术对于海量数据的处理并不尽如人意，文本挖掘便日益重要起来，可见文本挖掘技术是从信息抽取以及相关技术领域中慢慢演化而成的。

随着网络时代的到来，用户可获得的信息包含了从技术资料、商业信息到新闻报道、娱乐资讯等多种类别和形式的文档，构成了一个异常庞大的、具有异构性、开放性特点的分布式数据库，而这个数据库中存放的是非结构化的文本数据。结合人工智能研究领域中的自然语言理解和计算机语言学，数据挖掘中派生了两类新兴的数据挖掘研究领域：网络挖掘和文本挖掘。

网络挖掘侧重于分析和挖掘网页相关的数据，包括文本、链接结构和访问统计（最终形成用户网络导航）。一个网页中包含了多种不同的数据类型，因此网络挖掘就包含了文本挖掘、数据库中数据挖掘、图像挖掘等。文本挖掘作为一个新的数据挖掘领域，目的在于把文本信息转化为人可利用的知识。

7.1.2 文本挖掘术语

（1）数据标注

数据标注是监督分类机器学习方法赖以实现的基础。一般而言，数据标注的规模越大、质量越高、覆盖范围越广，处理模型的性能越好。对于不同的数据挖掘任务，数据标注的标准和规范不同，复杂程度也不一样。例如，对于文本分类任务而言，只需要对每个文档标注类别标签，而对于某些复杂任务，需要标记的信息要多得多。

（2）分词

分词是指将由连续字符组成的语句按照一定的规则划分成一个个独立词语的过程。不同的语言具有不同的语法结构，以常见的英文和中文为例，英文的句子中是以空格为分隔符的，所以可以指定空格为分词的标记，而中文并没有一个形式上的分界符，它只有字、句和段能通过明显的分界符来简单划分。因此，中文分词要比英文分词困难很多。

分词是自然语言处理中的一个关键任务目的，是将文本分解为语言单元如单词、词组等，以便进一步处理。规则分词是基于词典和语法规则的分词方法通过在词典中查找词语再通过语法规则对不在词典中的词语进行处理。规则分词算法具有语言知识丰富、实现简单等特点，但不能很好地处理一些未登录词（OOV）和新词。

统计分词是基于统计模型的分词方法通过学习大量语料来建立分词模型从而解决规则分词的一些不足。统计分词通常使用HMM、CRF等算法，能够更好地处理OOV和新词，但语料要求比较高且实现较为复杂。

混合分词是规则分词和统计分词的结合，既利用了语法规则也参考了统计模型的结果。

7.1.3 文本挖掘方法

文本数据是典型的非结构化信息，它是在大多数情况下可产生的最简单的数据形式之一。人类可以轻松处理与感知非结构化文本，但机器显然很难理解。不用说，这些文本定然是信息和知识的一个宝贵来源。因此，设计出能有效处理各类应用中非结构化文本的方法就显得更迫在眉睫。目前的文本挖掘方法主要如下。

①信息检索（Information Retrieval，IR）：信息检索是从满足信息需求的非结构化数据集合中查找信息资源（通常指文档）的行为。

②自然语言处理（Natural Language Processing，NLP）：自然语言处理是计算机科学、人工智能和语言学的子领域，旨在运用计算机理解自然语言。

③文本信息提取（Information Extractionfromtext，IE）：信息提取是从非结构化或半结构化文档中自动提取信息或事实的任务。

④文本摘要：许多文本挖掘应用程序需要总结文本文档，以便对大型文档或某一主题的文档集合做出简要概述。

⑤无监督学习方法（文本）：无监督学习方法是尝试从未标注文本中获取隐藏数据结

构的技术,例如使用聚类方法将相似文本分为同一类。

⑥监督学习方法(文本):监督学习方法从标注训练数据中学习分类器或推断功能,以对未知数据执行预测的机器学习技术。

⑦文本挖掘的概率方法:有许多种概率技术,包括无监督主题模型[如概率潜在语义分析模型(pLSA)与文档主题生成模型(LDA)]和监督学习方法(如可在文本挖掘语境中使用的条件随机场)。

⑧文本流与社交媒体挖掘:网络上存在许多不同的应用程序,它们可以生成大量的文本数据流。

⑨观点挖掘与情感分析:电子商务和网络购物的问世产生了大量的文本,并在不同的产品评论或用户意见上不断增长。

7.1.4 文本挖掘任务

文本挖掘是一个多项技术交叉的领域,涉及内容比较广泛。实际应用中经常结合相关技术共同完成某项应用。文本挖掘技术主要完成以下几个方面的任务。

(1)文本分类

文本分类是模式分类技术的一个具体应用。文本分类用电脑对文本集(或其他实体、物件)按照一定的分类体系或标准进行自动分类标记。它根据一个已经被标注的训练文档集合,找到文档特征和文档类别之间的关系模型,然后利用这种学习得到的关系模型对新的文档进行类别判断。文本分类从基于知识的方法逐渐转变为基于统计和机器学习的方法。

(2)文本聚类

文本聚类的目的是将给定的文本集合划分成不同的类型。通常情况下从不同的角度可以聚类出不同的结果。文本聚类(Textclustering)主要是依据著名的聚类假设:同类的文本相似度较大,不同类的文本相似度较小。作为一种无监督的机器学习方法,聚类由于不需要训练过程,不需要预先对文本手工标注类别,因此具有一定的灵活性和较高的自动化处理能力,已经成为对文本信息进行有效组织、摘要和导航的重要手段,为越来越多的研究人员所关注。

(3)主题模型

通常情况下,每一篇文章都有一个主题和几个子主题,主题可以用一组词汇表示,这些词汇之间有较强的相关性,且其概念和语义基本一致。我们可以认为每一个词汇都通过一定的概率与某个主题相关。

主题模型(Topic Model)是以非监督学习的方式对文集的隐含语义结构(Latent Semantic Structure)进行聚类(Clustering)的统计模型。主题模型主要被用于自然语言处理(Natural Language Processing)中的语义分析(Semantic Analysis)和文本挖掘(Text Mining)问题。例如,按主题对文本进行收集、分类和降维;也被用于生物信息学(Bioinfomatics)研究。隐含狄利克雷分布(Latent Dirichlet Allocation,LDA)是常见的主题模型。

(4)情感分析

所谓的文本情感是指文本作者表达的主观信息,即作者的观点和态度。因此,文本情感分析又称文本倾向性分析或文本观点挖掘,主要任务包括情感分类和信息抽取。

文本情感分析,又称意见挖掘、倾向性分析等。简单而言,是对带有情感色彩的主观性文本进行分析、处理、归纳和推理的过程。互联网(如博客和论坛以及社会服务网络如大众点评)上产生了大量的用户参与的,对于诸如人物、事件、产品等有价值的评论信息。这些评论信息表达了人们的各种情感色彩和情感倾向性,如喜、怒、哀、乐和批评、赞扬等。潜在的用户就可以通过浏览这些主观色彩的评论来了解大众舆论对于某一事件或产品的看法。

(5)话题检测与跟踪

话题检测通常指从众多新闻事件报道和评论中挖掘、筛选出文本的话题,而多数人关心、关注和追踪的话题被称为"热点话题"。热点话题发现、检测和跟踪是舆情分析、社会媒体计算和个性化信息服务中的一项重要技术。

(6)信息抽取

信息抽取是指从非结构化、半结构化的自然语言文本中抽取实体、实体属性、实体间的关系以及事件等事实信息,并形成结构化数据输出的一种文本数据挖掘技术。

信息抽取(Information Extraction,IE)是把文本包含的信息进行结构化处理,变成表格一样的组织形式。输入信息抽取系统的是原始文本,输出的是固定格式的信息点。信息点从各种各样的文本中被抽取出来,以统一的形式集成在一起。这就是信息抽取的主要任务。信息以统一的形式集成在一起的好处是方便检查和比较。信息抽取技术并不试图全面理解整篇文本,只是对文本中包含相关信息的部分进行分析。至于哪些信息是相关的,那将由系统设计时定下的领域范围决定。

7.2 文本挖掘技术

本节主要介绍基于ROSTCM的文本挖掘技术。

(1)文本处理

文本处理包括字段抽取、一般性行处理、基于正则的特定信息抽取、基于字段特征的行处理以及文本替换与增补等。一般性行处理又包括重复行处理、空行删除、文本行中英文字符的删除等。

(2)功能性分析

功能性分析包括分词、字频分析、词频分析、社会网络与语义网络分析、情感分析以及相似分析等。功能组织如图 7-1 所示。在执行具体功能之前,需要先根据某个行业领域构成行业自定义词表,根据该词表进行分词以及词频分析等。情感分析前需要修正情感词语字典等。具体功能请参考ROSTCM软件操作手册。

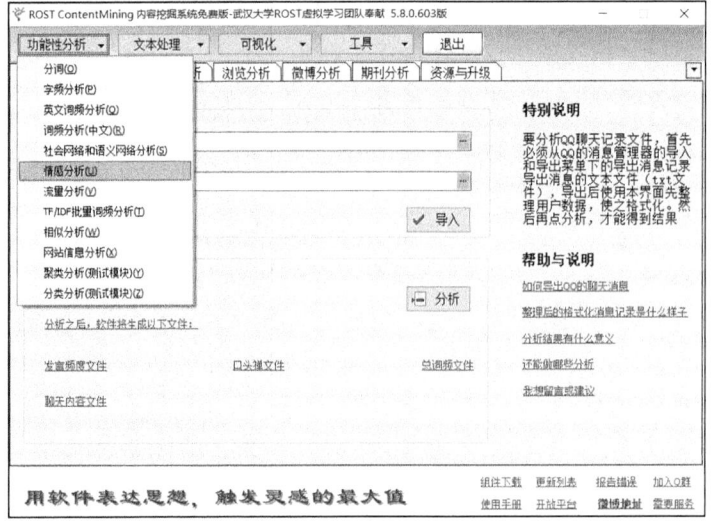

图 7-1　文本挖掘界面

7.3　研究对象

以旅游目的地形象感知为研究对象。具体上，本书以河南省著名旅游城市洛阳、开封、郑州、焦作和陕西西安以及江苏南京六个城市的高评论景点的形象感知为研究对象，开展游客对旅游景点的情感分析。具体研究的旅游景点包括：郑州市动物园、中国绿化博览园、郑州海洋馆、郑州园博园、郑州黄河文化公园、河南博物院、少林寺、康百万庄园、中国国花园、丽景门景区、洛阳博物馆、隋唐城遗址植物园、重渡沟风景区、龙潭大峡谷、鸡冠洞、老君山景区、天子驾六博物馆、关林庙、龙门海洋馆、龙门石窟、开封府、开封包公祠、龙亭公园、大相国寺、铁塔、天波杨府、包公湖、云台山风景名胜区、青天河、神农山、西安城墙、西安鼓楼、西安碑林博物馆、西安钟楼、西安半坡博物馆、华清宫、秦始皇帝陵博物院兵马俑、大唐芙蓉园、骊山、陕西历史博物馆、秦岭野生动物园、大唐不夜城、回民街、翠华山、高家大院、大雁塔、曲江海洋极地公园、秦始皇陵、小雁塔荐福寺、大雁塔北广场、牛首山文化旅游区、夫子庙秦淮风光带、瞻园、阅江楼、红山森林动物园、大报恩寺遗址公园、中国科举博物馆江南贡院。

7.4　景点评论文本采集与处理

7.4.1　文本数据采集

使用网络爬虫软件采集著名在线旅游网站携程网上的游客对景点的评论文本。采集中排除旅游景点评论较少的景点，一般排除 1000 条以下评论的景点，南京与西安的景点较多，排除标准提高，不再采集 3000 条以内评论的景点。在文本采集过程中，由于各种因素的影响，存在评论重复、掺杂广告等无用信息。

采集洛阳的中国国花园、丽景门景区、洛阳博物馆、隋唐城遗址植物园、重渡沟风景区、龙潭大峡谷、鸡冠洞、老君山景区、天子驾六博物馆、关林庙、龙门海洋馆、龙门石窟景点的游客评论；采集郑州的郑州市动物园、中国绿化博览园、郑州海洋馆、郑州园博园、郑州黄河文化公园、河南博物院、少林寺、康百万庄园等景点的游客评论；采集开封的开封府、开封包公祠、龙亭公园、大相国寺、铁塔、天波杨府、包公湖等景点的游客评论；采集焦作的云台山风景名胜区、青天河、神农山三个景点的游客评论；采集西安的西安城墙、西安鼓楼、西安碑林博物馆、西安钟楼、西安半坡博物馆、华清宫、秦始皇帝陵博物院兵马俑、大唐芙蓉园、骊山、陕西历史博物馆、秦岭野生动物园、大唐不夜城、回民街、翠华山、高家大院、大雁塔、曲江海洋极地公园、秦始皇陵、小雁塔荐福寺、大雁塔北广场等景点的游客评论；采集南京的牛首山文化旅游区、夫子庙秦淮风光带、瞻园、阅江楼、红山森林动物园、大报恩寺遗址公园、中国科举博物馆江南贡院等景点的游客评论。

7.4.2 文本数据处理

对采集的文本数据进行处理，包括过滤特殊符号、英文字符、删除空行等。此外，对采集的文本中出现的错别字、无关内容、广告内容等进行筛查。经过去重后，共采集洛阳的中国国花园、丽景门景区、洛阳博物馆、隋唐城遗址植物园、重渡沟风景区、龙潭大峡谷、鸡冠洞、老君山景区、天子驾六博物馆、关林庙、龙门海洋馆、龙门石窟景点的游客评论 15 000 余条；采集郑州的郑州市动物园、中国绿化博览园、郑州海洋馆、郑州园博园、郑州黄河文化公园、河南博物院、少林寺、康百万庄园等景点的游客评论 15 000 余条；采集开封的开封府、开封包公祠、龙亭公园、大相国寺、铁塔、天波杨府、包公湖等景点的游客评论 11 000 余条；采集焦作的云台山风景名胜区、青天河、神农山 3 个景点的游客评论 3000 余条；采集西安的西安城墙、西安鼓楼、西安碑林博物馆、西安钟楼、西安半坡博物馆、华清宫、秦始皇帝陵博物院兵马俑、大唐芙蓉园、骊山、陕西历史博物馆、秦岭野生动物园、大唐不夜城、回民街、翠华山、高家大院、大雁塔、曲江海洋极地公园、秦始皇陵、小雁塔荐福寺、大雁塔北广场等景点的游客评论 61 000 余条；采集南京的牛首山文化旅游区、夫子庙秦淮风光带、瞻园、阅江楼、红山森林动物园、大报恩寺遗址公园、中国科举博物馆江南贡院等景点的游客评论 38 000 余条。共计采集游客评论 143 000 余条游客评论。

7.5 情感文本分词

中文分词指的是中文在基本文法上有其特殊性而存在的分词。分词就是将连续的字序列按照一定的规范重新组合成词序列的过程。在英文的行文中，单词之间是以空格作为自然分界符的，而中文字、句和段能通过明显的分界符来简单划界，唯独词没有一个形式上的分界符，虽然英文也同样存在短语的划分问题，不过在词这一层上，中文比之英文要复杂得多、困难得多。

现有的分词算法可分为三大类：基于字符串匹配的分词方法、基于理解的分词方法和基于统计的分词方法。按照是否与词性标注过程相结合，又可以分为单纯分词方法和分词与标注相结合的一体化方法。

7.5.1 字符匹配

这种方法又叫作机械分词方法，它是按照一定的策略将待分析的汉字串与一个"充分大的"机器词典中的词条进行匹配，若在词典中找到某个字符串，则匹配成功（识别出一个词）。按照扫描方向的不同，串匹配分词方法可以分为正向匹配和逆向匹配；按照不同长度优先匹配的情况，可以分为最大（最长）匹配和最小（最短）匹配；常用的几种机械分词方法如下：①正向最大匹配法（由左到右的方向）；②逆向最大匹配法（由右到左的方向）；③最少切分（使每一句中切出的词数最小）；④双向最大匹配法（进行由左到右、由右到左两次扫描）。

还可以将上述各种方法相互组合，例如，可以将正向最大匹配方法和逆向最大匹配方法结合起来构成双向匹配法。由于汉语单字成词的特点，正向最小匹配和逆向最小匹配一般很少使用。一般说来，逆向匹配的切分精度略高于正向匹配，遇到的歧义现象也较少。统计结果表明，单纯使用正向最大匹配的错误率为 1/169，单纯使用逆向最大匹配的错误率为 1/245。这种精度远远不能满足实际的需要。实际使用的分词系统，都是把机械分词作为一种初分手段，还需通过利用各种其他的语言信息来进一步提高切分的准确率。

一种方法是改进扫描方式，称为特征扫描或标志切分，优先在待分析字符串中识别和切分出一些带有明显特征的词，以这些词作为断点，可将原字符串分为较小的串再进行机械分词，从而降低匹配的错误率。另一种方法是将分词和词类标注结合起来，利用丰富的词类信息对分词决策提供帮助，并且在标注过程中又反过来对分词结果进行检验、调整，从而极大提高切分的准确率。

对于机械分词方法，可以建立一个一般的模型，这方面有专业的学术论文，这里不做详细论述。

7.5.2 理解法

这种分词方法是通过让计算机模拟人对句子的理解，达到识别词的效果。基本思想就是在分词的同时进行句法、语义分析，利用句法信息和语义信息来处理歧义现象。它通常包括3个部分：分词子系统、句法语义子系统、总控部分。在总控部分的协调下，分词子系统可以获得有关词、句子等的句法和语义信息来对分词歧义进行判断，即它模拟了人对句子的理解过程。这种分词方法需要使用大量的语言知识和信息。由于汉语语言知识的笼统、复杂性,难以将各种语言信息组织成机器可直接读取的形式,因此目前基于理解的分词系统还处在试验阶段。

7.5.3 统计法

从形式上看,词是稳定的字的组合,因此在上下文中,相邻的字同时出现的次数越多,就越有可能构成一个词。因此,字与字相邻共现的频率或概率能够较好地反映成词的可信度。可以对语料中相邻共现的各个字的组合的频度进行统计,计算它们的互现信息。定义两个字的互现信息,计算两个汉字 X、Y 的相邻共现概率。互现信息体现了汉字之间结合关系的紧密程度。当紧密程度高于某一个阈值时,便可认为此字组可能构成了一个词。这种方法只需对语料中的字组频度进行统计,不需要切分词典,因而又叫作无词典分词法或统计取词方法。但这种方法也有一定的局限性,会经常抽出一些共现频度高但并不是词的常用字组,例如"这一""之一""有的""我的""许多的"等,并且对常用词的识别精度差,时空开销大。实际应用的统计分词系统都要使用一部基本的分词词典(常用词词典)进行串匹配分词,同时使用统计方法识别一些新的词,即将串频统计和串匹配结合起来,既发挥匹配分词切分速度快、效率高的特点,又利用了无词典分词结合上下文识别生词、自动消除歧义的优点。

另外一类是基于统计机器学习的方法。首先给出大量已经分词的文本,利用统计机器学习模型学习词语切分的规律(称为训练),从而实现对未知文本的切分。汉语中各个字单独作词语的能力是不同的,此外有的字常常作为前缀出现,有的字却常常作为后缀("者""性"),结合两个字相临时是否成词的信息,就得到了许多与分词有关的知识。这种方法就是充分利用汉语组词的规律来分词。这种方法的最大缺点是需要有大量预先分好词的语料作支撑,而且训练过程中时空开销极大。

到底哪种分词算法的准确度更高,目前并无定论。对于任何一个成熟的分词系统来说,不可能单独依靠某一种算法来实现,都需要综合不同的算法。例如,海量科技的分词算法就采用"复方分词法",所谓复方,就是像中西医结合般综合运用机械方法和知识方法。成熟的中文分词系统需要多种算法综合处理问题。

7.6 分词软件

7.6.1 SCWS

Hightman 开发的一套基于词频词典的机械中文分词引擎,它能将一整段的汉字基本正确地切分成词。采用的是采集的词频词典,并辅以一定的专有名称、人名、地名、数字年代等规则识别来达到基本分词,经小范围测试大概准确率在 90%~95%,已能基本满足一些小型搜索引擎、关键字提取等场合运用。45 kB 左右的文本切词时间是 0.026 s,大概是 1.5 MB 文本/s,支持 PHP4 和 PHP5。

7.6.2 FudanNLP

FudanNLP 主要是为中文自然语言处理而开发的工具包,也包含为实现这些任务的机器学习算法和数据集。本工具包及其包含数据集使用 LGPL3.0 许可证。开发语言为 Java。功能包括中文分词等,不需要字典支持。

7.6.3 ICTCLAS

这是最早的中文开源分词项目之一,ICTCLAS 在国内 973 专家组组织的评测中活动获得了第一名,在第一届国际中文处理研究机构 SigHan 组织的评测中也获得了多项第一名。ICTCLAS3.0 分词速度单机 996 kB/s,分词精度 98.45%,API 不超过 200 kB,各种词典数据压缩后不到 3 MB。ICTCLAS 全部采用 C/C++编写,支持 Linux、FreeBSD 及 Windows 系列操作系统,支持 C/C++、C#、Delphi、Java 等主流的开发语言。

7.6.4 HTTPCWS

HTTPCWS 是一款基于 HTTP 协议的开源中文分词系统,目前仅支持 Linux 系统。HTTPCWS 使用 "ICTCLAS3.02009 共享版中文分词算法" 的 API 进行分词处理,得出分词结果。HTTPCWS 将取代之前的 PHPCWS 中文分词扩展。

7.6.5 CC-CEDICT

一个中文词典开源项目,提供一份以汉语拼音为中文辅助的汉英辞典,截至 2009 年 2 月 8 日,已收录 82 712 个单词。其词典可以用于中文分词,而且不存在版权问题。Chrome 中文版就是使用这个词典进行中文分词的。

7.6.6 IK

IKAnalyzer 是一个开源的,基于 Java 语言开发的轻量级的中文分词工具包。从 2006 年 12 月推出 1.0 版开始,IKAnalyzer 已经推出了 3 个大版本。最初,它是以开源项目 Luence 为应用主体,结合词典分词和文法分析算法的中文分词组件。新版本的 IKAnalyzer3.0 则发展为面向 Java 的公用分词组件,独立于 Lucene 项目,同时提供了对 Lucene 的默认优化实现。

7.6.7 Paoding

Paoding(庖丁解牛分词)基于 Java 的开源中文分词组件,提供 Lucene 和 Solr 接口,具有极高效率和高扩展性。引入隐喻,采用完全的面向对象设计,构思先进。高效率:在 PⅢ 1 G 内存个人机器上,1 秒可准确分词 100 万个汉字。采用基于不限制个数的词典文件对文章进行有效切分,能够对词汇分类定义,能够对未知的词汇进行合理解析。

7.6.8 MMSEG4J

MMSEG4J 基于 Java 的开源中文分词组件,提供 lucene 和 solr 接口:①MMSEG4J

用Chih-HaoTsai的MMSeg算法实现的中文分词器,并实现Lucene的Analyzer和Solr的TokenizerFactory以方便在Lucene和Solr中使用。②MMSeg算法有两种分词方法:Simple和Complex,都是基于正向最大匹配。Complex加了4个规则过滤。官方声明:词语的正确识别率达到了98.41%。MMSEG4J已经实现了这两种分词算法。

7.6.9 盘古分词

盘古分词是一个基于.net平台的开源中文分词组件,提供Lucene(.net版本)和HubbleDotNet的接口。高效:Core Duo 1.8 GHz下单线程分词速度为390 kB/s。准确:盘古分词采用字典和统计结合的分词算法,分词准确率较高。功能:盘古分词提供中文人名识别、简繁混合分词、多元分词、英文词根化、强制一元分词、词频优先分词、停用词过滤、英文专名提取等一系列功能。

7.7 情感挖掘

情感分析或意见挖掘是人们对诸如产品,服务,组织等实体的观点、情绪、评估。该领域的发展和快速起步得益于网络上的社交媒体,例如,论坛、微博、微信的快速发展,这是人类历史上第一次有如此巨大数字量的形式记录。自2000年初以来,情绪分析已经成长为自然语言处理中最活跃的研究领域之一,在数据挖掘、Web挖掘、文本挖掘和信息检索方面也有广泛的研究。事实上,它已经从计算机科学蔓延到管理科学和社会科学,如市场营销、金融、政治学、通信、医疗科学,甚至是历史,由于其重要的商业性引发了整个社会的共同关注。这种扩散是由于意见是事实的中心,几乎所有的人类活动,在相当程度上,都很在意别人怎么看。出于这个原因,无论何时需要做出决定,我们都会寻找别人的意见,不仅企业是这样,个人也是如此。

7.7.1 洛阳著名景点情感分析

选取洛阳12个景区的游客评论数据,使用ROSTCM软件进行情感分析,结果如表7-1所示。根据表7-1可知,选择的12个景点的游客网评发言总数为15 348条,网评情感整体上以积极情绪为主,消极情绪稍微高于中性情绪。在12个景点的网评情感中,积极情绪以洛阳博物馆最高,达83.80%;其次就是龙门石窟,积极情绪达到83.00%。12个景点的网评情感中,积极情绪达到80.00%以上的还包括隋唐城遗址植物园、重渡沟风景区、龙潭大峡谷和老君山景区,说明游客对这些景区整体上还是比较满意的。12个景点的网评情感中,积极情绪在70.00%以下的包括丽景门景区、关林庙景区,说明这两个景区的游客积极情绪较低,有待提升,同时这两个景区的消极情绪也是比较高的,分别达到了15.97%和14.23%。根据表7-1可知,虽然鸡冠洞和天子驾六博物馆的游客网评情感积极情绪分别为73.25%和74.13%,属于中等水平,但是两个景区的消极情绪都达到了16%以上,说明这两个景区的游客还是有不少消极情绪的,需要较大的努力使得游客对这两个景区有较好的体验和情感。

表 7-1 洛阳著名景点情感整体分析结果

名称	积极情绪	中性情绪	消极情绪	发言总数/条
龙门石窟	83.00%	7.74%	9.26%	2159
龙门海洋馆	79.68%	6.41%	13.91%	999
中国国花园	77.59%	9.76%	12.65%	1731
丽景门景区	67.90%	16.13%	15.97%	595
洛阳博物馆	83.80%	7.32%	8.87%	710
隋唐城遗址植物园	81.91%	8.81%	9.28%	1078
重渡沟风景区	80.39%	5.93%	13.68%	1484
龙潭大峡谷	81.58%	6.47%	11.94%	695
鸡冠洞	73.25%	9.95%	16.80%	744
老君山景区	80.35%	8.68%	10.97%	2580
天子驾六博物馆	74.13%	9.63%	16.24%	1589
关林庙景区	69.92%	15.85%	14.23%	984
汇总情况				15 348

下面对选择的 12 个洛阳景点网评情感进行详细分析，从积极情绪和消极情绪的详细构成进行分析。积极情绪分段统计，积极情绪的分值分为 0～10、10～20 和 20 以上，共三段；消极情绪也分三段，分段分值分别为-10～0、-20～-10 和-20 以下。通过分析积极情绪和消极情绪中的分段统计结果，可以更详细地了解游客对景点的情感构成。

根据表 7-2 可知，龙门石窟的网评情感中，积极情绪占比 83.00%，分段统计中，一般、中度和高度相当。而消极情绪的分段统计显示，一般消极占比最大，高度消极的极少，因此，龙门石窟的游客网评情感很好，即便有消极情绪，也是以一般消极为主。根据表 7-2 可知，龙门海洋馆的网评情感中，积极情绪占比 79.68%，其中，高度积极的占比 32.63%，一般积极和中度积极的相当。消极情绪中，以一般消极为主，占比 9.31%，高度消极占比也很小。

表 7-2 龙门石窟、龙门海洋馆详细情感分析结果

龙门石窟			龙门海洋馆		
积极情绪	1792条	83.00%	积极情绪	796条	79.68%
中性情绪	167条	7.74%	中性情绪	64条	6.41%
消极情绪	200条	9.26%	消极情绪	139条	13.91%
积极情绪分段统计结果			积极情绪分段统计结果		
一般（0～10）	630条	29.18%	一般（0～10）	243条	24.32%
中度（10～20）	530条	24.55%	中度（10～20）	227条	22.72%
高度（20以上）	632条	29.27%	高度（20以上）	326条	32.63%
消极情绪分段统计结果			消极情绪分段统计结果		
一般（-10～0）	140条	6.48%	一般（-10～0）	93条	9.31%
中度（-20～-10）	52条	2.41%	中度（-20～-10）	44条	4.40%
高度（-20以下）	8条	0.37%	高度（-20以下）	2条	0.20%

第 7 章 游客情感文本挖掘

根据表 7-3 可知，中国国花园的游客网评情感中，积极情绪占比 77.59%，其中，一般积极、中度积极和高度积极的占比相当，分别为 26.17%、24.78% 和 26.63%，而消极情绪占比 12.65%，其中，一般消极占比 9.47%，远远高于中度消极的 2.95% 和高度消极的 0.23%。因此，中国国花园的积极情绪分布较均匀，而消极情绪中以一般消极为主，高度消极占比很低。综上，中国国花园的网评情感还不错。根据表 7-3 可知，丽景门景区的积极情绪、中性情绪和消极情绪分别占比 67.90%、16.13% 和 15.97%，积极情绪中，一般积极和中度积极占比较高，高度积极占比较小，为 3.70%，同时，丽景门景区的中度消极和高度消极占比分别为 3.70% 和 0.17%，丽景门的消极情绪中也是一般消极居多，因此，主要需要提高丽景门景区的积极情绪，特别是提高积极情绪中高度积极情绪的占比。

表 7-3 中国国花园、丽景门景区详细情感分析结果

中国国花园			丽景门景区		
积极情绪	1343条	77.59%	积极情绪	404条	67.90%
中性情绪	169条	9.76%	中性情绪	96条	16.13%
消极情绪	219条	12.65%	消极情绪	95条	15.97%
积极情绪分段统计结果			积极情绪分段统计结果		
一般（0～10）	453条	26.17%	一般（0～10）	169条	28.40%
中度（10～20）	429条	24.78%	中度（10～20）	135条	22.69%
高度（20以上）	461条	26.63%	高度（20以上）	100条	16.81%
消极情绪分段统计结果			消极情绪分段统计结果		
一般（-10～0）	164条	9.47%	一般（-10～0）	72条	12.10%
中度（-20～-10）	51条	2.95%	中度（-20～-10）	22条	3.70%
高度（-20以下）	4条	0.23%	高度（-20以下）	1条	0.17%

根据表 7-4 可知，洛阳博物馆的积极情绪达到 83.80%，其中，高度积极情绪占比 34.23%，消极情绪中以一般消极为主，高度消极的十分少。说明洛阳博物馆的网评情感很好，继续保持，进一步提高高度积极和中度积极的情感。根据表 7-4 可知，隋唐城遗址植物园的积极情绪占比 81.91%，占比较高，积极情绪分段统计显示一般积极占比高于中度积极和高度积极。说明虽然隋唐城遗址植物园的积极情绪较高，但是以一般积极为主，该景区有待提高高度积极情绪的占比。

表 7-4 洛阳博物馆、隋唐城遗址植物园详细情感分析结果

洛阳博物馆			隋唐城遗址植物园		
积极情绪	595条	83.80%	积极情绪	883条	81.91%
中性情绪	52条	7.32%	中性情绪	95条	8.81%
消极情绪	63条	8.87%	消极情绪	100条	9.28%
积极情绪分段统计结果			积极情绪分段统计结果		

续表

一般（0~10）	177条	24.93%	一般（0~10）	330条	30.61%
中度（10~20）	175条	24.65%	中度（10~20）	282条	26.16%
高度（20以上）	243条	34.23%	高度（20以上）	271条	25.14%
消极情绪分段统计结果			消极情绪分段统计结果		
一般（-10~0）	40条	5.63%	一般（-10~0）	70条	6.49%
中度（-20~-10）	19条	2.08%	中度（-20~-10）	27条	2.51%
高度（-20以下）	4条	0.56%	高度（-20以下）	3条	0.28%

根据表7-5可知，重渡沟的游客网评情感中积极情绪占比为80.39%，属于网评较好的景区，其中，一般积极占比高于中度积极，同时也高于高度积极，因此，有待提高高度积极情感的占比，景区应办得更精细，提高游客的旅游体验。重渡沟的游客网评情感中，消极情绪分段统计显示，一般消极占比占了最大比例，消极情绪问题不大。根据表7-5可知，龙潭大峡谷的积极情绪占比为81.58%，其中，一般积极、中度积极和高度积极的占比分别为28.49%、27.48%和25.61%，基本上分布均匀。龙潭大峡谷的网评情感的消极情绪分段统计中，以一般消极为主，游客的消极情绪不高，问题不大。

表7-5 重渡沟、龙潭大峡谷详细情感分析结果

重渡沟			龙潭大峡谷		
积极情绪	1193条	80.39%	积极情绪	567条	81.58%
中性情绪	88条	5.93%	中性情绪	45条	6.47%
消极情绪	203条	13.68%	消极情绪	83条	11.94%
积极情绪分段统计结果			积极情绪分段统计结果		
一般（0~10）	431条	29.04%	一般（0~10）	198条	28.49%
中度（10~20）	392条	26.42%	中度（10~20）	191条	27.48%
高度（20以上）	370条	24.93%	高度（20以上）	178条	25.61%
消极情绪分段统计结果			消极情绪分段统计结果		
一般（-10~0）	142条	9.57%	一般（-10~0）	62条	8.92%
中度（-20~-10）	54条	3.64%	中度（-20~-10）	19条	2.73%
高度（-20以下）	7条	0.47%	高度（-20以下）	2条	0.29%

根据表7-6可知，鸡冠洞的积极情绪和消极情绪占比分别为73.25%和16.80%，说明鸡冠洞的网评处于中等水平，不过积极情绪的分段统计中，一般积极高于中度积极和高度积极，说明鸡冠洞的游客体验有待提升。根据表7-6可知，老君山景区的积极情绪占比为80.35%，而且，积极情绪分段统计中高度积极高于中度积极和一般积极。老君山景区的消极情绪分段统计中，高度消极的比例也很小，老君山景区的游客网评明显好于鸡冠洞。

表 7-6 鸡冠洞、老君山景区详细情感分析结果

鸡冠洞			老君山景区		
积极情绪	545条	73.25%	积极情绪	2073条	80.35%
中性情绪	74条	9.95%	中性情绪	224条	8.68%
消极情绪	125条	16.80%	消极情绪	283条	10.97%
积极情绪分段统计结果			积极情绪分段统计结果		
一般（0~10）	208条	27.96%	一般（0~10）	670条	25.97%
中度（10~20）	176条	23.66%	中度（10~20）	659条	25.54%
高度（20以上）	161条	21.64%	高度（20以上）	744条	28.84%
消极情绪分段统计结果			消极情绪分段统计结果		
一般（-10~0）	91条	12.23%	一般（-10~0）	205条	7.95%
中度（-20~-10）	30条	4.03%	中度（-20~-10）	69条	2.67%
高度（-20以下）	4条	0.54%	高度（-20以下）	9条	0.35%

根据表 7-7 可知，天子驾六博物馆的游客网评情感中，积极情绪占比为 74.13%，消极情绪占比达 16.24%，且积极情绪分段统计中，一般积极情绪占比 32.98%，明显高于中度积极的 24.29%，更高于高度积极的 16.87%，因此，该景区的游客网评情感不够好。

表 7-7 天子驾六博物馆、关林庙详细情感分析结果

天子驾六博物馆			关林庙		
积极情绪	1178条	74.13%	积极情绪	688条	69.92%
中性情绪	153条	9.63%	中性情绪	156条	15.85%
消极情绪	258条	16.24%	消极情绪	140条	14.23%
积极情绪分段统计结果			积极情绪分段统计结果		
一般（0~10）	524条	32.98%	一般（0~10）	342条	34.76%
中度（10~20）	386条	24.29%	中度（10~20）	192条	19.51%
高度（20以上）	268条	16.87%	高度（20以上）	154条	15.65%
消极情绪分段统计结果			消极情绪分段统计结果		
一般（-10~0）	188条	11.83%	一般（-10~0）	104条	10.57%
中度（-20~-10）	64条	4.03%	中度（-20~-10）	32条	3.25%
高度（-20以下）	6条	0.38%	高度（-20以下）	4条	0.41%

综上，12 个洛阳旅游景点中，整体网评情感很好的是龙门石窟与洛阳博物馆，同时这两个景区网评情感中积极情绪的分段统计显示，二者的高度积极情感占比也是最高的，因此可以讲，这两个景区的网评是很不错的。其他景点，大部分情况是尽管积极情绪占主导地位，然而积极情绪中的一般积极情绪占比较重。

7.7.2 开封著名景点情感分析

使用 ROST 软件的情感分析功能,选择开封 7 个景点进行游客网评情感分析。根据表 7-8 可知,7 个开封景点以积极情绪为主,但都没有超过 80%,整体上不如洛阳景点的网评情感。在开封的 7 个网评景点中,开封包公祠和天波杨府的积极情绪仅仅达到 60% 多,而且消极情绪快占到 20% 了,这两个景点的网评不好。同时,其他景点的网评也不高。

表 7-8 开封著名景点情感整体分析结果

名称	积极情绪	中性情绪	消极情绪	发言总数/条
开封府	73.87%	13.17%	12.96%	2870
开封包公祠	66.45%	14.30%	19.26%	1210
龙亭公园	77.27%	10.57%	12.17%	2934
大相国寺	72.38%	13.07%	14.55%	2701
铁塔	75.05%	11.75%	13.20%	1030
天波杨府	65.67%	15.81%	18.51%	1075
包公湖	72.25%	14.45%	13.29%	173
汇总情况				11 993

下面对选择的 7 个开封景点网评情感进行详细分析,从积极情绪和消极情绪的详细构成进行分析。积极情绪分段统计,积极情绪的分值分为 0～10、10～20 和 20 以上,共三段,消极情绪也分三段,分段分值分别为 -10～0、-20～-10 和 -20 以下。通过分析积极情绪和消极情绪中的分段统计结果,可以更详细地了解游客对景点的情感构成。

根据表 7-9 可知,开封府的游客网评情感中的积极情绪占比为 73.87%,并且在积极情绪分段统计显示一般积极情绪、中度积极情绪和高度积极情绪占比分别为 32.47%、22.86% 和 18.54%,说明在积极情绪中以一般积极为主。开封府的消极情绪中,以一般消极为主,说明游客对开封府的消极性一般,并不严重。开封包公祠的积极情绪占比仅仅为 66.45%,并且,积极情绪分段统计显示,以一般积极情绪为主。开封包公祠的消极情绪中以一般消极为主,高度消极很少。

表 7-9 开封府、开封包公祠详细情感分析结果

开封府			开封包公祠		
积极情绪	2120 条	73.87%	积极情绪	804 条	66.45%
中性情绪	378 条	13.17%	中性情绪	173 条	14.30%
消极情绪	372 条	12.96%	消极情绪	233 条	19.26%
积极情绪分段统计结果			积极情绪分段统计结果		
一般(0～10)	932 条	32.47%	一般(0～10)	397 条	32.81%
中度(10～20)	656 条	22.86%	中度(10～20)	245 条	20.25%
高度(20 以上)	532 条	18.54%	高度(20 以上)	162 条	13.39%
消极情绪分段统计结果			消极情绪分段统计结果		
一般(-10～0)	277 条	9.65%	一般(-10～0)	180 条	14.88%
中度(-20～-10)	91 条	3.17%	中度(-20～-10)	50 条	4.13%
高度(-20 以下)	4 条	0.14%	高度(-20 以下)	3 条	0.25%

根据表 7-10 可知，龙亭公园和大相国寺的游客网评情感特征相似，以积极情绪为主，占比都达到了 70%以上，在积极情绪的分段统计中，一般积极高于中度积极和高度积极。龙亭公园和大相国寺的游客网评情感中，消极情绪分段统计显示，两个景区的消极情绪以一般为主，高度消极的占比很小。

表 7-10　龙亭公园、大相国寺详细情感分析结果

龙亭公园			大相国寺		
积极情绪	2267条	77.27%	积极情绪	1955条	72.38%
中性情绪	310条	10.57%	中性情绪	353条	13.07%
消极情绪	357条	12.17%	消极情绪	393条	14.55%
积极情绪分段统计结果			积极情绪分段统计结果		
一般（0～10）	878条	29.93%	一般（0～10）	906条	33.54%
中度（10～20）	746条	25.43%	中度（10～20）	638条	23.62%
高度（20以上）	643条	21.92%	高度（20以上）	411条	15.22%
消极情绪分段统计结果			消极情绪分段统计结果		
一般（-10～0）	256条	8.73%	一般（-10～0）	290条	10.74%
中度（-20～-10）	92条	3.14%	中度（-20～-10）	97条	3.59%
高度（-20以下）	9条	0.31%	高度（-20以下）	6条	0.22%

根据表 7-11 可知，铁塔和天波杨府的游客网评情感以积极情感为主，但是，铁塔的游客网评情感整体上和积极情绪的分段分布上都明显好于天波杨府。根据表 7-12 可知，包公湖的游客网评情感整体上以积极情绪为主，且积极情绪分段统计显示，一般积极和中度积极的占比分别为 27.17%和 26.01%，高度积极情绪占比为 19.08%，说明积极情绪分布较合理。

表 7-11　铁塔、天波杨府详细情感分析结果

铁塔			天波杨府		
积极情绪	773条	75.05%	积极情绪	706条	65.67%
中性情绪	121条	11.75%	中性情绪	170条	15.81%
消极情绪	136条	13.20%	消极情绪	199条	18.51%
积极情绪分段统计结果			积极情绪分段统计结果		
一般（0～10）	345条	33.50%	一般（0～10）	319条	29.67%
中度（10～20）	255条	24.76%	中度（10～20）	198条	18.42%
高度（20以上）	173条	16.80%	高度（20以上）	189条	17.58%
消极情绪分段统计结果			消极情绪分段统计结果		
一般（-10～0）	94条	9.13%	一般（-10～0）	156条	14.51%
中度（-20～-10）	38条	3.69%	中度（-20～-10）	43条	4.00%
高度（-20以下）	4条	0.39%	高度（-20以下）	0条	0

表 7-12 包公湖详细情感分析结果

包公湖		
积极情绪	125条	72.25%
中性情绪	25条	14.45%
消极情绪	23条	13.29%
积极情绪分段统计结果		
一般（0~10）	47条	27.17%
中度（10~20）	45条	26.01%
高度（20以上）	33条	19.08%
消极情绪分段统计结果		
一般（-10~0）	17条	9.83%
中度（-20~-10）	4条	2.31%
高度（-20以下）	2条	1.16%

综上，开封 7 个景点的游客网评情感中的积极情绪分段还算合理，但是高度积极的情绪较少，仍有较大的改善空间。

7.7.3 郑州著名景点情感分析

选择郑州 8 个景点的游客网评情感为研究对象，分析 8 个景点的网评情感情况，如表 7-13 所示，均以积极情绪为主，且积极情绪占比超过 80%的有 3 个，其他 5 个景点的积极情绪占比也都超过了 70%，整体上，郑州 8 个景点的游客网评情感比较好。值得一提的是，积极情绪最高的是中国绿化博览园，其次是康百万庄园和河南博物院，而著名的少林寺景区积极情绪仅有 72.52%。

表 7-13 郑州著名景点情感整体分析结果

名称	积极情绪	中性情绪	消极情绪	发言总数/条
郑州市动物园	75.11%	9.05%	15.84%	1900
中国绿化博览园	87.10%	4.25%	8.65%	1318
郑州海洋馆	72.24%	10.02%	17.74%	2684
郑州园博园	76.63%	6.69%	16.68%	1121
郑州黄河文化公园	72.69%	9.96%	17.35%	1637
河南博物院	81.02%	9.29%	9.69%	2713
少林寺	72.52%	14.61%	12.87%	2806
康百万庄园	82.43%	7.74%	9.83%	1150
汇总情况				15 329

根据表 7-14 可知，郑州市动物园的游客网评情感以积极情绪为主，积极情绪分段中一般积极占比较多，中度积极和高度积极的占比也比较高。郑州市动物园的消极情绪以一

般消极为主,高度消极的很少。根据表 7-14 可知,中国绿化博览园的游客网评情感积极情绪非常高,达到了 87.10%,积极情绪的分段统计显示,一般积极、中度积极和高度积极的占比分布也比较均匀。

表 7-14 郑州市动物园、中国绿化博览园详细情感分析结果

郑州市动物园			中国绿化博览园		
积极情绪	1427条	75.11%	积极情绪	1148条	87.10%
中性情绪	172条	9.05%	中性情绪	56条	4.25%
消极情绪	301条	15.84%	消极情绪	114条	8.65%
积极情绪分段统计结果			积极情绪分段统计结果		
一般(0~10)	594条	31.26%	一般(0~10)	404条	30.65%
中度(10~20)	462条	24.32%	中度(10~20)	385条	29.21%
高度(20以上)	371条	19.53%	高度(20以上)	359条	27.24%
消极情绪分段统计结果			消极情绪分段统计结果		
一般(-10~0)	227条	11.95%	一般(-10~0)	85条	6.45%
中度(-20~-10)	69条	3.63%	中度(-20~-10)	27条	2.05%
高度(-20以下)	5条	0.26%	高度(-20以下)	2条	0.15%

根据表 7-15 可知,郑州海洋馆和郑州园博园的游客网评情感以积极为主,且它们的积极情绪分段占比分布也是以一般积极为主,不过,郑州海洋馆的高度积极占比大于中度积极占比,郑州园博园的积极情绪分段占比中,一般积极、中度积极和高度积极占比依次降低,因此,郑州海洋馆的积极情绪分段占比好于郑州园博园。二者的消极情绪分段占比特征相似。

表 7-15 郑州海洋馆、郑州园博园详细情感分析结果

郑州海洋馆			郑州园博园		
积极情绪	1939条	72.24%	积极情绪	859条	76.63%
中性情绪	269条	10.02%	中性情绪	75条	6.69%
消极情绪	476条	17.74%	消极情绪	187条	16.68%
积极情绪分段统计结果			积极情绪分段统计结果		
一般(0~10)	725条	27.01%	一般(0~10)	361条	32.20%
中度(10~20)	587条	21.87%	中度(10~20)	266条	23.73%
高度(20以上)	627条	23.36%	高度(20以上)	232条	20.70%
消极情绪分段统计结果			消极情绪分段统计结果		
一般(-10~0)	347条	12.93%	一般(-10~0)	133条	11.86%
中度(-20~-10)	120条	4.47%	中度(-20~-10)	52条	4.64%
高度(-20以下)	9条	0.34%	高度(-20以下)	2条	0.18%

根据表 7-16 可知，郑州黄河文化公园的游客网评情感中积极情绪为主，不过，消极情绪占比高于中性情绪，河南博物院的游客网评情感以积极情绪为主，占比达到了 81.02%，且积极情绪分段占比也比较均匀，说明河南博物院的网评情感的整体情绪和积极情绪的分段特征明显好于郑州黄河文化园。郑州黄河文化园和河南博物院的游客网评情感中的消极情绪分段占比分布一般消极占比较高，但是高度消极占比很小。

表 7-16 郑州黄河文化公园、河南博物院详细情感分析结果

郑州黄河文化公园			河南博物院		
积极情绪	1190条	72.69%	积极情绪	2198条	81.02%
中性情绪	163条	9.96%	中性情绪	252条	9.29%
消极情绪	284条	17.35%	消极情绪	263条	9.69%
积极情绪分段统计结果			积极情绪分段统计结果		
一般（0~10）	495条	30.24%	一般（0~10）	764条	28.16%
中度（10~20）	401条	24.50%	中度（10~20）	718条	26.47%
高度（20以上）	294条	17.96%	高度（20以上）	716条	26.39%
消极情绪分段统计结果			消极情绪分段统计结果		
一般（-10~0）	206条	12.58%	一般（-10~0）	198条	7.30%
中度（-20~-10）	73条	4.46%	中度（-20~-10）	60条	2.21%
高度（-20以下）	5条	0.31%	高度（-20以下）	5条	0.18%

根据表 7-17 可知，少林寺游客网评情感特征以积极情绪为主，积极情绪分段中以一般积极为主，中度积极和高度积极的占比相当。根据表 7-17 可知，康百万庄园的游客网评情感积极情绪达到了 82.43%，达到了比较高的水平，但是积极情绪以一般积极为主，其次为中度积极。康百万庄园的消极情绪中，一般消极情绪绝对占优，说明该景点的消极情绪并不严重。

表 7-17 少林寺、康百万庄园详细情感分析结果

少林寺			康百万庄园		
积极情绪	2035条	72.52%	积极情绪	948条	82.43%
中性情绪	410条	14.61%	中性情绪	89条	7.74%
消极情绪	361条	12.87%	消极情绪	113条	9.83%
积极情绪分段统计结果			积极情绪分段统计结果		
一般（0~10）	879条	31.33%	一般（0~10）	376条	32.70%
中度（10~20）	593条	21.13%	中度（10~20）	329条	28.61%
高度（20以上）	563条	20.06%	高度（20以上）	243条	21.13%
消极情绪分段统计结果			消极情绪分段统计结果		
一般（-10~0）	259条	9.23%	一般（-10~0）	93条	8.09%
中度（-20~-10）	94条	3.35%	中度（-20~-10）	19条	1.65%
高度（-20以下）	8条	0.29%	高度（-20以下）	1条	0.09%

7.7.4 焦作著名景点情感分析

使用ROST软件的情感分析模块，对焦作的3个著名景点进行游客网评情感分析。根据表7-18可知，焦作3个景点的游客网评情感以积极情绪为主，其中云台山的游客网评情感中积极情绪为83.04%，达到了较高的水平。

表7-18 焦作著名景点情感整体分析结果

名称	积极情绪	中性情绪	消极情绪	发言总数/条
云台山	83.04%	7.31%	9.65%	2435
青天河	75.77%	8.37%	15.86%	681
神农山	76.10%	9.22%	14.68%	477
汇总情况				3593

根据表7-19可知，云台山的游客网评情感中积极情绪占比中的高度积极高于中度积极和一般积极，因此，云台山的积极情绪分布体现了云台山的游客网评情感比较高，积极情绪的分段分值明显高于其他景区。根据表7-19可知，青天河的游客网评情感也是以积极情绪为主，其中，积极情绪分段统计显示，积极情绪中，一般积极情绪高于中度积极情绪与高度积极情绪。青天河的消极情绪分段中以一般消极为主。根据表7-20可知，神农山的游客网评情感也是以积极情绪为主，其中积极情绪的分段占比中，中度积极分值高于一般积极和高度积极。

表7-19 云台山、青天河详细情感分析结果

云台山			青天河		
积极情绪	2022条	83.04%	积极情绪	516条	75.77%
中性情绪	178条	7.31%	中性情绪	57条	8.37%
消极情绪	235条	9.65%	消极情绪	108条	15.86%
积极情绪分段统计结果			积极情绪分段统计结果		
一般（0~10）	594条	24.39%	一般（0~10）	195条	28.63%
中度（10~20）	615条	25.26%	中度（10~20）	175条	25.70%
高度（20以上）	813条	33.39%	高度（20以上）	146条	21.44%
消极情绪分段统计结果			消极情绪分段统计结果		
一般（-10~0）	172条	7.06%	一般（-10~0）	88条	12.92%
中度（-20~-10）	52条	2.14%	中度（-20~-10）	18条	2.65%
高度（-20以下）	11条	0.45%	高度（-20以下）	2条	0.29%

表 7-20 神农山详细情感分析结果

神农山		
积极情绪	363条	76.10%
中性情绪	44条	9.22%
消极情绪	70条	14.68%
积极情绪分段统计结果		
一般（0~10）	124条	26.00%
中度（10~20）	137条	28.72%
高度（20以上）	102条	21.38%
消极情绪分段统计结果		
一般（-10~0）	47条	9.85%
中度（-20~-10）	19条	3.99%
高度（-20以下）	4条	0.84%

7.7.5 西安著名景点情感分析

使用ROST软件的情感分析模块，对西安20个景点的游客网评情感进行分析。根据表7-21可知，积极情绪占主导地位，积极情绪分值超过80.00%的有8个，位于70.00%~80.00%的景点有11个，只有一个位于60.00%~70.00%，整体上，游客对西安19个景点的网评都不错。在积极情绪分值超过80.00%的景点中，消极情绪超过10.00%的景点包括大唐芙蓉园、回民街、小雁塔荐福寺和大雁塔北广场，说明这些景点的游客的喜好存在相对较大的差异，导致了积极情绪很高，但消极情绪也占相当的比重。相对于其他景点来说，秦始皇帝陵博物院兵马俑和陕西历史博物馆的游客网评情感非常好，积极情绪85.00%以上，而消极情绪处于5.00%~6.00%，属于比较低的区间。

表 7-21 西安著名景点情感整体分析结果

名称	积极情绪	中性情绪	消极情绪	发言总数/条
西安城墙	74.62%	15.12%	10.26%	2486
西安鼓楼	73.05%	14.61%	12.34%	2820
西安碑林博物馆	83.53%	7.81%	8.66%	2944
西安钟楼	77.19%	13.16%	9.65%	2569
西安半坡博物馆	77.50%	9.89%	12.61%	1840
华清宫	77.18%	9.26%	13.56%	2463
秦始皇帝陵博物院兵马俑	86.26%	7.88%	5.87%	1739
大唐芙蓉园	83.99%	5.88%	10.14%	2604
骊山	66.47%	14.86%	18.67%	996

续表

名称	积极情绪	中性情绪	消极情绪	发言总数/条
陕西历史博物馆	87.75%	7.10%	5.15%	2775
秦岭野生动物园	78.26%	9.07%	12.66%	2590
大唐不夜城	72.96%	9.38%	17.66%	991
回民街	80.09%	6.30%	13.61%	3079
翠华山	78.87%	8.47%	12.66%	1311
高家大院	73.57%	12.02%	14.42%	1831
大雁塔	83.06%	7.72%	9.22%	3004
曲江海洋极地公园	72.72%	9.79%	17.49%	2808
秦始皇陵	70.17%	11.35%	18.48%	828
小雁塔荐福寺	80.05%	7.76%	12.19%	1649
大雁塔北广场	84.47%	5.36%	10.17%	1082
汇总情况				42 409

下面针对西安20个景点中的部分景点进行详细的游客网评情感分析，主要从积极情感分段和消极情感分段特征进行分析。

根据表7-22可知，西安城墙和西安鼓楼的积极情绪接近，而积极情绪的分段中，都是以一般积极为主，消极情绪也是以一般消极为主。西安城墙的中度积极情绪和高度积极情绪十分接近，而西安鼓楼的游客网评情感的积极情绪分段中，一般积极、中度积极和高度积极占比从高到低，线性降低。说明游客对这两个景点的网评情感特征比较接近。

表7-22 西安城墙、西安鼓楼详细情感分析结果

西安城墙			西安鼓楼		
积极情绪	1855条	74.62%	积极情绪	2060条	73.05%
中性情绪	376条	15.12%	中性情绪	412条	14.61%
消极情绪	255条	10.26%	消极情绪	348条	12.34%
积极情绪分段统计结果			积极情绪分段统计结果		
一般（0~10）	827条	33.27%	一般（0~10）	842条	29.86%
中度（10~20）	521条	20.96%	中度（10~20）	677条	24.01%
高度（20以上）	507条	20.39%	高度（20以上）	541条	19.18%
消极情绪分段统计结果			消极情绪分段统计结果		
一般（-10~0）	182条	7.32%	一般（-10~0）	262条	9.29%
中度（-20~-10）	70条	2.82%	中度（-20~-10）	81条	2.87%
高度（-20以下）	3条	0.12%	高度（-20以下）	5条	0.18%

根据表7-23可知，西安碑林博物馆的游客网评情感积极情绪占了83.53%，而且，积极情绪分段统计显示，高度积极占了33.39%，高于一般积极和中度积极，西安碑林博物

馆的游客网评很好。根据表 7-23 可知，西安钟楼的游客网评情感以积极情绪为主，但是积极情绪的分段统计显示，一般积极高于中度积极，更高于高度积极。二者的消极情绪都是以一般消极为主。

表 7-23　西安碑林博物馆、西安钟楼详细情感分析结果

西安碑林博物馆			西安钟楼		
积极情绪	2459条	83.53%	积极情绪	1983条	77.19%
中性情绪	230条	7.81%	中性情绪	338条	13.16%
消极情绪	255条	8.66%	消极情绪	248条	9.65%
积极情绪分段统计结果			积极情绪分段统计结果		
一般（0～10）	784条	26.63%	一般（0～10）	738条	28.73%
中度（10～20）	692条	23.51%	中度（10～20）	634条	24.68%
高度（20以上）	983条	33.39%	高度（20以上）	611条	23.78%
消极情绪分段统计结果			消极情绪分段统计结果		
一般（-10～0）	179条	6.08%	一般（-10～0）	184条	7.16%
中度（-20～-10）	67条	2.27%	中度（-20～-10）	61条	2.37%
高度（-20以下）	9条	0.31%	高度（-20以下）	3条	0.12%

根据表 7-24 可知，西安半坡博物馆和华清宫的游客网评情感都是以积极情绪为主，分别占比 77.50% 和 77.18%，比较接近，而且中性情绪和消极情绪的占比都比较接近。西安半坡博物馆的游客网评情感积极情绪中一般积极占主导地位，而华清宫的游客网评情感的积极情绪中，高度积极高于一般积极和中度积极，所以，华清宫的游客网评情感好于西安半坡博物馆，二者的游客网评情感中的消极情绪分段统计分布相当。

表 7-24　西安半坡博物馆、华清宫详细情感分析结果

西安半坡博物馆			华清宫		
积极情绪	1426条	77.50%	积极情绪	1901条	77.18%
中性情绪	182条	9.89%	中性情绪	228条	9.26%
消极情绪	232条	12.61%	消极情绪	334条	13.56%
积极情绪分段统计结果			积极情绪分段统计结果		
一般（0～10）	593条	32.23%	一般（0～10）	675条	27.41%
中度（10～20）	449条	24.40%	中度（10～20）	535条	21.72%
高度（20以上）	384条	20.87%	高度（20以上）	691条	28.06%
消极情绪分段统计结果			消极情绪分段统计结果		
一般（-10～0）	174条	9.46%	一般（-10～0）	232条	9.42%
中度（-20～-10）	55条	2.99%	中度（-20～-10）	89条	3.61%
高度（-20以下）	3条	0.16%	高度（-20以下）	13条	0.53%

根据表 7-25 可知，秦始皇帝陵博物院兵马俑和大唐芙蓉园的游客网评情感都是以积极情绪为主，占比分别为 86.26% 和 83.99%，而且这两个景点的积极情绪的分段占比分布也比较接近，都是高度积极高于一般积极和中度积极。二者的游客网评情感中消极情绪有较大差别，大唐芙蓉园的消极情绪远高于秦始皇帝陵博物院兵马俑。综上，秦始皇帝陵博物院兵马俑的游客网评情感整体上和积极情绪分段分布上好于大唐芙蓉园。

表 7-25 秦始皇帝陵博物院兵马俑、大唐芙蓉园详细情感分析结果

秦始皇帝陵博物院兵马俑			大唐芙蓉园		
积极情绪	1500条	86.26%	积极情绪	2187条	83.99%
中性情绪	137条	7.88%	中性情绪	153条	5.88%
消极情绪	102条	5.87%	消极情绪	264条	10.14%
积极情绪分段统计结果			积极情绪分段统计结果		
一般（0~10）	474条	27.26%	一般（0~10）	637条	24.46%
中度（10~20）	423条	24.32%	中度（10~20）	602条	23.12%
高度（20以上）	603条	34.68%	高度（20以上）	948条	36.41%
消极情绪分段统计结果			消极情绪分段统计结果		
一般（-10~0）	65条	3.74%	一般（-10~0）	192条	7.37%
中度（-20~-10）	31条	1.78%	中度（-20~-10）	65条	2.50%
高度（-20以下）	6条	0.35%	高度（-20以下）	7条	0.27%

根据表 7-26 可知，陕西历史博物馆的游客网评情感积极情绪占比达到了 87.75%，属于很高的水平，而且在积极情绪分段占比分布中，高度积极（41.33%）明显大于一般积极和中度积极。根据表 7-26 可知，骊山的游客网评情感积极情绪占比仅为 66.47%，而消极情绪占了 18.67%，由此，骊山的情感网评比较差，相关管理部门需要深入研究，提高游客体验。

表 7-26 骊山、陕西历史博物馆详细情感分析结果

骊山			陕西历史博物馆		
积极情绪	662条	66.47%	积极情绪	2435条	87.75%
中性情绪	148条	14.86%	中性情绪	197条	7.10%
消极情绪	186条	18.67%	消极情绪	143条	5.15%
积极情绪分段统计结果			积极情绪分段统计结果		
一般（0~10）	305条	30.62%	一般（0~10）	674条	24.29%
中度（10~20）	203条	20.38%	中度（10~20）	614条	22.13%
高度（20以上）	154条	15.46%	高度（20以上）	1147条	41.33%
消极情绪分段统计结果			消极情绪分段统计结果		
一般（-10~0）	121条	12.15%	一般（-10~0）	96条	3.46%
中度（-20~-10）	59条	5.92%	中度（-20~-10）	38条	1.37%
高度（-20以下）	6条	0.60%	高度（-20以下）	9条	0.32%

根据表 7-27 可知，著名的大唐不夜城以积极情绪为主，但是并未超过 80.00%，且消极情绪占比达到了 17.66%，游客对大唐不夜城的整体网评情感表现不够理想，且积极情绪中也是以一般积极情绪为主。根据表 7-27 可知，秦岭野生动物园的游客网评情感也是以积极情绪为主，但是消极情绪也占了一定的比重。秦岭野生动物园的积极情绪分段占比分布还可以，一般、中度以及高度占比分别为 28.19%、24.71% 和 25.37%，比较接近。两个景区的消极情绪都是一般消极情绪占绝对优势。

表 7-27 秦岭野生动物园、大唐不夜城详细情感分析结果

秦岭野生动物园			大唐不夜城		
积极情绪	2027条	78.26%	积极情绪	723条	72.96%
中性情绪	235条	9.07%	中性情绪	93条	9.38%
消极情绪	328条	12.66%	消极情绪	175条	17.66%
积极情绪分段统计结果			积极情绪分段统计结果		
一般（0～10）	730条	28.19%	一般（0～10）	285条	28.76%
中度（10～20）	640条	24.71%	中度（10～20）	203条	20.48%
高度（20以上）	657条	25.37%	高度（20以上）	235条	23.71%
消极情绪分段统计结果			消极情绪分段统计结果		
一般（-10～0）	232条	8.96%	一般（-10～0）	118条	11.91%
中度（-20～-10）	85条	3.28%	中度（-20～-10）	53条	5.35%
高度（-20以下）	11条	0.42%	高度（-20以下）	4条	0.40%

综上，西安的 20 个旅游景点中，19 个景点的游客网评情感都是积极情绪占绝对优势，只有骊山景区的游客网评情感中的积极情绪为 66.47%，有较大的提升空间。

7.7.6 南京著名景点情感分析

选择南京的 7 个旅游景点进行游客网评情感分析，7 个景点的游客网评情感以积极情绪为主，积极情绪占比超过 80.00% 的景点包括牛首山文化旅游区、阅江楼、大报恩寺遗址公园和中国科举博物馆江南贡院。游客网评情感的消极情绪占比超过 10.00% 的景点包括夫子庙秦淮风光带、瞻园、阅江楼和红山森林动物园。游客网评情感反映了游客对这些景点的情感倾向，具有一定的参考价值，不过，不同类型的游客对不同类型景点的情感不同，数据并不能涵盖全部游客，因此，景点的游客体验并不能绝对和非常准确地确定这些景点的情感体验，在旅游规划、景区发展中适度参考。

下面针对南京的 7 个景点的游客网评情感进行详细分析，根据表 7-28，牛首山文化旅游区的游客网评情感以积极情绪为主，且积极情绪分段分布较为均匀，一般积极情绪和高度积极情绪接近，消极情绪以一般消极情绪为主。根据表 7-28，夫子庙秦淮风光带的游客网评情感积极情绪占比为 77.62%，不算低，但是中性情绪和消极情绪都达到了 10.00% 以上，说明有一定比例的游客对夫子庙秦淮风光带存在中性情绪和消极情绪。

表 7-28　牛首山文化旅游区、夫子庙秦淮风光带详细情感分析结果

牛首山文化旅游区			夫子庙秦淮风光带		
积极情绪	870条	83.90%	积极情绪	2344条	77.62%
中性情绪	71条	6.85%	中性情绪	309条	10.23%
消极情绪	96条	9.26%	消极情绪	367条	12.15%
积极情绪分段统计结果			积极情绪分段统计结果		
一般（0～10）	304条	29.32%	一般（0～10）	870条	28.81%
中度（10～20）	275条	26.52%	中度（10～20）	776条	25.70%
高度（20以上）	291条	28.06%	高度（20以上）	698条	23.11%
消极情绪分段统计结果			消极情绪分段统计结果		
一般（-10～0）	65条	6.27%	一般（-10～0）	258条	8.54%
中度（-20～-10）	27条	2.60%	中度（-20～-10）	100条	3.31%
高度（-20以下）	4条	0.39%	高度（-20以下）	9条	0.30%

根据表 7-29，瞻园的游客网评情感中积极情绪占比为 78.41%，但消极情绪也达到了 13.50%，说明了有相当一定比例的游客对瞻园具有消极情绪，值得景区运营部门思考，不过积极情绪分布不错，且消极情绪也是以一般消极情绪为主。根据表 7-29，阅江楼的游客网评情感中积极情绪占比达 81.18%，说明游客对该景点情感良好，消极情绪占比 11.08%，说明有一定比例的游客情感持反面情绪。

表 7-29　瞻园、阅江楼详细情感分析结果

瞻园			阅江楼		
积极情绪	2317条	78.41%	积极情绪	2433条	81.18%
中性情绪	239条	8.09%	中性情绪	232条	7.74%
消极情绪	399条	13.50%	消极情绪	332条	11.08%
积极情绪分段统计结果			积极情绪分段统计结果		
一般（0～10）	909条	30.76%	一般（0～10）	906条	30.23%
中度（10～20）	725条	24.53%	中度（10～20）	874条	29.16%
高度（20以上）	683条	23.11%	高度（20以上）	653条	21.79%
消极情绪分段统计结果			消极情绪分段统计结果		
一般（-10～0）	278条	9.41%	一般（-10～0）	244条	8.14%
中度（-20～-10）	107条	3.62%	中度（-20～-10）	80条	2.67%
高度（-20以下）	14条	0.47%	高度（-20以下）	8条	0.27%

根据表 7-30，红山森林动物园的游客网评情感中积极情绪占比 77.93%，还算不错，但是消极情绪达到了 13.96%，占了相当的比例，说明有相当比例的游客对红山森林动物园持有反面情绪。在红山森林动物园的积极情绪分段分布中，一般积极高于中度积极和高度积极，而消极情绪分段分布中一般消极情绪占绝对优势。根据表 7-30，大报恩寺遗址公园的游客网评情感中积极情绪占比 81.63%，表现良好，且积极情绪的分段分布也较好，一般积极情绪和高度积极情绪接近。

表 7-30 红山森林动物园、大报恩寺遗址公园详细情感分析结果

红山森林动物园			大报恩寺遗址公园		
积极情绪	2161条	77.93%	积极情绪	2279条	81.63%
中性情绪	225条	8.11%	中性情绪	260条	9.31%
消极情绪	387条	13.96%	消极情绪	253条	9.06%
积极情绪分段统计结果			积极情绪分段统计结果		
一般（0~10）	824条	29.72%	一般（0~10）	801条	28.69%
中度（10~20）	705条	25.42%	中度（10~20）	681条	24.39%
高度（20以上）	632条	22.79%	高度（20以上）	797条	28.55%
消极情绪分段统计结果			消极情绪分段统计结果		
一般（-10~0）	289条	10.42%	一般（-10~0）	179条	6.41%
中度（-20~-10）	85条	3.07%	中度（-20~-10）	68条	2.44%
高度（-20以下）	13条	0.47%	高度（-20以下）	6条	0.21%

根据表 7-31，中国科举博物馆江南贡院的游客网评情感中积极情绪占比为 83.19%，情感良好，其中，积极情绪分段分布中一般积极情绪与中度积极情绪相当接近，说明积极情绪不错，而消极情绪与其他景点类似，以一般消极情绪为主。

表 7-31 中国科举博物馆江南贡院详细情感分析结果

中国科举博物馆江南贡院		
积极情绪	2479条	83.19%
中性情绪	216条	7.25%
消极情绪	285条	9.56%
积极情绪分段统计结果		
一般（0~10）	871条	29.23%
中度（10~20）	897条	30.10%
高度（20以上）	711条	23.86%
消极情绪分段统计结果		
一般（-10~0）	213条	7.15%
中度（-20~-10）	63条	2.11%
高度（-20以下）	9条	0.30%

7.7.7 情感分析小结

运用 ROSTCM 软件的情感分析功能对多个地市著名旅游景点的游客网评情感进行深入分析，基于网评数据的情感分析显示，大多数网评情感比较积极，但积极情感详细结构构成差别较大，为深入研究游客情感体验，情感结构十分重要，仅仅把游客情感分为积极、中性和消极，分类过于简单。本书对游客网评情感的分析是旅游大数据挖掘的重要组成部分，也是旅游大数据研究的重要研究方法。该研究方法可以用于旅游体验分析与改善。

7.8 语义网络分析

语义网络是由奎林于 20 世纪 60 年代在研究人类联想记忆的过程中提出的一种心理学模型。奎林认为，人类记忆是通过概念间的关联实现的，故可以将知识表示为一个网状结构，在这一网状结构中，使用节点来代表概念或实体，使用图的有向边或无向边来代表概念或实体间的语义关系。

语义网络表示法的优点在于：①可以较为简洁而直观地表现知识，符合人类的认知模式；②便于实现概念的聚类；③可以使用概念间的关系进行推理，推理效率较高。但是，语义网络未对概念和实体进行区分，而且对于节点和边缺乏足够的约束标准。语义网和知识图谱的出现弥补了语义网络的这些缺陷。

词频分析能通过提取词组的属性来体现事物的主要特征，但无法体现词组在特定意义上的联系以及文本深层次的结构关系，而语义网络分析则能通过构建概念和语义关系的网络图来直观展现要素之间的关系。

词频分析反映了游客在网络评论中关注的主要领域和情感表达中的倾向，但是单纯的词汇频率无法反映各个词之间的关系和结构，无法表明词条所表示的真实意义。语义网络分析法是一种以高频词为节点，以高频词组合共现次数为节点之间的关系，通过构建语义网络图分析高频词组在文本中语义的方法。

利用ROSTCM中的社会网络与语义网络分析模块，对数据进行分析。由于本研究爬取的游客网评文本高频词数量庞大，形成的语义网络规模较大。因此，在绘制网络图前，使用参数调整的方法尝试对网络进行简化，以便将语义网络图从原本成员结构过于复杂的状态调整为成员一目了然、关系明确的状态。为证明网络具有代表性，本研究将展示几种参数设置下的网络图。下文针对洛阳、开封、郑州、焦作、西安和南京的景点评论进行语义网络分析。

7.8.1 洛阳著名景点评论语义网络分析

使用ROSTCM的社会网络与语义网络分析模块，对洛阳景点的网评进行语义网络分析，结果如图 7-2 所示，语义网络呈明显的多中心结构，"老君山景区""龙门石窟""天子""地方"成为网络核心，"老君山景区""龙门石窟"是洛阳的代表性景区，也是洛阳旅游的核心吸引物，除这些核心节点外，"遗址""公园""方便""海洋馆""关林庙""文化""国花"等是与其他词联系较为密切的次一级节点，这些词大体上是对核心节点的展开和延伸，反映了游客针对核心节点的行动和感知。而外围散布的其他大量节点则是进一步对核心节点的拓展和更为具体的感知。通过这一"核心节点—次级节点—外围节点"的语义网络结构，可以对游客在洛阳的活动和情感倾向有一个大体的认知，为接下来更深入了解文本中的游客情感提供了帮助。从层级结构来看，语义网络呈现"核心—边缘"特点，图中重要节点周围形成了一层或多层子群。词语距中心节点（核心节点）距离越近，与中心节点词语的联系就越紧密。而线条的疏密代表共现频率的高低,线条越密,表明共现次数越多。整体来看,语义网络展现出一种"核心—边缘"结构,将游客对于洛阳旅游的整体认知和感知直观地展现出来。

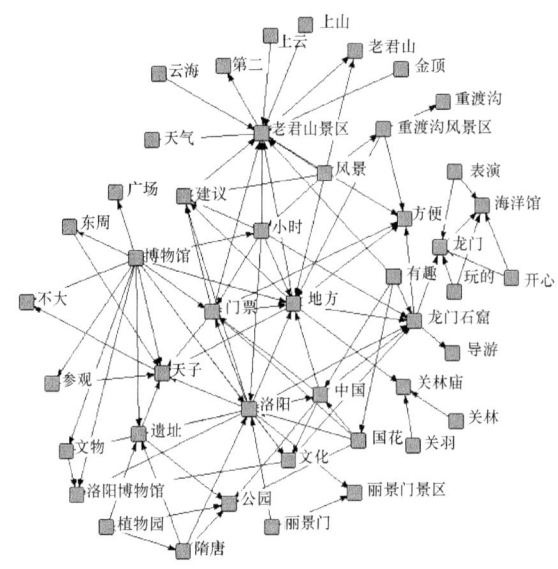

图 7-2　洛阳著名景点的语义网络

7.8.2　开封著名景点评论语义网络分析

对开封景点的网评进行语义网络分析,结果如图 7-3 所示,语义网络呈明显的多中心结构,但是,相比洛阳的景点语义网络的中心,开封景点的语义网络中心更聚集、更明

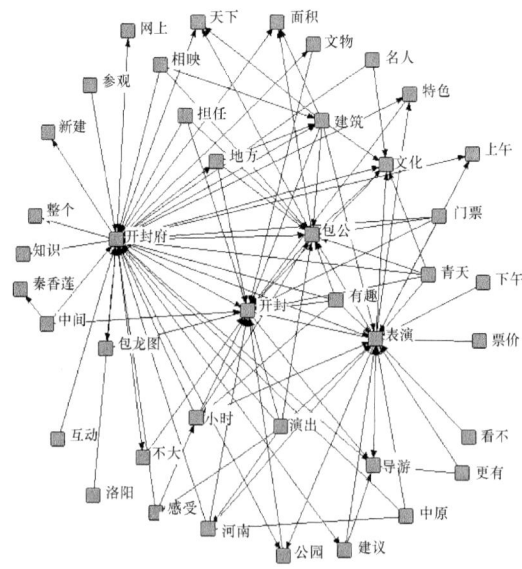

图 7-3　开封著名景点的语义网络

显,网络核心主要是"开封府""包公""表演""开封",次核心包括"建筑""文化""导游"等,层次鲜明,这与开封的景区布局和旅游格局相一致,开封的景点主要在市区内部,主要是人文景点,文化内涵丰富,表演也是一大特色。

7.8.3 郑州著名景点评论语义网络分析

对郑州景点的网评进行语义网络分析,结果如图 7-4 所示,语义网络呈明显的多中心结构,网络核心也很明显,主要包括"庄园""康百万""康家""建筑""导游",次核心圈包括"文化""方便"等。外围节点较多,体现了郑州的各个方面,涉及"教育""感受""理念""大气""经商""文物""中原""特色""有趣"等。

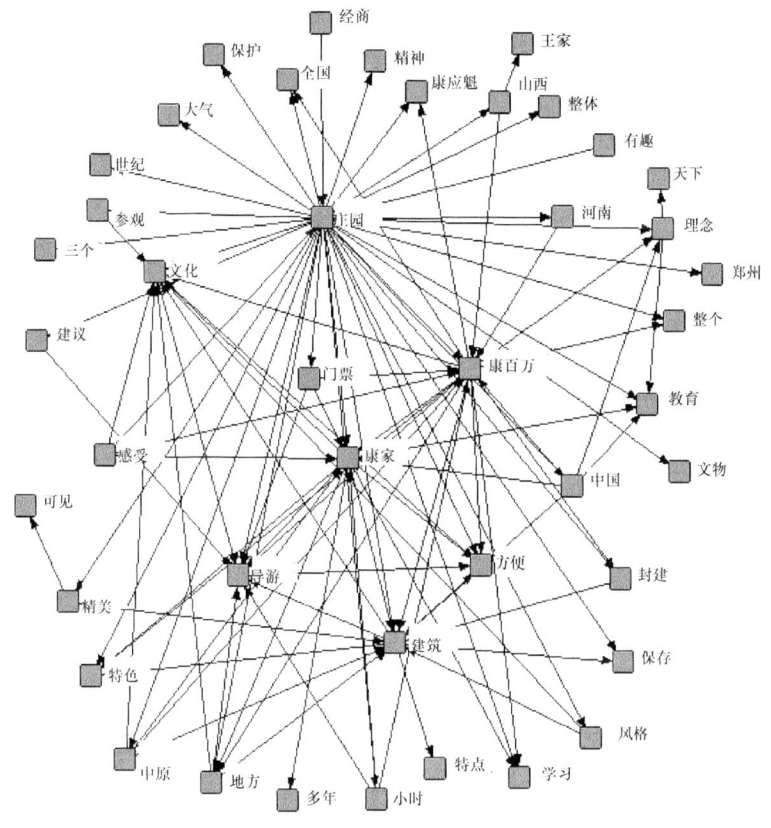

图 7-4 郑州著名景点的语义网络

7.8.4 焦作著名景点评论语义网络分析

对焦作景点的网评进行语义网络分析,结果如图 7-5 所示,语义网络呈明显的多中心结构,网络核心十分明显,最核心的就是"云台山",十分醒目,次核心圈包括"风景""门票""方便""地方"等。据此可以看出云台山在焦作旅游中的价值,也反映了焦作旅游以自然风景为主。

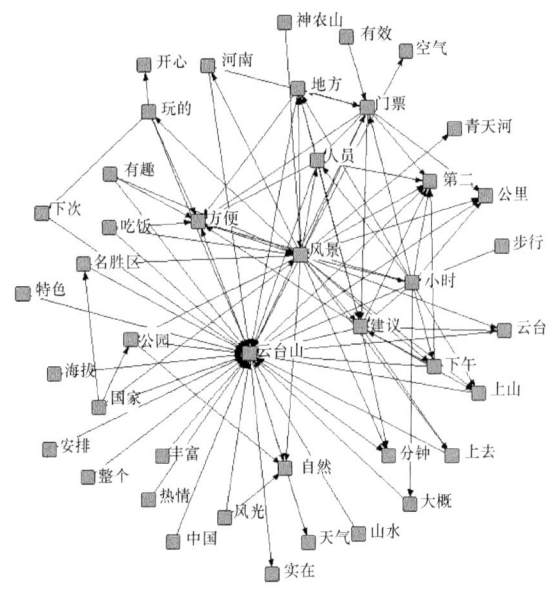

图 7-5 焦作著名景点的语义网络

7.8.5 西安著名景点评论语义网络分析

对西安景点的网评进行语义网络分析,结果如图 7-6 所示,语义网络呈明显的单中心结构,网络核心十分明显,最核心的就是"西安",十分醒目,次圈层包括"晚上广场""表演""历史""导游""景色""有趣""性价比""好玩"等。次圈层反映了西安的旅游特点,西安以历史文化旅游为特色,包含了各种表演,增加了趣味性和性价比。

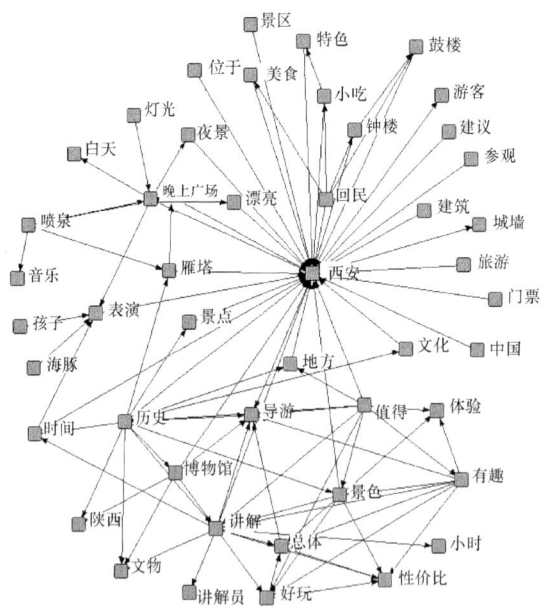

图 7-6 西安著名景点的语义网络

7.8.6 南京著名景点评论语义网络分析

对南京景点的网评进行语义网络分析,结果如图 7-7 所示,语义网络呈明显的多中心结构,网络核心包括"夫子庙""江南""博物馆""科举""秦淮河""历史",十分醒目,体现了南京旅游的特色,也反映了南京旅游的景点。外圈层包括"考试""古代""小吃""贡院""园林""建筑""秦淮""长江"等。这些节点反映了南京这座城市的旅游涉及面十分广泛,具有极大的旅游发展空间和内涵。

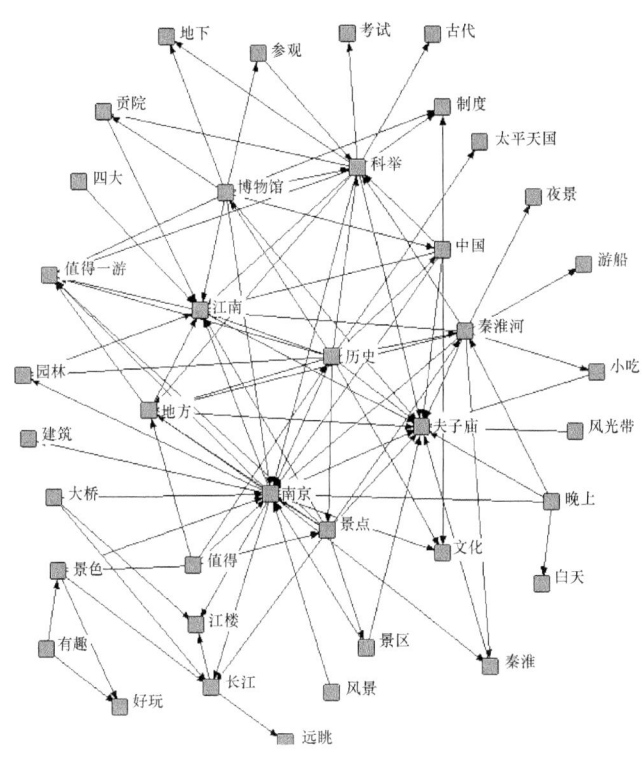

图 7-7 南京著名景点的语义网络

7.8.7 语义网络分析小结

通过使用 ROSTCM 软件的社会网络与语义网络分析模块,对洛阳、开封、郑州、焦作、西安和南京的景点进行语义网络分析,各个地方景点的语义网络体现了该地区旅游的特点,以及各节点之间的相互关系,对研究地区旅游元素间的体系结构具有重要的参考价值。

7.9 小结

本章选择河南典型地区(洛阳、郑州、开封、焦作)的著名景点和具有相似特征的地区（西安和南京）的景点为研究对象，通过采集景点的游客网评数据进行游客情感分析，分析结果可以帮助旅游监管部门和景区运营部门了解游客对景点的情感，做出相应的反应，制定相应的政策，提升景点建设水平和智慧化服务水平，提升游客体验，进而改善游客情感构成。此外，对选择景点的网评数据使用语义分析功能，研究各景点的语义网络结构，剖析地区景点特征与语义网络的契合点。景点网评的语义网络反映了地区旅游的特点以及旅游结构体系，对深入研究旅游发展对策、完善旅游体系结构、改善游客体验、确定旅游发展方向都具有重要的参考价值。

参考文献

[1] MARÍA L B E, CABADA R Z, RAÚL O B, et al. Opinion mining and emotion recognition applied to learning environments[J]. Expert systems with applications, 2020, 150: 113265.

[2] THELWALL M, WILKINSON D, UPPAL S. Data mining emotion in social network communication: gender differences in myspace[J]. Journal of the association for information science and technology, 2010, 61(1): 190-199.

[3] WIKARSA L, THAHIR S N. A text mining application of emotion classifications of Twitter's users using Naïve Bayes method[C]//International Conference on Wireless & Telematics.IEEE, 2016.

[4] 关靖云. 基于文本挖掘的喀纳斯景区旅游认知、情感、整体形象研究[J]. 绿色科技, 2019(15): 257-259, 263.

[5] 王琪延, 高旺. 基于分层分位数回归模型的在线旅游评论情感统计分析[J]. 中国物价, 2019(12): 4.

[6] 王芳, 方叶林, 孙浩. 基于网络文本数据挖掘的城市旅游形象感知研究：以合肥市为例[J]. 常州工学院学报, 2021, 34(3): 73-79.

[7] 李勇, 蒋冠文, 毛太田, 等. 基于情感挖掘和话题分析的旅游舆情危机演化特征：以"丽江女游客被打"事件为例[J]. 旅游学刊, 2019, 34(9): 13.

[8] 陈天琪, 张建春. 基于文本挖掘的景区旅游形象感知研究：以杭州西溪国家湿地公园为例[J]. 资源开发与市场, 2021(6): 741-746.

[9] 刘文远, 郭智存, 郭丁丁. 旅游场景下的基于深度学习的文本方面级细粒度情感分类[J].高技术通讯, 2022, 32(1): 11.

[10] 孙希瑞, 刘学玲. 基于文本挖掘的主题公园旅游感知研究：以芜湖方特为例[J]. 黄山学院学报, 2022, 24(6): 6.

[11] 白伟华, 陈晓鑫. 基于数据挖掘技术的"智慧旅游"文本研究分析[J]. 肇庆学院学报, 2023, 44(2): 10.

[12] 张阳, 靳雪, 龚先洁. 基于网络文本挖掘的陕西通用航空旅游形象感知测度研究[J]. 西安石油大学学报(社会科学版), 2020, 29(3): 6.

[13] 李君轶, 任涛, 陆路正. 游客情感计算的文本大数据挖掘方法比较研究[J]. 浙江大学学报(理

学版), 2020, 47(4): 14.

[14] 武传表, 向慧容. 基于Smartmining文本挖掘的旅游目的地形象研究: 以辽宁四处世界文化遗产地为例[J].旅游论坛, 2018, 11(1): 12.

[15] 汪凡, 葛玉辉. 基于文本挖掘的旅游目的地形象感知: 以荔波小七孔为例[J]. 科技和产业, 2022, 22(1): 183-189.

[16] 陈秀秀, 王玉婷. 基于官方微博内容挖掘的福建省旅游投射形象研究[J]. 海峡科学, 2019(10): 6.

[17] 蔡玉舒, 曹扬, 江维, 等. 基于BERT的端到端旅游评论意见挖掘方法[J]. 计算机技术与发展, 2021, 31(9): 118-123.

[18] 严仲培.面向旅游在线评论的文本挖掘方法研究[D]. 合肥: 合肥工业大学, 2018.

[19] 郭佳怡, 方博平, 陆欣怡, 等. 基于文本挖掘和情感分析方法的"智慧旅游"服务质量感知研究[J].现代信息科技, 2023, 7(6): 6.

[20] 李勇, 蒋冠文, 毛太田, 等. 基于情感挖掘和话题分析的旅游舆情危机演化特征: 以"丽江女游客被打"事件为例[J]. 旅游学刊, 2019, 34(9): 13.

第 8 章

旅游客流与关注度相关性挖掘

本章运用数据分析软件RapidMiner,使用网络关注度数据和客流量数据进行相关性分析,是洛阳旅游研究的深层次探索,对旅游营销、旅游目的地改革等具有指导价值。本章从市际尺度和省际尺度研究了洛阳旅游网络关注度和客流量的相关性,研究表明二者在不同尺度上的结果是不同的。在省内的市际尺度上,客流量受多种因素影响,获取信息的渠道多样,网络关注度并非是主要渠道。

8.1 研究对象

以来洛住宿客源和对洛阳5A景区网络关注度间的相关关系为研究对象。具体使用2016—2019年来洛住宿客源数据以及 2016—2019 年对洛阳5A景区的百度指数。从全国(省际)尺度和河南省内市际尺度研究旅游客流与网络关注度的相关性。

8.2 相关性挖掘

8.2.1 关联分析原理和工具

(1)关联分析原理

相关性是一个在-1 和1之间的数字,它度量两个属性(称为X和Y)之间的关联程度。在正常情况下,X的大值往往与Y的大值相关联,X的小值往往与Y的小值相关联。负的相关性意味着负的或反向的关联,在这种情况下,较大的X值往往与较小的Y值相关联,反之亦然。

假设有两个属性X和Y,均值分别为X'和Y',标准差分别为S_x和S_y。相关性计算为乘积$(X_i-X') \cdot (Y_i-Y')$从1到n的求和,然后除以乘积$(n-1) \cdot S_x \cdot S_y$,其中$n$为例数总数,$i$为求和的增量变量。如前所述,相关性的正值意味着正相关。假设某个X值高于平均值,相应的Y值也高于平均值。那么$(X_i-X') \cdot (Y_i-Y')$的乘积就是两个正数的乘积,结果都是正的。如果X值和Y值都小于平均值,那么上面的乘积就是两个负数,两个负数的乘积也是正数。

因此，正相关表明了一种普遍的趋势，即 X 值越大，Y 值越大；X 值越小，Y 值越小。

如前所述，相关性的负值意味着负的或反向的关联。假设 X 值高于平均值，而相关的 Y 值低于平均值。那么乘积 $(X_i-X') \cdot (Y_i-Y')$ 就是一个正数和一个负数的乘积，这使得乘积是负的。如果 X 值小于平均值而 Y 值大于平均值，那么上面的乘积也是负的。因此，负相关证明了一个普遍的趋势，即 X 值越大，Y 值越小；X 值越小，Y 值越大。

相关性操作符可用于创建一个相关矩阵，该矩阵显示输入 ExampleSet 的所有属性的相关性。属性权重向量这个操作符也可以根据相关性返回。使用这个权重向量，可以在权重选择操作符的帮助下从 ExampleSet 中删除高度相关的属性。通过使用 Remove 相关属性操作符，可以更容易地删除高度相关的属性。关联属性通常被删除，因为它们在行为上相似，并且在计算预测时影响很小，还可能妨碍运行时的内存使用。

（2）关联分析工具

RapidMiner 是世界领先的数据挖掘解决方案，有着先进技术，特点是图形用户界面的互动原型。2001 年，RapidMiner 诞生于德国多特蒙德工业大学，始于人工智能部门的 Ingo Mierswa、Ralf Klinkenberg 和 Simon Fischer 共同开发的一个项目，最初被称为 YALE（Yet Another Learning Environment）。这个产品发展成了后来的 Rapid-I。2007 年，软件名由 YALE 更名为 RapidMiner。此后，RapidMiner 的功能不断增强，用户群也不断扩大。到 2010 年底，RapidMiner 软件平台在全球 50 多个国家达到 50 多万次的下载量。2013 年，RapidMiner 公司获得融资后继续扩张，总部迁到美国麻省剑桥，在多特蒙德、伦敦和布达佩斯设有分支。2014 年底，RapidMiner 购买 Radoop，更名为 RapidMiner Radoop，Radoop 是 RapidMiner Studio 的大数据分析扩展，能连接多个 Hadoop 集群。2014 年底，RapidMiner 公司授权中国区总代理 RapidMiner China，正式进入中国预测性分析市场，主要为中国用户提供预测性分析解决方案、技术支持、培训及认证服务。

RapidMiner 具有丰富的数据挖掘分析和算法功能，常用于解决各种关键的商业问题，如营销响应率、客户细分、客户忠诚度及终身价值、资产维护、资源规划、预测性维修、质量管理、社交媒体监测和情感分析等典型商业案例。RapidMiner 解决方案覆盖了各个领域，包括汽车、银行、保险、生命科学、制造业、石油和天然气、零售及快消、通信以及公用事业等各个行业。

RapidMiner 采用拖拽建模，自带 1500 多个函数，简单易用，无须编程。RapidMiner 支持各种常见语言代码编写，符合程序员个人习惯的同时可实现更多功能。RapidMiner Studio 社区版和基础版免费开源，能连接开源数据库，而商业版功能更强大，能连接几乎所有数据源。RapidMiner 具有丰富的扩展程序，如文本处理、网络挖掘、WEKA 扩展、R 语言等。RapidMiner 可实现数据提取、转换和加载（ETL）、生成和导出数据、报告和可视化等功能，为技术性和非技术性用户设计了交互式界面。

8.2.2 市际尺度的相关性挖掘

（1）关联计算

根据洛阳旅游大数据分析平台，笔者分别抽取 2016—2019 年河南省 17 个地级市（不包含济源）来洛旅游人数。通过百度指数爬虫软件提取 2016—2019 年河南省 17 个地级市（不包含济源）对洛阳 5A 景区的百度指数。将 4 个年份的客流量数据和洛阳 5A 景区的网络关注度数据进行结构化处理，运用 RapidMiner 大数据分析挖掘软件关联模型中的关联矩阵模型对结构化的客流量数据和洛阳 5A 景区的网络关注度数据进行关联矩阵构建，获取客流量与旅游网络关注度 6 种指标两两间的相关系数。图 8-1 显示了 2016 年、2018 年和 2019 年的 6 种指标的关联矩阵。

Attributes	客流量16	龙门石窟16	白云山16	老君山16	鸡冠洞16	龙潭大峡谷16
客流量16	1	0.511	0.342	0.383	0.555	0.476
龙门石窟16	0.511	1	0.975	0.985	0.979	0.988
白云山16	0.342	0.975	1	0.994	0.953	0.981
老君山16	0.383	0.985	0.994	1	0.965	0.988
鸡冠洞16	0.555	0.979	0.953	0.965	1	0.985
龙潭大峡谷16	0.476	0.988	0.981	0.988	0.985	1

(a) 2016年河南省内市际关联矩阵

Attributes	客流量18	龙门石窟18	白云山18	老君山18	鸡冠洞18	龙潭大峡谷18
客流量18	1	0.407	0.261	0.327	0.785	0.719
龙门石窟18	0.407	1	0.983	0.955	0.206	0.213
白云山18	0.261	0.983	1	0.961	0.104	0.132
老君山18	0.327	0.955	0.961	1	0.179	0.208
鸡冠洞18	0.785	0.206	0.104	0.179	1	0.746
龙潭大峡谷18	0.719	0.213	0.132	0.208	0.746	1

(b) 2018年河南省内市际关联矩阵

Attributes	客流量19	龙门石窟19	白云山19	老君山19	鸡冠洞19	龙潭大峡谷19
客流量19	1	0.330	0.256	0.252	0.481	0.412
龙门石窟19	0.330	1	0.983	0.989	0.966	0.977
白云山19	0.256	0.983	1	0.997	0.954	0.977
老君山19	0.252	0.989	0.977	1	0.959	0.975
鸡冠洞19	0.481	0.966	0.954	0.959	1	0.985
龙潭大峡谷19	0.412	0.977	0.977	0.975	0.985	1

(c) 2019年河南省内市际关联矩阵

图 8-1　河南省各地级市的客流量和 5A 景区网络关注度间的关联矩阵

所有介于 0 到 1 之间的关联系数都表示正关联，介于 -1 到 0 之间的关联系数则表示负关联。正关联意味着另一个属性的值会随着一个属性值的上升而上升，当一个属性的值下降时，另一个属性的值也会下降。如果一个属性值下降而另一个属性值在上升，则它们之间的相关性为负相关。

（2）关联分析

从图 8-1 所示的基于河南省 17 个地级市的客流量和 5A 景区网络关注度数据建立的关联矩阵可以看出，2016 年、2018 年和 2019 年河南省各地级市来洛客流量与洛阳 5A 景区网络关注度的相关性很低，从数据显示看，有的相关系数低于 0.4，即不具有相关性。因此，研究认为河南省各地级市游客来洛阳旅游很大程度上不依赖于网络搜索，而是通过媒体宣传等渠道获取旅游出行相关信息。

8.2.3 省际尺度的相关性挖掘

（1）关联计算

将洛阳旅游关键词的百度指数数据和旅游量数据集导入 RapidMiner 的数据存储库中，根据个人选择，可以保存为/LocalRepository/process/洛阳旅游因子关联分析。导入所有的属性并采用默认的数据类型。在导入结果的数据视图中能够看到我们的属性值。数据集中的属性都是没有缺失的值，并且在范围内或其他描述性统计信息中，没有任何明显不一致的数据。运用 RapidMiner 关联分析中的关联矩阵功能，创建游客量与 17 种代表洛阳旅游的搜索关键词的两两关联矩阵（图 8-2、图 8-3）。

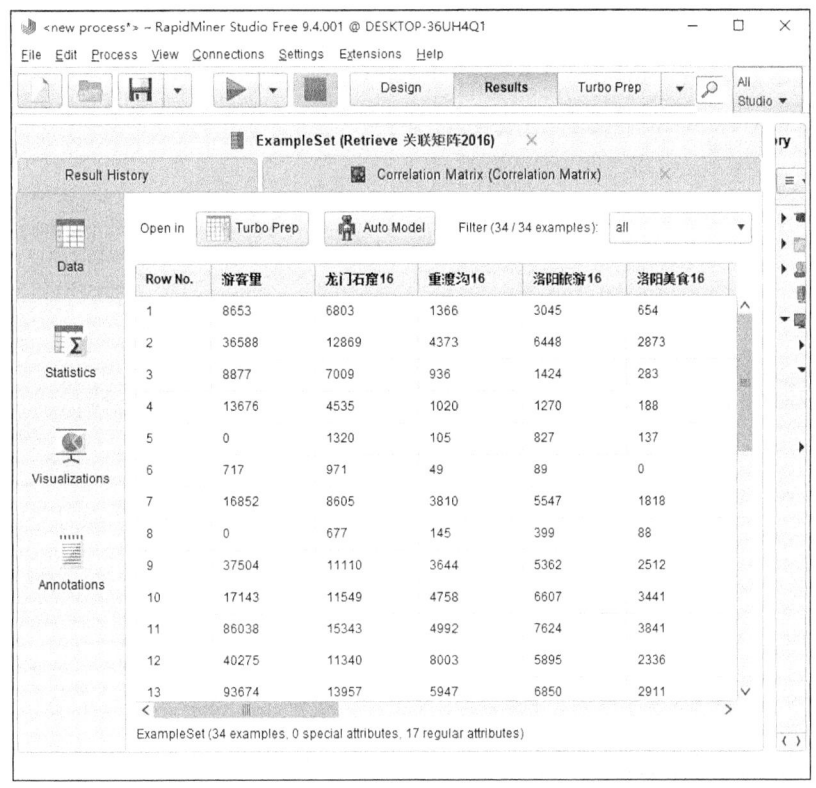

图 8-2　导入旅游因子数据

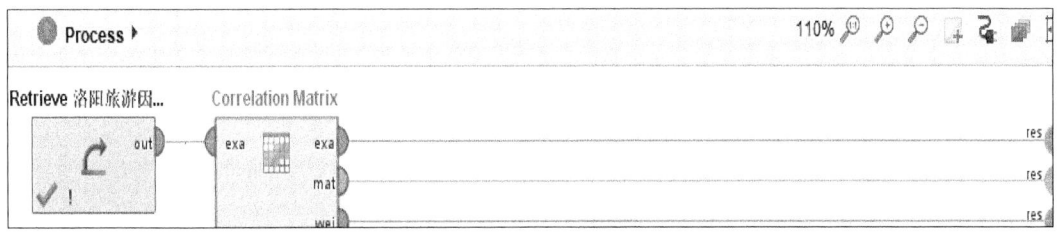

图 8-3　设计视图

使用CorrelationMatrix进行建模与分析。切换到设计透视图，拖动导入的数据集和左侧操作符Operators中的CorrelationMatrix至设计流程图中，保持mat端口与res端口连接，系统将自动连接可以连接的部分。使用旅游因子数据集作为关联矩阵数据源的输入，生成一个关系矩阵（图8-4）。

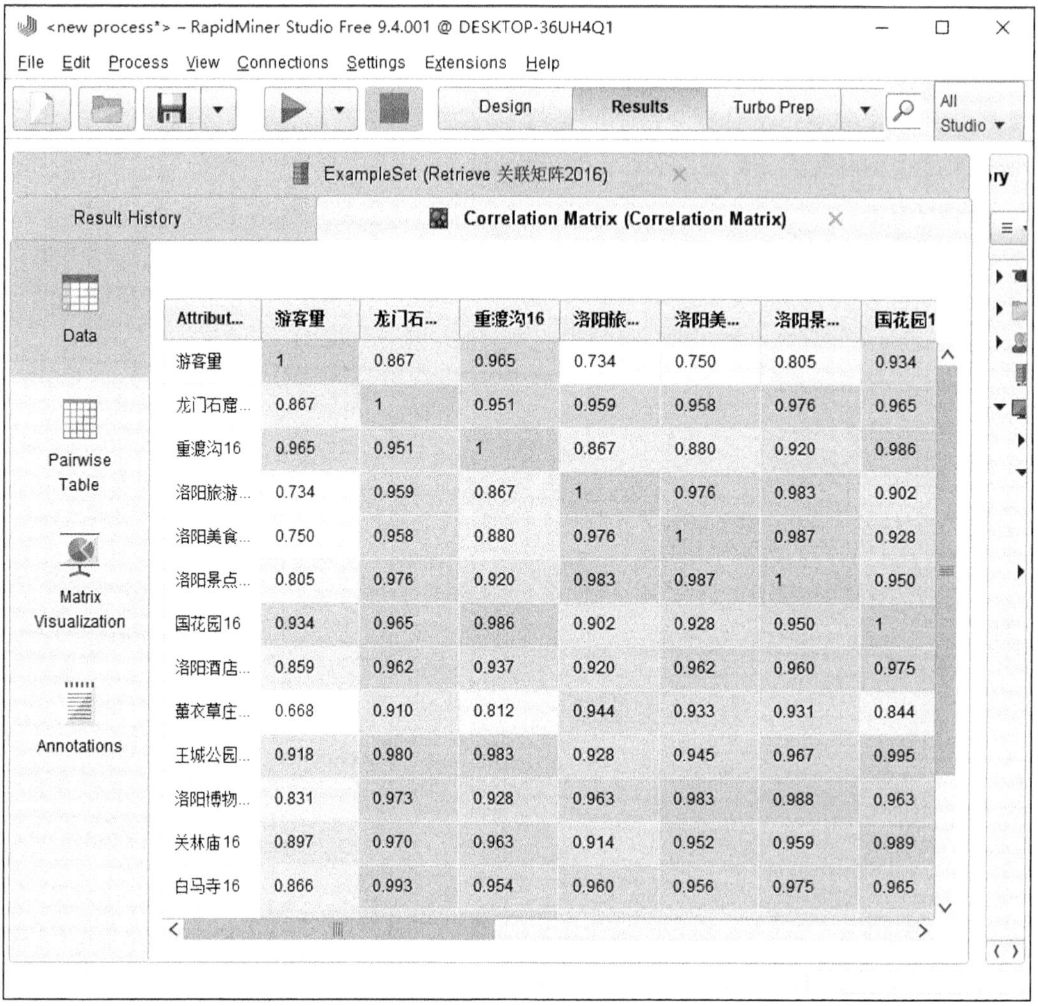

图8-4　生成关联矩阵结果

（2）关联分析

重复执行以上步骤，计算2016—2019年的游客量与17种表达洛阳旅游关键词的百度指数数据两两之间的关联矩阵。关联系数位于矩阵中，是用来衡量数据集中的可能的属性值之间关系强度的一种指标。在属性与自身相交的位置，关联系数为"1"，这是因为任何事物在与自身进行比较的时候都会具有完全匹配的关系。所有其他属性对的关联系数都小于1。对于更加复杂一些的分析，关联系数也可以为负值，因此所有关联系数都将介于−1到1之间。

所有介于 0 到 1 之间的关联系数都表示正关联，介于 −1 到 0 之间的关联系数则表示负关联。在解读与分析矩阵的值时，要进行一个重要的区分，和要分析的两个属性之间的移动方向有关。例如，2016 年矩阵中的龙门石窟百度指数属性和游客量属性之间的关系，关联系数为 0.867，这是一个趋近于 1 的正值，所以它们之间的关系是一个正相关的关系（正关联）。正关联意味着一个属性的值会随着另一个属性值的上升而上升。正关联还意味着当一个属性的值下降时，另一个属性的值也会下降。但是，下降不一定就是负关联。如果某个属性的值不断在下降，对应属性的值也在不断下降，关联仍然为正关联。有时候一些数据分析员会错误地认为两个属性值之间存在负关联，但如果一个属性值下降而另一个属性值在上升，则它们之间的相关性为负相关。

根据表 8-1 和图 8-5，2016 年除薰衣草园外，游客量与各种洛阳旅游搜索关键词在年度上具有高度相关性。根据属性之间的关联强度定义，关联系数位于 0～0.4 的属于无关联关系，位于 0.4～0.6 的属于有些关联关系，位于 0.6～0.8 的属于具有较强的关联关系，位于 0.8～1.0 的属于非常强的关联关系。2016 年游客量与旅游搜索关键词的相关性除洛阳旅游、洛阳美食和薰衣草园外，相关系数都位于 0.8～1.0，具有非常强的相关关系。洛阳旅游关键词之间均具有强烈的相关性，相关系数都位于 0.8～1.0。

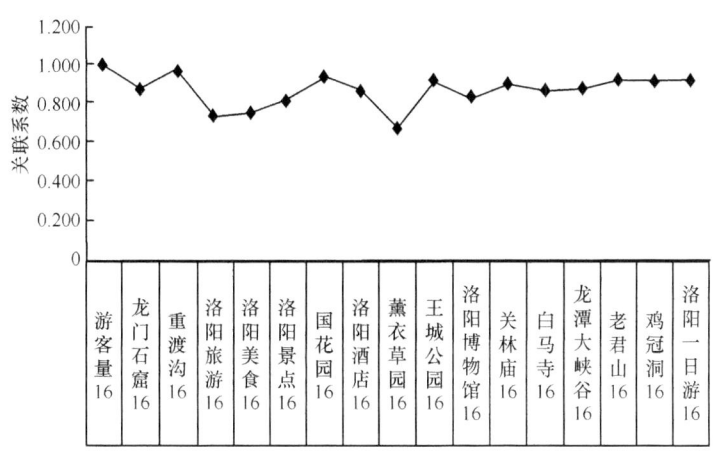

图 8-5　2016 年游客量与洛阳旅游代表关键词百度指数间的相关性

根据表 8-2 和图 8-6，游客量与 17 种旅游搜索关键词的百度指数具有非常强的相关关系。除洛阳美食关键词之外，17 种旅游搜索关键词的相关性都是非常强的相关关系，相关系数都位于 0.8～1.0。

根据表 8-3 和图 8-7，2018 年洛阳游客量与洛阳旅游搜索关键词间的相关关系，除关键词洛阳美食、薰衣草园外，均具有非常强的相关关系。17 种洛阳旅游搜索关键词间均具有非常强的相关关系。

根据表 8-4 和图 8-8，洛阳游客量与 17 种搜索关键词的相关性，除关键词龙门石窟、洛阳美食、洛阳旅游和薰衣草园之外，均具有非常强的相关关系。

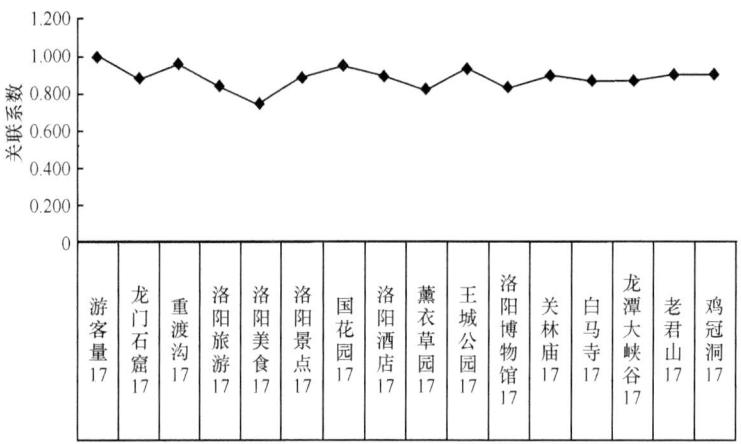

图 8-6　2017 年游客量与洛阳旅游代表关键词百度指数间的相关性

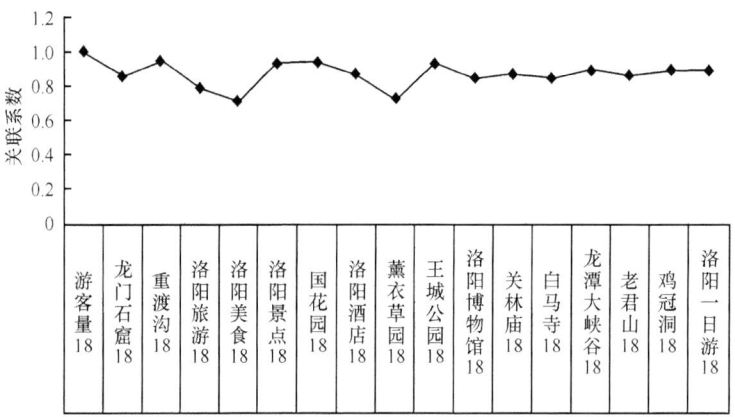

图 8-7　2018 年游客量与洛阳旅游代表关键词百度指数间的相关性

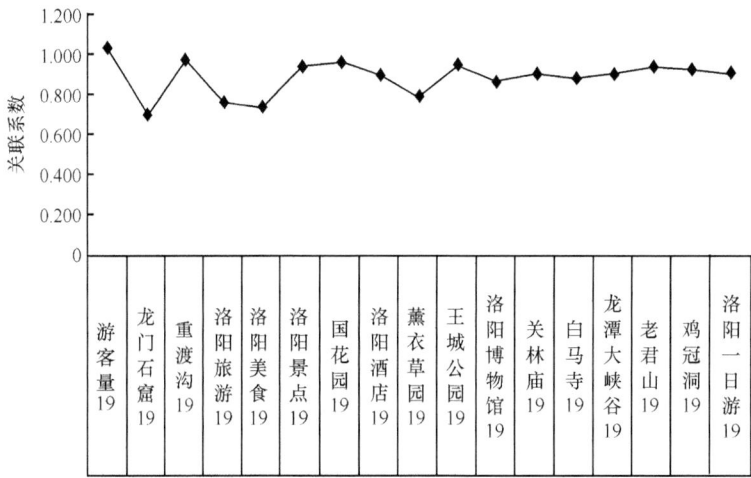

图 8-8　2019 年游客量与洛阳旅游代表关键词百度指数间的相关性

表 8-1 2016 年洛阳旅游搜索关键词与游客量的网络关注度的关联矩阵

关键词	游客量16	龙门石窟16	重渡沟16	洛阳旅游16	洛阳美食16	洛阳景点16	国花园16	洛阳酒店16	王城公园16	洛阳博物馆16	关林庙16	白马寺16	龙潭大峡谷6	老君山16	鸡冠洞16	洛阳一日游16
游客量16	1	0.867	0.965	0.734	0.750	0.805	0.934	0.859	0.918	0.831	0.897	0.866	0.879	0.914	0.907	0.916
龙门石窟16	0.867	1	0.951	0.959	0.958	0.976	0.965	0.962	0.980	0.973	0.970	0.993	0.924	0.973	0.971	0.973
重渡沟16	0.965	0.951	1	0.867	0.880	0.920	0.986	0.937	0.983	0.928	0.963	0.954	0.937	0.966	0.984	0.975
洛阳旅游16	0.734	0.959	0.867	1	0.976	0.983	0.902	0.920	0.928	0.963	0.914	0.960	0.888	0.904	0.919	0.920
洛阳美食16	0.750	0.958	0.880	0.976	1	0.987	0.928	0.962	0.945	0.983	0.952	0.956	0.872	0.907	0.938	0.938
洛阳景点16	0.805	0.976	0.920	0.983	0.987	1	0.950	0.960	0.967	0.988	0.959	0.975	0.906	0.935	0.964	0.962
国花园16	0.934	0.965	0.986	0.902	0.928	0.950	1	0.975	0.995	0.963	0.989	0.965	0.930	0.964	0.986	0.987
洛阳酒店16	0.859	0.962	0.937	0.920	0.962	0.960	0.975	1	0.977	0.978	0.992	0.957	0.884	0.939	0.964	0.972
薰衣草园16	0.668	0.910	0.812	0.944	0.933	0.931	0.844	0.862	0.878	0.919	0.861	0.923	0.824	0.864	0.869	0.845
王城公园16	0.918	0.980	0.983	0.928	0.945	0.967	0.995	0.977	1	0.977	0.988	0.981	0.935	0.973	0.992	0.988
洛阳博物_16	0.831	0.973	0.928	0.963	0.983	0.988	0.963	0.978	0.977	1	0.978	0.971	0.902	0.939	0.963	0.967
关林庙16	0.897	0.970	0.963	0.914	0.952	0.959	0.989	0.992	0.988	0.978	1	0.966	0.910	0.959	0.977	0.981
白马寺16	0.866	0.993	0.954	0.960	0.956	0.975	0.965	0.957	0.981	0.971	0.966	1	0.933	0.976	0.974	0.968
龙潭大峡谷16	0.879	0.924	0.937	0.888	0.872	0.906	0.930	0.884	0.935	0.902	0.910	0.933	1	0.920	0.929	0.939
老君山16	0.914	0.973	0.966	0.904	0.907	0.935	0.964	0.939	0.973	0.939	0.959	0.976	0.920	1	0.967	0.959
鸡冠洞16	0.907	0.971	0.984	0.919	0.938	0.964	0.986	0.964	0.992	0.963	0.977	0.974	0.929	0.967	1	0.982
洛阳一日游16	0.916	0.973	0.975	0.920	0.938	0.962	0.987	0.972	0.988	0.967	0.981	0.968	0.939	0.959	0.982	1

— 153 —

表 8-2　2017 年洛阳旅游搜索关键词与游客量的网络关注度的关联矩阵

关键词	游客量17	龙门石窟17	重渡沟17	洛阳旅游17	洛阳美食17	洛阳景点17	国花园17	洛阳酒店17	薰衣草园17	王城公园17	洛阳博物馆17	关林庙17	白马寺17	龙潭大峡谷17	老君山17	鸡冠洞17
游客量17	1	0.871	0.954	0.829	0.736	0.875	0.947	0.885	0.814	0.925	0.819	0.887	0.862	0.866	0.894	0.892
龙门石窟17	0.871	1	0.953	0.984	0.948	0.989	0.965	0.960	0.977	0.978	0.974	0.971	0.992	0.924	0.980	0.966
重渡沟17	0.954	0.953	1	0.931	0.878	0.962	0.990	0.959	0.935	0.982	0.929	0.964	0.951	0.924	0.956	0.984
洛阳旅游17	0.829	0.984	0.931	1	0.965	0.993	0.944	0.947	0.987	0.963	0.979	0.956	0.989	0.931	0.957	0.953
洛阳美食17	0.736	0.948	0.878	0.965	1	0.960	0.903	0.944	0.958	0.927	0.982	0.949	0.952	0.880	0.904	0.928
洛阳景点17	0.875	0.989	0.962	0.993	0.960	1	0.971	0.967	0.983	0.983	0.984	0.976	0.991	0.937	0.970	0.974
国花园17	0.947	0.965	0.990	0.944	0.903	0.971	1	0.979	0.941	0.993	0.950	0.981	0.963	0.923	0.960	0.978
洛阳酒店17	0.885	0.960	0.959	0.947	0.944	0.967	0.979	1	0.939	0.981	0.969	0.992	0.959	0.894	0.939	0.968
薰衣草园17	0.814	0.977	0.935	0.987	0.958	0.983	0.941	0.939	1	0.955	0.967	0.952	0.987	0.919	0.957	0.964
王城公园17	0.925	0.978	0.982	0.963	0.927	0.983	0.993	0.981	0.955	1	0.969	0.984	0.976	0.930	0.968	0.980
洛阳博物馆17	0.819	0.974	0.929	0.979	0.982	0.984	0.950	0.969	0.967	0.969	1	0.974	0.975	0.905	0.945	0.957
关林庙17	0.887	0.971	0.964	0.956	0.949	0.976	0.981	0.992	0.952	0.984	0.974	1	0.968	0.915	0.955	0.972
白马寺17	0.862	0.992	0.951	0.989	0.952	0.991	0.963	0.959	0.987	0.976	0.975	0.968	1	0.932	0.978	0.967
龙潭大峡谷17	0.866	0.924	0.924	0.931	0.880	0.937	0.923	0.894	0.919	0.930	0.905	0.915	0.932	1	0.910	0.917
老君山17	0.894	0.980	0.956	0.957	0.904	0.970	0.960	0.939	0.957	0.968	0.945	0.955	0.978	0.910	1	0.957
鸡冠洞17	0.892	0.966	0.984	0.953	0.928	0.974	0.978	0.968	0.964	0.980	0.957	0.972	0.967	0.917	0.957	1

表 8-3　2018 年洛阳旅游搜索关键词与游客量的网络关注度的关联矩阵

关键词	游客量18	龙门石窟18	重渡沟18	洛阳旅游18	洛阳美食18	洛阳景点18	国花园18	洛阳酒店18	薰衣草园18	王城公园18	洛阳博物馆18	关林庙18	白马寺18	龙潭大峡谷18	老君山18	鸡冠洞18	洛阳一日游18
游客量18	1	0.855	0.945	0.781	0.705	0.929	0.934	0.863	0.722	0.924	0.837	0.863	0.847	0.887	0.858	0.885	0.890
龙门石窟18	0.855	1	0.951	0.980	0.952	0.981	0.966	0.955	0.963	0.969	0.987	0.981	0.992	0.958	0.979	0.968	0.973
重渡沟18	0.945	0.951	1	0.903	0.864	0.983	0.984	0.950	0.868	0.981	0.939	0.956	0.942	0.947	0.940	0.986	0.973
洛阳旅游18	0.781	0.980	0.903	1	0.969	0.952	0.924	0.917	0.984	0.927	0.979	0.950	0.984	0.946	0.963	0.933	0.945
洛阳美食18	0.705	0.952	0.864	0.969	1	0.905	0.898	0.926	0.964	0.902	0.971	0.950	0.950	0.898	0.914	0.916	0.928
洛阳景点18	0.929	0.981	0.983	0.952	0.905	1	0.986	0.955	0.920	0.985	0.971	0.971	0.979	0.971	0.971	0.976	0.981
国花园18	0.934	0.966	0.984	0.924	0.898	0.986	1	0.974	0.893	0.994	0.963	0.979	0.959	0.953	0.952	0.975	0.981
洛阳酒店18	0.863	0.955	0.950	0.917	0.926	0.955	0.974	1	0.892	0.974	0.958	0.988	0.945	0.911	0.921	0.964	0.975
薰衣草园18	0.722	0.963	0.868	0.984	0.964	0.920	0.893	0.892	1	0.898	0.958	0.933	0.974	0.917	0.951	0.912	0.914
王城公园18	0.924	0.969	0.981	0.927	0.902	0.985	0.994	0.974	0.898	1	0.965	0.983	0.961	0.951	0.951	0.980	0.974
洛阳博物馆18	0.837	0.987	0.939	0.979	0.971	0.971	0.963	0.958	0.958	0.965	1	0.980	0.986	0.951	0.971	0.960	0.969
关林庙18	0.863	0.981	0.956	0.950	0.950	0.971	0.979	0.988	0.933	0.983	0.980	1	0.971	0.943	0.952	0.973	0.977
白马寺18	0.847	0.992	0.942	0.984	0.950	0.979	0.959	0.945	0.974	0.961	0.986	0.971	1	0.963	0.981	0.960	0.967
龙潭大峡谷18	0.887	0.958	0.947	0.946	0.898	0.971	0.953	0.911	0.917	0.951	0.951	0.943	0.963	1	0.947	0.944	0.955
老君山18	0.858	0.979	0.940	0.963	0.914	0.971	0.952	0.921	0.951	0.951	0.971	0.952	0.981	0.947	1	0.951	0.952
鸡冠洞18	0.885	0.968	0.986	0.933	0.916	0.976	0.975	0.964	0.912	0.980	0.960	0.973	0.960	0.944	0.951	1	0.981
洛阳一日游18	0.890	0.973	0.973	0.945	0.928	0.981	0.981	0.975	0.914	0.974	0.969	0.977	0.967	0.955	0.952	0.981	1

表 8-4 2019 年洛阳旅游搜索关键词与游客量的网络关注度的关联矩阵

关键词	总人数	龙门石窟19	重渡沟19	洛阳旅游19	洛阳美食19	洛阳景点19	国花园19	洛阳酒店19	薰衣草园19	王城公园19	洛阳博物馆19	关林庙19	白马寺19	龙潭大峡谷19	老君山19	鸡冠洞19	洛阳一日游19
游客量19	1	0.6738	0.9454	0.7405	0.7139	0.9138	0.9315	0.8671	0.7701	0.9194	0.8383	0.8781	0.8556	0.8733	0.9089	0.8899	0.8793
龙门石窟19	0.6738	1	0.8262	0.9346	0.9463	0.8836	0.8571	0.8889	0.9295	0.8905	0.9174	0.9071	0.9228	0.8294	0.8762	0.8910	0.8918
重渡沟19	0.9454	0.8262	1	0.8820	0.8696	0.9792	0.9862	0.9504	0.9048	0.9821	0.9467	0.9618	0.9461	0.9355	0.9687	0.9864	0.9695
洛阳旅游19	0.7405	0.9346	0.8820	1	0.9870	0.9467	0.9076	0.8985	0.9742	0.9158	0.9645	0.9266	0.9672	0.9115	0.9310	0.9269	0.9488
洛阳美食19	0.7139	0.9463	0.8696	0.9870	1	0.9265	0.9007	0.9145	0.9506	0.9135	0.9703	0.9330	0.9477	0.8865	0.9073	0.9235	0.9436
洛阳景点19	0.9138	0.8836	0.9792	0.9467	0.9265	1	0.9843	0.9518	0.9520	0.9845	0.9727	0.9719	0.9850	0.9562	0.9880	0.9819	0.9867
国花园19	0.9315	0.8571	0.9862	0.9076	0.9007	0.9843	1	0.9786	0.9229	0.9952	0.9707	0.9855	0.9606	0.9346	0.9724	0.9804	0.9807
洛阳酒店19	0.8671	0.8889	0.9504	0.8985	0.9145	0.9518	0.9786	1	0.9143	0.9820	0.9698	0.9911	0.9394	0.8900	0.9330	0.9647	0.9692
薰衣草园19	0.7701	0.9295	0.9048	0.9742	0.9506	0.9520	0.9229	0.9143	1	0.9305	0.9480	0.9394	0.9755	0.9192	0.9456	0.9423	0.9527
王城公园19	0.9194	0.8905	0.9821	0.9158	0.9135	0.9845	0.9952	0.9820	0.9305	1	0.9742	0.9891	0.9678	0.9331	0.9739	0.9850	0.9817
洛阳博物馆19	0.8383	0.9174	0.9467	0.9645	0.9703	0.9727	0.9707	0.9698	0.9480	0.9742	1	0.9790	0.9705	0.9239	0.9520	0.9699	0.9830
关林庙19	0.8781	0.9071	0.9618	0.9266	0.9330	0.9719	0.9855	0.9911	0.9394	0.9891	0.9790	1	0.9633	0.9220	0.9620	0.9744	0.9791
白马寺19	0.8556	0.9228	0.9461	0.9672	0.9477	0.9850	0.9606	0.9394	0.9755	0.9678	0.9705	0.9633	1	0.9462	0.9823	0.9645	0.9720
龙潭大峡谷19	0.8733	0.8294	0.9355	0.9115	0.8865	0.9562	0.9346	0.8900	0.9192	0.9331	0.9239	0.9220	0.9462	1	0.9400	0.9341	0.9492
老君山19	0.9089	0.8762	0.9687	0.9310	0.9073	0.9880	0.9724	0.9330	0.9456	0.9739	0.9520	0.9620	0.9823	0.9400	1	0.9698	0.9650
鸡冠洞19	0.8899	0.8910	0.9864	0.9269	0.9235	0.9819	0.9804	0.9647	0.9423	0.9850	0.9699	0.9744	0.9645	0.9341	0.9698	1	0.9847
洛阳一日游19	0.8793	0.8918	0.9695	0.9488	0.9436	0.9867	0.9807	0.9692	0.9527	0.9817	0.9830	0.9791	0.9720	0.9492	0.9650	0.9847	1

8.3 小结

研究表明：①河南省各地级市来洛阳客流量与洛阳 5A 景区网络关注度间基本不具有相关性；②全国各省来洛阳客流量与各省对洛阳 5A 景区网络关注度具有很强的相关性；③除河南相邻省份外的中东部省份更具有较强的旅游市场深入开发和旅游深度营销的潜力。因此，洛阳旅游的网络关注度可用于全国省际客流的预测，但不适用于河南省内市际客流预测。

根据洛阳旅游网络关注度与客流量的关系，从省际角度，应加强对邻省和网络关注度高的发达省份地区节假日前的精准营销。从市际角度，洛阳旅游的营销策略不便于过多依靠旅游网络关注度，有待进一步从其他角度进行分析挖掘。

参考文献

[1] 孙根年, 马丽君. 西安旅游气候舒适度与客流量年内变化相关性分析[J]. 旅游学刊, 2007, 22(7): 6.

[2] 曹伟宏, 何元庆, 李宗省, 等. 丽江旅游气候舒适度与年内客流量变化相关性分析[J]. 地理科学, 2012, 32(12): 1459-1464.

[3] 王硕, 曾克峰, 童洁, 等. 黄金周风景名胜区旅游客流量与网络关注度相关性分析: 以庐山、华山、八达岭长城风景名胜区为例[J]. 经济地理, 2013, 33(11): 5.

[4] 徐绍玲, 司鬼, 司双双. 国内游客年龄特征与旅游动机相关性浅析[J]. 技术与市场, 2009(7): 2.

[5] 何满喜. 旅游经济与GDP的相关性研究[J]. 生态经济, 2010(8): 3.

[6] 蒋才芳. 旅游外汇收入、外国直接投资与GDP的相关性研究[J]. 求索, 2010(5): 3.

[7] 吴清, 李细归, 吴黎, 等. 湖南省A级旅游景区分布格局及空间相关性分析[J]. 经济地理, 2017, 37(2): 8.

[8] WIKARSA L, THAHIR S N. A text mining application of emotion classifications of Twitter's users using Naïve Bayes method[C]//International Conference on Wireless & Telematics, IEEE, 2016.

[9] 吴普, 葛全胜. 海南旅游客流量年内变化与气候的相关性分析[J]. 地理研究, 2009, 28(4): 1078-1084.

[10] 周威, 陈朝晖, 李仁鹏, 等. 基于网络关注度的天气与旅游相关性分析: 以长沙为例[J]. 气象科技, 2020, 48(4): 8.

[11] 毛长义, 陈子意, 张述林. 旅游社区环境与景区环境的相关性研究[J]. 重庆师范大学学报(自然科学版), 2010, 27(2): 79-82.

[12] 张杰, 陈龙燕, 卢李朋, 等. 西藏入境旅游发展与经济增长相关性分析[J]. 干旱区资源与环境, 2016, 30(2): 194-201.

[13] 李勇, 蒋冠文, 毛太田, 等. 基于情感挖掘和话题分析的旅游舆情危机演化特征: 以"丽江女游客被打"事件为例[J]. 旅游学刊, 2019, 34(9): 13.

[14] 郭佳怡, 方博平, 陆欣怡, 等. 基于文本挖掘和情感分析方法的"智慧旅游"服务质量感知研究[J]. 现代信息科技, 2023, 7(6): 6.

[15] 严仲培. 面向旅游在线评论的文本挖掘方法研究[D]. 合肥: 合肥工业大学, 2018.

[16] 蔡玉舒, 曹扬, 江维, 等. 基于BERT的端到端旅游评论意见挖掘方法[J]. 计算机技术与发展, 2021, 31(9): 118-123.

[17] 陈秀秀, 王玉婷. 基于官方微博内容挖掘的福建省旅游投射形象研究[J]. 海峡科学, 2019(10): 6.

[18] 王仁鑫, 叶欣梁, 孙瑞红. 基于文本数据挖掘的邮轮整船隔离事件的微博情感分析[J]. 中国旅游评论, 2020(2): 54-62.

[19] 汪凡, 葛玉辉. 基于文本挖掘的旅游目的地形象感知: 以荔波小七孔为例[J]. 科技和产业, 2022, 22(1): 183-189.

[20] 武传表, 向慧容. 基于Smartmining文本挖掘的旅游目的地形象研究: 以辽宁四处世界文化遗产地为例[J]. 旅游论坛, 2018, 11(1): 12.

[21] 李君轶, 任涛, 陆路正. 游客情感计算的文本大数据挖掘方法比较研究[J]. 浙江大学学报(理学版), 2020, 47(4): 14.

[22] 张阳, 靳雪, 龚先洁. 基于网络文本挖掘的陕西通用航空旅游形象感知测度研究[J]. 西安石油大学学报(社会科学版), 2020, 29(3): 6.

[23] 白伟华, 陈晓鑫. 基于数据挖掘技术的"智慧旅游"文本研究分析[J]. 肇庆学院学报, 2023, 44(2): 10.

[24] 孙希瑞, 刘学玲. 基于文本挖掘的主题公园旅游感知研究: 以芜湖方特为例[J]. 黄山学院学报, 2022, 24(6): 6.

[25] 刘文远, 郭智存, 郭丁丁. 旅游场景下的基于深度学习的文本方面级细粒度情感分类[J]. 高技术通讯, 2022, 32(1): 11.

[26] 陈天琪, 张建春. 基于文本挖掘的景区旅游形象感知研究: 以杭州西溪国家湿地公园为例[J]. 资源开发与市场, 2021(6): 741-746.

[27] 王芳, 方叶林, 孙浩. 基于网络文本数据挖掘的城市旅游形象感知研究: 以合肥市为例[J]. 常州工学院学报, 2021, 34(3): 73-79.

[28] 王琪延, 高旺. 基于分层分位数回归模型的在线旅游评论情感统计分析[J]. 中国物价, 2019(12): 4.

[29] 关靖云. 基于文本挖掘的喀纳斯景区旅游认知、情感、整体形象研究[J]. 绿色科技, 2019(15): 257-259, 263.

[30] THELWALL M, WILKINSON D, UPPAL S. Data mining emotion in social network communication: gender differences in MySpace[J]. Journal of the association for information science and technology, 2010, 61(1): 190-199.

[31] MARÍA L B E, CABADA R Z, RAÚL O B, et al. Opinion mining and emotion recognition applied to learning environments[J]. Expert systems with applications, 2020, 150: 113265.

第9章
区域旅游大数据综合挖掘应用——以洛阳为例

9.1 研究区概述

9.1.1 区域基本概况

洛阳市，河南省地级市，位于九州腹地、河南西部，横跨黄河中下游南北两岸。洛阳市总面积15 230平方千米，市区面积803平方千米，地处东经112°16′~112°37′，北纬34°32′~34°45′，东西长约179千米，南北宽约168千米。

洛阳地处豫西地区与东秦岭褶皱系的接合部位，横跨两个一级大的构造单元，这也决定了洛阳市地形地貌复杂，类型多种多样。洛阳市辖区地貌基本轮廓明显分为东北部黄土地貌和西南部山地地貌两大类型。洛阳境内主要山脉有伏牛山、熊耳山、外方山、崤山四大山脉，伏牛山自西南横贯南部，外方山为东南屏障，熊耳山自西南斜贯中部伸向东北，崤山位于西部。伏牛山海拔1500~2000米。

洛阳市地跨黄河、淮河、长江三大水系，其中黄河流域面积12 446.1平方千米，占总面积的81.7%；淮河流域面积2091.8平方千米，占总面积的13.7%；长江流域面积670.1平方千米，占总面积的4.4%。境内共有大小河流7500多条，其中流域面积在100平方千米以上的有39条，较大的河流有黄河及黄河流域的伊河、洛河、涧河，淮河流域的北汝河，长江流域的老灌河、白河等。洛阳市区内河流属于黄河流域的伊洛河水系，主要河流有洛河、伊河及洛河支流涧河和瀍河，主要干渠有中州渠、伊东渠。

截至2021年末，洛阳市常住人口706.9万人，比上年末增加1.0万人，其中市区人口356.8万人，比上年末增加5.4万人。城镇常住人口465.7万人，城镇化率为65.88%，比上年末提高0.90个百分点。全年出生人口5.7万人，出生率8.1‰；死亡人口5.0万人，死亡率7.1‰；自然变动净增人口0.7万人，自然增长率1.0‰。

洛阳拥有深厚的历史文化积淀，是华夏文明的发祥地之一、丝绸之路的东方起点、隋唐大运河的中心，是我国首批公布的历史文化名城和著名古都。洛阳因承东启西、纵贯南北的地理位置优势成为古代兵家必争之地，根据历史资料考证，从偃师二里头遗址发掘出的夏都斟鄩开始，中间历经西周、东周、东汉、曹魏、西晋、北魏、隋、唐、后梁、后唐、后晋，历经1500余年建都历史，先后有13个朝代在洛阳建立都城，素来有"千年帝都""十三朝古都"的美誉。近年来，洛阳市先后荣膺中国优秀旅游城市、国家园林城市、国家卫生城市、全国文明城市、国家森林城市、中国十大最佳魅力城市、国家旅游标准化试点城市、国家首批智慧旅游试点城市、全球网民推荐的中国十大旅游城市、福布斯中国大陆最发达旅游城市等荣誉称号。

洛阳的历史文化源远流长、博大精深，民俗也是其中重要的组成部分。洛阳民俗文化内容十分丰富，无论是物质生产、衣食住行、人生礼仪、节日庙会，还是手工技艺、游戏杂耍、民间传说、方言俚语，各式各样，十分丰富。有代表性的主要有四大类：以河洛大鼓、排鼓、舞狮、舞龙、旱船、高跷、皮影戏、杂耍为代表的戏曲演艺类；以关林庙会、洛阳民俗文化庙会、元宵灯会、关林春节民俗文化庙会、河洛文化新春庙会以及其他传统节日为代表的节日庙会类；以洛阳水席、民间小吃，如浆面条、烫面角、不翻汤等各种汤、烩菜为代表的饮食类；以刺绣、雕刻、陶瓷、泥人、年画、剪纸等为代表的民间工艺类。

洛阳的节庆活动十分丰富，中国洛阳牡丹文化节是最重要的代表，也是全国知名的节会，1983年成功举办第一届，到2020年已连续成功举办38届，2008年洛阳牡丹花会被国务院确定为国家级非物质文化遗产。每年9—10月举办的河洛文化旅游节，以传承弘扬河洛文化、交流中外文化为主要内容，每年都吸引着数以万计的中外游客来此寻根和开展学术文化交流活动。

洛阳市的特色传统宴属于豫菜系，而洛阳水席是最具特色的一种特色传统名宴。洛阳水席始于唐代，至今已有1000多年的历史，是中国迄今保留下来的历史最久远的名宴之一。洛阳水席有两个含义：一是全部热菜皆有汤——汤汤水水；二是洛阳水席吃完一道，撤后再上一道，像流水一样。洛阳水席的特点是有荤有素、选料广泛、可简可繁、味道多样，酸、辣、甜、咸俱全，舒适可口，从菜肴搭配到上菜次序，都有特殊而严格的规定。洛阳燕菜又称牡丹燕菜，是河南洛阳独具风格的传统名菜，是洛阳水席的首菜；主料有白萝卜、海参、鱿鱼、鸡肉，成品洛阳燕菜只见一朵洁白如玉、色泽夺目的牡丹花，浮于汤面之上，菜香花鲜。2018年9月10日，"中国菜"正式发布，"洛阳水席"被评为河南十大主题名宴。

旅游目的地交通的通达性、舒适性是影响游客对旅游目的地感知以及满意度和重游的重要因素。洛阳拥有丰富的旅游文化资源，日益便捷的旅游交通，将会极大推动洛阳旅游的发展，扩充游客的旅游范围，扩展洛阳旅游市场。据交通部门统计，2019年洛阳公路旅客周转量55.23亿人公里，同比下降0.5%；旅客运输量1.05亿人次，同比下降1.5%；民航旅客吞吐量153.8万人次，同比增长17.1%。洛阳交通分为内部交通和外部交通两部分，其中外部交通分为机场、铁路、公路三方面，下面介绍洛阳交通建设现状。

洛阳北郊机场于1986年开工，1987年9月26日正式通航。2008年，洛阳北郊机场改扩建工程启动，2010年4月新候机楼投入运行，新建航站楼面积14 800平方米。2016年，洛阳北郊机场新增加3个停机位和除冰坪，停机坪总面积达到62 580平方米。2018

年，洛阳北郊机场旅客吞吐量 131.51 万人次，同比增长 48.72%。自 2019 年 10 月 27 日起，洛阳北郊机场执行 2019 年冬春航季航班时刻，新增至越南河内国际航线和至兰州、福州、昆明等国内航线，至此洛阳北郊机场通航城市达 29 个，其中包括泰国曼谷、日本大阪、越南河内三条国际航线；同时洛阳至北京、上海、广州、深圳等一线城市和热门旅游城市保持天天有航班，旅客出行更加方便快捷。

高铁作为现代中国的新名片，以速度快、舒适度高吸引很多游客将其作为短途出行工具。洛阳龙门高铁站不仅可以扩大洛阳运输能力、优化客运结构、改善出行交通，同时对扩大洛阳市对外交流通道、推动洛阳经济社会发展具有举足轻重的作用。

9.1.2 区域旅游基本概况

洛阳得益于优越的地理位置、深厚的文化魅力与历史底蕴，经过历史的长期积淀，形成了一系列丰富的旅游资源，是河南省旅游业发展的重要城市之一，也是中国重要的旅游目的地之一。表 9-1 中列出了洛阳市的 5A 景区和 4A 景区。

表 9-1　洛阳 5A 及 4A 以上的景区汇总

景区级别	景区名称
AAAAA（5A）	龙潭大峡谷、老君山、鸡冠洞、白云山、龙门石窟
AAAA（4A）	关林庙、白马寺、重渡沟、龙峪湾国家森林公园、栾川抱犊寨景区、养子沟、伏牛山滑雪场、天池山国家森林公园、天河大峡谷旅游度假区、木札岭原始生态旅游区、神灵寨国家森林公园、黄河小浪底风景区、中国国花园、隋唐城遗址植物园、洛阳薰衣草庄园、洛阳·豪泽国际郁金香花海欢乐城、洛阳凤翔温泉旅游区、汝阳恐龙谷漂流景区、汝阳西泰山风景区、洛阳青要山景区、新安黛眉山景区、伊川县二程文化园（能搜到相应的新闻）、王府竹海景区、千唐志斋

按照旅游资源的本质属性，可以将洛阳旅游资源分为人文景观、自然景观和主题公园三大类。人文景观又可以分为宗教建筑类、博物馆类、民俗文化类、古城遗址类四大类。其中宗教建筑类的旅游资源是与宗教相关的历史事件形成的旅游资源，洛阳市具有代表性的宗教建筑类旅游资源主要有白马寺、龙门石窟、关林庙等；博物馆旅游是以博物馆为载体的旅游方式，是我国历史、文化的浓缩，洛阳市现建有形式多样的博物馆，详细如表 9-2 所示。具有代表性的博物馆类旅游资源有天子驾六博物馆、洛阳博物馆、古墓博物馆、洛阳隋唐大运河博物馆、洛阳民俗博物馆、洛阳三彩艺术博物馆；洛阳市民俗文化类旅游资源主要有牡丹花会、河洛文化、唐三彩艺术、河洛大鼓、洛阳水席等；洛阳悠久的古都历史，为其留下了很多具有特定历史意义的古城遗址旅游资源，如隋唐大运河、丽景门、天堂明堂等。由于地理环境优越，洛阳拥有大量风景秀丽的自然景观，如老君山、白云山、鸡冠洞、养子沟、龙潭大峡谷等。洛阳市的主题公园以牡丹为主，同时还有薰衣草以及郁金香主题公园。按照九区九县的地区分布，将洛阳市的核心旅游景区进行区位划分，如表 9-3 所示，详细介绍各县区主要旅游资源及其所属旅游资源种类。洛阳市丰富的旅游资源吸引了大批国内外游客前来参观旅行，这对于洛阳市假日旅游行业的形成和发展有着重要作用。

表 9-2　洛阳市现有博物馆种类名录

类别	博物馆
自然科学类博物馆	洛阳地质博物馆、洛阳市水利博物馆、洛阳龙门海洋馆、洛阳动漫博物馆、栾川地质博物馆
历史文化类博物馆	洛阳博物馆、洛阳老子纪念馆、曹休墓博物馆、千唐志斋博物馆、洛阳民俗博物馆、偃师商城博物馆、洛阳周公庙博物馆（洛阳都城博物馆）、洛阳隋唐大运河博物馆、八路军驻洛办事处纪念馆、天子驾六博物馆、洛阳古代艺术博物馆、定鼎门遗址博物馆、关林庙、龙门博物馆
专题类博物馆	洛阳牡丹瓷博物馆、洛阳围棋博物馆、洛阳警察博物馆、洛阳日记博物馆、洛阳河洛石文化博物馆、洛阳古雒斋艺术博物馆、洛阳三彩艺术博物馆、洛阳驿站博物馆、洛阳保险文化博物馆、东方红农耕博物馆、洛阳匾额博物馆、洛阳碑志拓片博物馆、洛阳爱心书法博物馆、嵩县嵩州古灯博物馆、洛阳河洛当代碑林博物馆、洛阳明清红木家具博物馆、洛阳唐艺金银器博物馆、洛阳河洛石文化博物馆、洛阳老龙门农家博物馆、洛阳真不同水席博物馆、栾川奇石博物馆、洛阳周氏银器博物馆、洛阳金石文字博物馆

表 9-3　洛阳核心旅游景区分布

所属辖区县	旅游资源	旅游资源类型
老城区	国家牡丹园、丽景门、周公庙、国际牡丹园、洛阳三彩艺术博物馆、国花园、洛阳古代艺术博物馆、洛阳百年留声博物馆、古代壁画馆等	人文景观、自然景观、主题公园
西工区	洛阳市洛阳铲博物馆、洛阳唐三彩陶艺博物馆、东周王城遗址、天子驾六博物馆、王城公园等	人文景观、自然景观、主题公园
瀍河回族区	星月紫砂文化博物馆、保险文化博物馆、洛阳平乐正骨博物馆、匾额博物馆、洛阳河洛文化博物馆、洛阳民俗博物馆等	人文景观 自然景观
涧西区	洛阳武则天大剧场、洛阳周氏银器博物馆、洛阳市牡丹公园、西苑公园等	人文景观、自然景观、主题公园
吉利区	龙山文化遗址、万佛山石窟、商汤王庙、营花寨、湛城、长春观、圣水庙、小浪底工程、千岛湖景观、黄河湿地鸟类自然保护区等	人文景观 自然景观
洛龙区	中国国画院、洛阳龙门博物馆、隋唐城遗址植物园、定鼎门遗址博物馆、白马寺、关林庙、洛阳东花园、龙门海洋馆、洛阳博物馆、开元湖音乐喷泉、神州牡丹园、国豫花博园等	人文景观、自然景观、主题公园
伊滨区	万安山野生动物欢乐园、洛阳中国薰衣草庄园、无篱园石雕艺术博物馆等	人文景观、自然景观、主题公园
高新技术产业开发区	钟鼎青铜艺术博物馆、洛阳石画艺术博物馆等	人文景观
龙门园区	龙门石窟等	人文景观
孟津县	郁金香牡丹园、中国牡丹画第一村、小浪底、汉光武帝陵景区、王铎故居景区等	人文景观 自然景观
新安县	龙潭大峡谷、千唐志斋、青要山、汉函谷关、黛眉山、新安县博物馆、张钫纪念馆等	人文景观 自然景观

续表

所属辖区县	旅游资源	旅游资源类型
栾川县	天河大峡谷、老君山、蝴蝶谷、鸡冠洞、龙峪湾、重渡沟、养子沟、伏牛山滑雪场、栾川抱犊寨景区、龙峪湾国家森林公园等	自然景观
嵩县	白云山、木扎陵、天池山、古套博物馆、陆浑湖等	人文景观 自然景观
汝阳县	大虎岭、马兰河漂流、恐龙谷漂流、杜康仙庄、雅文虎山温泉、西泰山等	人文景观 自然景观
宜阳县	花果山、灵山寺、苏羊遗址、李贺广场、五花寺塔、虎头寺石窟等	人文景观 自然景观
洛宁县	洛阳神灵寨、西子湖景区、绿竹风情园、上戈乔家大院、洛宁坡头遗址等	人文景观 自然景观
伊川县	鹤鸣峡、范园、二程文化园等	人文景观 自然景观
偃师县	二里头遗址、商城博物馆、龙华园乐园、玄奘故里等	人文景观 自然景观

9.1.3 区域智慧旅游发展

智慧旅游以为旅游者提供个性化、泛在化的旅游信息服务为核心内涵，以提升旅游者体验质量为根本目的。由于移动智能终端的应用与普及，旅游者能够借助智慧旅游手段在任何时间、任何地点享受旅游信息服务，促使旅游信息走向泛在化，极大方便了旅游者出游，提升了旅游体验。

智慧旅游的主要表现形式有智慧旅游服务、智慧旅游管理、智慧旅游营销。智慧旅游不仅能够向旅游者提供便捷的旅游信息服务，还能够向政府、旅游企业、旅游目的地居民提供大量的旅游信息服务，有助于实现旅游经营部门、旅游管理部门以及旅游目的地整体之间融合发展。

5G为智慧旅游最关键的数据传输奠定了技术基础，智慧旅游的建设以移动通信技术为依托。例如，洛阳市龙门石窟景区已经实现了5G全覆盖。云计算——旅游大数据的高效挖掘提升了旅游的智慧化。洛阳市已经实现了对游客大数据全方位的采集和分析，能够对游客行为偏好进行有效分析、精准预测，促进管理创新，为旅游服务行业引入全新的可持续发展模式，提升旅游业的智慧化水平。移动互联网——智慧旅游服务基础。例如，洛阳市已经开发出的基于旅游大数据的享逛洛阳APP，可以实现利用移动智能终端查询旅游信息、订机票、订门票、订酒店、查询当前地理位置等。例如，洛阳市龙门石窟景区已经在一定程度上将人工智能、人脸识别应用在智慧入园中，人工智能技术的应用大大提高了行业的服务效率，满足了用户多样化的需求，提升了用户的旅游体验。洛阳市著名景区已经部署了物联网系统，如Wi-Fi探针、人脸识别、视频监控等。以前的游览方式是游客单方面的自行参观，现在游客可以带着一种主动参与的心理去游览景区，如洛阳龙门石窟景区实现了中英文免费讲解，使游客可以随时随地收听收看龙门石窟的文化知识，受到了中外游客的一致好评。

龙门石窟景区可通过互联网平台了解每天游客的来源地、游客迁徙图，掌握景区实时在园人数，时刻感知游客心理变化，了解游客情感需求。通过互联网，龙门石窟景区改变了以前被动依靠传统媒体的宣传模式，形成了以龙门官方微信、微博、视频直播平台等互联网新媒体为主的宣传网络矩阵。龙门石窟景区通过微信支付，将景区购票、购物、讲解、停车、住宿整个旅游产业链条全部连接，打通了"服务游客的最后一公里"。

龙门石窟景区运用互联网先进的展示方式，使游客穿越时空，将束之高阁的文物保护成果生动活化地展示在游客面前，让更多青少年感受文化遗产的魅力，增强文化自信。龙门石窟景区充分挖掘龙门文化元素，推出《龙门大唐心经》、龙门微信表情包等原创文化产品，并通过互联网进行推广，丰富了产品的文化内涵，受到了游客的欢迎。通过对游客大数据的采集、挖掘和分析，可了解用户画像数据，掌握游客的行为和偏好，能够真正实现旅游景区营销的"投其所好"，实施精准营销，实现营销创新。

短视频——个性旅游营销。2020 年 11 月 21 日，一场雪，一夜间，"君山金顶"火遍全网。"老君山冰雪雾凇节"的首个周末，景区迎来 3.2 万名游客，客流量堪比"黄金周"，栾川县城"一房难求"。雪后的 10 天里，老君山美景六登央视，微信检索指数增长近百倍，百度搜索指数增长 10 倍，抢占抖音等短视频热搜榜榜首，抖音定位在"老君山风景名胜区"的视频曝光量达 5 亿次。

另外，洛阳著名景点已实现游客预约分流。游客在线上购票时选择入园时间，后台对应的各时段预约人数统计将同步更新，当各渠道的预约人数汇总达到上限时，该时段将不可再被游客选择。入园当天游客持二维码扫码入园，若入园时间与预约时间不符，检票设备将发出提示，工作人员再根据园区政策予以处理。

智慧旅游景区可以拓宽旅游公共服务信息采集渠道，有效整合文化、旅游、公安、交通、气象等部门的相关数据信息，洛阳旅游已经综合运用大数据、云计算等技术，在平台上及时发布旅游景区实时游客量、道路出行、气象预警等信息，保障游客旅游安全。

洛阳旅游已经实现景区实时监控、预警与救援。通过大数据计算、物联网感知，分析客流密度，根据密度及时调度相关工作。通过大数据实时监测游客数量，景区游客数量若超过最大承载量的 75%，超员预警应急处置系统将启动。很多景区设有"SOS 报警系统"，景区联合指挥中心在收到求救指令后，会迅速调配工作人员前往帮助。

9.1.4　区域旅游大数据发展

洛阳市旅游大数据已经取得了相当程度的进展，建设有洛阳市旅游大数据产业园，设计开发了洛阳市旅游大数据分析平台，对接了公安系统的住宿客源数据和交通部门的入洛出洛客流数据，同时采集了洛阳旅游景区的网评数据、微信粉丝关注数据、景区实时客流数据、景区年票数据。

洛阳市旅游大数据分析平台实现了多种功能，主要包括全国来洛住宿客源分析、出入洛阳车辆分析、粉丝统计分析、年票销售分析、游客画像分析、热点景区客流分析、旅游资源分析、实时客流预测分析、实时视频监控分析、节假日分析、舆情分析、舆情监控和游客轨迹分析。根据该平台提供的数据和功能,可以看出旅游大数据发展已经取得了较大的成绩,实现了多源数据的共享整合。

9.2 游客特征挖掘

9.2.1 洛阳客源分析

根据洛阳市旅游大数据分析平台、洛阳市智慧旅游行业综合管理平台所提供的来洛游客的客源地数据。洛阳旅游客源数据涉及多个尺度,包括空间尺度和时间尺度。空间尺度包括全球尺度、全国尺度、省级尺度、市级尺度和县级尺度,而时间尺度可以统计到任意时间段,最小的时间统计单位是天。

(1)全球客源分析

考虑到疫情的影响,选择2019年的全球客源数据进行分析,根据洛阳市旅游大数据分析平台采集来洛人次较多国家和地区的游客人次,制作境外来洛游客人次变化曲线图(图9-1)。

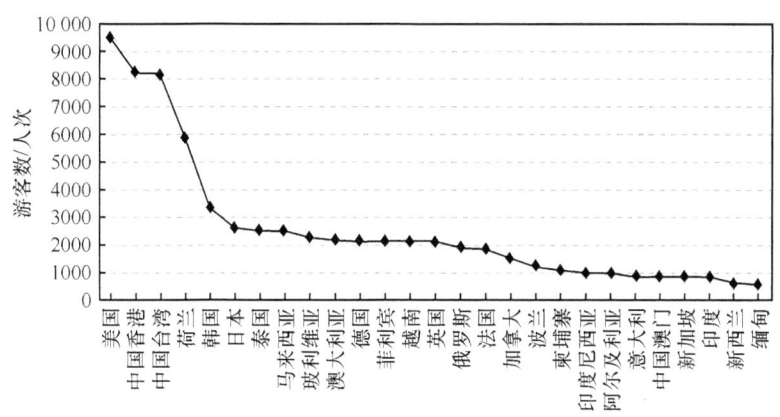

图 9-1 2019 年境外地区来洛游客人次变化

(2)全国客源分析

根据洛阳市智慧旅游行业综合管理平台所提供的来洛游客的客源地数据,统计获得2016—2020年的年际客源数据。对洛阳市景区游客接待量年度变化特征的研究,有助于把握洛阳市旅游业整体发展态势,可以为旅游管理、旅游规划、游客量预测预警提供依据。通过2016—2020年来洛游客接待量年度变化特征图(图9-2)可以看出,来洛游客数2016—2020年呈持续增长态势,这与近几年国内旅游业火热的大环境有着密切关系。从各年的增长率来看,2017—2018年的游客接待量增幅明显小于2016—2017年和2018—2019年,其中2018—2019年游客接待量增幅为近4年的极值,达到了52.74%。从来洛游客性别比例上来看,2016—2020年各年度男女游客比例基本保持稳定,男女游客比维持在7∶3。

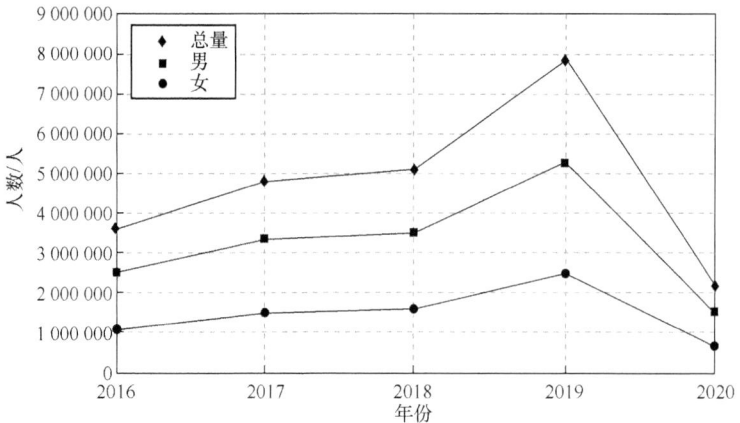

图 9-2　2016—2020 年来洛游客接待量年度变化

通过统计汇总洛阳市智慧旅游行业综合管理平台提供的游客住宿数据，获取 2016—2019 年洛阳市景区接待住宿游客的分省客源地数据。具体情况如下：2016 年，洛阳市景区游客接待量达 3 587 240 人次，其中男性游客 2 515 887 人次，女性游客 1 071 353 人次；2017 年，洛阳市景区游客接待量达 4 807 040 人次，其中男性游客 3 321 337 人次，女性游客 1 485 703 人次；2018 年，洛阳市景区游客接待量达 5 091 855 人次，其中男性游客 3 474 219 人次，女性游客 1 617 636 人次；2019 年，洛阳市景区游客接待量达 7 777 118 人次，其中男性游客 5 280 589 人次，女性游客 2 496 529 人次。

2016—2019 年洛阳市景区游客总接待量累计达 2126.33 万人次。从 2016—2020 年景区累计游客客源地分省比例可以看出，2016—2020 年来洛旅游的游客客源地为河南的占了 72.33%，成为游览洛阳市景区的主力军，其他省份比例都比较小。除河南省外，山东省、河北省、江苏省、陕西省、湖北省占比均大于 2%，属于外省中客源数量较大的省份（图 9-3）。受疫情影响，2020 年全国来洛游客都有明显减少。

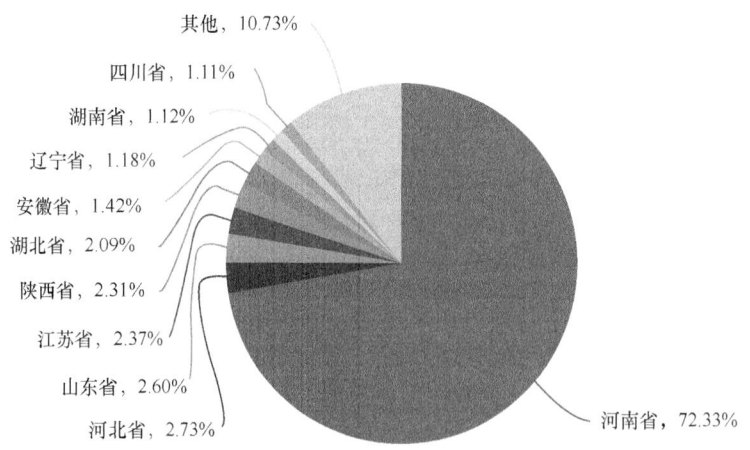

图 9-3　2016—2020 年全国客源占比

（3）全省客源分析

通过统计汇总洛阳市智慧旅游行业综合管理平台提供的客源地数据，获取 2016—2020 年河南省各个地级市到洛阳的游客人次占比，如图 9-4 所示。可以看出洛阳游客 60.45% 来自洛阳市，其他地级市如郑州、平顶山、三门峡、焦作、南阳、新乡、开封、商丘、许昌等占比在 2 个点到 7 个点之间。根据图 9-5，河南省 2016—2019 年来洛游客数量逐年增加，但 2020 年受疫情的影响，明显下降。此外，根据图 9-5，来洛游客中，男性占了 2/3，女性占了 1/3。

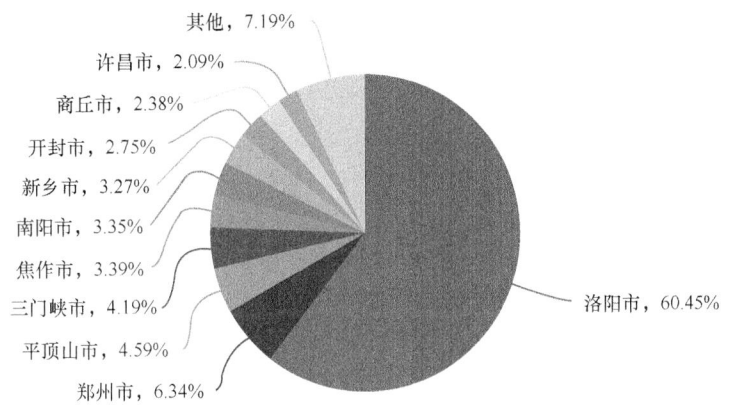

图 9-4　2016—2020 年全省客源占比

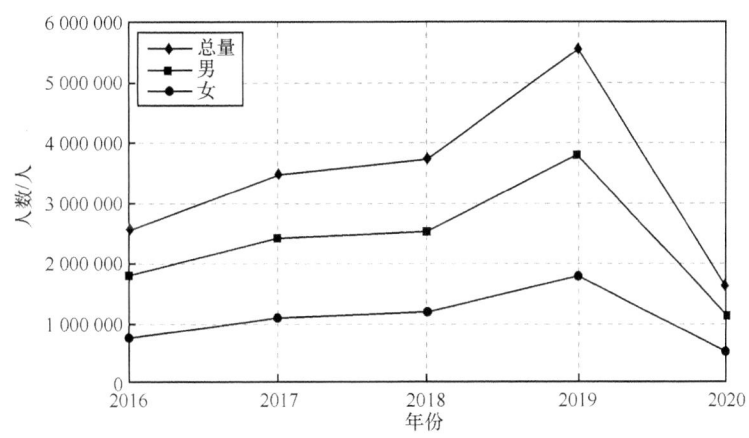

图 9-5　2016—2020 年全省客源人数变化

9.2.2　游客画像分析

游客画像是通过采集游客在游前、游中、游后各个时期产生的碎片化、分散化旅游行为数据，以不同的数学模型与处理方法分析得出游客的年龄、性别、职业、偏好等统计学特征数据，由此定制游客对应的画像标签。通过对游客画像的分析有助于政府机关、旅游企业监测来洛游客的社会经济特征、行为偏好趋势，也有助于为游客提供精准化的旅游服务。本小节内容基于洛阳市旅游大数据分析平台 2015—2019 年来洛游客数据绘制游客户籍、年龄、来洛次数、对洛了解途径等层面的画像统计图,并展开游客画像数据分析。

(1) 户籍特征

根据 2015—2019 年来洛游客户籍占比统计(图 9-6)可以看出,城镇居民更加青睐到洛阳旅游。在 2015—2019 年共 5 年间来洛游客中城镇居民比例整体呈先上升后下降的"小山峰"趋势,在 2015 年最低,占比为 67.58%,在 2017 年达到峰顶,占比为 77.93%,2017 年之后出现小幅下降,而非城镇居民比例发展趋势与之完全相反。

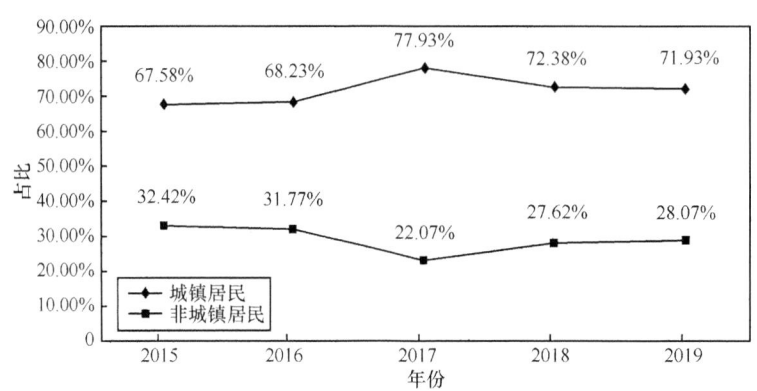

图 9-6　2015—2019 年来洛游客户籍占比统计

通过分析 2015—2019 年来洛游客户籍数据可知,在 2015—2017 年,随着国内城镇化程度不断提高,城镇居民人口基数有了较大提升,进而导致外出旅游游客中城镇居民比重不断增大。近两年国内城镇化进程减缓及乡村游、农家乐等便于非城镇居民参与的旅游模式的兴起是来洛游客城镇居民比例下降的主要原因。

(2) 年龄特征

游客年龄结构影响着游客消费能力、停留时长等旅行要素。统计分析 2015—2019 年来洛游客年龄特征,有助于政府机构、景区了解各年龄层的潜在游客量,便于实施精准化旅游营销手段。根据 2015—2019 年来洛游客年龄占比统计(表 9-4),来洛游客年龄分布以 15~64 岁为主,该年龄范围的游客 2015—2019 年占比均在 80% 以上,是洛阳市游客的主力军。

表 9-4　2015—2019 年游客年龄比例

年龄段	2015 年	2016 年	2017 年	2018 年	2019 年
14 岁及以下	0.82%	1.01%	0.79%	2.21%	1.70%
15~24 岁	27.95%	32.99%	24.48%	18.02%	16.10%
25~44 岁	50.46%	42.65%	43.18%	44.12%	49.19%
45~64 岁	17.32%	19.00%	23.52%	26.63%	23.21%
65 岁及以上	3.45%	4.35%	8.03%	9.02%	9.80%

结合图9-7可以看出，25～44岁游客一直是来洛游客比例最高的年龄群体，该年龄段游客2015—2019年占比均不低于40%，其在2015年超过半数达到最高为50.46%，在2016年比重出现明显下降，但在2017—2019年又呈现出明显的稳步回升态势。15～24岁游客比例呈现先上升后下降的走势，是近几年来洛阳市游客数量流失最大的群体，其所占比重在2016年首次超过30%达到最高，但在随后的2017—2019年每年以不同的速率呈现明显下降趋势，2018年该年龄段游客比重首次跌破20%。45～64岁游客比例近5年呈现稳步上升的趋势，但在2019年有小幅的回落，该年龄段游客比重在2017年首次突破20%，并在2018年超过15～24岁游客所占比重，成为来洛游客的第二大年龄群体。65岁及以上游客所占比重2015—2019年一直呈现缓步上升，到2019年该年龄段群体所占比重已接近10%，仍然为来洛游客中占比次小的年龄群体。14岁及以下游客是来洛游客中占比最小的年龄群体，近5年所占比重呈现先下降后上升的走势，但该年龄段游客整体比重变化幅度较小，所占比重增减不明显。

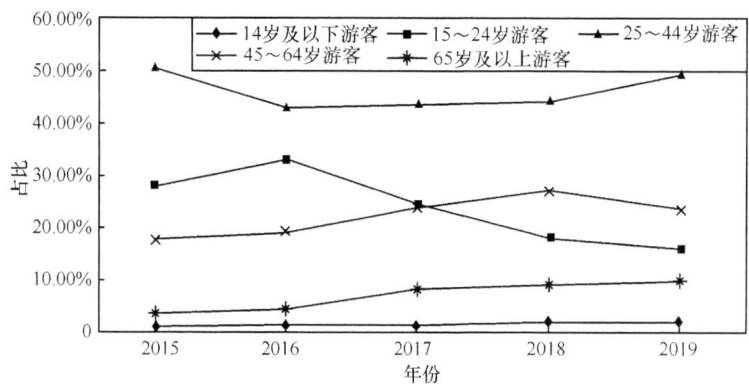

图9-7　2015—2019年来洛游客年龄占比统计

通过分析2015—2019年游客年龄占比数据可知，25～44岁、14岁及以下年龄段游客人数整体未发生较大变化，45～64岁、65岁及以上年龄段游客人数有小幅的提升，15～24岁年龄段游客人数出现明显下降。总体来看，2015—2019年来洛游客的年龄层次分布呈现老龄化发展趋势，45岁以上年龄段游客明显增多，15～24岁年龄段，即中、大学生等青少年群体游客出现明显下降。对此洛阳旅游未来在服务升级、产品创新等方面需要多方兼顾，尤其要考虑到流失严重的"90后""00后"青少年群体的需求。

（3）来洛次数特征

分析2015—2019年洛阳市游客的来洛次数数据，挖掘来洛游客尤其是多次来洛游客背后的"景区魅力引线"，有助于辅助洛阳市景区提升游客复游率。从2015—2019年游客来洛次数占比情况统计（图9-8）可以看出，2015—2019年洛阳市游客中首次来洛的游客比重最大，且来洛次数不超过3次（1～3次）的比重均在68%以上。

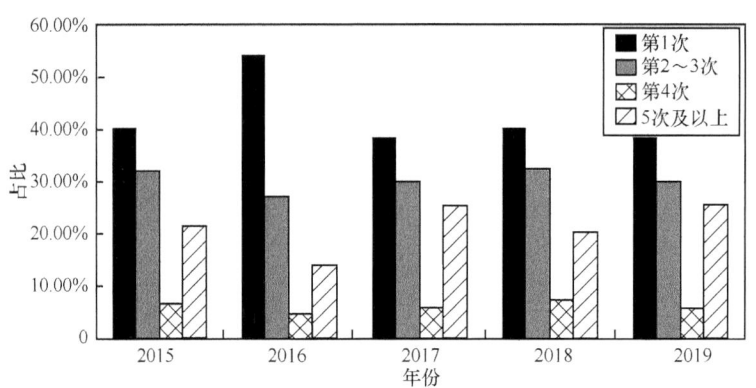

图 9-8　2015—2019 年游客来洛次数占比统计

从游客来洛次数的占比结构上来看（表 9-5），游客中首次来洛的人数比重呈现先上升后下降最后趋于平稳的态势，在 2016 年第 1 次来洛游客人数呈现爆发式增长，所占比重达到顶峰，在 2017—2019 年趋于平稳态势，比重均位于 40% 左右。从 2015—2019 年游客来洛次数整体比重上看，第 1 次来洛游客比重均位于第一；游客中第 2～3 次来洛人数所占比重均在 30% 左右浮动，比重态势总体上趋于平缓，在 2016 年处于近几年所占比重的谷底值为 26.94%；游客中第 4 次来洛人数所占比重在 2015—2019 年中都为最低，均不超过 10% 且各年的比重均没有较大的浮动；游客中来洛 5 次及以上的人数总体上呈波浪式上升的形态，2016 年占比为 2015—2019 年最低值，为 14.25%，也是其比重首次低于 20%，从 2019 年数据可看出，全年来洛游客中有 1/4 属于来洛次数在 5 次及以上。

表 9-5　2015—2019 年游客来洛次数比例

来洛次数	2015 年	2016 年	2017 年	2018 年	2019 年
第1次	39.87%	54.10%	38.46%	40.12%	42.68%
第2～3次	31.91%	26.94%	30.09%	32.24%	33.79%
第4次	6.59%	4.71%	5.92%	7.46%	5.48%
5次及以上	21.63%	14.25%	25.53%	20.18%	18.05%

通过分析 2015—2019 年游客来洛次数占比数据可知，每年来洛的游客中第 1 次来洛的占多数，并在近些年维持在 40% 这个平稳的比例，2015—2019 年每年复游洛阳市的游客比例高达 60%。从游客不同来洛次数的比重角度分析，随着来洛次数的增加该次数等级内的游客数量随之减少，且游客中第 4 次来洛人数达到最低点，而 5 次及以上来洛人数反而有了大幅的增加，由此可推知 4 次是游客来洛旅游次数的一个"阈值"，超过这个次数人数就会有新的增长空间。

（4）对洛了解途径特征

旅游业的发展离不开旅游景区的营销，通过对游客了解洛阳信息的途径分析，了解社会大众最关注的媒体传播渠道、信息获取与发布渠道，有助于旅游景区针对性地进行精准化营销推广，合理利用资金、资源等进行广告投放、新闻宣传。根据 2015—2019 年游客对洛了解途径占比情况统计（图 9-9）可以看出，传统的媒体传播渠道，如报纸、街面广告、电视等在游客获取景区信息途径中的比重越来越小，而通过新兴媒体及文旅融合等推广旅游的方式成为新的热潮。

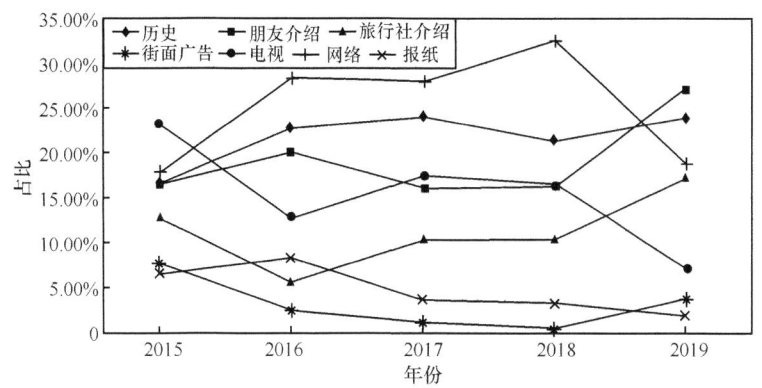

图 9-9　2015—2019 年游客对洛了解途径占比统计

从游客对洛了解途径占比结构上来看（表 9-6），通过洛阳市深厚的文化底蕴及城市名气这一"历史"层面了解洛阳的游客比重从 2015 年的 16.23% 到 2016—2019 年保持在 20% 以上；通过"朋友介绍"这一口口相传方式了解洛阳的游客比重呈现起伏式发展形态，2015—2016 年比重呈现增长态势，但 2017 年出现明显下降，2018 年又恢复了小幅增长，而在 2019 年通过该方式了解洛阳的游客比重产生巨幅提升；通过"旅行社介绍"这一传统方式了解洛阳的游客比重呈现先下降后上升的趋势，在 2016 年呈现下降趋势且比重达到最低点为 5.44%，在 2018 年有所下降，2019 年又有较大提升；通过"报纸"途径了解洛阳的游客比重呈现下滑趋势，在 2019 年通过该方式了解洛阳的游客比重已降至 1.81%，成为 2019 年占比最小的对洛了解途径；通过"街面广告"途径了解洛阳的游客比重在 2015—2018 年呈现持续下滑趋势，在 2018 年该途径比重已降至最低点的 0.30%，但在 2019 年该途径比重有小幅上升，达到了 3.63%；通过"电视"途径了解洛阳的游客比重整体上呈现明显下降趋势，该途径比重从 2015 年的 22.96% 降至 2019 年的 7.10%；通过"网络"途径了解洛阳的游客比重呈现先升后降的走势，在 2015—2018 年通过该途径了解洛阳的游客比重不断上升，但在 2019 年出现断崖式下降，占比不足 20%。

表 9-6　2015—2019 年游客对洛了解途径比例

了解途径	2015 年	2016 年	2017 年	2018 年	2019 年
历史	16.23%	22.78%	23.87%	21.25%	23.86%
朋友介绍	16.40%	20.20%	15.89%	16.31%	27.35%
旅行社介绍	12.73%	5.44%	10.40%	10.23%	17.37%
报纸	6.36%	8.29%	3.59%	3.18%	1.81%

续表

了解途径	2015 年	2016 年	2017 年	2018 年	2019 年
街面广告	7.59%	2.45%	1.02%	0.30%	3.63%
电视	22.96%	12.69%	17.38%	16.27%	7.10%
网络	17.73%	28.15%	27.85%	32.46%	18.88%

根据游客对洛了解途径占比情况数据分析可知，传统的信息传播途径，如报纸、电视、街面广告等形式，2015—2019 年所占比重均呈现下滑趋势，这些传统信息传播途径的影响力正在日益减小，受社会大众的关注程度也在降低。随着社会信息化、网络化的不断发展，越来越多的游客会通过网络这种新兴的媒体传播途径了解相关信息，因此相关政府机构及旅游企业可以侧重于网络端的战略转移及资金倾斜。在 2019 年"历史""朋友介绍"等途径占比超过"网络"途径，原因是近两年网络谣言、假消息过多，影响了网络信息可靠性，因此树立景区良好的口碑以及做好景区文旅融合发展仍是扩展旅游市场、增加游客量最有效的方式。

9.2.3　游客情感分析

根据 7.7 节，选择了洛阳市 12 个旅游景点（龙门石窟、龙门海洋馆、中国国花园、丽景门景区、洛阳博物馆、隋唐城遗址植物园、重渡沟风景区、龙潭大峡谷、鸡冠洞、老君山景区、天子驾六博物馆、关林庙景区）进行游客网评情感分析，可以代表游客对洛阳旅游的情感。来洛游客对洛阳旅游的情感以积极情感为主，但也存在一定比例的消极情感。在 12 个景点的网评情感中，积极情绪以洛阳博物馆最高，达 83.80%，其次就是龙门石窟，积极情绪达到 83.00%。12 个景点的网评情感中，积极情绪达到 80.00% 以上的还包括隋唐城遗址植物园、重渡沟风景区、龙潭大峡谷和老君山景区，说明游客对这些景区整体上还是比较满意的。

9.2.4　游客行为分析

（1）游客行为偏好分析

游客行为偏好指游客在旅游的游前、游中、游后整个过程中，由于本身个性及外界环境差异等因素影响而导致对旅游商品和服务进行选择时表现出的心理倾向。游客行为偏好对游客旅游活动有很大的引导作用，能够直接体现或者间接影响游客的行为特征，因此游客行为偏好的分析研究有助于旅游市场的完善与拓展，有助于旅游资源的探索与开发，有助于健全旅游服务的体系结构。本小节内容基于洛阳市旅游大数据分析平台 2015—2019 年来洛游客出行方式偏好、结伴方式偏好、对洛旅游满意度等维度展开分析。

（2）出行方式特征

交通出行是旅游的基本属性之一，对洛阳市游客出行方式的数据分析，有助于政府交管部门掌握旅游交通的形态变化以及景区、酒店、饭店等行业进行合理的市场服务结构调整。2015—2019 年数据显示，来洛游客更倾向于选择高效便捷的交通方式，汽车和高铁成为90%以上的人的选择。

根据2015—2019年来洛游客交通出行比例表（表9-7）可知，2015年，来洛游客中采用汽车、火车、飞机3种出行方式的比例分别为57.65%、36.78%、5.57%，乘坐汽车的游客超过半数以上，主要来洛方式为长途大巴、城际公交、自驾车；2016年，乘坐火车出行的来洛游客人数超过汽车出行游客，其年度占比达到60.22%，火车成为当年来洛游客第一大出行方式，而通过汽车、飞机出行游客比例为34.50%和5.28%；2017年，乘坐汽车和火车来洛游客比重位次再次发生交替，分别占比57.33%和36.13%，位居当年度第一、第二，乘坐飞机来洛游客比重仍然不足一成；2018—2019年，乘坐汽车来洛游客比例保持在55%左右，比重趋于稳定；2019年，乘坐火车来洛游客有小幅上升，较2018年上涨2.56个百分点，而通过飞机来洛游客比例较2018年下滑近3个百分点。

表9-7　2015—2019年来洛游客交通出行比例

交通出行方式	2015年	2016年	2017年	2018年	2019年
飞机	5.57%	5.28%	6.54%	6.83%	3.86%
火车	36.78%	60.22%	36.13%	38.16%	40.72%
汽车	57.65%	34.50%	57.33%	55.01%	55.42%

从2015—2019年来洛游客交通出行占比统计（图9-10）可以看出，汽车和火车一直是5年来来洛游客最主要的出行方式，每年比重均在90%以上。其中，乘坐火车来洛游客比重先增后减然后趋于平稳，其比重在2016年出现较大反差性增长，达到六成，随后2017—2019年趋于平稳；随着自驾游趋势的流行，乘坐汽车来洛游客比重逐渐升高，2015年是5年来汽车出行最高的年份，达到了57.65%，在2016年比重明显下降之后的3年内都保持在55%以上的比重，是来洛游客的第一大出行方式；由于费用高、交通便利性差等问题，5年来乘坐飞机来洛游客一直在5%左右浮动，并未有明显提升，反而在2019年出现明显的下滑，2019年乘坐飞机来洛游客比重较2018年下滑43%。

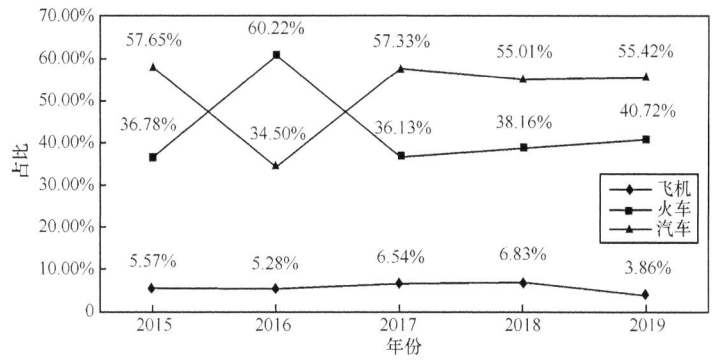

图9-10　2015—2019年来洛游客交通出行占比统计

通过分析来洛游客出行方式数据可知，近年来随着自驾游人数的逐年增加，汽车出行成为近几年来洛游客的第一大出行方式，主要是来自周边地级市及相邻省份的游客。洛阳市位于河南省西部，市内有连霍高速、二广高速、宁洛高速、郑卢高速等，为汽运游客流量增加带来了极大的便利。随着家用汽车普及、自驾游热等不断发展，通过汽车出行的来洛人数会不断增加，适时增加相应的基础服务设施，增强相关的管理及营销是景区提升形象与口碑的主要方向。

来洛游客火车出行人数次之，主要客源地是京津地区、苏皖地区。陇海铁路、焦柳铁路、呼南高铁、郑西高铁等铁路干线横穿洛阳市内，近几年焦济洛、郑登洛等城际铁路的开通更是推动了火车客流的增长。作为河南省西部铁路枢纽，铁路沿线游客客源地相对分散，且高铁出行的客源地多为经济发达省市，高铁出行游客的购买力度相对较强，所以应重点关注火车站、高铁站周边的游客服务与体验及景区的品牌宣传、广告投放，注重高铁旅游产品的创新。

飞机出行人数最少，绝大多数是国外入境游客。乘飞机来洛人数近年来呈现下降趋势，一方面原因是洛阳机场规模小、飞机起降量不足，且机场位置偏远，周边配套设施不够完善；另一方面受临近的郑州新郑机场的影响，更多的游客会选择交通更便利、设施服务更完善的新郑机场作为落地点。针对这些问题，应从政府层面统筹解决，扩大机场规模及影响并完善周边配套设施。

（3）结伴方式特征

通过对来洛游客的旅行结伴特征研究，有助于了解来洛游客的旅游群体结构及旅游群体特点，可针对个人游、家庭游、单位游等多种出游形式提供有侧重的个性化服务，满足不同游客群体的个性化需求。通过 2015—2019 年来洛游客旅游结伴方式占比统计（图 9-11）可以看出，以家庭或亲朋结伴旅行的方式来洛的游客是最大的结伴出行群体，而单位组织旅行群体占比最小。

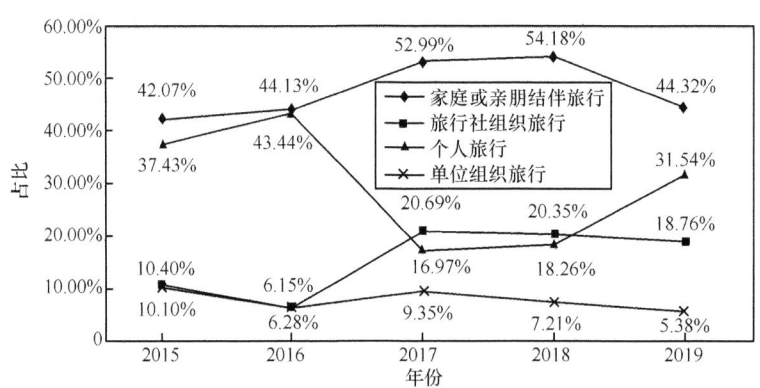

图 9-11　2015—2019 年来洛游客旅游结伴方式占比统计

从详细的结伴方式占比结构上看，2015—2018 年以家庭或亲朋结伴旅行方式来洛游客比重一直呈上升趋势，与亲朋好友出游成为来洛旅游的最大结伴方式，该结伴方式在 2018 年达到 5 年来的峰值 54.18%，随后在 2019 年出现明显的下滑，但依然是人数最多的来洛旅游结伴方式；随着"穷游""世界这么大，我想去看看"等网络语的流行，越来越多的年轻人选择个人旅行。2015—2016 年，以个人旅行方式出游的来洛游客比例明显上升，在

2016年以43.44%的比重几乎与家庭或亲朋结伴旅行团体比重持平,但是受多起个人旅行安全性事件曝光的影响,在2017—2018年个人旅行群体比重出现重大下滑,在2017年下降至5年来的低点,只有16.97%,直到2019年,来洛个人旅行的出行方式有了明显回暖,游客比重又成为第二大旅游结伴团体;旅行社组织旅行是传统的旅行出游方式,在2015—2019年总体呈现先降后升后平稳的走势,2016年是5年来的低谷,旅行社组织旅行方式来洛游客比重只有6.15%,为该年度结伴出游最少的群体,2017—2018年,旅行社组织旅行游客有了较明显增长,一度升至来洛的第二大游客群体,但2019年又出现小幅下滑;单位组织旅行游客一直是来洛游客中最小的组成群体,2016—2019年该结伴来洛群体所占比重均未超过10%。

从2015—2019年来洛游客不同结伴方式TGI变化可以看出(图9-12),2015年,"个人旅行"和"单位组织旅行"两种来洛旅游结伴方式关注程度高于2015—2019年平均水平,TGI值分别为1.27和1.32;2016年,"个人旅行"来洛旅游结伴方式关注程度高于2015—2019年平均水平,TGI值为1.47;2017年,"旅行社组织旅行"和"单位组织旅行"两种来洛旅游结伴方式关注程度高于2015—2019年平均水平,TGI值分别为1.35和1.22;2018年,"家庭或亲朋结伴旅行"和"旅行社组织旅行"两种来洛旅游结伴方式关注程度高于2015—2019年平均水平,TGI值分别为1.14和1.33;2019年,"旅行社组织旅行"和"个人旅行"两种来洛旅游结伴方式关注程度高于2015—2019年平均水平,TGI值分别为1.23和1.07。

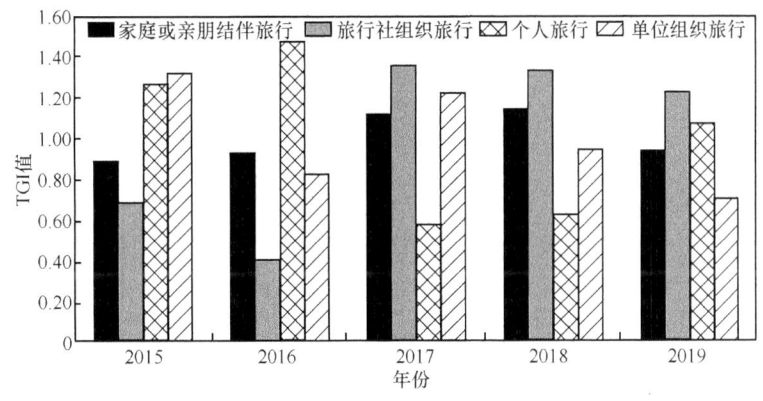

注:TGI指数等于1.0表示平均水平,高于1.0代表该类用户对某类事务的关注程度高于整体水平。

图 9-12　2015—2019 年来洛游客不同结伴方式 TGI

通过2015—2019年来洛游客旅游结伴方式数据分析,家庭或亲朋结伴旅行仍然是来洛游客的主要旅游结伴方式,结合洛阳市旅游市场环境及资源,景区商家可以有针对性地规划一些与亲子游、集体体验项目等相关的旅游路线,迎合当前大众化的旅游风向。对于游客比重不低的个人旅行,其群体主要是青年大学生,景区、酒店也应该注重提供配套体验项目、设施,如景区的网红打卡地、胶囊公寓住宿等一些能吸引青年阶层的特色项目。对于游客比重较小的旅行社组织旅行和单位组织旅行,景区可以通过与旅行社建立合作,与一些企事业单位建立合作等多种渠道来拓展相应的市场。

（4）对洛旅游满意度

游客对洛旅游满意度包括"吃、住、行、游、购、娱"多个方面,也是来洛游客对洛阳市旅游各方面服务的最直接反馈。分析研究来洛游客满意度的得分情况能够直观、清晰地发现旅游服务存在的短板及问题,为洛阳市旅游服务的提升提供建议和帮助。本小节通过处理洛阳市旅游大数据分析平台提供的2015—2019年游客对洛旅游满意度调查数据,选取城市形象、景区、旅行社、饭店、宾馆、商品、娱乐、交通、公共标识共9个维度的指标对洛阳市进行旅游满意度分析。

基于2015—2019年游客对洛旅游满意度数据（表9-8）可以看出,2015年来洛游客对洛阳市城市整体形象满意度达到88.63分,是所有评价维度中最高的。其余满意度依次递减为景区、交通、娱乐、饭店、公共标识、商品、旅行社、宾馆,评价最低的宾馆住宿满意度不足70分；2016年来洛游客对洛阳市满意度最高的依然是城市整体形象,其满意度达到89.52分,另外来洛游客对洛阳市景区满意度首次突破80分,是当年度满意度第二高分。其余满意度依次递减为公共标识、交通、娱乐、旅行社、饭店、商品、宾馆,其中交通、娱乐、旅行社、饭店、商品满意度评分均不足70分评级为良好,而连续两年评分最低的宾馆住宿行业满意度评分只有56.95分,满意度等级为不合格；2017年游客对洛旅游满意度整体上有一定提升,对洛阳市满意度最高的依然是城市整体形象,满意度首次突破90分评级优秀。其余满意度依次递减为景区、交通、公共标识、娱乐、宾馆、饭店、商品、旅行社,其中评分最低的宾馆、饭店、商品、旅行社满意度等级均为合格；2018年游客对洛旅游满意度整体上又有提升,城市形象和景区满意度评级均为优秀,其余满意度依次递减为交通、公共标识、娱乐、饭店、商品、旅行社、宾馆,其中宾馆满意度最低评级为合格；2019年游客对洛旅游满意度评级打分中没有满意度优秀的服务项目,来洛游客对洛阳市满意度最高的依然是城市整体形象,满意度87.15分,其余满意度依次递减为景区、公共标识、娱乐、商品、饭店、交通、旅行社、宾馆。

表9-8 2015—2019年游客对洛旅游满意度情况

服务项目	2015年	2016年	2017年	2018年	2019年
城市形象	88.63	89.52	92.15	92.83	87.15
景区	88.07	83.74	87.53	90.28	83.98
旅行社	70.44	61.77	64.78	70.36	74.65
饭店	70.98	61.20	65.74	70.96	76.79
宾馆	66.99	56.95	65.84	64.38	73.82
商品	70.73	60.34	65.47	70.62	77.58
娱乐	73.40	64.56	76.85	78.39	79.51
交通	77.92	66.05	85.64	86.97	74.98
公共标识	70.94	73.25	81.86	83.47	80.00

注：评分≥90为优秀；80≤评分＜90为良好；70≤评分＜80为中等；60≤评分＜70为合格；评分＜60为不合格。

根据 2015—2019 年游客对洛旅游满意度分布图（图 9-13），城市形象、景区两项是 5 年来游客满意度得分一直处于平均值之上的服务项目。城市形象满意度评分连续 5 年位居洛阳市旅游服务项目评分第一，并且在 2015—2018 年呈现稳步上升的良好态势，2019 年游客对洛阳市城市形象满意度评分较前一年有所下降，但仍然处于良好等级；景区满意度评分 5 年来呈现起伏状的走势，在 2016 年评分出现下降后的两年口碑稳步提升，2018 年满意度评分达到优秀等级，但在 2019 年评分再次出现下滑，来洛游客对景区满意度评分虽然有起伏但是总体维持在良好以上水准；来洛游客对交通方面的满意度评分同样呈波浪态势，在 2016 年评分进入波谷后持续回升，并在 2018 年到达波峰，但在 2019 年降至年度平均分水平以下；娱乐满意度评分在 2016 年出现 5 年来最低点，评级为合格，随后的 2017—2019 年评分稳步上升，满意度评分一直处于中等水平；来洛游客对洛阳市公共标识满意度评分在 2015—2018 年呈持续上升态势，在 2019 年评分有所降低，其 5 年来满意度评分都在中等以上，并在 2017 年、2018 年达到良好水平；2015—2019 年，来洛游客对商品、旅行社、饭店、宾馆 4 个维度的评分都是呈现先降后升的分布走势，但满意度评分 5 年来一直低于洛阳市旅游服务平均值，满意度等级较低，是洛阳市旅游服务急需提高的板块。

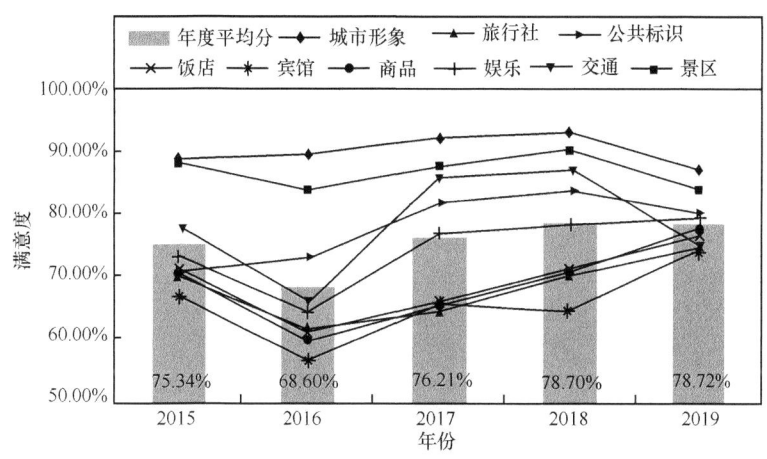

图 9-13　2015—2019 年游客对洛旅游满意度分布

从 2015—2019 年游客对洛旅游满意度年度提升率（图 9-14）变化情况来看，2016 年较 2015 年，除城市形象和公共标识以外，其余 7 个维度的满意度评分均出现下降。宾馆满意度评分下降幅度最大，较 2015 年下降 14.99%；2017 年较 2016 年，所有 9 个维度的满意度评分均有所提升，其中来洛游客对洛阳市交通满意度评分上升幅度最大，较 2016 年上升了 29.66%；2018 年较 2017 年，除宾馆外其余 8 个维度的满意度评分均有不同幅度提升，宾馆满意度评分较 2017 年下降 2.22%；旅行社、宾馆、饭店、商品、娱乐等 5 个维度的满意度评分 2019 年较 2018 年有所提升，城市形象、景区、交通、公共标识共 4 个维度的满意度评分出现下滑，满意度评分下降最多的是交通，评分较 2018 年下降 13.79%。

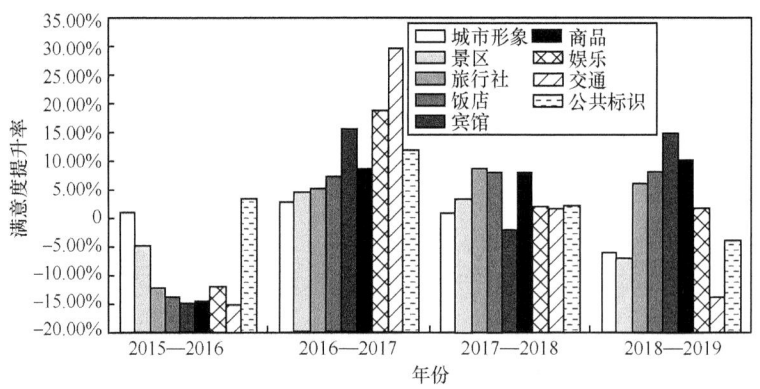

图 9-14 2015—2019 年游客对洛旅游满意度年度提升率

从 2015—2019 年游客对洛阳市 9 个维度的旅游满意度评分情况、每年满意度评分提升情况来看，绝大多数来洛游客对洛阳市城市形象和景区都感到满意，城市形象和景区服务每年都保持较稳定的水平，需要继续保持。交通、公共标识、娱乐维度的满意度评分呈起伏状但总体处于中等级别，应做好相应的运营管理，提升服务力并保持在一个稳定的良好等级。商品、旅行社、饭店、宾馆是来洛游客满意度评分比较低的主要分布维度，其满意度评分 5 年来都位于洛阳市平均水平以下，是政府及有关企业需要重点整治、提升的领域。

9.3 区域旅游特征挖掘

9.3.1 区域景区分类

景区类别决定了景区的特点与内涵，甚至决定了景区的规划与发展以及景区的社会与经济效益，因此研究景区分类具有重要的意义。根据团体标准 T/CTAA 0001—2019，旅游景区分类依据包括：景区规模、核心旅游吸引物、景区功能与产品和景区运营主体及其目标。例如，依据核心旅游吸引物，景区分为自然景观类景区、人文景观类景区、乡村田园类景区、现代娱乐类景区、综合吸引类景区、其他吸引类景区。依据景区功能与产品，景区分为观光体验型旅游景区、休闲娱乐型旅游景区、度假旅居型旅游景区、康复疗养型旅游景区、会奖节事型旅游景区、研学教育型旅游景区、运动体育型旅游景区、综合服务型旅游景区和其他型旅游景区。

洛阳市有 5A 景区 5 个：龙潭大峡谷、老君山风景区、鸡冠洞、白云山旅游度假区、龙门石窟；4A 景区 24 个：豪泽国际郁金香花海欢乐城、二程文化园、天河大峡谷、青要山、中国薰衣草庄园、恐龙谷漂流、西泰山、中国国花园、黛眉山景区、隋唐城遗址植物园、千唐志斋、抱犊古寨、养子沟、伏牛山滑雪场、小浪底、木札岭景区、神灵寨、天池山、重渡沟、龙峪湾、白马寺、关林庙、隋唐洛阳城历史文化公园和王府竹海景区等。景区分类如表 9-9 和表 9-10 所示。

表 9-9　5A 景区分类

名称	按核心旅游吸引物分类	按景区功能与产品分类
龙潭大峡谷	自然景观类景区	观光体验型旅游景区
老君山风景区	自然景观类景区	观光体验型旅游景区
鸡冠洞	自然景观类景区	观光体验型旅游景区
白云山旅游度假区	自然景观类景区	度假旅居型旅游景区
龙门石窟	人文景观类景区	观光体验型旅游景区

表 9-10　4A 景区分类

名称	按核心旅游吸引物分类	按景区功能与产品分类
豪泽国际郁金香花海欢乐城	现代娱乐类景区	观光体验型旅游景区
二程文化园	人文景观类景区	观光体验型旅游景区
天河大峡谷	自然景观类景区	观光体验型旅游景区
青要山	自然景观类景区	度假旅居型旅游景区
中国薰衣草庄园	乡村田园类景区	观光体验型旅游景区
恐龙谷漂流	自然景观类景区	休闲娱乐型旅游景区
西泰山	自然景观类景区	观光体验型旅游景区
中国国花园	人文景观类景区	休闲娱乐型旅游景区
黛眉山景区	自然景观类景区	观光体验型旅游景区
隋唐城遗址植物园	人文景观类景区	休闲娱乐型旅游景区
千唐志斋	人文景观类景区	观光体验型旅游景区
抱犊古寨	人文景观类景区	观光体验型旅游景区
养子沟	自然景观类景区	观光体验型旅游景区
伏牛山滑雪场	人文景观类景区	休闲娱乐型旅游景区
小浪底	人文景观类景区	观光体验型旅游景区
木札岭景区	自然景观类景区	观光体验型旅游景区
神灵寨	人文景观类景区	观光体验型旅游景区
天池山	自然景观类景区	观光体验型旅游景区
重渡沟	自然景观类景区	观光体验型旅游景区
龙峪湾	自然景观类景区	观光体验型旅游景区
白马寺	人文景观类景区	观光体验型旅游景区
关林庙	人文景观类景区	观光体验型旅游景区
隋唐洛阳城历史文化公园	人文景观类景区	休闲娱乐型旅游景区
王府竹海景区	乡村田园类景区	休闲娱乐型旅游景区

9.3.2　年票销售分析

基于洛阳市旅游大数据分析平台的年票分析，售卡凭证为身份证的占绝对优势，占比 90.98%，其他证明占比 9.02%。售卡性别男性略高于女性，男性占比 54.76%，女性占比

45.24%。根据表9-11,2006—2018年洛阳年票售卡波动增加,2017年销售数量有明显增大,2018年稍有降低。

表9-11　2006—2018年年票销售

年票销售年份	销售额/万元	财政收入/万元
2006	14.01	770.75
2007	10.17	559.34
2008	13.16	723.84
2009	17.38	956.02
2010	15.22	791.58
2011	20.89	1133.64
2012	26.12	1421.70
2013	28.44	1589.12
2014	41.79	2169.10
2015	54.56	2763.20
2016	59.51	3463.35
2017	78.68	4659.68
2018	67.97	4068.79

为详细分析年票刷卡情况,针对2019—2020年的年票刷卡月度对比分析,剖析年票刷卡数量的变化和月度差异。根据图9-15、图9-16,2019年洛阳景区刷卡数量在4月和8月有两次高峰,其中4月最高,这与春季适合出门踏青、本地人游览兴致提高有关,再加上4—5月是牡丹文化节,是市民出门赏花的好时节,刷卡记录明显提高;2020年洛阳景区刷卡数量也是在4月和8月有两次高峰,两个高峰基本相当。2020年洛阳景区刷卡数量整体上明显低于2019年景区刷卡数量,这与疫情管控有直接的关系。

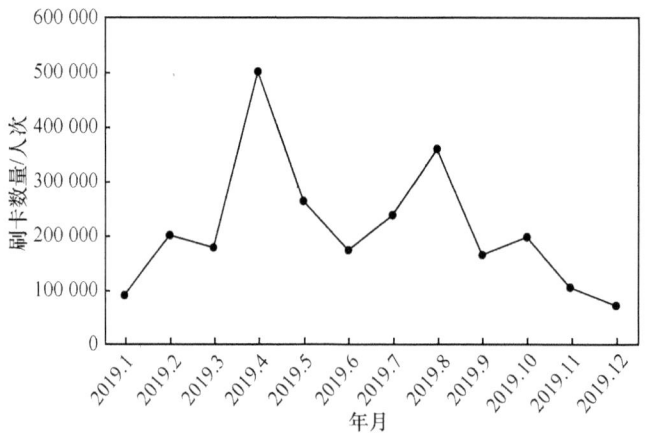

图9-15　2019年年票刷卡月度变化

第 9 章 区域旅游大数据综合挖掘应用——以洛阳为例

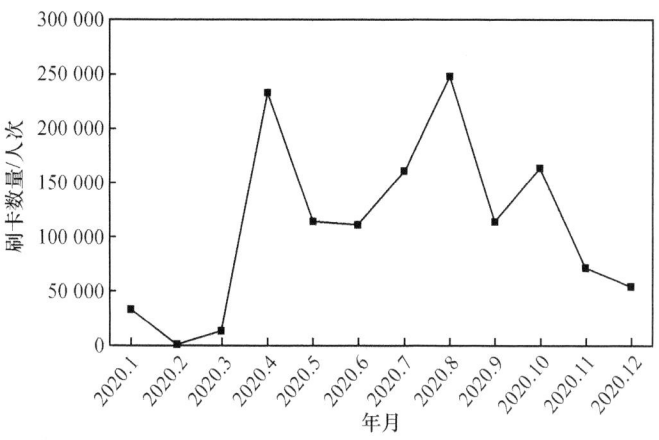

图 9-16 2020 年年票刷卡月度变化

年票刷卡数量在不同景区的分布反映了本地游客对景区的偏爱，如图 9-17 所示。龙门石窟刷卡数量最高，之后是天堂明堂景区、应天门遗址博物馆、白马寺和王城公园以及九州池，反映出本地游客对知名景区具有同样的偏爱。

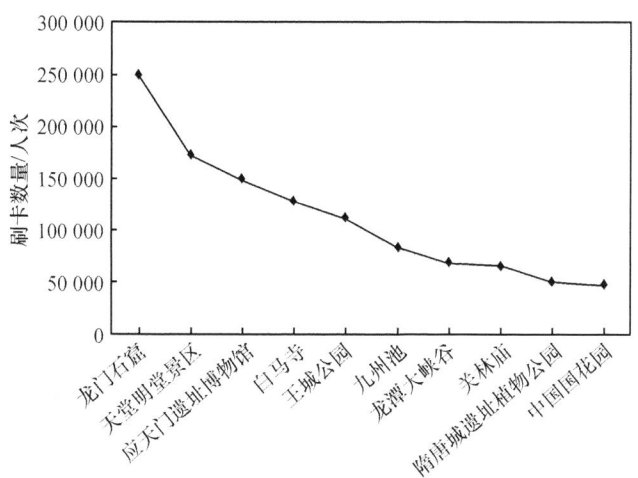

图 9-17 2020 年各景点年票刷卡数量

9.3.3 旅游指标分析

根据洛阳市旅游大数据分析平台的旅游指标分析，提取各县区的客流量与旅游收入（表 9-12、图 9-18）。根据表 9-12，洛龙区客流量无论是 2018 年还是 2019 年都处于最高水平，但是旅游收入却不是最高的，反而明显低于栾川县，说明客流量与旅游收入不成正比。客流量较高的县区主要是洛龙区、栾川县和老城区，2018 年和 2019 年客流量特征相似。洛阳各县区旅游收入最高的是栾川县，其次是嵩县，洛阳的自然景区多在栾川，因此，栾川的客流量和旅游收入都很高，洛阳 5A 景区之一的白云山位于嵩县，加上白云山等十大旅游景点，致使嵩县具有较高的客流量和旅游收入。汝阳县的年度旅游收入超过了老城区和洛龙区，位于各县区第三，研究发现，位居第三的旅游收入主要得益于汝阳县旅游活县的战略定位和大力推进民宿发展。孟津县2019年具有很高的客流量，但是旅游收入却明显下降。

表9-12　2018年和2019年各县区客流量与旅游收入

各县区	2018年客流量/万人次	2019年客流量/万人次	2018年旅游收入/万元	2019年旅游收入/万元
洛龙区	1487.60	1943.79	50 431.69	101 257.14
栾川县	1303.67	920.63	411 274.14	569 200.00
老城区	1291.49	848.51	108 166.25	60 412.33
孟津县	352.10	1660.30	73 510.74	2 435.00
伊滨区	862.10	1002.23	60 180.14	67 517.00
汝阳县	874.84	776.30	22 7330.00	201 838.00
嵩县	975.40	625.80	340 400.00	230 952.00
宜阳县	590.25	630.46	75 367.42	89 424.00
洛宁县	306。00		44 716.00	
偃师市	227.50	72.40	60 500.00	18 900.00
西工区	254.06	13.43	71 269.05	60.14
伊川县	149.83	76.30	307.60	145.38
瀍河区	30.27	21.38	145.00	110.50

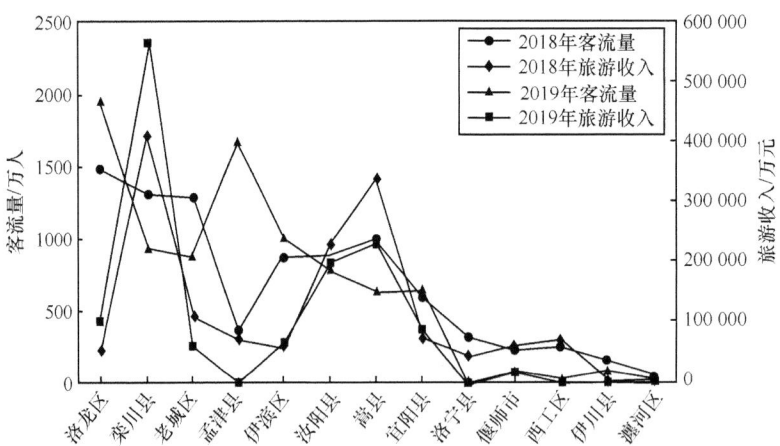

图9-18　2018—2019年各县区客流量与旅游收入变化

9.3.4 区域景区关联

挖掘出这些关联规则及不同类型的游客所共同关注的景区，对于开发特色旅游线路、提升景区的聚集效应、进一步提升区域旅游经济具有重要的意义。本书对于景区关联的挖掘局限于游客网评数据，存在较大的局限性，后续可以整合移动、联通和电信 3 个运营商大数据，获取游客画像和游客轨迹数据，深入研究景区间的关联特征，并具体确定支持度与置信度数据。

9.3.5 区域交通分析

（1）来洛车辆来源分析

洛阳市旅游大数据分析平台在洛阳设置了 27 个监测站点，各监测站点记录了来洛阳的车辆来源，这些监测站点包括二广高速关林站、二广高速吉利孟州站、二广高速龙门收费站、二广高速汝阳刘店站、二广高速汝阳站、连霍高速洛阳站、连霍高速孟津站、连霍高速新安站、连霍高速偃师站、洛龙站、洛宁西站、洛宁站、洛栾高速旧县站、洛栾高速嵩县产业集聚区站、洛栾高速嵩县收费站、洛栾高速栾川站、宁洛高速高新区站、宁洛高速涧西站、宁洛高速新区站、宁洛高速伊川北伊川东站、伊川西站、宜阳韩城站、宜阳站、郑卢高速长水收费站、郑卢高速周山站、重渡沟站、嵩县收费站。

根据图 9-19、图 9-20，全国来洛车辆以本省车辆为主，占据绝对优势，占比 91.93%。在来洛外省车辆中，浙江车辆占比最高，达到了 1.88%，之后是山西、江苏、山东以及陕西和河北等，基本都是占比 1% 以下。2020 年来洛车辆明显高于 2019 年，其中以小车为主。山东、山西、陕西、江苏来洛车辆较多，主要是距离因素，但是，浙江省距离洛阳较远，来洛车辆最多，主要是商业往来因素。

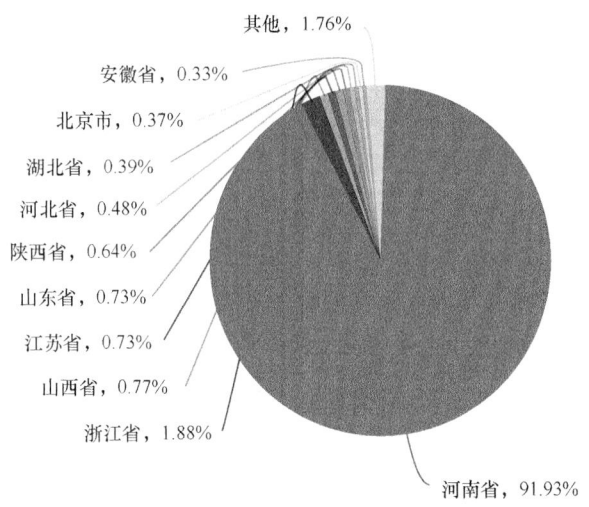

图 9-19　2019—2020 年全国来洛车辆分析

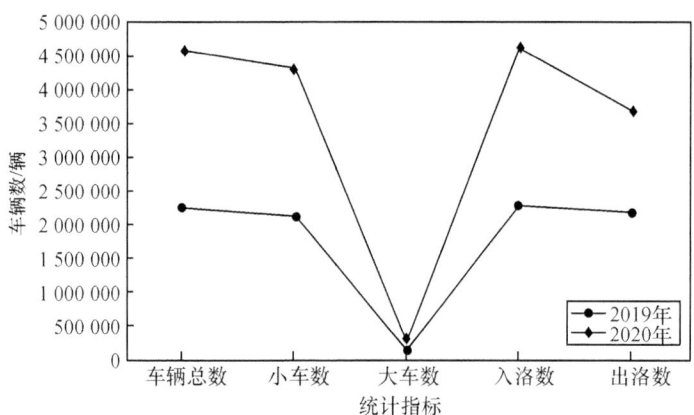

图 9-20　2019—2020 年全国来洛车辆类型对比

根据图 9-21、图 9-22，2020 年本省来洛车辆中，以洛阳本市为主，占比 73.88%，其他地级市中，郑州来洛车辆最多，占比 12.35%，之后是三门峡、平顶山、焦作，这些地级市都是洛阳周边地级市，因此，距离仍是影响来洛车辆的主要因素。

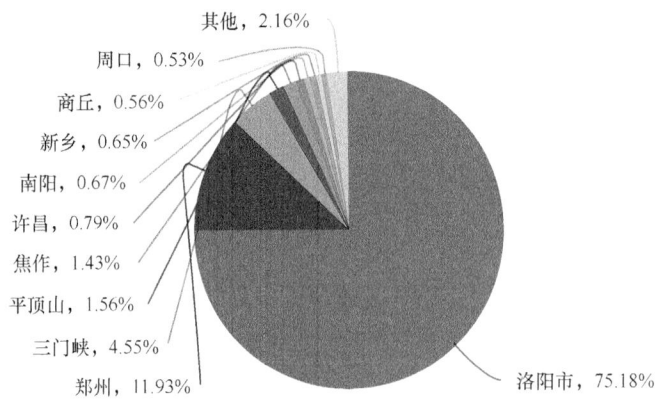

图 9-21　2019 年河南省内各地级市来洛车辆对比

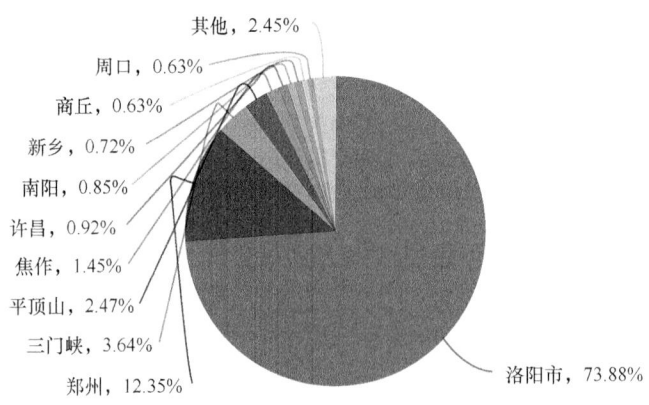

图 9-22　2020 年河南省内各地级市来洛车辆对比

(2)来洛交通便利程度分析

洛阳的铁路交通已经四通八达,实现了与全国各个核心城市的连接,向北连接北京、石家庄、天津,向东连接济南、青岛,向东南沿海连接南京、上海、杭州、福州,向南连接武汉、南昌、长沙、广州,向西连接西安、兰州,向西南连接成都、重庆等。整体上,洛阳的铁路交通已经比较发达。

洛阳的高速公路也十分发达,主要包括连霍高速、宁洛高速、洛栾高速、济洛高速、盐洛高速、洛南高速、郑卢高速,通过这些高速公路接入全国高速公路网络,十分方便。洛阳四周有高速公路入口10个,进出高速公路都十分方便。

洛阳北郊机场现已扩建,增加了机场的吞吐量。洛阳北郊机场连接的城市包括北京、上海、深圳、珠海、青岛、沈阳、乌鲁木齐、大连、昆明、宁波、成都、广州、贵阳、厦门、南昌、贵阳等国内重要城市。

综上,往来洛阳的各类交通都十分方便,对洛阳旅游的发展起到基础支撑作用。

(3)市内景区连接交通分析

洛阳市内交通发达,建有多条快速路,如古城快速路、环城快速路、王城大道快速路和南昌路高架,这些市内快速路上红绿灯极少,打造出市内高速网络。此外,洛阳地铁1号线连接了丽景门、王城公园等,2号线连接南北,连接了洛阳站、龙门高铁站等重要交通枢纽。因此,洛阳的市内交通也十分方便。洛阳正加大加快道路建设,未来交通便利程度将上一个大台阶。

9.3.6 旅游舆情分析

基于洛阳市旅游大数据分析平台的舆情分析,获取景区、酒店、文旅政务和旅行社的排行榜单数据,如表9-13和表9-14所示。2021年8月景区微信榜单中第1名是龙门石窟,远远超过其他景区,位于前列的还有天堂明堂、白云山、倒盏村、老君山和洛阳博物馆,这些景区也是游客一直关注的地方。

酒店微信榜单和旅行社微信榜单显示了洛阳旅游的旅行舆情,洛阳青年旅行社、洛阳小浪底旅行社和洛阳天天文旅旅行社是受关注较多的旅行社,洛阳铂瑞酒店和洛阳钼都利豪国际酒店受关注较高。洛阳相关的文旅政务中洛阳旅游受关注占据了绝对优势。

表9-13 景区与酒店舆情榜单

景区微信榜单	占比	酒店微信榜单	占比
龙门石窟	23.66%	洛阳铂瑞酒店	28.67%
天堂明堂	12.19%	洛阳钼都利豪国际酒店	26.77%
白云山	8.42%	洛阳克里斯汀酒店	9.95%
倒盏村	8.29%	洛阳东山宾馆有限公司	9.61%
老君山	7.21%	洛阳华阳广场国际大饭店	6.4%
洛阳博物馆	6.49%	洛阳华美达	5.07%

续表

景区微信榜单	占比	酒店微信榜单	占比
洛阳马蹄泉旅游度假村	4.73%	洛阳石化宾馆	3.75%
洛阳薰衣草庄园	3.27%	洛阳亚丁半岛酒店	3.55%
二里头下都遗址博物馆	2.45%	洛阳新友谊大酒店	2.77%
洛阳灵山莲花水城	2.19%	洛阳友谊宾馆	1.56%

表 9-14　旅行社与文旅政务舆情榜单

旅行社微信榜单	占比	文旅政务微信榜单	占比
洛阳青年旅行社	38.36%	洛阳旅游	89.49%
洛阳小浪底旅行社	25.82%	全景栾川	5.4%
洛阳天天文旅旅行社	15.03%	孟津文化旅游	2.09%
洛阳中国国际旅行社有限公司	8%	新安文旅	1.67%
洛阳非凡旅行社	6.68%	洛阳市吉利区旅游局	0.87%
洛阳市旅行社协会	3.82%	洛阳老城区文化与旅游局	0.26%
洛阳龙之旅行社	1.24%	宜阳文旅	0.22%
洛阳中旅旅行社有限公司	1.06%		

9.3.7　客源市场开拓

（1）基于洛阳住宿客源数量的市场分析

根据 8.2 节，洛阳的省级客源主要来自周边省份，如山东、河北、陕西、江苏、安徽、湖北等，因此，距离因素仍然是主导因素，从这个角度看，周边省份是洛阳客源市场开拓的主要。

（2）基于网络关注度的客源市场分析

根据 8.2 节，在省级层面上，网络关注度与客流量存在明显的正相关关系，因此，对于网络关注度高的省份，可以重点关注，作为潜在的高客源地级市场。根据张传才对网络关注度与客流量的相关关系研究成果，排除距离因素，广东对洛阳旅游具有较高的关注度，可以作为潜在高客源地级市场，此外，浙江和辽宁对洛阳也具有较高的网络关注度，且距离不是太远，因此，这两个省份可以深入研究、着重开发，且辽宁已经具有一定的客源数量。

（3）基于客源地聚类的客源市场分析

根据第 5 章，洛阳的全国各地级市客源地在空间上具有明显的聚集效应，高客流高关注度客源地聚集，低客流低关注度客源地也聚集。整体上，全国各地级市在以洛阳为中心的 700 千米范围圈内的客源地属于优质范畴，1000 千米范围圈具有一定的优质客源地。因此，针对客源地聚集现象进行客源市场开发时，可以集中开发。

9.4 小结

旅游涉及面十分广泛,数据的维度十分丰富,数据获取的难度很大,因此,旅游大数据挖掘难度非常大,挖掘出的信息具有一定的局限性。旅游大数据挖掘的信息与实际的佐证工作仍需继续深入,旅游大数据挖掘的体系尚未完善。

本章对游客特征、区域旅游特征进行了某些层面的挖掘,维度较为丰富,但可以挖掘的方面仍然很多,后续需要增加运营商数据等,进行更为全面并且可以相互佐证的进一步研究。

参考文献

[1] 马斌斌, 陈兴鹏, 陈芳婷. 基于社交大数据的敦煌旅游流多尺度时空分异特征[J]. 经济地理, 2021, 41(3): 202-212.

[2] 吴开军. 旅游大数据研究热点及特征探析: 基于国外文献的分析[J]. 统计与信息论坛, 2019, 34(4): 9.

[3] 曾现进. 旅游大数据的现状与未来[J]. 旅游学刊, 2017, 32(10): 2.

[4] 陈璐. 基于智慧旅游的目的地旅游管理体系分析[J]. 经济学, 2022, 5(2): 58-60.

[5] 杨柳, 张星, 邓春林, 等. 基于舆情大数据的境外旅游影响因素的灰色关联分析模型[J]. 湘潭大学自然科学学报, 2020, 42(2): 18-27.

[6] 谢慧敏. 大数据融入文化旅游品牌的理论图式: 以江西为例[J]. 企业经济, 2018, 37(11): 8.

[7] 王录仓, 严翠霞, 李巍. 基于新浪微博大数据的旅游流时空特征研究: 以兰州市为例[J]. 旅游学刊, 2017, 32(5): 12.

[8] 宋海鹏. 基于人工智能的智慧旅游大数据分析模型的构建[J]. 城市建设理论研究(电子版), 2019(14): 1.

[9] 林仁状. 文旅大数据资源架构建设研究: 以浙江省文化和旅游厅大数据资源建设为例[J]. 图书馆研究与工作, 2019(12): 5.

[10] 宋廷山, 郭思亮. 旅游客流大数据统计模型构建与验证[J]. 数码设计(下), 2020(24): 38-41.

[11] 王美香, 王用恕, 赵建伟. 一种基于旅游大数据的游客流量预测及峰值调控方法: 中国, CN2020 10463306. 6[P]. 2020-10-20.

[12] 潘冰. 旅游大数据的发展和展望[J]. 旅游学刊, 2017, 32(10): 3.

[13] 陈松, 刘昶, 张永胜. 一种基于旅游大数据的AR检索算法: 中国, 201810107052. 7[P]. 2023-06-22.

[14] 杨凌云. 关于OLAP在旅游大数据采集挖掘处理方面存在的问题及对策[J]. 信息通信, 2018(10): 2.

[15] 方敏. 基于知识谱图的国内旅游大数据研究[J]. 甘肃联合大学学报（社会科学版）, 2018, 34(4): 87-92.

[16] 邓宁, 曲玉洁. 我国旅游大数据的产业实践: 现状、问题及未来[J]. 旅游导刊, 2021, 5(4): 15.

[17] 李得安. 一种基于旅游大数据的景点用路线引导装置: 中国, 202011151777. X[P]. 2023-06-22.

[18] 林碧秋. 一种基于旅游大数据的旅游目的地推荐系统及方法: 中国, 202210271536. 1[P]. 2023-06-22.

[19] 马华. 蚂蜂窝发布2017年丝绸之路旅游大数据报告[J]. 计算机与网络, 2017, 43(10): 1.

[20] 陆保一, 韦俊峰, 明庆忠, 等. 基于知识图谱的中国旅游大数据应用研究进展[J]. 经济地理, 2022, 42(1): 11.

[21] 翟智杰, 刘星光. 洛阳文化旅游资源深度开发研究[J]. 旅游纵览(下半月), 2018(4): 2.

[22] 边青全, 梁留科, 苏小燕, 等. 基于黄金周大数据分析的洛阳旅游业高质量研究与发展[J]. 洛阳师范学院学报, 2020, 39(12): 6.

[23] 张传才, 梁留科, 苏小燕, 等. 基于旅游大数据的旅游网络关注度与游客量相关性挖掘[J]. 洛阳师范学院学报, 2020, 39(11): 6.

[24] 闫闪闪, 靳诚. 基于多源数据的市域旅游流空间网络结构特征: 以洛阳市为例[J]. 地理科学, 2019, 39(10): 10.

[25] 边青全, 梁留科, 苏小燕, 等. 基于黄金周大数据分析的洛阳旅游业高质量研究与发展[J]. 洛阳师范学院学报, 2021(12): 23-28.

[26] 闫闪闪, 梁留科, 索志辉, 等. 基于大数据的洛阳市旅游流时空分布特征[J]. 经济地理, 2017, 37(8): 9.

[27] 蒋才芳. 旅游外汇收入、外国直接投资与GDP的相关性研究[J]. 求索, 2010(5): 3.

[28] 何满喜. 旅游经济与GDP的相关性研究[J]. 生态经济, 2010(8): 3.

[29] 吴清, 李细归, 吴黎, 等. 湖南省A级旅游景区分布格局及空间相关性分析[J]. 经济地理, 2017, 37(2): 8.

[30] 吴普, 葛全胜. 海南旅游客流量年内变化与气候的相关性分析[J]. 地理研究, 2009(4): 7.

[31] 张杰, 陈龙燕, 卢李朋, 等. 西藏入境旅游发展与经济增长相关性分析[J]. 干旱区资源与环境, 2016(2): 8.

[32] 白凯, 路春燕. 中国入境旅游热点城市知名度认知的空间相关性[J]. 干旱区地理, 2012(2): 281-287.

[33] 王硕, 曾克峰, 童洁, 等. 黄金周风景名胜区旅游客流量与网络关注度相关性分析: 以庐山、华山、八达岭长城风景名胜区为例[J]. 经济地理, 2013, 33(11): 5.

[34] 张杰, 陈龙燕, 卢李朋, 等. 西藏入境旅游发展与经济增长相关性分析[J]. 干旱区资源与环境, 2016, 30(2): 194-201.

[35] 吴普, 葛全胜. 海南旅游客流量年内变化与气候的相关性分析[J]. 地理研究, 2009, 28(4): 1078-1084.

[36] 毛长义, 陈子意, 张述林. 旅游社区环境与景区环境的相关性研究[J]. 重庆师范大学学报(自然科学版), 2010, 27(2): 79-82.

[37] 曹伟宏, 何元庆, 李宗省, 等. 丽江旅游气候舒适度与年内客流量变化相关性分析[J]. 地理

科学, 2012, 32(12): 1459-1464.

[38] 孙根年, 马丽君. 西安旅游气候舒适度与客流量年内变化相关性分析[J]. 旅游学刊, 2007, 22(7): 6.

[39] 周威, 陈朝晖, 李仁鹏, 等. 基于网络关注度的天气与旅游相关性分析: 以长沙为例[J]. 气象科技, 2020, 48(4): 8.

[40] 徐绍玲, 司鬼, 司双双. 国内游客年龄特征与旅游动机相关性浅析[J]. 技术与市场, 2009(7): 2.

[41] ZHANG X, CAO J, LI X, et al. Mining dual emotion for fake news detection[C]//The Web Conference, 2019.

[42] GOHIL L, PATEL D, CHANDABEN S, et al. Affect computation models from textual aspect: a brief survey general terms data mining, text mining, emotion detection, sentiment analysis kywords emotion detection from text, emotion detection approaches[J]. International journal of computer applications, 2016, 146(11): 975-8887.

[43] RECUPERO D R, DRAGONI M, BUSCALDI D, et al. Sentic computing, sentiment analysis, opinion mining, and emotion detection[C]//EMSASW, 2018.

[44] MARÍA L B E, CABADA R Z, RAÚL O B, et al. Opinion mining and emotion recognition applied to learning environments[J]. Expert systems with applications, 2020, 150: 113265.

[45] THELWALL M, WILKINSON D, UPPAL S. Data mining emotion in social network communication: gender differences in MySpace[J]. Journal of the association for information science and technology, 2010, 61(1): 190-199.

[46] WIKARSA L, THAHIR S N. A text mining application of emotion classifications of Twitter's users using Naïve Bayes method[C]//International Conference on Wireless & Telematics, IEEE, 2016.

[47] JINGYUN G. Research on tourism cognition, emotion and overall image of Kanas scenic spot based on text mining[J]. Journal of green science and technology, 2019(15): 4.

[48] 王琪延, 高旺. 基于分层分位数回归模型的在线旅游评论情感统计分析[J]. 中国物价, 2019(12): 4.

[49] 王芳, 方叶林, 孙浩. 基于网络文本数据挖掘的城市旅游形象感知研究: 以合肥市为例[J]. 常州工学院学报, 2021, 34(3): 73-79.

[50] 李勇, 蒋冠文, 毛太田, 等. 基于情感挖掘和话题分析的旅游舆情危机演化特征: 以"丽江女游客被打"事件为例[J]. 旅游学刊, 2019, 34(9): 13.

[51] 陈天琪, 张建春. 基于文本挖掘的景区旅游形象感知研究: 以杭州西溪国家湿地公园为例[J]. 资源开发与市场, 2021(6): 741-746.

[52] 刘文远, 郭智存, 郭丁丁. 旅游场景下的基于深度学习的文本方面级细粒度情感分类[J]. 高技术通讯, 2022, 32(1): 11.

[53] 孙希瑞, 刘学玲. 基于文本挖掘的主题公园旅游感知研究: 以芜湖方特为例[J]. 黄山学院学报, 2022, 24(6): 6.

[54] 白伟华, 陈晓鑫. 基于数据挖掘技术的"智慧旅游"文本研究分析[J]. 肇庆学院学报, 2023, 44(2): 10.

[55] 张阳, 靳雪, 龚先洁. 基于网络文本挖掘的陕西通用航空旅游形象感知测度研究[J]. 西安石油大学学报(社会科学版), 2020, 29(3): 6.

[56] 李君轶, 任涛, 陆路正. 游客情感计算的文本大数据挖掘方法比较研究[J]. 浙江大学学报(理学版), 2020, 47(4): 14.

[57] 武传表, 向慧容. 基于Smartmining文本挖掘的旅游目的地形象研究: 以辽宁四处世界文化遗产地为例[J]. 旅游论坛, 2018, 11(1): 12.

[58] 汪凡, 葛玉辉. 基于文本挖掘的旅游目的地形象感知: 以荔波小七孔为例[J]. 科技和产业, 2022, 22(1): 183-189.

[59] 王仁鑫, 叶欣梁, 孙瑞红. 基于文本数据挖掘的邮轮整船隔离事件的微博情感分析[J]. 中国旅游评论, 2020(2): 54-62.

[60] 陈秀秀, 王玉婷. 基于官方微博内容挖掘的福建省旅游投射形象研究[J]. 海峡科学, 2019(10): 6.

[61] 蔡玉舒, 曹扬, 江维, 等. 基于BERT的端到端旅游评论意见挖掘方法[J]. 计算机技术与发展, 2021, 31(9): 118-123.

[62] 严仲培. 面向旅游在线评论的文本挖掘方法研究[D]. 合肥: 合肥工业大学, 2018.

[63] 郭佳怡, 方博平, 陆欣怡, 等. 基于文本挖掘和情感分析方法的"智慧旅游"服务质量感知研究[J]. 现代信息科技, 2023, 7(6): 6.

[64] 李勇, 蒋冠文, 毛太田, 等. 基于情感挖掘和话题分析的旅游舆情危机演化特征: 以"丽江女游客被打"事件为例[J]. 旅游学刊, 2019, 34(9): 13.

第10章 旅游大数据挖掘应用展望

10.1 旅游大数据挖掘应用存在的问题

旅游大数据挖掘面临的问题：第一是数据壁垒问题，因为旅游涉及的方面非常多，涉及各个行业的数据，如消费数据、位置数据、身份数据等，很多数据都是行业部门特有数据，数据共享难；第二是数据安全问题，即便打破数据壁垒，数据安全仍是重要的问题，数据安全也意味着信息安全，涉及个人和国家利益，十分重要；第三是隐私保护问题，旅游大数据首先就是游客的信息，游客爱好、消费行为、游客身份特征、游客来源等很多都涉及游客的隐私；第四是应用问题，国家出台政策禁止利用旅游大数据"杀熟"，在进行旅游大数据营销时，如何把握应用尺度十分重要；第五是挖掘的内容体系没有统一和完善，因旅游大数据挖掘仍处于初级阶段，挖掘哪些方面的信息、如何挖掘都没有一个确定的标准。

10.2 应用趋势展望

旅游大数据研究是一个综合性的，多学科交叉的，涉及文、理、工等多学科融合的研究。研究涉及面广，研究难度大，很难在一本书中全面研究和阐述旅游大数据的全部内容，因此，本书也只是旅游大数据挖掘中的部分内容。

未来旅游大数据挖掘需要研究以下几个方面的内容：制定旅游大数据挖掘框架，制定旅游大数据共享标准和方法，制定旅游大数据挖掘应用的内容标准，制定旅游大数据隐私保护标准和应用标准等。

10.3 小结

旅游大数据挖掘是智慧旅游研究、旅游产业化智能升级的重要支撑,具有重要的理论和实践意义,然而旅游大数据挖掘还存在较多问题没有解决,未来亟须建立旅游大数据挖掘的框架、完整的理论和技术体系。

附表

关联规则研究结果

附表 1-1　到少林寺的游客到达景区关联规则结果

Premises	Conclusion	Support	Confidence	LaPlace	Gain	P-S	Lift
塔林	三皇寨	0.13	0.58	0.92	−0.32	0.10	3.62
塔林	少林寺，三皇寨	0.13	0.58	0.92	−0.32	0.10	3.62
少林寺，塔林	三皇寨	0.13	0.58	0.92	−0.32	0.10	3.62
洛阳	龙门石窟，白马寺	0.17	0.63	0.92	−0.37	0.12	3.47
洛阳	少林寺，龙门石窟，白马寺	0.17	0.63	0.92	−0.37	0.12	3.47
少林寺，洛阳	龙门石窟，白马寺	0.17	0.63	0.92	−0.37	0.12	3.47
嵩山，塔林	三皇寨	0.10	0.63	0.95	−0.23	0.08	3.91
嵩山，塔林	少林寺，三皇寨	0.10	0.63	0.95	−0.23	0.08	3.91
少林寺，嵩山，塔林	三皇寨	0.10	0.63	0.95	−0.23	0.08	3.91
三皇寨	嵩山，塔林	0.10	0.64	0.95	−0.22	0.08	3.91
三皇寨	少林寺，嵩山，塔林	0.10	0.64	0.95	−0.22	0.08	3.91
少林寺，三皇寨	嵩山，塔林	0.10	0.64	0.95	−0.22	0.08	3.91
登封	嵩山	0.10	0.65	0.95	−0.21	0.07	2.67
登封	少林寺，嵩山	0.10	0.65	0.95	−0.21	0.07	2.67
少林寺，登封	嵩山	0.10	0.65	0.95	−0.21	0.07	2.67
龙门石窟	洛阳，白马寺	0.17	0.66	0.93	−0.35	0.12	3.45
龙门石窟	少林寺，洛阳，白马寺	0.17	0.66	0.93	−0.35	0.12	3.45
少林寺，龙门石窟	洛阳，白马寺	0.17	0.66	0.93	−0.35	0.12	3.45
嵩山	塔林	0.16	0.67	0.94	−0.33	0.11	2.96
嵩山	少林寺，塔林	0.16	0.67	0.94	−0.33	0.11	2.96
少林寺，嵩山	塔林	0.16	0.67	0.94	−0.33	0.11	2.96
龙门石窟	白马寺	0.18	0.70	0.94	−0.34	0.13	3.41
龙门石窟	少林寺，白马寺	0.18	0.70	0.94	−0.34	0.13	3.41
少林寺，龙门石窟	白马寺	0.18	0.70	0.94	−0.34	0.13	3.41

续表

Premises	Conclusion	Support	Confidence	LaPlace	Gain	P-S	Lift
洛阳	白马寺	0.19	0.70	0.94	-0.35	0.14	3.44
洛阳	少林寺，白马寺	0.19	0.70	0.94	-0.35	0.14	3.44
少林寺，洛阳	白马寺	0.19	0.70	0.94	-0.35	0.14	3.44
登封	塔林	0.11	0.71	0.96	-0.21	0.08	3.14
登封	少林寺，塔林	0.11	0.71	0.96	-0.21	0.08	3.14
少林寺，登封	塔林	0.11	0.71	0.96	-0.21	0.08	3.14
塔林	嵩山	0.16	0.73	0.95	-0.29	0.11	2.96
塔林	少林寺，嵩山	0.16	0.73	0.95	-0.29	0.11	2.96
少林寺，塔林	嵩山	0.16	0.73	0.95	-0.29	0.11	2.96
洛阳，龙门石窟	白马寺	0.17	0.73	0.95	-0.30	0.12	3.58
洛阳，龙门石窟	少林寺，白马寺	0.17	0.73	0.95	-0.30	0.12	3.58
少林寺，洛阳，龙门石窟	白马寺	0.17	0.73	0.95	-0.30	0.12	3.58
三皇寨	嵩山	0.12	0.77	0.97	-0.20	0.08	3.13
三皇寨	少林寺，嵩山	0.12	0.77	0.97	-0.20	0.08	3.13
少林寺，三皇寨	嵩山	0.12	0.77	0.97	-0.20	0.08	3.13
塔林，三皇寨	嵩山	0.10	0.78	0.97	-0.16	0.07	3.20
塔林，三皇寨	少林寺，嵩山	0.10	0.78	0.97	-0.16	0.07	3.20
少林寺，塔林，三皇寨	嵩山	0.10	0.78	0.97	-0.16	0.07	3.20
白园	香山寺	0.10	0.81	0.98	-0.16	0.09	6.63
白园	少林寺，香山寺	0.10	0.81	0.98	-0.16	0.09	6.63
少林寺，白园	香山寺	0.10	0.81	0.98	-0.16	0.09	6.63
三皇寨	塔林	0.13	0.82	0.97	-0.19	0.10	3.62
三皇寨	少林寺，塔林	0.13	0.82	0.97	-0.19	0.10	3.62
少林寺，三皇寨	塔林	0.13	0.82	0.97	-0.19	0.10	3.62
白马寺	洛阳，龙门石窟	0.17	0.84	0.97	-0.24	0.12	3.58
白马寺	少林寺，洛阳，龙门石窟	0.17	0.84	0.97	-0.24	0.12	3.58
少林寺，白马寺	洛阳，龙门石窟	0.17	0.84	0.97	-0.24	0.12	3.58
嵩山，三皇寨	塔林	0.10	0.84	0.98	-0.14	0.08	3.70
嵩山，三皇寨	少林寺，塔林	0.10	0.84	0.98	-0.14	0.08	3.70
少林寺，嵩山，三皇寨	塔林	0.10	0.84	0.98	-0.14	0.08	3.70
洛阳	龙门石窟	0.23	0.86	0.97	-0.31	0.16	3.31
洛阳	少林寺，龙门石窟	0.23	0.86	0.97	-0.31	0.16	3.31
少林寺，洛阳	龙门石窟	0.23	0.86	0.97	-0.31	0.16	3.31

续表

Premises	Conclusion	Support	Confidence	LaPlace	Gain	P-S	Lift
香山寺	白园	0.10	0.86	0.99	−0.14	0.09	6.63
香山寺	少林寺，白园	0.10	0.86	0.99	−0.14	0.09	6.63
少林寺，香山寺	白园	0.10	0.86	0.99	−0.14	0.09	6.63
白马寺	龙门石窟	0.18	0.88	0.98	−0.23	0.13	3.41
白马寺	少林寺，龙门石窟	0.18	0.88	0.98	−0.23	0.13	3.41
少林寺，白马寺	龙门石窟	0.18	0.88	0.98	−0.23	0.13	3.41
洛阳，白马寺	龙门石窟	0.17	0.89	0.98	−0.21	0.12	3.45
洛阳，白马寺	少林寺，龙门石窟	0.17	0.89	0.98	−0.21	0.12	3.45
少林寺，洛阳，白马寺	龙门石窟	0.17	0.89	0.98	−0.21	0.12	3.45
龙门石窟	洛阳	0.23	0.90	0.98	−0.28	0.16	3.31
龙门石窟	少林寺，洛阳	0.23	0.90	0.98	−0.28	0.16	3.31
少林寺，龙门石窟	洛阳	0.23	0.90	0.98	−0.28	0.16	3.31
香山寺	洛阳，龙门石窟	0.11	0.93	0.99	−0.13	0.08	3.96
香山寺	少林寺，洛阳，龙门石窟	0.11	0.93	0.99	−0.13	0.08	3.96
少林寺，香山寺	洛阳，龙门石窟	0.11	0.93	0.99	−0.13	0.08	3.96
白园	洛阳，龙门石窟	0.12	0.93	0.99	−0.14	0.09	3.98
白园	少林寺，洛阳，龙门石窟	0.12	0.93	0.99	−0.14	0.09	3.98
少林寺，白园	洛阳，龙门石窟	0.12	0.93	0.99	−0.14	0.09	3.98
香山寺	洛阳	0.11	0.94	0.99	−0.13	0.08	3.44
香山寺	少林寺，洛阳	0.11	0.94	0.99	−0.13	0.08	3.44
少林寺，香山寺	洛阳	0.11	0.94	0.99	−0.13	0.08	3.44
白马寺	洛阳	0.19	0.94	0.99	−0.22	0.14	3.44
白马寺	少林寺，洛阳	0.19	0.94	0.99	−0.22	0.14	3.44
少林寺，白马寺	洛阳	0.19	0.94	0.99	−0.22	0.14	3.44
龙门石窟，白马寺	洛阳	0.17	0.95	0.99	−0.19	0.12	3.47
龙门石窟，白马寺	少林寺，洛阳	0.17	0.95	0.99	−0.19	0.12	3.47
少林寺，龙门石窟，白马寺	洛阳	0.17	0.95	0.99	−0.19	0.12	3.47
白园	洛阳	0.12	0.95	0.99	−0.14	0.09	3.49
白园	少林寺，洛阳	0.12	0.95	0.99	−0.14	0.09	3.49
少林寺，白园	洛阳	0.12	0.95	0.99	−0.14	0.09	3.49
龙门石窟，香山寺	洛阳	0.11	0.95	0.99	−0.12	0.08	3.49
龙门石窟，香山寺	少林寺，洛阳	0.11	0.95	0.99	−0.12	0.08	3.49

Premises	Conclusion	Support	Confidence	LaPlace	Gain	P-S	Lift
少林寺，龙门石窟，香山寺	洛阳	0.11	0.95	0.99	−0.12	0.08	3.49
龙门石窟，白园	洛阳	0.12	0.96	1.00	−0.13	0.09	3.52
龙门石窟，白园	少林寺，洛阳	0.12	0.96	1.00	−0.13	0.09	3.52
少林寺，龙门石窟，白园	洛阳	0.12	0.96	1.00	−0.13	0.09	3.52
白园	龙门石窟	0.13	0.97	1.00	−0.13	0.09	3.75
白园	少林寺，龙门石窟	0.13	0.97	1.00	−0.13	0.09	3.75
少林寺，白园	龙门石窟	0.13	0.97	1.00	−0.13	0.09	3.75
香山寺	龙门石窟	0.12	0.97	1.00	−0.12	0.09	3.76
香山寺	少林寺，龙门石窟	0.12	0.97	1.00	−0.12	0.09	3.76
少林寺，香山寺	龙门石窟	0.12	0.97	1.00	−0.12	0.09	3.76
洛阳，白园	龙门石窟	0.12	0.98	1.00	−0.13	0.09	3.78
洛阳，白园	少林寺，龙门石窟	0.12	0.98	1.00	−0.13	0.09	3.78
少林寺，洛阳，白园	龙门石窟	0.12	0.98	1.00	−0.13	0.09	3.78
洛阳，香山寺	龙门石窟	0.11	0.99	1.00	−0.12	0.08	3.82
洛阳，香山寺	少林寺，龙门石窟	0.11	0.99	1.00	−0.12	0.08	3.82
少林寺，洛阳，香山寺	龙门石窟	0.11	0.99	1.00	−0.12	0.08	3.82

附表1-2 到龙门石窟的游客到达景区关联规则结果

Premises	Conclusion	Support	Confidence	LaPlace	Gain	P-S	Lift
洛阳，白园，香山寺	白马寺	0.11	0.69	0.96	−0.21	0.07	2.53
洛阳，白园，香山寺	龙门石窟，白马寺	0.11	0.69	0.96	−0.21	0.07	2.53
龙门石窟，洛阳，白园，香山寺	白马寺	0.11	0.69	0.96	−0.21	0.07	2.53
洛阳，白园	白马寺	0.14	0.70	0.95	−0.25	0.08	2.58
洛阳，白园	龙门石窟，白马寺	0.14	0.70	0.95	−0.25	0.08	2.58
龙门石窟，洛阳，白园	白马寺	0.14	0.70	0.95	−0.25	0.08	2.58
白园	洛阳，香山寺	0.16	0.78	0.96	−0.25	0.12	4.26
白园	龙门石窟，洛阳，香山寺	0.16	0.78	0.96	−0.25	0.12	4.26
龙门石窟，白园	洛阳，香山寺	0.16	0.78	0.96	−0.25	0.12	4.26
白马寺，白园	洛阳，香山寺	0.11	0.78	0.97	−0.17	0.08	4.27
白马寺，白园	龙门石窟，洛阳，香山寺	0.11	0.78	0.97	−0.17	0.08	4.27
龙门石窟，白马寺，白园	洛阳，香山寺	0.11	0.78	0.97	−0.17	0.08	4.27

续表

Premises	Conclusion	Support	Confidence	LaPlace	Gain	P-S	Lift
洛阳，白马寺，白园	香山寺	0.11	0.80	0.98	-0.16	0.08	4.17
洛阳，白马寺，白园	龙门石窟，香山寺	0.11	0.80	0.98	-0.16	0.08	4.17
龙门石窟，洛阳，白马寺，白园	香山寺	0.11	0.80	0.98	-0.16	0.08	4.17
白马寺，白园	香山寺	0.11	0.81	0.98	-0.17	0.09	4.18
白马寺，白园	龙门石窟，香山寺	0.11	0.81	0.98	-0.17	0.09	4.18
龙门石窟，白马寺，白园	香山寺	0.11	0.81	0.98	-0.17	0.09	4.18
白园	香山寺	0.17	0.81	0.97	-0.24	0.13	4.20
白园	龙门石窟，香山寺	0.17	0.81	0.97	-0.24	0.13	4.20
龙门石窟，白园	香山寺	0.17	0.81	0.97	-0.24	0.13	4.20
洛阳，白园	香山寺	0.16	0.82	0.97	-0.23	0.12	4.24
洛阳，白园	龙门石窟，香山寺	0.16	0.82	0.97	-0.23	0.12	4.24
龙门石窟，洛阳，白园	香山寺	0.16	0.82	0.97	-0.23	0.12	4.24
香山寺	洛阳，白园	0.16	0.83	0.97	-0.23	0.12	4.24
香山寺	龙门石窟，洛阳，白园	0.16	0.83	0.97	-0.23	0.12	4.24
龙门石窟，香山寺	洛阳，白园	0.16	0.83	0.97	-0.23	0.12	4.24
白马寺，香山寺	洛阳，白园	0.11	0.85	0.98	-0.15	0.08	4.40
白马寺，香山寺	龙门石窟，洛阳，白园	0.11	0.85	0.98	-0.15	0.08	4.40
龙门石窟，白马寺，香山寺	洛阳，白园	0.11	0.85	0.98	-0.15	0.08	4.40
香山寺	白园	0.17	0.86	0.98	-0.22	0.13	4.20
香山寺	龙门石窟，白园	0.17	0.86	0.98	-0.22	0.13	4.20
龙门石窟，香山寺	白园	0.17	0.86	0.98	-0.22	0.13	4.20
洛阳，香山寺	白园	0.16	0.87	0.98	-0.21	0.12	4.26
洛阳，香山寺	龙门石窟，白园	0.16	0.87	0.98	-0.21	0.12	4.26
龙门石窟，洛阳，香山寺	白园	0.16	0.87	0.98	-0.21	0.12	4.26
白马寺，香山寺	白园	0.11	0.88	0.99	-0.14	0.09	4.31
白马寺，香山寺	龙门石窟，白园	0.11	0.88	0.99	-0.14	0.09	4.31
龙门石窟，白马寺，香山寺	白园	0.11	0.88	0.99	-0.14	0.09	4.31
洛阳，白马寺，香山寺	白园	0.11	0.89	0.99	-0.14	0.08	4.33
洛阳，白马寺，香山寺	龙门石窟，白园	0.11	0.89	0.99	-0.14	0.08	4.33
龙门石窟，洛阳，白马寺，香山寺	白园	0.11	0.89	0.99	-0.14	0.08	4.33
香山寺	洛阳	0.18	0.95	0.99	-0.20	0.10	2.29

续表

Premises	Conclusion	Support	Confidence	LaPlace	Gain	P-S	Lift
香山寺	龙门石窟，洛阳	0.18	0.95	0.99	−0.20	0.10	2.29
龙门石窟，香山寺	洛阳	0.18	0.95	0.99	−0.20	0.10	2.29
白园	洛阳	0.19	0.95	0.99	−0.21	0.11	2.29
白园	龙门石窟，洛阳	0.19	0.95	0.99	−0.21	0.11	2.29
龙门石窟，白园	洛阳	0.19	0.95	0.99	−0.21	0.11	2.29
白马寺	洛阳	0.26	0.96	0.99	−0.28	0.15	2.31
白马寺	龙门石窟，洛阳	0.26	0.96	0.99	−0.28	0.15	2.31
龙门石窟，白马寺	洛阳	0.26	0.96	0.99	−0.28	0.15	2.31
白园，香山寺	洛阳	0.16	0.96	0.99	−0.17	0.09	2.32
白园，香山寺	龙门石窟，洛阳	0.16	0.96	0.99	−0.17	0.09	2.32
龙门石窟，白园，香山寺	洛阳	0.16	0.96	0.99	−0.17	0.09	2.32
白马寺，香山寺	洛阳	0.12	0.96	1.00	−0.13	0.07	2.33
白马寺，香山寺	龙门石窟，洛阳	0.12	0.96	1.00	−0.13	0.07	2.33
龙门石窟，白马寺，香山寺	洛阳	0.12	0.96	1.00	−0.13	0.07	2.33
白马寺，白园，香山寺	洛阳	0.11	0.97	1.00	−0.12	0.06	2.34
白马寺，白园，香山寺	龙门石窟，洛阳	0.11	0.97	1.00	−0.12	0.06	2.34
龙门石窟，白马寺，白园，香山寺	洛阳	0.11	0.97	1.00	−0.12	0.06	2.34
白马寺，白园	洛阳	0.14	0.97	1.00	−0.14	0.08	2.34
白马寺，白园	龙门石窟，洛阳	0.14	0.97	1.00	−0.14	0.08	2.34
龙门石窟，白马寺，白园	洛阳	0.14	0.97	1.00	−0.14	0.08	2.34

附表 1-3　到云台山的游客到达景区关联频繁项结果

支持度	项1	项2	项3	项4	项5	项6
0.319	云台山	红石峡				
0.277	云台山	茱萸峰				
0.215	云台山	泉瀑峡				
0.194	云台山	猕猴谷				
0.185	云台山	子房湖				
0.180	云台山	焦作				
0.147	云台山	叠彩洞				
0.128	云台山	万善寺				
0.125	云台山	洛阳				
0.112	云台山	龙门石窟				
0.241	红石峡	茱萸峰				

续表

支持度	项1	项2	项3	项4	项5	项6
0.200	红石峡	泉瀑峡				
0.180	红石峡	猕猴谷				
0.176	红石峡	子房湖				
0.125	红石峡	焦作				
0.140	红石峡	叠彩洞				
0.122	红石峡	万善寺				
0.182	茱萸峰	泉瀑峡				
0.171	茱萸峰	猕猴谷				
0.158	茱萸峰	子房湖				
0.105	茱萸峰	焦作				
0.144	茱萸峰	叠彩洞				
0.120	茱萸峰	万善寺				
0.156	泉瀑峡	猕猴谷				
0.144	泉瀑峡	子房湖				
0.124	泉瀑峡	叠彩洞				
0.111	泉瀑峡	万善寺				
0.133	猕猴谷	子房湖				
0.109	猕猴谷	叠彩洞				
0.109	子房湖	叠彩洞				
0.241	云台山	红石峡	茱萸峰			
0.200	云台山	红石峡	泉瀑峡			
0.180	云台山	红石峡	猕猴谷			
0.176	云台山	红石峡	子房湖			
0.125	云台山	红石峡	焦作			
0.140	云台山	红石峡	叠彩洞			
0.122	云台山	红石峡	万善寺			
0.182	云台山	茱萸峰	泉瀑峡			
0.171	云台山	茱萸峰	猕猴谷			
0.158	云台山	茱萸峰	子房湖			
0.105	云台山	茱萸峰	焦作			
0.144	云台山	茱萸峰	叠彩洞			
0.120	云台山	茱萸峰	万善寺			
0.156	云台山	泉瀑峡	猕猴谷			
0.144	云台山	泉瀑峡	子房湖			
0.124	云台山	泉瀑峡	叠彩洞			
0.111	云台山	泉瀑峡	万善寺			

续表

支持度	项1	项2	项3	项4	项5	项6
0.133	云台山	猕猴谷	子房湖			
0.109	云台山	猕猴谷	叠彩洞			
0.109	云台山	子房湖	叠彩洞			
0.175	红石峡	茱萸峰	泉瀑峡			
0.163	红石峡	茱萸峰	猕猴谷			
0.152	红石峡	茱萸峰	子房湖			
0.137	红石峡	茱萸峰	叠彩洞			
0.116	红石峡	茱萸峰	万善寺			
0.148	红石峡	泉瀑峡	猕猴谷			
0.141	红石峡	泉瀑峡	子房湖			
0.121	红石峡	泉瀑峡	叠彩洞			
0.110	红石峡	泉瀑峡	万善寺			
0.128	红石峡	猕猴谷	子房湖			
0.106	红石峡	猕猴谷	叠彩洞			
0.108	红石峡	子房湖	叠彩洞			
0.142	茱萸峰	泉瀑峡	猕猴谷			
0.130	茱萸峰	泉瀑峡	子房湖			
0.121	茱萸峰	泉瀑峡	叠彩洞			
0.107	茱萸峰	泉瀑峡	万善寺			
0.122	茱萸峰	猕猴谷	子房湖			
0.109	茱萸峰	猕猴谷	叠彩洞			
0.106	茱萸峰	子房湖	叠彩洞			
0.118	泉瀑峡	猕猴谷	子房湖			
0.175	云台山	红石峡	茱萸峰	泉瀑峡		
0.163	云台山	红石峡	茱萸峰	猕猴谷		
0.152	云台山	红石峡	茱萸峰	子房湖		
0.137	云台山	红石峡	茱萸峰	叠彩洞		
0.116	云台山	红石峡	茱萸峰	万善寺		
0.148	云台山	红石峡	泉瀑峡	猕猴谷		
0.141	云台山	红石峡	泉瀑峡	子房湖		
0.121	云台山	红石峡	泉瀑峡	叠彩洞		
0.110	云台山	红石峡	泉瀑峡	万善寺		
0.128	云台山	红石峡	猕猴谷	子房湖		
0.106	云台山	红石峡	猕猴谷	叠彩洞		
0.108	云台山	红石峡	子房湖	叠彩洞		
0.142	云台山	茱萸峰	泉瀑峡	猕猴谷		

续表

支持度	项1	项2	项3	项4	项5	项6
0.130	云台山	茱萸峰	泉瀑峡	子房湖		
0.121	云台山	茱萸峰	泉瀑峡	叠彩洞		
0.107	云台山	茱萸峰	泉瀑峡	万善寺		
0.122	云台山	茱萸峰	猕猴谷	子房湖		
0.109	云台山	茱萸峰	猕猴谷	叠彩洞		
0.106	云台山	茱萸峰	子房湖	叠彩洞		
0.118	云台山	泉瀑峡	猕猴谷	子房湖		
0.138	红石峡	茱萸峰	泉瀑峡	猕猴谷		
0.128	红石峡	茱萸峰	泉瀑峡	子房湖		
0.119	红石峡	茱萸峰	泉瀑峡	叠彩洞		
0.107	红石峡	茱萸峰	泉瀑峡	万善寺		
0.119	红石峡	茱萸峰	猕猴谷	子房湖		
0.106	红石峡	茱萸峰	猕猴谷	叠彩洞		
0.105	红石峡	茱萸峰	子房湖	叠彩洞		
0.115	红石峡	泉瀑峡	猕猴谷	子房湖		
0.109	茱萸峰	泉瀑峡	猕猴谷	子房湖		
0.138	云台山	红石峡	茱萸峰	泉瀑峡	猕猴谷	
0.128	云台山	红石峡	茱萸峰	泉瀑峡	子房湖	
0.119	云台山	红石峡	茱萸峰	泉瀑峡	叠彩洞	
0.107	云台山	红石峡	茱萸峰	泉瀑峡	万善寺	
0.119	云台山	红石峡	茱萸峰	猕猴谷	子房湖	
0.106	云台山	红石峡	茱萸峰	猕猴谷	叠彩洞	
0.105	云台山	红石峡	茱萸峰	子房湖	叠彩洞	
0.115	云台山	红石峡	泉瀑峡	猕猴谷	子房湖	
0.109	云台山	茱萸峰	泉瀑峡	猕猴谷	子房湖	
0.107	红石峡	茱萸峰	泉瀑峡	猕猴谷	子房湖	
0.107	云台山	红石峡	茱萸峰	泉瀑峡	猕猴谷	子房湖

附表1-4 到云台山的游客到达景区关联规则结果

Premises	Conclusion	Support	Confidence	LaPlace	Gain	P-S	Lift
猕猴谷	叠彩洞	0.11	0.56	0.93	−0.28	0.08	3.81
猕猴谷	云台山,叠彩洞	0.11	0.56	0.93	−0.28	0.08	3.81
云台山,猕猴谷	叠彩洞	0.11	0.56	0.93	−0.28	0.08	3.81
猕猴谷	茱萸峰,叠彩洞	0.11	0.56	0.93	−0.28	0.08	3.90
猕猴谷	云台山,茱萸峰,叠彩洞	0.11	0.56	0.93	−0.28	0.08	3.90
云台山,猕猴谷	茱萸峰,叠彩洞	0.11	0.56	0.93	−0.28	0.08	3.90

续表

Premises	Conclusion	Support	Confidence	LaPlace	Gain	P-S	Lift
猕猴谷	茱萸峰，泉瀑峡，子房湖	0.11	0.56	0.93	-0.28	0.08	4.30
猕猴谷	云台山，茱萸峰，泉瀑峡，子房湖	0.11	0.56	0.93	-0.28	0.08	4.30
云台山，猕猴谷	茱萸峰，泉瀑峡，子房湖	0.11	0.56	0.93	-0.28	0.08	4.30
红石峡	猕猴谷	0.18	0.56	0.89	-0.46	0.12	2.90
红石峡	云台山，猕猴谷	0.18	0.56	0.89	-0.46	0.12	2.90
云台山，红石峡	猕猴谷	0.18	0.56	0.89	-0.46	0.12	2.90
泉瀑峡	红石峡，叠彩洞	0.12	0.57	0.92	-0.31	0.09	4.02
泉瀑峡	茱萸峰，叠彩洞	0.12	0.57	0.92	-0.31	0.09	3.93
泉瀑峡	云台山，红石峡，叠彩洞	0.12	0.57	0.92	-0.31	0.09	4.02
云台山，泉瀑峡	红石峡，叠彩洞	0.12	0.57	0.92	-0.31	0.09	4.02
泉瀑峡	云台山，茱萸峰，叠彩洞	0.12	0.57	0.92	-0.31	0.09	3.93
云台山，泉瀑峡	茱萸峰，叠彩洞	0.12	0.57	0.92	-0.31	0.09	3.93
子房湖	红石峡，茱萸峰，叠彩洞	0.11	0.57	0.93	-0.26	0.08	4.14
子房湖	云台山，红石峡，茱萸峰，叠彩洞	0.11	0.57	0.93	-0.26	0.08	4.14
云台山，子房湖	红石峡，茱萸峰，叠彩洞	0.11	0.57	0.93	-0.26	0.08	4.14
红石峡，茱萸峰	叠彩洞	0.14	0.57	0.92	-0.34	0.10	3.88
红石峡，茱萸峰	云台山，叠彩洞	0.14	0.57	0.92	-0.34	0.10	3.88
云台山，红石峡，茱萸峰	叠彩洞	0.14	0.57	0.92	-0.34	0.10	3.88
茱萸峰	子房湖	0.16	0.57	0.91	-0.40	0.11	3.08
茱萸峰	云台山，子房湖	0.16	0.57	0.91	-0.40	0.11	3.08
云台山，茱萸峰	子房湖	0.16	0.57	0.91	-0.40	0.11	3.08
红石峡，茱萸峰	泉瀑峡，猕猴谷	0.14	0.57	0.92	-0.34	0.10	3.66
红石峡，茱萸峰	云台山，泉瀑峡，猕猴谷	0.14	0.57	0.92	-0.34	0.10	3.66
云台山，红石峡，茱萸峰	泉瀑峡，猕猴谷	0.14	0.57	0.92	-0.34	0.10	3.66
子房湖	茱萸峰，叠彩洞	0.11	0.57	0.93	-0.26	0.08	3.99
子房湖	云台山，茱萸峰，叠彩洞	0.11	0.57	0.93	-0.26	0.08	3.99
云台山，子房湖	茱萸峰，叠彩洞	0.11	0.57	0.93	-0.26	0.08	3.99

续表

Premises	Conclusion	Support	Confidence	LaPlace	Gain	P-S	Lift
红石峡，泉瀑峡	猕猴谷，子房湖	0.11	0.58	0.93	-0.28	0.09	4.32
红石峡，泉瀑峡	云台山，猕猴谷，子房湖	0.11	0.58	0.93	-0.28	0.09	4.32
云台山，红石峡，泉瀑峡	猕猴谷，子房湖	0.11	0.58	0.93	-0.28	0.09	4.32
泉瀑峡	叠彩洞	0.12	0.58	0.93	-0.31	0.09	3.92
泉瀑峡	云台山，叠彩洞	0.12	0.58	0.93	-0.31	0.09	3.92
云台山，泉瀑峡	叠彩洞	0.12	0.58	0.93	-0.31	0.09	3.92
子房湖	红石峡，茱萸峰，泉瀑峡，猕猴谷	0.11	0.58	0.93	-0.26	0.08	4.18
子房湖	云台山，红石峡，茱萸峰，泉瀑峡，猕猴谷	0.11	0.58	0.93	-0.26	0.08	4.18
云台山，子房湖	红石峡，茱萸峰，泉瀑峡，猕猴谷	0.11	0.58	0.93	-0.26	0.08	4.18
焦作	茱萸峰	0.10	0.58	0.94	-0.26	0.05	2.09
焦作	云台山，茱萸峰	0.10	0.58	0.94	-0.26	0.05	2.09
子房湖	红石峡，叠彩洞	0.11	0.58	0.94	-0.26	0.08	4.14
子房湖	云台山，红石峡，叠彩洞	0.11	0.58	0.93	-0.26	0.08	4.14
云台山，子房湖	红石峡，叠彩洞	0.11	0.58	0.93	-0.26	0.08	4.14
云台山，焦作	茱萸峰	0.10	0.58	0.94	-0.25	0.05	2.10
子房湖	叠彩洞	0.11	0.59	0.94	-0.26	0.08	3.99
子房湖	云台山，叠彩洞	0.11	0.59	0.94	-0.26	0.08	3.99
云台山，子房湖	叠彩洞	0.11	0.59	0.94	-0.26	0.08	3.99
子房湖	茱萸峰，泉瀑峡，猕猴谷	0.11	0.59	0.94	-0.26	0.08	4.13
子房湖	云台山，茱萸峰，泉瀑峡，猕猴谷	0.11	0.59	0.94	-0.26	0.08	4.13
云台山，子房湖	茱萸峰，泉瀑峡，猕猴谷	0.11	0.59	0.94	-0.26	0.08	4.13
茱萸峰，泉瀑峡	万善寺	0.11	0.59	0.94	-0.26	0.08	4.57
茱萸峰，泉瀑峡	云台山，万善寺	0.11	0.59	0.94	-0.26	0.08	4.57
云台山，茱萸峰，泉瀑峡	万善寺	0.11	0.59	0.94	-0.26	0.08	4.57
茱萸峰，泉瀑峡	红石峡，万善寺	0.11	0.59	0.94	-0.26	0.08	4.81
茱萸峰，泉瀑峡	云台山，红石峡，万善寺	0.11	0.59	0.94	-0.26	0.08	4.81

续表

Premises	Conclusion	Support	Confidence	LaPlace	Gain	P-S	Lift
云台山，茱萸峰，泉瀑峡	红石峡，万善寺	0.11	0.59	0.94	-0.26	0.08	4.81
茱萸峰，泉瀑峡	红石峡，猕猴谷，子房湖	0.11	0.59	0.94	-0.26	0.08	4.57
茱萸峰，泉瀑峡	云台山，红石峡，猕猴谷，子房湖	0.11	0.59	0.94	-0.26	0.08	4.57
云台山，茱萸峰，泉瀑峡	红石峡，猕猴谷，子房湖	0.11	0.59	0.94	-0.26	0.08	4.57
茱萸峰	红石峡，猕猴谷	0.16	0.59	0.91	-0.39	0.11	3.27
茱萸峰	云台山，红石峡，猕猴谷	0.16	0.59	0.91	-0.39	0.11	3.27
云台山，茱萸峰	红石峡，猕猴谷	0.16	0.59	0.91	-0.39	0.11	3.27
红石峡，猕猴谷	叠彩洞	0.11	0.59	0.94	-0.25	0.08	4.03
红石峡，猕猴谷	云台山，叠彩洞	0.11	0.59	0.94	-0.25	0.08	4.03
云台山，红石峡，猕猴谷	叠彩洞	0.11	0.59	0.94	-0.25	0.08	4.03
红石峡，猕猴谷	茱萸峰，叠彩洞	0.11	0.59	0.94	-0.25	0.08	4.11
红石峡，猕猴谷	云台山，茱萸峰，叠彩洞	0.11	0.59	0.94	-0.25	0.08	4.11
云台山，红石峡，猕猴谷	茱萸峰，叠彩洞	0.11	0.59	0.94	-0.25	0.08	4.11
猕猴谷	红石峡，泉瀑峡，子房湖	0.11	0.59	0.93	-0.27	0.09	4.20
猕猴谷	云台山，红石峡，泉瀑峡，子房湖	0.11	0.59	0.93	-0.27	0.09	4.20
云台山，猕猴谷	红石峡，泉瀑峡，子房湖	0.11	0.59	0.93	-0.27	0.09	4.20
红石峡，猕猴谷	茱萸峰，泉瀑峡，子房湖	0.11	0.60	0.94	-0.25	0.08	4.58
红石峡，猕猴谷	云台山，茱萸峰，泉瀑峡，子房湖	0.11	0.60	0.94	-0.25	0.08	4.58
云台山，红石峡，猕猴谷	茱萸峰，泉瀑峡，子房湖	0.11	0.60	0.94	-0.25	0.08	4.58
红石峡，泉瀑峡	茱萸峰，叠彩洞	0.12	0.60	0.93	-0.28	0.09	4.15
红石峡，泉瀑峡	云台山，茱萸峰，叠彩洞	0.12	0.60	0.93	-0.28	0.09	4.15
云台山，红石峡，泉瀑峡	茱萸峰，叠彩洞	0.12	0.60	0.93	-0.28	0.09	4.15
茱萸峰，泉瀑峡	猕猴谷，子房湖	0.11	0.60	0.94	-0.26	0.08	4.48

续表

Premises	Conclusion	Support	Confidence	LaPlace	Gain	P-S	Lift
茱萸峰，泉瀑峡	云台山，猕猴谷，子房湖	0.11	0.60	0.94	-0.26	0.08	4.48
云台山，茱萸峰，泉瀑峡	猕猴谷，子房湖	0.11	0.60	0.94	-0.26	0.08	4.48
泉瀑峡	红石峡，茱萸峰，子房湖	0.13	0.60	0.93	-0.30	0.10	3.93
泉瀑峡	云台山，红石峡，茱萸峰，子房湖	0.13	0.60	0.93	-0.30	0.10	3.93
云台山，泉瀑峡	红石峡，茱萸峰，子房湖	0.13	0.60	0.93	-0.30	0.10	3.93
红石峡，子房湖	茱萸峰，叠彩洞	0.11	0.60	0.94	-0.25	0.08	4.18
红石峡，子房湖	云台山，茱萸峰，叠彩洞	0.11	0.60	0.94	-0.25	0.08	4.18
云台山，红石峡，子房湖	茱萸峰，叠彩洞	0.11	0.60	0.94	-0.25	0.08	4.18
泉瀑峡	茱萸峰，子房湖	0.13	0.61	0.93	-0.30	0.10	3.83
泉瀑峡	云台山，茱萸峰，子房湖	0.13	0.61	0.93	-0.30	0.10	3.83
云台山，泉瀑峡	茱萸峰，子房湖	0.13	0.61	0.93	-0.30	0.10	3.83
红石峡，泉瀑峡	叠彩洞	0.12	0.61	0.93	-0.28	0.09	4.14
红石峡，泉瀑峡	云台山，叠彩洞	0.12	0.61	0.93	-0.28	0.09	4.14
云台山，红石峡，泉瀑峡	叠彩洞	0.12	0.61	0.93	-0.28	0.09	4.14
猕猴谷	泉瀑峡，子房湖	0.12	0.61	0.94	-0.27	0.09	4.22
猕猴谷	云台山，泉瀑峡，子房湖	0.12	0.61	0.94	-0.27	0.09	4.22
云台山，猕猴谷	泉瀑峡，子房湖	0.12	0.61	0.94	-0.27	0.09	4.22
红石峡，子房湖	茱萸峰，泉瀑峡，猕猴谷	0.11	0.61	0.94	-0.24	0.08	4.29
红石峡，子房湖	云台山，茱萸峰，泉瀑峡，猕猴谷	0.11	0.61	0.94	-0.24	0.08	4.29
云台山，红石峡，子房湖	茱萸峰，泉瀑峡，猕猴谷	0.11	0.61	0.94	-0.24	0.08	4.29
红石峡，茱萸峰，泉瀑峡	万善寺	0.11	0.61	0.94	-0.24	0.08	4.76
红石峡，茱萸峰，泉瀑峡	云台山，万善寺	0.11	0.61	0.94	-0.24	0.08	4.76
云台山，红石峡，茱萸峰，泉瀑峡	万善寺	0.11	0.61	0.94	-0.24	0.08	4.76

续表

Premises	Conclusion	Support	Confidence	LaPlace	Gain	P-S	Lift
红石峡，茱萸峰，泉瀑峡	猕猴谷，子房湖	0.11	0.61	0.94	-0.24	0.08	4.59
红石峡，茱萸峰，泉瀑峡	云台山，猕猴谷，子房湖	0.11	0.61	0.94	-0.24	0.08	4.59
云台山，红石峡，茱萸峰，泉瀑峡	猕猴谷，子房湖	0.11	0.61	0.94	-0.24	0.08	4.59
猕猴谷	红石峡，茱萸峰，子房湖	0.12	0.61	0.94	-0.27	0.09	4.02
猕猴谷	云台山，红石峡，茱萸峰，子房湖	0.12	0.61	0.94	-0.27	0.09	4.02
云台山，猕猴谷	红石峡，茱萸峰，子房湖	0.12	0.61	0.94	-0.27	0.09	4.02
红石峡，子房湖	叠彩洞	0.11	0.61	0.94	-0.24	0.08	4.18
红石峡，子房湖	云台山，叠彩洞	0.11	0.61	0.94	-0.24	0.08	4.18
云台山，红石峡，子房湖	叠彩洞	0.11	0.61	0.94	-0.24	0.08	4.18
茱萸峰	猕猴谷	0.17	0.62	0.92	-0.38	0.12	3.18
茱萸峰	云台山，猕猴谷	0.17	0.62	0.92	-0.38	0.12	3.18
云台山，茱萸峰	猕猴谷	0.17	0.62	0.92	-0.38	0.12	3.18
子房湖	红石峡，泉瀑峡，猕猴谷	0.11	0.62	0.94	-0.26	0.09	4.18
子房湖	云台山，红石峡，泉瀑峡，猕猴谷	0.11	0.62	0.94	-0.26	0.09	4.18
云台山，子房湖	红石峡，泉瀑峡，猕猴谷	0.11	0.62	0.94	-0.26	0.09	4.18
茱萸峰，猕猴谷	红石峡，叠彩洞	0.11	0.62	0.94	-0.24	0.08	4.42
茱萸峰，猕猴谷	云台山，红石峡，叠彩洞	0.11	0.62	0.94	-0.24	0.08	4.42
云台山，茱萸峰，猕猴谷	红石峡，叠彩洞	0.11	0.62	0.94	-0.24	0.08	4.42
红石峡	泉瀑峡	0.20	0.63	0.91	-0.44	0.13	2.91
红石峡	云台山，泉瀑峡	0.20	0.63	0.91	-0.44	0.13	2.91
云台山，红石峡	泉瀑峡	0.20	0.63	0.91	-0.44	0.13	2.91
茱萸峰，猕猴谷	红石峡，泉瀑峡，子房湖	0.11	0.63	0.95	-0.23	0.08	4.43
茱萸峰，猕猴谷	云台山，红石峡，泉瀑峡，子房湖	0.11	0.63	0.95	-0.23	0.08	4.43

续表

Premises	Conclusion	Support	Confidence	LaPlace	Gain	P-S	Lift
云台山，茱萸峰，猕猴谷	红石峡，泉瀑峡，子房湖	0.11	0.63	0.95	-0.23	0.08	4.43
猕猴谷	茱萸峰，子房湖	0.12	0.63	0.94	-0.27	0.09	3.98
猕猴谷	云台山，茱萸峰，子房湖	0.12	0.63	0.94	-0.27	0.09	3.98
云台山，猕猴谷	茱萸峰，子房湖	0.12	0.63	0.94	-0.27	0.09	3.98
茱萸峰	红石峡，泉瀑峡	0.17	0.63	0.92	-0.38	0.12	3.16
茱萸峰	云台山，红石峡，泉瀑峡	0.17	0.63	0.92	-0.38	0.12	3.16
云台山，茱萸峰	红石峡，泉瀑峡	0.17	0.63	0.92	-0.38	0.12	3.16
红石峡，茱萸峰	子房湖	0.15	0.63	0.93	-0.33	0.11	3.42
红石峡，茱萸峰	云台山，子房湖	0.15	0.63	0.93	-0.33	0.11	3.42
云台山，红石峡，茱萸峰	子房湖	0.15	0.63	0.93	-0.33	0.11	3.42
茱萸峰，猕猴谷	叠彩洞	0.11	0.64	0.95	-0.23	0.08	4.33
茱萸峰，猕猴谷	云台山，叠彩洞	0.11	0.64	0.95	-0.23	0.08	4.33
云台山，茱萸峰，猕猴谷	叠彩洞	0.11	0.64	0.95	-0.23	0.08	4.33
茱萸峰，猕猴谷	泉瀑峡，子房湖	0.11	0.64	0.95	-0.23	0.08	4.40
茱萸峰，猕猴谷	云台山，泉瀑峡，子房湖	0.11	0.64	0.95	-0.23	0.08	4.40
云台山，茱萸峰，猕猴谷	泉瀑峡，子房湖	0.11	0.64	0.95	-0.23	0.08	4.40
子房湖	泉瀑峡，猕猴谷	0.12	0.64	0.94	-0.25	0.09	4.08
子房湖	云台山，泉瀑峡，猕猴谷	0.12	0.64	0.94	-0.25	0.09	4.08
云台山，子房湖	泉瀑峡，猕猴谷	0.12	0.64	0.94	-0.25	0.09	4.08
红石峡，猕猴谷	泉瀑峡，子房湖	0.11	0.64	0.95	-0.24	0.09	4.43
红石峡，猕猴谷	云台山，泉瀑峡，子房湖	0.11	0.64	0.95	-0.24	0.09	4.43
云台山，红石峡，猕猴谷	泉瀑峡，子房湖	0.11	0.64	0.95	-0.24	0.09	4.43
子房湖	红石峡，茱萸峰，猕猴谷	0.12	0.64	0.94	-0.25	0.09	3.94
子房湖	云台山，红石峡，茱萸峰，猕猴谷	0.12	0.64	0.94	-0.25	0.09	3.94
云台山，子房湖	红石峡，茱萸峰，猕猴谷	0.12	0.64	0.94	-0.25	0.09	3.94

续表

Premises	Conclusion	Support	Confidence	LaPlace	Gain	P-S	Lift
泉瀑峡	红石峡，茱萸峰，猕猴谷	0.14	0.64	0.94	-0.29	0.10	3.95
泉瀑峡	云台山，红石峡，茱萸峰，猕猴谷	0.14	0.64	0.94	-0.29	0.10	3.95
云台山，泉瀑峡	红石峡，茱萸峰，猕猴谷	0.14	0.64	0.94	-0.29	0.10	3.95
红石峡，泉瀑峡	茱萸峰，子房湖	0.13	0.64	0.94	-0.27	0.10	4.08
红石峡，泉瀑峡	云台山，茱萸峰，子房湖	0.13	0.64	0.94	-0.27	0.10	4.08
云台山，红石峡，泉瀑峡	茱萸峰，子房湖	0.13	0.64	0.94	-0.27	0.10	4.08
红石峡，茱萸峰，猕猴谷	叠彩洞	0.11	0.65	0.95	-0.22	0.08	4.44
红石峡，茱萸峰，猕猴谷	云台山，叠彩洞	0.11	0.65	0.95	-0.22	0.08	4.44
云台山，红石峡，茱萸峰，猕猴谷	叠彩洞	0.11	0.65	0.95	-0.22	0.08	4.44
茱萸峰，泉瀑峡	红石峡，叠彩洞	0.12	0.65	0.95	-0.25	0.09	4.65
茱萸峰，泉瀑峡	云台山，红石峡，叠彩洞	0.12	0.65	0.95	-0.25	0.09	4.65
云台山，茱萸峰，泉瀑峡	红石峡，叠彩洞	0.12	0.65	0.95	-0.25	0.09	4.65
红石峡，子房湖	泉瀑峡，猕猴谷	0.11	0.65	0.95	-0.24	0.09	4.18
红石峡，子房湖	云台山，泉瀑峡，猕猴谷	0.11	0.65	0.95	-0.24	0.09	4.18
云台山，红石峡，子房湖	泉瀑峡，猕猴谷	0.11	0.65	0.95	-0.24	0.09	4.18
红石峡，茱萸峰，猕猴谷	泉瀑峡，子房湖	0.11	0.66	0.95	-0.22	0.08	4.55
红石峡，茱萸峰，猕猴谷	云台山，泉瀑峡，子房湖	0.11	0.66	0.95	-0.22	0.08	4.55
云台山，红石峡，茱萸峰，猕猴谷	泉瀑峡，子房湖	0.11	0.66	0.95	-0.22	0.08	4.55
茱萸峰	泉瀑峡	0.18	0.66	0.93	-0.37	0.12	3.06
茱萸峰	云台山，泉瀑峡	0.18	0.66	0.93	-0.37	0.12	3.06
云台山，茱萸峰	泉瀑峡	0.18	0.66	0.93	-0.37	0.12	3.06
泉瀑峡	红石峡，子房湖	0.14	0.66	0.94	-0.29	0.10	3.75

续表

Premises	Conclusion	Support	Confidence	LaPlace	Gain	P-S	Lift
泉瀑峡	云台山，红石峡，子房湖	0.14	0.66	0.94	-0.29	0.10	3.75
云台山，泉瀑峡	红石峡，子房湖	0.14	0.66	0.94	-0.29	0.10	3.75
子房湖	茱萸峰，猕猴谷	0.12	0.66	0.95	-0.25	0.09	3.86
子房湖	云台山，茱萸峰，猕猴谷	0.12	0.66	0.95	-0.25	0.09	3.86
云台山，子房湖	茱萸峰，猕猴谷	0.12	0.66	0.95	-0.25	0.09	3.86
泉瀑峡	茱萸峰，猕猴谷	0.14	0.66	0.94	-0.29	0.11	3.87
泉瀑峡	云台山，茱萸峰，猕猴谷	0.14	0.66	0.94	-0.29	0.11	3.87
云台山，泉瀑峡	茱萸峰，猕猴谷	0.14	0.66	0.94	-0.29	0.11	3.87
红石峡，猕猴谷	茱萸峰，子房湖	0.12	0.66	0.95	-0.24	0.09	4.19
红石峡，猕猴谷	云台山，茱萸峰，子房湖	0.12	0.66	0.95	-0.24	0.09	4.19
云台山，红石峡，猕猴谷	茱萸峰，子房湖	0.12	0.66	0.95	-0.24	0.09	4.19
猕猴谷	红石峡，子房湖	0.13	0.66	0.95	-0.26	0.09	3.77
猕猴谷	云台山，红石峡，子房湖	0.13	0.66	0.95	-0.26	0.09	3.77
云台山，猕猴谷	红石峡，子房湖	0.13	0.66	0.95	-0.26	0.09	3.77
茱萸峰，泉瀑峡	叠彩洞	0.12	0.67	0.95	-0.24	0.09	4.54
茱萸峰，泉瀑峡	云台山，叠彩洞	0.12	0.67	0.95	-0.24	0.09	4.54
云台山，茱萸峰，泉瀑峡	叠彩洞	0.12	0.67	0.95	-0.24	0.09	4.54
茱萸峰，子房湖	红石峡，叠彩洞	0.11	0.67	0.95	-0.21	0.08	4.75
茱萸峰，子房湖	云台山，红石峡，叠彩洞	0.11	0.67	0.95	-0.21	0.08	4.75
云台山，茱萸峰，子房湖	红石峡，叠彩洞	0.11	0.67	0.95	-0.21	0.08	4.75
茱萸峰，子房湖	叠彩洞	0.11	0.67	0.96	-0.21	0.08	4.57
茱萸峰，子房湖	云台山，叠彩洞	0.11	0.67	0.96	-0.21	0.08	4.57
云台山，茱萸峰，子房湖	叠彩洞	0.11	0.67	0.96	-0.21	0.08	4.57
泉瀑峡	子房湖	0.14	0.67	0.94	-0.28	0.10	3.63
泉瀑峡	云台山，子房湖	0.14	0.67	0.94	-0.28	0.10	3.63
云台山，泉瀑峡	子房湖	0.14	0.67	0.94	-0.28	0.10	3.63
红石峡，茱萸峰	猕猴谷	0.16	0.68	0.94	-0.32	0.12	3.48
红石峡，茱萸峰	云台山，猕猴谷	0.16	0.68	0.94	-0.32	0.12	3.48

续表

Premises	Conclusion	Support	Confidence	LaPlace	Gain	P-S	Lift
云台山，红石峡，茱萸峰	猕猴谷	0.16	0.68	0.94	-0.32	0.12	3.48
茱萸峰，子房湖	红石峡，泉瀑峡，猕猴谷	0.11	0.68	0.96	-0.21	0.08	4.56
茱萸峰，子房湖	云台山，红石峡，泉瀑峡，猕猴谷	0.11	0.68	0.96	-0.21	0.08	4.56
云台山，茱萸峰，子房湖	红石峡，泉瀑峡，猕猴谷	0.11	0.68	0.96	-0.21	0.08	4.56
红石峡，子房湖	茱萸峰，猕猴谷	0.12	0.68	0.95	-0.23	0.09	3.97
红石峡，子房湖	云台山，茱萸峰，猕猴谷	0.12	0.68	0.95	-0.23	0.09	3.97
云台山，红石峡，子房湖	茱萸峰，猕猴谷	0.12	0.68	0.95	-0.23	0.09	3.97
红石峡，茱萸峰，泉瀑峡	叠彩洞	0.12	0.68	0.95	-0.23	0.09	4.63
红石峡，茱萸峰，泉瀑峡	云台山，叠彩洞	0.12	0.68	0.95	-0.23	0.09	4.63
云台山，红石峡，茱萸峰，泉瀑峡	叠彩洞	0.12	0.68	0.95	-0.23	0.09	4.63
泉瀑峡，猕猴谷	红石峡，茱萸峰，子房湖	0.11	0.68	0.96	-0.21	0.08	4.49
泉瀑峡，猕猴谷	云台山，红石峡，茱萸峰，子房湖	0.11	0.68	0.96	-0.21	0.08	4.49
云台山，泉瀑峡，猕猴谷	红石峡，茱萸峰，子房湖	0.11	0.68	0.96	-0.21	0.08	4.49
茱萸峰，子房湖	泉瀑峡，猕猴谷	0.11	0.69	0.96	-0.21	0.08	4.39
茱萸峰，子房湖	云台山，泉瀑峡，猕猴谷	0.11	0.69	0.96	-0.21	0.08	4.39
云台山，茱萸峰，子房湖	泉瀑峡，猕猴谷	0.11	0.69	0.96	-0.21	0.08	4.39
猕猴谷	子房湖	0.13	0.69	0.95	-0.25	0.10	3.71
猕猴谷	云台山，子房湖	0.13	0.69	0.95	-0.25	0.10	3.71
云台山，猕猴谷	子房湖	0.13	0.69	0.95	-0.25	0.10	3.71
红石峡，茱萸峰，子房湖	叠彩洞	0.11	0.69	0.96	-0.20	0.08	4.71
红石峡，茱萸峰，子房湖	云台山，叠彩洞	0.11	0.69	0.96	-0.20	0.08	4.71
云台山，红石峡，茱萸峰，子房湖	叠彩洞	0.11	0.69	0.96	-0.20	0.08	4.71

续表

Premises	Conclusion	Support	Confidence	LaPlace	Gain	P-S	Lift
泉瀑峡	红石峡，猕猴谷	0.15	0.69	0.95	-0.28	0.11	3.85
泉瀑峡	云台山，红石峡，猕猴谷	0.15	0.69	0.95	-0.28	0.11	3.85
云台山，泉瀑峡	红石峡，猕猴谷	0.15	0.69	0.95	-0.28	0.11	3.85
红石峡，泉瀑峡	茱萸峰，猕猴谷	0.14	0.69	0.95	-0.26	0.10	4.05
红石峡，泉瀑峡	云台山，茱萸峰，猕猴谷	0.14	0.69	0.95	-0.26	0.10	4.05
云台山，红石峡，泉瀑峡	茱萸峰，猕猴谷	0.14	0.69	0.95	-0.26	0.10	4.05
泉瀑峡，猕猴谷	茱萸峰，子房湖	0.11	0.69	0.96	-0.20	0.08	4.39
泉瀑峡，猕猴谷	云台山，茱萸峰，子房湖	0.11	0.69	0.96	-0.20	0.08	4.39
云台山，泉瀑峡，猕猴谷	茱萸峰，子房湖	0.11	0.69	0.96	-0.20	0.08	4.39
子房湖	红石峡，猕猴谷	0.13	0.69	0.95	-0.24	0.10	3.86
子房湖	云台山，红石峡，猕猴谷	0.13	0.69	0.95	-0.24	0.10	3.86
云台山，子房湖	红石峡，猕猴谷	0.13	0.69	0.95	-0.24	0.10	3.86
子房湖	红石峡，茱萸峰，泉瀑峡	0.13	0.69	0.95	-0.24	0.10	3.97
子房湖	云台山，红石峡，茱萸峰，泉瀑峡	0.13	0.69	0.95	-0.24	0.10	3.97
云台山，子房湖	红石峡，茱萸峰，泉瀑峡	0.13	0.69	0.95	-0.24	0.10	3.97
焦作	红石峡	0.13	0.69	0.95	-0.24	0.07	2.18
焦作	云台山，红石峡	0.13	0.69	0.95	-0.24	0.07	2.18
茱萸峰，猕猴谷	红石峡，子房湖	0.12	0.70	0.96	-0.22	0.09	3.97
茱萸峰，猕猴谷	云台山，红石峡，子房湖	0.12	0.70	0.96	-0.22	0.09	3.97
云台山，茱萸峰，猕猴谷	红石峡，子房湖	0.12	0.70	0.96	-0.22	0.09	3.97
云台山，焦作	红石峡	0.13	0.70	0.95	-0.23	0.07	2.19
红石峡，茱萸峰，子房湖	泉瀑峡，猕猴谷	0.11	0.70	0.96	-0.20	0.08	4.49
红石峡，茱萸峰，子房湖	云台山，泉瀑峡，猕猴谷	0.11	0.70	0.96	-0.20	0.08	4.49
云台山，红石峡，茱萸峰，子房湖	泉瀑峡，猕猴谷	0.11	0.70	0.96	-0.20	0.08	4.49

续表

Premises	Conclusion	Support	Confidence	LaPlace	Gain	P-S	Lift
子房湖	茱萸峰，泉瀑峡	0.13	0.70	0.95	−0.24	0.10	3.86
子房湖	云台山，茱萸峰，泉瀑峡	0.13	0.70	0.95	−0.24	0.10	3.86
云台山，子房湖	茱萸峰，泉瀑峡	0.13	0.70	0.95	−0.24	0.10	3.86
茱萸峰，泉瀑峡	红石峡，子房湖	0.13	0.71	0.95	−0.24	0.10	4.02
茱萸峰，泉瀑峡	云台山，红石峡，子房湖	0.13	0.71	0.95	−0.24	0.10	4.02
云台山，茱萸峰，泉瀑峡	红石峡，子房湖	0.13	0.71	0.95	−0.24	0.10	4.02
红石峡，泉瀑峡	子房湖	0.14	0.71	0.95	−0.26	0.10	3.82
红石峡，泉瀑峡	云台山，子房湖	0.14	0.71	0.95	−0.26	0.10	3.82
云台山，红石峡，泉瀑峡	子房湖	0.14	0.71	0.95	−0.26	0.10	3.82
猕猴谷	红石峡，茱萸峰，泉瀑峡	0.14	0.71	0.95	−0.25	0.10	4.07
猕猴谷	云台山，红石峡，茱萸峰，泉瀑峡	0.14	0.71	0.95	−0.25	0.10	4.07
云台山，猕猴谷	红石峡，茱萸峰，泉瀑峡	0.14	0.71	0.95	−0.25	0.10	4.07
茱萸峰，泉瀑峡	子房湖	0.13	0.71	0.96	−0.23	0.10	3.86
茱萸峰，泉瀑峡	云台山，子房湖	0.13	0.71	0.96	−0.23	0.10	3.86
云台山，茱萸峰，泉瀑峡	子房湖	0.13	0.71	0.96	−0.23	0.10	3.86
茱萸峰，猕猴谷	子房湖	0.12	0.71	0.96	−0.22	0.09	3.86
茱萸峰，猕猴谷	云台山，子房湖	0.12	0.71	0.96	−0.22	0.09	3.86
云台山，茱萸峰，猕猴谷	子房湖	0.12	0.71	0.96	−0.22	0.09	3.86
红石峡，猕猴谷	子房湖	0.13	0.72	0.96	−0.23	0.10	3.86
红石峡，猕猴谷	云台山，子房湖	0.13	0.72	0.96	−0.23	0.10	3.86
云台山，红石峡，猕猴谷	子房湖	0.13	0.72	0.96	−0.23	0.10	3.86
叠彩洞	红石峡，茱萸峰，子房湖	0.11	0.72	0.96	−0.19	0.08	4.71
叠彩洞	云台山，红石峡，茱萸峰，子房湖	0.11	0.72	0.96	−0.19	0.08	4.71
云台山，叠彩洞	红石峡，茱萸峰，子房湖	0.11	0.72	0.96	−0.19	0.08	4.71
子房湖	猕猴谷	0.13	0.72	0.96	−0.24	0.10	3.71
子房湖	云台山，猕猴谷	0.13	0.72	0.96	−0.24	0.10	3.71

续表

Premises	Conclusion	Support	Confidence	LaPlace	Gain	P-S	Lift
云台山，子房湖	猕猴谷	0.13	0.72	0.96	−0.24	0.10	3.71
红石峡，泉瀑峡，猕猴谷	茱萸峰，子房湖	0.11	0.72	0.96	−0.19	0.08	4.56
红石峡，泉瀑峡，猕猴谷	云台山，茱萸峰，子房湖	0.11	0.72	0.96	−0.19	0.08	4.56
云台山，红石峡，泉瀑峡，猕猴谷	茱萸峰，子房湖	0.11	0.72	0.96	−0.19	0.08	4.56
叠彩洞	红石峡，猕猴谷	0.11	0.72	0.96	−0.19	0.08	4.03
叠彩洞	茱萸峰，子房湖	0.11	0.72	0.96	−0.19	0.08	4.57
叠彩洞	云台山，红石峡，猕猴谷	0.11	0.72	0.96	−0.19	0.08	4.03
云台山，叠彩洞	红石峡，猕猴谷	0.11	0.72	0.96	−0.19	0.08	4.03
叠彩洞	云台山，茱萸峰，子房湖	0.11	0.72	0.96	−0.19	0.08	4.57
云台山，叠彩洞	茱萸峰，子房湖	0.11	0.72	0.96	−0.19	0.08	4.57
叠彩洞	红石峡，茱萸峰，猕猴谷	0.11	0.72	0.96	−0.19	0.08	4.44
叠彩洞	云台山，红石峡，茱萸峰，猕猴谷	0.11	0.72	0.96	−0.19	0.08	4.44
云台山，叠彩洞	红石峡，茱萸峰，猕猴谷	0.11	0.72	0.96	−0.19	0.08	4.44
红石峡，茱萸峰	泉瀑峡	0.17	0.73	0.95	−0.31	0.12	3.38
红石峡，茱萸峰	云台山，泉瀑峡	0.17	0.73	0.95	−0.31	0.12	3.38
云台山，红石峡，茱萸峰	泉瀑峡	0.17	0.73	0.95	−0.31	0.12	3.38
泉瀑峡	猕猴谷	0.16	0.73	0.95	−0.27	0.11	3.76
泉瀑峡	云台山，猕猴谷	0.16	0.73	0.95	−0.27	0.11	3.76
云台山，泉瀑峡	猕猴谷	0.16	0.73	0.95	−0.27	0.11	3.76
红石峡，茱萸峰，猕猴谷	子房湖	0.12	0.73	0.96	−0.21	0.09	3.94
红石峡，茱萸峰，猕猴谷	云台山，子房湖	0.12	0.73	0.96	−0.21	0.09	3.94
云台山，红石峡，茱萸峰，猕猴谷	子房湖	0.12	0.73	0.96	−0.21	0.09	3.94
红石峡，子房湖	猕猴谷	0.13	0.73	0.96	−0.22	0.09	3.77
红石峡，子房湖	云台山，猕猴谷	0.13	0.73	0.96	−0.22	0.09	3.77
云台山，红石峡，子房湖	猕猴谷	0.13	0.73	0.96	−0.22	0.09	3.77

续表

Premises	Conclusion	Support	Confidence	LaPlace	Gain	P-S	Lift
红石峡，子房湖	茱萸峰，泉瀑峡	0.13	0.73	0.96	-0.22	0.10	4.02
红石峡，子房湖	云台山，茱萸峰，泉瀑峡	0.13	0.73	0.96	-0.22	0.10	4.02
云台山，红石峡，子房湖	茱萸峰，泉瀑峡	0.13	0.73	0.96	-0.22	0.10	4.02
猕猴谷	茱萸峰，泉瀑峡	0.14	0.73	0.96	-0.25	0.11	4.03
猕猴谷	云台山，茱萸峰，泉瀑峡	0.14	0.73	0.96	-0.25	0.11	4.03
云台山，猕猴谷	茱萸峰，泉瀑峡	0.14	0.73	0.96	-0.25	0.11	4.03
茱萸峰，叠彩洞	红石峡，子房湖	0.11	0.73	0.97	-0.18	0.08	4.18
茱萸峰，叠彩洞	云台山，红石峡，子房湖	0.11	0.73	0.97	-0.18	0.08	4.18
云台山，茱萸峰，叠彩洞	红石峡，子房湖	0.11	0.73	0.97	-0.18	0.08	4.18
叠彩洞	红石峡，子房湖	0.11	0.73	0.97	-0.19	0.08	4.18
叠彩洞	云台山，红石峡，子房湖	0.11	0.73	0.97	-0.19	0.08	4.18
云台山，叠彩洞	红石峡，子房湖	0.11	0.73	0.97	-0.19	0.08	4.18
泉瀑峡，猕猴谷	红石峡，子房湖	0.11	0.73	0.96	-0.20	0.09	4.18
泉瀑峡，猕猴谷	云台山，红石峡，子房湖	0.11	0.73	0.96	-0.20	0.09	4.18
云台山，泉瀑峡，猕猴谷	红石峡，子房湖	0.11	0.73	0.96	-0.20	0.09	4.18
红石峡，茱萸峰，泉瀑峡	子房湖	0.13	0.74	0.96	-0.22	0.10	3.97
红石峡，茱萸峰，泉瀑峡	云台山，子房湖	0.13	0.74	0.96	-0.22	0.10	3.97
云台山，红石峡，茱萸峰，泉瀑峡	子房湖	0.13	0.74	0.96	-0.22	0.10	3.97
茱萸峰，叠彩洞	子房湖	0.11	0.74	0.97	-0.18	0.08	3.99
茱萸峰，叠彩洞	云台山，子房湖	0.11	0.74	0.97	-0.18	0.08	3.99
云台山，茱萸峰，叠彩洞	子房湖	0.11	0.74	0.97	-0.18	0.08	3.99
茱萸峰，叠彩洞	红石峡，猕猴谷	0.11	0.74	0.97	-0.18	0.08	4.11
茱萸峰，叠彩洞	云台山，红石峡，猕猴谷	0.11	0.74	0.97	-0.18	0.08	4.11
云台山，茱萸峰，叠彩洞	红石峡，猕猴谷	0.11	0.74	0.97	-0.18	0.08	4.11

续表

Premises	Conclusion	Support	Confidence	LaPlace	Gain	P-S	Lift
叠彩洞	猕猴谷	0.11	0.74	0.97	-0.19	0.08	3.81
叠彩洞	子房湖	0.11	0.74	0.97	-0.19	0.08	3.99
叠彩洞	云台山，猕猴谷	0.11	0.74	0.97	-0.19	0.08	3.81
云台山，叠彩洞	猕猴谷	0.11	0.74	0.97	-0.19	0.08	3.81
叠彩洞	云台山，子房湖	0.11	0.74	0.97	-0.19	0.08	3.99
云台山，叠彩洞	子房湖	0.11	0.74	0.97	-0.19	0.08	3.99
叠彩洞	茱萸峰，猕猴谷	0.11	0.74	0.97	-0.19	0.08	4.33
叠彩洞	云台山，茱萸峰，猕猴谷	0.11	0.74	0.97	-0.19	0.08	4.33
云台山，叠彩洞	茱萸峰，猕猴谷	0.11	0.74	0.97	-0.19	0.08	4.33
泉瀑峡，子房湖	红石峡，茱萸峰，猕猴谷	0.11	0.74	0.97	-0.18	0.08	4.55
泉瀑峡，子房湖	云台山，红石峡，茱萸峰，猕猴谷	0.11	0.74	0.97	-0.18	0.08	4.55
云台山，泉瀑峡，子房湖	红石峡，茱萸峰，猕猴谷	0.11	0.74	0.97	-0.18	0.08	4.55
红石峡，泉瀑峡	猕猴谷	0.15	0.74	0.96	-0.25	0.11	3.84
红石峡，泉瀑峡	云台山，猕猴谷	0.15	0.74	0.96	-0.25	0.11	3.84
云台山，红石峡，泉瀑峡	猕猴谷	0.15	0.74	0.96	-0.25	0.11	3.84
红石峡，叠彩洞	茱萸峰，子房湖	0.11	0.75	0.97	-0.18	0.08	4.75
红石峡，叠彩洞	云台山，茱萸峰，子房湖	0.11	0.75	0.97	-0.18	0.08	4.75
云台山，红石峡，叠彩洞	茱萸峰，子房湖	0.11	0.75	0.97	-0.18	0.08	4.75
泉瀑峡，子房湖	茱萸峰，猕猴谷	0.11	0.75	0.97	-0.18	0.08	4.40
泉瀑峡，子房湖	云台山，茱萸峰，猕猴谷	0.11	0.75	0.97	-0.18	0.08	4.40
云台山，泉瀑峡，子房湖	茱萸峰，猕猴谷	0.11	0.75	0.97	-0.18	0.08	4.40
茱萸峰，子房湖	红石峡，猕猴谷	0.12	0.75	0.97	-0.20	0.09	4.19
茱萸峰，子房湖	云台山，红石峡，猕猴谷	0.12	0.75	0.97	-0.20	0.09	4.19
云台山，茱萸峰，子房湖	红石峡，猕猴谷	0.12	0.75	0.97	-0.20	0.09	4.19
茱萸峰，泉瀑峡，猕猴谷	红石峡，子房湖	0.11	0.75	0.97	-0.18	0.08	4.29
茱萸峰，泉瀑峡，猕猴谷	云台山，红石峡，子房湖	0.11	0.75	0.97	-0.18	0.08	4.29

续表

Premises	Conclusion	Support	Confidence	LaPlace	Gain	P-S	Lift
云台山，茱萸峰，泉瀑峡，猕猴谷	红石峡，子房湖	0.11	0.75	0.97	−0.18	0.08	4.29
红石峡	茱萸峰	0.24	0.76	0.94	−0.40	0.15	2.73
红石峡	云台山，茱萸峰	0.24	0.76	0.94	−0.40	0.15	2.73
云台山，红石峡	茱萸峰	0.24	0.76	0.94	−0.40	0.15	2.73
泉瀑峡，猕猴谷	子房湖	0.12	0.76	0.97	−0.19	0.09	4.08
泉瀑峡，猕猴谷	云台山，子房湖	0.12	0.76	0.97	−0.19	0.09	4.08
云台山，泉瀑峡，猕猴谷	子房湖	0.12	0.76	0.97	−0.19	0.09	4.08
茱萸峰，叠彩洞	猕猴谷	0.11	0.76	0.97	−0.18	0.08	3.90
茱萸峰，叠彩洞	云台山，猕猴谷	0.11	0.76	0.97	−0.18	0.08	3.90
云台山，茱萸峰，叠彩洞	猕猴谷	0.11	0.76	0.97	−0.18	0.08	3.90
红石峡，叠彩洞	猕猴谷	0.11	0.76	0.97	−0.17	0.08	3.90
红石峡，叠彩洞	云台山，猕猴谷	0.11	0.76	0.97	−0.17	0.08	3.90
云台山，红石峡，叠彩洞	猕猴谷	0.11	0.76	0.97	−0.17	0.08	3.90
红石峡，叠彩洞	茱萸峰，猕猴谷	0.11	0.76	0.97	−0.17	0.08	4.42
红石峡，叠彩洞	云台山，茱萸峰，猕猴谷	0.11	0.76	0.97	−0.17	0.08	4.42
云台山，红石峡，叠彩洞	茱萸峰，猕猴谷	0.11	0.76	0.97	−0.17	0.08	4.42
红石峡，泉瀑峡，子房湖	茱萸峰，猕猴谷	0.11	0.76	0.97	−0.18	0.08	4.43
红石峡，泉瀑峡，子房湖	云台山，茱萸峰，猕猴谷	0.11	0.76	0.97	−0.18	0.08	4.43
云台山，红石峡，泉瀑峡，子房湖	茱萸峰，猕猴谷	0.11	0.76	0.97	−0.18	0.08	4.43
茱萸峰，泉瀑峡	红石峡，猕猴谷	0.14	0.76	0.96	−0.23	0.11	4.23
茱萸峰，泉瀑峡	云台山，红石峡，猕猴谷	0.14	0.76	0.96	−0.23	0.11	4.23
云台山，茱萸峰，泉瀑峡	红石峡，猕猴谷	0.14	0.76	0.96	−0.23	0.11	4.23
子房湖	红石峡，泉瀑峡	0.14	0.76	0.96	−0.23	0.10	3.82
子房湖	云台山，红石峡，泉瀑峡	0.14	0.76	0.96	−0.23	0.10	3.82
云台山，子房湖	红石峡，泉瀑峡	0.14	0.76	0.96	−0.23	0.10	3.82

续表

Premises	Conclusion	Support	Confidence	LaPlace	Gain	P-S	Lift
茱萸峰，泉瀑峡，猕猴谷	子房湖	0.11	0.76	0.97	−0.18	0.08	4.13
茱萸峰，泉瀑峡，猕猴谷	云台山，子房湖	0.11	0.76	0.97	−0.18	0.08	4.13
云台山，茱萸峰，泉瀑峡，猕猴谷	子房湖	0.11	0.76	0.97	−0.18	0.08	4.13
猕猴谷	红石峡，泉瀑峡	0.15	0.77	0.96	−0.24	0.11	3.84
猕猴谷	云台山，红石峡，泉瀑峡	0.15	0.77	0.96	−0.24	0.11	3.84
云台山，猕猴谷	红石峡，泉瀑峡	0.15	0.77	0.96	−0.24	0.11	3.84
红石峡，叠彩洞	子房湖	0.11	0.77	0.97	−0.17	0.08	4.14
红石峡，叠彩洞	云台山，子房湖	0.11	0.77	0.97	−0.17	0.08	4.14
云台山，红石峡，叠彩洞	子房湖	0.11	0.77	0.97	−0.17	0.08	4.14
红石峡，茱萸峰，叠彩洞	子房湖	0.11	0.77	0.97	−0.17	0.08	4.14
红石峡，茱萸峰，叠彩洞	云台山，子房湖	0.11	0.77	0.97	−0.17	0.08	4.14
云台山，红石峡，茱萸峰，叠彩洞	子房湖	0.11	0.77	0.97	−0.17	0.08	4.14
红石峡，猕猴谷	茱萸峰，泉瀑峡	0.14	0.77	0.96	−0.22	0.11	4.23
红石峡，猕猴谷	云台山，茱萸峰，泉瀑峡	0.14	0.77	0.96	−0.22	0.11	4.23
云台山，红石峡，猕猴谷	茱萸峰，泉瀑峡	0.14	0.77	0.96	−0.22	0.11	4.23
茱萸峰，子房湖	猕猴谷	0.12	0.77	0.97	−0.19	0.09	3.98
茱萸峰，子房湖	云台山，猕猴谷	0.12	0.77	0.97	−0.19	0.09	3.98
云台山，茱萸峰，子房湖	猕猴谷	0.12	0.77	0.97	−0.19	0.09	3.98
红石峡，茱萸峰，叠彩洞	猕猴谷	0.11	0.77	0.97	−0.17	0.08	3.99
红石峡，叠彩洞	云台山，猕猴谷	0.11	0.77	0.97	−0.17	0.08	3.99
云台山，红石峡，茱萸峰，叠彩洞	猕猴谷	0.11	0.77	0.97	−0.17	0.08	3.99
红石峡，泉瀑峡，猕猴谷	子房湖	0.11	0.77	0.97	−0.18	0.09	4.18

续表

Premises	Conclusion	Support	Confidence	LaPlace	Gain	P-S	Lift
红石峡，泉瀑峡，猕猴谷	云台山，子房湖	0.11	0.77	0.97	-0.18	0.09	4.18
云台山，红石峡，泉瀑峡，猕猴谷	子房湖	0.11	0.77	0.97	-0.18	0.09	4.18
红石峡，茱萸峰，泉瀑峡，猕猴谷	子房湖	0.11	0.77	0.97	-0.17	0.08	4.18
红石峡，茱萸峰，泉瀑峡，猕猴谷	云台山，子房湖	0.11	0.77	0.97	-0.17	0.08	4.18
云台山，红石峡，茱萸峰，泉瀑峡，猕猴谷	子房湖	0.11	0.77	0.97	-0.17	0.08	4.18
红石峡，茱萸峰，子房湖	猕猴谷	0.12	0.78	0.97	-0.19	0.09	4.02
红石峡，茱萸峰，子房湖	云台山，猕猴谷	0.12	0.78	0.97	-0.19	0.09	4.02
云台山，红石峡，茱萸峰，子房湖	猕猴谷	0.12	0.78	0.97	-0.19	0.09	4.02
子房湖	泉瀑峡	0.14	0.78	0.97	-0.23	0.10	3.63
子房湖	云台山，泉瀑峡	0.14	0.78	0.97	-0.23	0.10	3.63
云台山，子房湖	泉瀑峡	0.14	0.78	0.97	-0.23	0.10	3.63
茱萸峰，泉瀑峡	猕猴谷	0.14	0.78	0.97	-0.22	0.11	4.03
茱萸峰，泉瀑峡	云台山，猕猴谷	0.14	0.78	0.97	-0.22	0.11	4.03
云台山，茱萸峰，泉瀑峡	猕猴谷	0.14	0.78	0.97	-0.22	0.11	4.03
红石峡，茱萸峰，泉瀑峡	猕猴谷	0.14	0.79	0.97	-0.21	0.10	4.07
红石峡，茱萸峰，泉瀑峡	云台山，猕猴谷	0.14	0.79	0.97	-0.21	0.10	4.07
云台山，红石峡，茱萸峰，泉瀑峡	猕猴谷	0.14	0.79	0.97	-0.21	0.10	4.07
泉瀑峡，子房湖	红石峡，猕猴谷	0.11	0.80	0.97	-0.17	0.09	4.43
泉瀑峡，子房湖	云台山，红石峡，猕猴谷	0.11	0.80	0.97	-0.17	0.09	4.43
云台山，泉瀑峡，子房湖	红石峡，猕猴谷	0.11	0.80	0.97	-0.17	0.09	4.43

附表 关联规则研究结果

续表

Premises	Conclusion	Support	Confidence	LaPlace	Gain	P-S	Lift
猕猴谷，子房湖	红石峡，茱萸峰，泉瀑峡	0.11	0.80	0.98	-0.16	0.08	4.59
猕猴谷，子房湖	云台山，红石峡，茱萸峰，泉瀑峡	0.11	0.80	0.98	-0.16	0.08	4.59
云台山，猕猴谷，子房湖	红石峡，茱萸峰，泉瀑峡	0.11	0.80	0.98	-0.16	0.08	4.59
红石峡，子房湖	泉瀑峡	0.14	0.80	0.97	-0.21	0.10	3.75
红石峡，子房湖	云台山，泉瀑峡	0.14	0.80	0.97	-0.21	0.10	3.75
云台山，红石峡，子房湖	泉瀑峡	0.14	0.80	0.97	-0.21	0.10	3.75
猕猴谷	泉瀑峡	0.16	0.81	0.97	-0.23	0.11	3.76
猕猴谷	云台山，泉瀑峡	0.16	0.81	0.97	-0.23	0.11	3.76
云台山，猕猴谷	泉瀑峡	0.16	0.81	0.97	-0.23	0.11	3.76
茱萸峰，猕猴谷	红石峡，泉瀑峡	0.14	0.81	0.97	-0.20	0.10	4.05
茱萸峰，猕猴谷	云台山，红石峡，泉瀑峡	0.14	0.81	0.97	-0.20	0.10	4.05
云台山，茱萸峰，猕猴谷	红石峡，泉瀑峡	0.14	0.81	0.97	-0.20	0.10	4.05
叠彩洞	红石峡，茱萸峰，泉瀑峡	0.12	0.81	0.98	-0.17	0.09	4.63
叠彩洞	云台山，红石峡，茱萸峰，泉瀑峡	0.12	0.81	0.98	-0.17	0.09	4.63
云台山，叠彩洞	红石峡，茱萸峰，泉瀑峡	0.12	0.81	0.98	-0.17	0.09	4.63
茱萸峰，子房湖	红石峡，泉瀑峡	0.13	0.81	0.97	-0.19	0.10	4.08
茱萸峰，子房湖	云台山，红石峡，泉瀑峡	0.13	0.81	0.97	-0.19	0.10	4.08
云台山，茱萸峰，子房湖	红石峡，泉瀑峡	0.13	0.81	0.97	-0.19	0.10	4.08
红石峡，泉瀑峡，子房湖	猕猴谷	0.11	0.81	0.98	-0.17	0.09	4.20
红石峡，泉瀑峡，子房湖	云台山，猕猴谷	0.11	0.81	0.98	-0.17	0.09	4.20
云台山，红石峡，泉瀑峡，子房湖	猕猴谷	0.11	0.81	0.98	-0.17	0.09	4.20
泉瀑峡	红石峡，茱萸峰	0.17	0.81	0.97	-0.25	0.12	3.38
泉瀑峡	云台山，红石峡，茱萸峰	0.17	0.81	0.97	-0.25	0.12	3.38

续表

Premises	Conclusion	Support	Confidence	LaPlace	Gain	P-S	Lift
云台山，泉瀑峡	红石峡，茱萸峰	0.17	0.81	0.97	-0.25	0.12	3.38
猕猴谷，子房湖	茱萸峰，泉瀑峡	0.11	0.81	0.98	-0.16	0.08	4.48
猕猴谷，子房湖	云台山，茱萸峰，泉瀑峡	0.11	0.81	0.98	-0.16	0.08	4.48
云台山，猕猴谷，子房湖	茱萸峰，泉瀑峡	0.11	0.81	0.98	-0.16	0.08	4.48
泉瀑峡，子房湖	猕猴谷	0.12	0.82	0.98	-0.17	0.09	4.22
泉瀑峡，子房湖	云台山，猕猴谷	0.12	0.82	0.98	-0.17	0.09	4.22
云台山，泉瀑峡，子房湖	猕猴谷	0.12	0.82	0.98	-0.17	0.09	4.22
茱萸峰，泉瀑峡，子房湖	红石峡，猕猴谷	0.11	0.82	0.98	-0.15	0.08	4.58
茱萸峰，泉瀑峡，子房湖	云台山，红石峡，猕猴谷	0.11	0.82	0.98	-0.15	0.08	4.58
云台山，茱萸峰，泉瀑峡，子房湖	红石峡，猕猴谷	0.11	0.82	0.98	-0.15	0.08	4.58
茱萸峰，子房湖	泉瀑峡	0.13	0.82	0.98	-0.19	0.10	3.83
茱萸峰，子房湖	云台山，泉瀑峡	0.13	0.82	0.98	-0.19	0.10	3.83
云台山，茱萸峰，子房湖	泉瀑峡	0.13	0.82	0.98	-0.19	0.10	3.83
子房湖	红石峡，茱萸峰	0.15	0.82	0.97	-0.22	0.11	3.42
子房湖	云台山，红石峡，茱萸峰	0.15	0.82	0.97	-0.22	0.11	3.42
云台山，子房湖	红石峡，茱萸峰	0.15	0.82	0.97	-0.22	0.11	3.42
叠彩洞	红石峡，泉瀑峡	0.12	0.83	0.98	-0.17	0.09	4.14
叠彩洞	茱萸峰，泉瀑峡	0.12	0.83	0.98	-0.17	0.09	4.54
叠彩洞	云台山，红石峡，泉瀑峡	0.12	0.83	0.98	-0.17	0.09	4.14
云台山，叠彩洞	红石峡，泉瀑峡	0.12	0.83	0.98	-0.17	0.09	4.14
叠彩洞	云台山，茱萸峰，泉瀑峡	0.12	0.83	0.98	-0.17	0.09	4.54
云台山，叠彩洞	茱萸峰，泉瀑峡	0.12	0.83	0.98	-0.17	0.09	4.54
红石峡，猕猴谷	泉瀑峡	0.15	0.83	0.97	-0.21	0.11	3.85
红石峡，猕猴谷	云台山，泉瀑峡	0.15	0.83	0.97	-0.21	0.11	3.85
云台山，红石峡，猕猴谷	泉瀑峡	0.15	0.83	0.97	-0.21	0.11	3.85
茱萸峰，叠彩洞	红石峡，泉瀑峡	0.12	0.83	0.98	-0.17	0.09	4.15

续表

Premises	Conclusion	Support	Confidence	LaPlace	Gain	P-S	Lift
茱萸峰，叠彩洞	云台山，红石峡，泉瀑峡	0.12	0.83	0.98	-0.17	0.09	4.15
云台山，茱萸峰，叠彩洞	红石峡，泉瀑峡	0.12	0.83	0.98	-0.17	0.09	4.15
茱萸峰，猕猴谷	泉瀑峡	0.14	0.83	0.98	-0.20	0.11	3.87
茱萸峰，猕猴谷	云台山，泉瀑峡	0.14	0.83	0.98	-0.20	0.11	3.87
云台山，茱萸峰，猕猴谷	泉瀑峡	0.14	0.83	0.98	-0.20	0.11	3.87
万善寺	茱萸峰，泉瀑峡	0.11	0.83	0.98	-0.15	0.08	4.57
万善寺	云台山，茱萸峰，泉瀑峡	0.11	0.83	0.98	-0.15	0.08	4.57
云台山，万善寺	茱萸峰，泉瀑峡	0.11	0.83	0.98	-0.15	0.08	4.57
万善寺	红石峡，茱萸峰，泉瀑峡	0.11	0.83	0.98	-0.15	0.08	4.76
万善寺	云台山，红石峡，茱萸峰，泉瀑峡	0.11	0.83	0.98	-0.15	0.08	4.76
云台山，万善寺	红石峡，茱萸峰，泉瀑峡	0.11	0.83	0.98	-0.15	0.08	4.76
红石峡，茱萸峰，泉瀑峡，子房湖	猕猴谷	0.11	0.83	0.98	-0.15	0.08	4.29
红石峡，猕猴谷，子房湖	茱萸峰，泉瀑峡	0.11	0.83	0.98	-0.15	0.08	4.57
红石峡，茱萸峰，泉瀑峡，子房湖	云台山，猕猴谷	0.11	0.83	0.98	-0.15	0.08	4.29
云台山，红石峡，茱萸峰，泉瀑峡，子房湖	猕猴谷	0.11	0.83	0.98	-0.15	0.08	4.29
红石峡，猕猴谷，子房湖	云台山，茱萸峰，泉瀑峡	0.11	0.83	0.98	-0.15	0.08	4.57
云台山，红石峡，猕猴谷，子房湖	茱萸峰，泉瀑峡	0.11	0.83	0.98	-0.15	0.08	4.57
茱萸峰，泉瀑峡，子房湖	猕猴谷	0.11	0.83	0.98	-0.15	0.08	4.30
茱萸峰，泉瀑峡，子房湖	云台山，猕猴谷	0.11	0.83	0.98	-0.15	0.08	4.30
云台山，茱萸峰，泉瀑峡，子房湖	猕猴谷	0.11	0.83	0.98	-0.15	0.08	4.30

续表

Premises	Conclusion	Support	Confidence	LaPlace	Gain	P-S	Lift
猕猴谷	红石峡，茱萸峰	0.16	0.84	0.97	−0.23	0.12	3.48
猕猴谷	云台山，红石峡，茱萸峰	0.16	0.84	0.97	−0.23	0.12	3.48
云台山，猕猴谷	红石峡，茱萸峰	0.16	0.84	0.97	−0.23	0.12	3.48
叠彩洞	泉瀑峡	0.12	0.84	0.98	−0.17	0.09	3.92
叠彩洞	云台山，泉瀑峡	0.12	0.84	0.98	−0.17	0.09	3.92
云台山，叠彩洞	泉瀑峡	0.12	0.84	0.98	−0.17	0.09	3.92
红石峡，茱萸峰，子房湖	泉瀑峡	0.13	0.84	0.98	−0.18	0.10	3.93
红石峡，茱萸峰，子房湖	云台山，泉瀑峡	0.13	0.84	0.98	−0.18	0.10	3.93
云台山，红石峡，茱萸峰，子房湖	泉瀑峡	0.13	0.84	0.98	−0.18	0.10	3.93
茱萸峰，叠彩洞	泉瀑峡	0.12	0.84	0.98	−0.17	0.09	3.93
茱萸峰，叠彩洞	云台山，泉瀑峡	0.12	0.84	0.98	−0.17	0.09	3.93
云台山，茱萸峰，叠彩洞	泉瀑峡	0.12	0.84	0.98	−0.17	0.09	3.93
红石峡，叠彩洞	茱萸峰，泉瀑峡	0.12	0.85	0.98	−0.16	0.09	4.65
红石峡，叠彩洞	云台山，茱萸峰，泉瀑峡	0.12	0.85	0.98	−0.16	0.09	4.65
云台山，红石峡，叠彩洞	茱萸峰，泉瀑峡	0.12	0.85	0.98	−0.16	0.09	4.65
泉瀑峡	茱萸峰	0.18	0.85	0.97	−0.25	0.12	3.06
泉瀑峡	云台山，茱萸峰	0.18	0.85	0.97	−0.25	0.12	3.06
云台山，泉瀑峡	茱萸峰	0.18	0.85	0.97	−0.25	0.12	3.06
红石峡，茱萸峰，猕猴谷	泉瀑峡	0.14	0.85	0.98	−0.19	0.10	3.95
红石峡，茱萸峰，猕猴谷	云台山，泉瀑峡	0.14	0.85	0.98	−0.19	0.10	3.95
云台山，红石峡，茱萸峰，猕猴谷	泉瀑峡	0.14	0.85	0.98	−0.19	0.10	3.95
子房湖	茱萸峰	0.16	0.85	0.98	−0.21	0.11	3.08
子房湖	云台山，茱萸峰	0.16	0.85	0.98	−0.21	0.11	3.08
云台山，子房湖	茱萸峰	0.16	0.85	0.98	−0.21	0.11	3.08
万善寺	红石峡，泉瀑峡	0.11	0.86	0.98	−0.15	0.08	4.30
万善寺	云台山，红石峡，泉瀑峡	0.11	0.86	0.98	−0.15	0.08	4.30

续表

Premises	Conclusion	Support	Confidence	LaPlace	Gain	P-S	Lift
云台山，万善寺	红石峡，泉瀑峡	0.11	0.86	0.98	-0.15	0.08	4.30
猕猴谷，子房湖	红石峡，泉瀑峡	0.11	0.86	0.98	-0.15	0.09	4.32
猕猴谷，子房湖	云台山，红石峡，泉瀑峡	0.11	0.86	0.98	-0.15	0.09	4.32
云台山，猕猴谷，子房湖	红石峡，泉瀑峡	0.11	0.86	0.98	-0.15	0.09	4.32
万善寺	泉瀑峡	0.11	0.86	0.98	-0.15	0.08	4.02
万善寺	云台山，泉瀑峡	0.11	0.86	0.98	-0.15	0.08	4.02
云台山，万善寺	泉瀑峡	0.11	0.86	0.98	-0.15	0.08	4.02
红石峡，叠彩洞	泉瀑峡	0.12	0.86	0.98	-0.16	0.09	4.02
红石峡，叠彩洞	云台山，泉瀑峡	0.12	0.86	0.98	-0.16	0.09	4.02
云台山，红石峡，叠彩洞	泉瀑峡	0.12	0.86	0.98	-0.16	0.09	4.02
红石峡，茱萸峰，叠彩洞	泉瀑峡	0.12	0.87	0.98	-0.16	0.09	4.04
红石峡，茱萸峰，叠彩洞	云台山，泉瀑峡	0.12	0.87	0.98	-0.16	0.09	4.04
云台山，红石峡，茱萸峰，叠彩洞	泉瀑峡	0.12	0.87	0.98	-0.16	0.09	4.04
红石峡，子房湖	茱萸峰	0.15	0.87	0.98	-0.20	0.10	3.13
红石峡，子房湖	云台山，茱萸峰	0.15	0.87	0.98	-0.20	0.10	3.13
云台山，红石峡，子房湖	茱萸峰	0.15	0.87	0.98	-0.20	0.10	3.13
茱萸峰	红石峡	0.24	0.87	0.97	-0.31	0.15	2.73
茱萸峰	云台山，红石峡	0.24	0.87	0.97	-0.31	0.15	2.73
云台山，茱萸峰	红石峡	0.24	0.87	0.97	-0.31	0.15	2.73
红石峡，万善寺	茱萸峰，泉瀑峡	0.11	0.88	0.99	-0.14	0.08	4.81
红石峡，万善寺	云台山，茱萸峰，泉瀑峡	0.11	0.88	0.99	-0.14	0.08	4.81
云台山，红石峡，万善寺	茱萸峰，泉瀑峡	0.11	0.88	0.99	-0.14	0.08	4.81
茱萸峰，猕猴谷，子房湖	红石峡，泉瀑峡	0.11	0.88	0.99	-0.14	0.08	4.39
茱萸峰，猕猴谷，子房湖	云台山，红石峡，泉瀑峡	0.11	0.88	0.99	-0.14	0.08	4.39
云台山，茱萸峰，猕猴谷，子房湖	红石峡，泉瀑峡	0.11	0.88	0.99	-0.14	0.08	4.39

续表

Premises	Conclusion	Support	Confidence	LaPlace	Gain	P-S	Lift
红石峡，泉瀑峡	茱萸峰	0.17	0.88	0.98	-0.22	0.12	3.16
红石峡，泉瀑峡	云台山，茱萸峰	0.17	0.88	0.98	-0.22	0.12	3.16
云台山，红石峡，泉瀑峡	茱萸峰	0.17	0.88	0.98	-0.22	0.12	3.16
猕猴谷	茱萸峰	0.17	0.88	0.98	-0.22	0.12	3.18
猕猴谷	云台山，茱萸峰	0.17	0.88	0.98	-0.22	0.12	3.18
云台山，猕猴谷	茱萸峰	0.17	0.88	0.98	-0.22	0.12	3.18
泉瀑峡，猕猴谷	红石峡，茱萸峰	0.14	0.88	0.98	-0.17	0.10	3.66
泉瀑峡，猕猴谷	云台山，红石峡，茱萸峰	0.14	0.88	0.98	-0.17	0.10	3.66
云台山，泉瀑峡，猕猴谷	红石峡，茱萸峰	0.14	0.88	0.98	-0.17	0.10	3.66
猕猴谷，子房湖	泉瀑峡	0.12	0.89	0.99	-0.15	0.09	4.13
猕猴谷，子房湖	云台山，泉瀑峡	0.12	0.89	0.99	-0.15	0.09	4.13
云台山，猕猴谷，子房湖	泉瀑峡	0.12	0.89	0.99	-0.15	0.09	4.13
茱萸峰，猕猴谷，子房湖	泉瀑峡	0.11	0.89	0.99	-0.14	0.08	4.14
茱萸峰，猕猴谷，子房湖	云台山，泉瀑峡	0.11	0.89	0.99	-0.14	0.08	4.14
云台山，茱萸峰，猕猴谷，子房湖	泉瀑峡	0.11	0.89	0.99	-0.14	0.08	4.14
泉瀑峡，子房湖	红石峡，茱萸峰	0.13	0.89	0.99	-0.16	0.09	3.69
泉瀑峡，子房湖	云台山，红石峡，茱萸峰	0.13	0.89	0.99	-0.16	0.09	3.69
云台山，泉瀑峡，子房湖	红石峡，茱萸峰	0.13	0.89	0.99	-0.16	0.09	3.69
猕猴谷，子房湖	红石峡，茱萸峰	0.12	0.89	0.99	-0.15	0.09	3.70
猕猴谷，子房湖	云台山，红石峡，茱萸峰	0.12	0.89	0.99	-0.15	0.09	3.70
云台山，猕猴谷，子房湖	红石峡，茱萸峰	0.12	0.89	0.99	-0.15	0.09	3.70
茱萸峰，万善寺	泉瀑峡	0.11	0.89	0.99	-0.13	0.08	4.16
茱萸峰，万善寺	云台山，泉瀑峡	0.11	0.89	0.99	-0.13	0.08	4.16
云台山，茱萸峰，万善寺	泉瀑峡	0.11	0.89	0.99	-0.13	0.08	4.16
茱萸峰，万善寺	红石峡，泉瀑峡	0.11	0.89	0.99	-0.13	0.08	4.48
茱萸峰，万善寺	云台山，红石峡，泉瀑峡	0.11	0.89	0.99	-0.13	0.08	4.48

续表

Premises	Conclusion	Support	Confidence	LaPlace	Gain	P-S	Lift
云台山，茱萸峰，万善寺	红石峡，泉瀑峡	0.11	0.89	0.99	-0.13	0.08	4.48
红石峡，猕猴谷，子房湖	泉瀑峡	0.11	0.89	0.99	-0.14	0.09	4.17
红石峡，猕猴谷，子房湖	云台山，泉瀑峡	0.11	0.89	0.99	-0.14	0.09	4.17
云台山，红石峡，猕猴谷，子房湖	泉瀑峡	0.11	0.89	0.99	-0.14	0.09	4.17
红石峡，茱萸峰，猕猴谷，子房湖	泉瀑峡	0.11	0.90	0.99	-0.13	0.08	4.19
红石峡，茱萸峰，猕猴谷，子房湖	云台山，泉瀑峡	0.11	0.90	0.99	-0.13	0.08	4.19
云台山，红石峡，茱萸峰，猕猴谷，子房湖	泉瀑峡	0.11	0.90	0.99	-0.13	0.08	4.19
泉瀑峡，子房湖	茱萸峰	0.13	0.90	0.99	-0.16	0.09	3.25
泉瀑峡，子房湖	云台山，茱萸峰	0.13	0.90	0.99	-0.16	0.09	3.25
云台山，泉瀑峡，子房湖	茱萸峰	0.13	0.90	0.99	-0.16	0.09	3.25
万善寺	红石峡，茱萸峰	0.12	0.90	0.99	-0.14	0.08	3.74
万善寺	云台山，红石峡，茱萸峰	0.12	0.90	0.99	-0.14	0.08	3.74
云台山，万善寺	红石峡，茱萸峰	0.12	0.90	0.99	-0.14	0.08	3.74
红石峡，万善寺	泉瀑峡	0.11	0.90	0.99	-0.13	0.08	4.20
红石峡，万善寺	云台山，泉瀑峡	0.11	0.90	0.99	-0.13	0.08	4.20
云台山，红石峡，万善寺	泉瀑峡	0.11	0.90	0.99	-0.13	0.08	4.20
泉瀑峡，猕猴谷，子房湖	红石峡，茱萸峰	0.11	0.91	0.99	-0.13	0.08	3.76
泉瀑峡，猕猴谷，子房湖	云台山，红石峡，茱萸峰	0.11	0.91	0.99	-0.13	0.08	3.76
云台山，泉瀑峡，猕猴谷，子房湖	红石峡，茱萸峰	0.11	0.91	0.99	-0.13	0.08	3.76
红石峡，猕猴谷	茱萸峰	0.16	0.91	0.99	-0.20	0.11	3.27
红石峡，猕猴谷	云台山，茱萸峰	0.16	0.91	0.99	-0.20	0.11	3.27

续表

Premises	Conclusion	Support	Confidence	LaPlace	Gain	P-S	Lift
云台山，红石峡，猕猴谷	茱萸峰	0.16	0.91	0.99	−0.20	0.11	3.27
泉瀑峡，猕猴谷	茱萸峰	0.14	0.91	0.99	−0.17	0.10	3.28
泉瀑峡，猕猴谷	云台山，茱萸峰	0.14	0.91	0.99	−0.17	0.10	3.28
云台山，泉瀑峡，猕猴谷	茱萸峰	0.14	0.91	0.99	−0.17	0.10	3.28
红石峡，泉瀑峡，子房湖	茱萸峰	0.13	0.91	0.99	−0.15	0.09	3.28
红石峡，泉瀑峡，子房湖	云台山，茱萸峰	0.13	0.91	0.99	−0.15	0.09	3.28
云台山，红石峡，泉瀑峡，子房湖	茱萸峰	0.13	0.91	0.99	−0.15	0.09	3.28
猕猴谷，子房湖	茱萸峰	0.12	0.92	0.99	−0.14	0.09	3.31
猕猴谷，子房湖	云台山，茱萸峰	0.12	0.92	0.99	−0.14	0.09	3.31
云台山，猕猴谷，子房湖	茱萸峰	0.12	0.92	0.99	−0.14	0.09	3.31
泉瀑峡，猕猴谷，子房湖	茱萸峰	0.11	0.92	0.99	−0.13	0.08	3.32
泉瀑峡，猕猴谷，子房湖	云台山，茱萸峰	0.11	0.92	0.99	−0.13	0.08	3.32
云台山，泉瀑峡，猕猴谷，子房湖	茱萸峰	0.11	0.92	0.99	−0.13	0.08	3.32
红石峡，茱萸峰，万善寺	泉瀑峡	0.11	0.92	0.99	−0.12	0.08	4.30
红石峡，茱萸峰，万善寺	云台山，泉瀑峡	0.11	0.92	0.99	−0.12	0.08	4.30
云台山，红石峡，茱萸峰，万善寺	泉瀑峡	0.11	0.92	0.99	−0.12	0.08	4.30
红石峡，猕猴谷，子房湖	茱萸峰	0.12	0.93	0.99	−0.14	0.08	3.34
红石峡，猕猴谷，子房湖	云台山，茱萸峰	0.12	0.93	0.99	−0.14	0.08	3.34
云台山，红石峡，猕猴谷，子房湖	茱萸峰	0.12	0.93	0.99	−0.14	0.08	3.34
猕猴谷	红石峡	0.18	0.93	0.99	−0.21	0.12	2.90
猕猴谷	云台山，红石峡	0.18	0.93	0.99	−0.21	0.12	2.90

续表

Premises	Conclusion	Support	Confidence	LaPlace	Gain	P-S	Lift
云台山，猕猴谷	红石峡	0.18	0.93	0.99	-0.21	0.12	2.90
泉瀑峡	红石峡	0.20	0.93	0.99	-0.23	0.13	2.91
泉瀑峡	云台山，红石峡	0.20	0.93	0.99	-0.23	0.13	2.91
云台山，泉瀑峡	红石峡	0.20	0.93	0.99	-0.23	0.13	2.91
红石峡，泉瀑峡，猕猴谷	茱萸峰	0.14	0.93	0.99	-0.16	0.10	3.36
红石峡，泉瀑峡，猕猴谷	云台山，茱萸峰	0.14	0.93	0.99	-0.16	0.10	3.36
云台山，红石峡，泉瀑峡，猕猴谷	茱萸峰	0.14	0.93	0.99	-0.16	0.10	3.36
红石峡，泉瀑峡，猕猴谷，子房湖	茱萸峰	0.11	0.93	0.99	-0.12	0.08	3.36
红石峡，泉瀑峡，猕猴谷，子房湖	云台山，茱萸峰	0.11	0.93	0.99	-0.12	0.08	3.36
云台山，红石峡，泉瀑峡，猕猴谷，子房湖	茱萸峰	0.11	0.93	0.99	-0.12	0.08	3.36
万善寺	茱萸峰	0.12	0.93	0.99	-0.14	0.08	3.36
万善寺	云台山，茱萸峰	0.12	0.93	0.99	-0.14	0.08	3.36
云台山，万善寺	茱萸峰	0.12	0.93	0.99	-0.14	0.08	3.36
叠彩洞	红石峡，茱萸峰	0.14	0.93	0.99	-0.16	0.10	3.88
叠彩洞	云台山，红石峡，茱萸峰	0.14	0.93	0.99	-0.16	0.10	3.88
云台山，叠彩洞	红石峡，茱萸峰	0.14	0.93	0.99	-0.16	0.10	3.88
红石峡，万善寺	茱萸峰	0.12	0.95	0.99	-0.13	0.08	3.42
红石峡，万善寺	云台山，茱萸峰	0.12	0.95	0.99	-0.13	0.08	3.42
云台山，红石峡，万善寺	茱萸峰	0.12	0.95	0.99	-0.13	0.08	3.42
子房湖	红石峡	0.18	0.95	0.99	-0.19	0.12	2.97
子房湖	云台山，红石峡	0.18	0.95	0.99	-0.19	0.12	2.97
云台山，子房湖	红石峡	0.18	0.95	0.99	-0.19	0.12	2.97
泉瀑峡，猕猴谷	红石峡	0.15	0.95	0.99	-0.16	0.10	2.97
泉瀑峡，猕猴谷	云台山，红石峡	0.15	0.95	0.99	-0.16	0.10	2.97
云台山，泉瀑峡，猕猴谷	红石峡	0.15	0.95	0.99	-0.16	0.10	2.97
万善寺	红石峡	0.12	0.95	0.99	-0.13	0.08	2.98

续表

Premises	Conclusion	Support	Confidence	LaPlace	Gain	P-S	Lift
万善寺	云台山，红石峡	0.12	0.95	0.99	−0.13	0.08	2.98
云台山，万善寺	红石峡	0.12	0.95	0.99	−0.13	0.08	2.98
茱萸峰，猕猴谷	红石峡	0.16	0.95	0.99	−0.18	0.11	2.99
茱萸峰，猕猴谷	云台山，红石峡	0.16	0.95	0.99	−0.18	0.11	2.99
云台山，茱萸峰，猕猴谷	红石峡	0.16	0.95	0.99	−0.18	0.11	2.99
茱萸峰，叠彩洞	红石峡	0.14	0.96	0.99	−0.15	0.09	2.99
茱萸峰，叠彩洞	云台山，红石峡	0.14	0.96	0.99	−0.15	0.09	2.99
云台山，茱萸峰，叠彩洞	红石峡	0.14	0.96	0.99	−0.15	0.09	2.99
叠彩洞	红石峡	0.14	0.96	0.99	−0.15	0.09	3.00
叠彩洞	云台山，红石峡	0.14	0.96	0.99	−0.15	0.09	3.00
云台山，叠彩洞	红石峡	0.14	0.96	0.99	−0.15	0.09	3.00
茱萸峰，泉瀑峡	红石峡	0.17	0.96	0.99	−0.19	0.12	3.01
茱萸峰，泉瀑峡	云台山，红石峡	0.17	0.96	0.99	−0.19	0.12	3.01
云台山，茱萸峰，泉瀑峡	红石峡	0.17	0.96	0.99	−0.19	0.12	3.01
泉瀑峡，叠彩洞	红石峡，茱萸峰	0.12	0.96	1.00	−0.13	0.09	3.99
泉瀑峡，叠彩洞	云台山，红石峡，茱萸峰	0.12	0.96	1.00	−0.13	0.09	3.99
云台山，泉瀑峡，叠彩洞	红石峡，茱萸峰	0.12	0.96	1.00	−0.13	0.09	3.99
泉瀑峡，万善寺	茱萸峰	0.11	0.96	1.00	−0.11	0.08	3.48
泉瀑峡，万善寺	云台山，茱萸峰	0.11	0.96	1.00	−0.11	0.08	3.48
云台山，泉瀑峡，万善寺	茱萸峰	0.11	0.96	1.00	−0.11	0.08	3.48
泉瀑峡，万善寺	红石峡，茱萸峰	0.11	0.96	1.00	−0.11	0.08	4.00
泉瀑峡，万善寺	云台山，红石峡，茱萸峰	0.11	0.96	1.00	−0.11	0.08	4.00
云台山，泉瀑峡，万善寺	红石峡，茱萸峰	0.11	0.96	1.00	−0.11	0.08	4.00
猕猴谷，子房湖	红石峡	0.13	0.96	1.00	−0.14	0.09	3.02
猕猴谷，子房湖	云台山，红石峡	0.13	0.96	1.00	−0.14	0.09	3.02
云台山，猕猴谷，子房湖	红石峡	0.13	0.96	1.00	−0.14	0.09	3.02
茱萸峰，子房湖	红石峡	0.15	0.96	1.00	−0.16	0.10	3.02
茱萸峰，子房湖	云台山，红石峡	0.15	0.96	1.00	−0.16	0.10	3.02

续表

Premises	Conclusion	Support	Confidence	LaPlace	Gain	P-S	Lift
云台山，茱萸峰，子房湖	红石峡	0.15	0.96	1.00	−0.16	0.10	3.02
茱萸峰，万善寺	红石峡	0.12	0.97	1.00	−0.12	0.08	3.03
茱萸峰，万善寺	云台山，红石峡	0.12	0.97	1.00	−0.12	0.08	3.03
云台山，茱萸峰，万善寺	红石峡	0.12	0.97	1.00	−0.12	0.08	3.03
子房湖，叠彩洞	红石峡，茱萸峰	0.11	0.97	1.00	−0.11	0.08	4.03
子房湖，叠彩洞	云台山，红石峡，茱萸峰	0.11	0.97	1.00	−0.11	0.08	4.03
云台山，子房湖，叠彩洞	红石峡，茱萸峰	0.11	0.97	1.00	−0.11	0.08	4.03
红石峡，泉瀑峡，万善寺	茱萸峰	0.11	0.97	1.00	−0.11	0.08	3.51
红石峡，泉瀑峡，万善寺	云台山，茱萸峰	0.11	0.97	1.00	−0.11	0.08	3.51
云台山，红石峡，泉瀑峡，万善寺	茱萸峰	0.11	0.97	1.00	−0.11	0.08	3.51
茱萸峰，泉瀑峡，猕猴谷	红石峡	0.14	0.97	1.00	−0.15	0.09	3.04
茱萸峰，泉瀑峡，猕猴谷	云台山，红石峡	0.14	0.97	1.00	−0.15	0.09	3.04
云台山，茱萸峰，泉瀑峡，猕猴谷	红石峡	0.14	0.97	1.00	−0.15	0.09	3.04
泉瀑峡，猕猴谷，子房湖	红石峡	0.11	0.97	1.00	−0.12	0.08	3.05
泉瀑峡，猕猴谷，子房湖	云台山，红石峡	0.11	0.97	1.00	−0.12	0.08	3.05
云台山，泉瀑峡，猕猴谷，子房湖	红石峡	0.11	0.97	1.00	−0.12	0.08	3.05
茱萸峰，猕猴谷，子房湖	红石峡	0.12	0.97	1.00	−0.13	0.08	3.05
茱萸峰，猕猴谷，子房湖	云台山，红石峡	0.12	0.97	1.00	−0.13	0.08	3.05
云台山，茱萸峰，猕猴谷，子房湖	红石峡	0.12	0.97	1.00	−0.13	0.08	3.05
红石峡，叠彩洞	茱萸峰	0.14	0.98	1.00	−0.14	0.10	3.53

续表

Premises	Conclusion	Support	Confidence	LaPlace	Gain	P-S	Lift
红石峡，叠彩洞	云台山，茱萸峰	0.14	0.98	1.00	−0.14	0.10	3.53
云台山，红石峡，叠彩洞	茱萸峰	0.14	0.98	1.00	−0.14	0.10	3.53
红石峡，子房湖，叠彩洞	茱萸峰	0.11	0.98	1.00	−0.11	0.08	3.53
红石峡，子房湖，叠彩洞	云台山，茱萸峰	0.11	0.98	1.00	−0.11	0.08	3.53
云台山，红石峡，子房湖，叠彩洞	茱萸峰	0.11	0.98	1.00	−0.11	0.08	3.53
泉瀑峡，子房湖	红石峡	0.14	0.98	1.00	−0.15	0.10	3.06
泉瀑峡，子房湖	云台山，红石峡	0.14	0.98	1.00	−0.15	0.10	3.06
云台山，泉瀑峡，子房湖	红石峡	0.14	0.98	1.00	−0.15	0.10	3.06
猕猴谷，叠彩洞	红石峡	0.11	0.98	1.00	−0.11	0.07	3.06
子房湖，叠彩洞	茱萸峰	0.11	0.98	1.00	−0.11	0.08	3.53
猕猴谷，叠彩洞	云台山，红石峡	0.11	0.98	1.00	−0.11	0.07	3.06
云台山，猕猴谷，叠彩洞	红石峡	0.11	0.98	1.00	−0.11	0.07	3.06
子房湖，叠彩洞	云台山，茱萸峰	0.11	0.98	1.00	−0.11	0.08	3.53
云台山，子房湖，叠彩洞	茱萸峰	0.11	0.98	1.00	−0.11	0.08	3.53
猕猴谷，叠彩洞	红石峡，茱萸峰	0.11	0.98	1.00	−0.11	0.08	4.06
茱萸峰，猕猴谷，叠彩洞	红石峡	0.11	0.98	1.00	−0.11	0.07	3.06
猕猴谷，叠彩洞	云台山，红石峡，茱萸峰	0.11	0.98	1.00	−0.11	0.08	4.06
云台山，猕猴谷，叠彩洞	红石峡，茱萸峰	0.11	0.98	1.00	−0.11	0.08	4.06
茱萸峰，猕猴谷，叠彩洞	云台山，红石峡	0.11	0.98	1.00	−0.11	0.07	3.06
云台山，茱萸峰，猕猴谷，叠彩洞	红石峡	0.11	0.98	1.00	−0.11	0.07	3.06
叠彩洞	茱萸峰	0.14	0.98	1.00	−0.15	0.10	3.53
叠彩洞	云台山，茱萸峰	0.14	0.98	1.00	−0.15	0.10	3.53
云台山，叠彩洞	茱萸峰	0.14	0.98	1.00	−0.15	0.10	3.53
红石峡，泉瀑峡，叠彩洞	茱萸峰	0.12	0.98	1.00	−0.12	0.09	3.54

附表　关联规则研究结果

续表

Premises	Conclusion	Support	Confidence	LaPlace	Gain	P-S	Lift
茱萸峰，泉瀑峡，叠彩洞	红石峡	0.12	0.98	1.00	−0.12	0.08	3.07
红石峡，泉瀑峡，叠彩洞	云台山，茱萸峰	0.12	0.98	1.00	−0.12	0.09	3.54
云台山，红石峡，泉瀑峡，叠彩洞	茱萸峰	0.12	0.98	1.00	−0.12	0.09	3.54
茱萸峰，泉瀑峡，叠彩洞	云台山，红石峡	0.12	0.98	1.00	−0.12	0.08	3.07
云台山，茱萸峰，泉瀑峡，叠彩洞	红石峡	0.12	0.98	1.00	−0.12	0.08	3.07
泉瀑峡，叠彩洞	红石峡	0.12	0.98	1.00	−0.13	0.08	3.07
泉瀑峡，叠彩洞	茱萸峰	0.12	0.98	1.00	−0.13	0.09	3.54
泉瀑峡，叠彩洞	云台山，红石峡	0.12	0.98	1.00	−0.13	0.08	3.07
云台山，泉瀑峡，叠彩洞	红石峡	0.12	0.98	1.00	−0.13	0.08	3.07
泉瀑峡，叠彩洞	云台山，茱萸峰	0.12	0.98	1.00	−0.13	0.09	3.54
云台山，泉瀑峡，叠彩洞	茱萸峰	0.12	0.98	1.00	−0.13	0.09	3.54
茱萸峰，泉瀑峡，猕猴谷，子房湖	红石峡	0.11	0.99	1.00	−0.11	0.07	3.09
茱萸峰，泉瀑峡，猕猴谷，子房湖	云台山，红石峡	0.11	0.99	1.00	−0.11	0.07	3.09
云台山，茱萸峰，泉瀑峡，猕猴谷，子房湖	红石峡	0.11	0.99	1.00	−0.11	0.07	3.09
茱萸峰，泉瀑峡，子房湖	红石峡	0.13	0.99	1.00	−0.13	0.09	3.09
茱萸峰，泉瀑峡，子房湖	云台山，红石峡	0.13	0.99	1.00	−0.13	0.09	3.09
云台山，茱萸峰，泉瀑峡，子房湖	红石峡	0.13	0.99	1.00	−0.13	0.09	3.09
茱萸峰，子房湖，叠彩洞	红石峡	0.11	0.99	1.00	−0.11	0.07	3.11
茱萸峰，子房湖，叠彩洞	云台山，红石峡	0.11	0.99	1.00	−0.11	0.07	3.11

续表

Premises	Conclusion	Support	Confidence	LaPlace	Gain	P-S	Lift
云台山，茱萸峰，子房湖，叠彩洞	红石峡	0.11	0.99	1.00	−0.11	0.07	3.11
子房湖，叠彩洞	红石峡	0.11	0.99	1.00	−0.11	0.07	3.11
子房湖，叠彩洞	云台山，红石峡	0.11	0.99	1.00	−0.11	0.07	3.11
云台山，子房湖，叠彩洞	红石峡	0.11	0.99	1.00	−0.11	0.07	3.11
泉瀑峡，万善寺	红石峡	0.11	0.99	1.00	−0.11	0.07	3.11
泉瀑峡，万善寺	云台山，红石峡	0.11	0.99	1.00	−0.11	0.07	3.11
云台山，泉瀑峡，万善寺	红石峡	0.11	0.99	1.00	−0.11	0.07	3.11

附表 1-5　到清明上河园的游客到达景区关联频繁项结果

支持度	项1	项2	项3	项4	项5	项6
0.260	清明上河园	开封	开封府	龙亭		
0.275	清明上河园	开封	开封府	铁塔		
0.275	清明上河园	开封	开封府	大相国寺		
0.218	清明上河园	开封	开封府	天波杨府		
0.292	清明上河园	开封	龙亭	铁塔		
0.239	清明上河园	开封	龙亭	大相国寺		
0.231	清明上河园	开封	龙亭	天波杨府		
0.265	清明上河园	开封	铁塔	大相国寺		
0.208	清明上河园	开封	铁塔	天波杨府		
0.195	清明上河园	开封	大相国寺	天波杨府		
0.206	清明上河园	开封府	龙亭	铁塔		
0.183	清明上河园	开封府	龙亭	大相国寺		
0.162	清明上河园	开封府	龙亭	天波杨府		
0.216	清明上河园	开封府	铁塔	大相国寺		
0.158	清明上河园	开封府	铁塔	天波杨府		
0.168	清明上河园	开封府	大相国寺	天波杨府		
0.204	清明上河园	龙亭	铁塔	大相国寺		
0.172	清明上河园	龙亭	铁塔	天波杨府		
0.206	开封	开封府	龙亭	铁塔		
0.183	开封	开封府	龙亭	大相国寺		
0.162	开封	开封府	龙亭	天波杨府		
0.214	开封	开封府	铁塔	大相国寺		
0.160	开封	开封府	大相国寺	天波杨府		

续表

支持度	项1	项2	项3	项4	项5	项6
0.204	开封	龙亭	铁塔	大相国寺		
0.172	开封	龙亭	铁塔	天波杨府		
0.162	开封府	龙亭	铁塔	大相国寺		
0.206	清明上河园	开封	开封府	龙亭	铁塔	
0.183	清明上河园	开封	开封府	龙亭	大相国寺	
0.162	清明上河园	开封	开封府	龙亭	天波杨府	
0.214	清明上河园	开封	开封府	铁塔	大相国寺	
0.160	清明上河园	开封	开封府	大相国寺	天波杨府	
0.204	清明上河园	开封	龙亭	铁塔	大相国寺	
0.172	清明上河园	开封	龙亭	铁塔	天波杨府	
0.162	清明上河园	开封府	龙亭	铁塔	大相国寺	
0.162	开封	开封府	龙亭	铁塔	大相国寺	
0.162	清明上河园	开封	开封府	龙亭	铁塔	大相国寺

附表1-6 到清明上河园的游客到达景区关联规则结果

Premises	Conclusion	Support	Confidence	LaPlace	Gain	P-S	Lift
大相国寺	天波杨府	0.20	0.55	0.88	-0.53	0.09	1.77
大相国寺	清明上河园,天波杨府	0.20	0.55	0.88	-0.53	0.09	1.77
清明上河园,大相国寺	天波杨府	0.20	0.55	0.88	-0.53	0.09	1.77
天波杨府	龙亭,铁塔	0.17	0.55	0.89	-0.45	0.08	1.89
天波杨府	清明上河园,龙亭,铁塔	0.17	0.55	0.89	-0.45	0.08	1.89
清明上河园,天波杨府	龙亭,铁塔	0.17	0.55	0.89	-0.45	0.08	1.89
天波杨府	开封,龙亭,铁塔	0.17	0.55	0.89	-0.45	0.08	1.89
天波杨府	清明上河园,开封,龙亭,铁塔	0.17	0.55	0.89	-0.45	0.08	1.89
清明上河园,天波杨府	开封,龙亭,铁塔	0.17	0.55	0.89	-0.45	0.08	1.89
铁塔	天波杨府	0.21	0.55	0.88	-0.56	0.09	1.78
铁塔	清明上河园,天波杨府	0.21	0.55	0.88	-0.56	0.09	1.78
清明上河园,铁塔	天波杨府	0.21	0.55	0.88	-0.56	0.09	1.78
龙亭	天波杨府	0.23	0.55	0.87	-0.60	0.10	1.78
龙亭	清明上河园,天波杨府	0.23	0.55	0.87	-0.60	0.10	1.78

续表

Premises	Conclusion	Support	Confidence	LaPlace	Gain	P-S	Lift
清明上河园，龙亭	天波杨府	0.23	0.55	0.87	−0.60	0.10	1.78
龙亭	开封，天波杨府	0.23	0.55	0.87	−0.60	0.10	1.83
龙亭	清明上河园，开封，天波杨府	0.23	0.55	0.87	−0.60	0.10	1.83
清明上河园，龙亭	开封，天波杨府	0.23	0.55	0.87	−0.60	0.10	1.83
开封，龙亭	天波杨府	0.23	0.56	0.87	−0.60	0.10	1.78
开封，龙亭	清明上河园，天波杨府	0.23	0.56	0.87	−0.60	0.10	1.78
清明上河园，开封，龙亭	天波杨府	0.23	0.56	0.87	−0.60	0.10	1.78
龙亭，铁塔	开封府，大相国寺	0.16	0.56	0.90	−0.42	0.08	1.94
龙亭，铁塔	清明上河园，开封府，大相国寺	0.16	0.56	0.90	−0.42	0.08	1.94
清明上河园，龙亭，铁塔	开封府，大相国寺	0.16	0.56	0.90	−0.42	0.08	1.94
龙亭，铁塔	开封，开封府，大相国寺	0.16	0.56	0.90	−0.42	0.08	2.02
开封，龙亭，铁塔	开封府，大相国寺	0.16	0.56	0.90	−0.42	0.08	1.94
龙亭，铁塔	清明上河园，开封，开封府，大相国寺	0.16	0.56	0.90	−0.42	0.08	2.02
清明上河园，龙亭，铁塔	开封，开封府，大相国寺	0.16	0.56	0.90	−0.42	0.08	2.02
开封，龙亭，铁塔	清明上河园，开封府，大相国寺	0.16	0.56	0.90	−0.42	0.08	1.94
清明上河园，开封，龙亭，铁塔	开封府，大相国寺	0.16	0.56	0.90	−0.42	0.08	1.94
铁塔	开封，开封府，大相国寺	0.21	0.56	0.88	−0.55	0.11	2.03
铁塔	清明上河园，开封，开封府，大相国寺	0.21	0.56	0.88	−0.55	0.11	2.03
清明上河园，铁塔	开封，开封府，大相国寺	0.21	0.56	0.88	−0.55	0.11	2.03
大相国寺	龙亭，铁塔	0.20	0.56	0.88	−0.53	0.10	1.91
大相国寺	清明上河园，龙亭，铁塔	0.20	0.56	0.88	−0.53	0.10	1.91
清明上河园，大相国寺	龙亭，铁塔	0.20	0.56	0.88	−0.53	0.10	1.91
大相国寺	开封，龙亭，铁塔	0.20	0.56	0.88	−0.53	0.10	1.91
大相国寺	清明上河园，开封，龙亭，铁塔	0.20	0.56	0.88	−0.53	0.10	1.91

续表

Premises	Conclusion	Support	Confidence	LaPlace	Gain	P-S	Lift
清明上河园,大相国寺	开封,龙亭,铁塔	0.20	0.56	0.88	-0.53	0.10	1.91
开封府,大相国寺	开封,天波杨府	0.16	0.56	0.90	-0.41	0.07	1.86
开封府,大相国寺	清明上河园,开封,天波杨府	0.16	0.56	0.90	-0.41	0.07	1.86
清明上河园,开封府,大相国寺	开封,天波杨府	0.16	0.56	0.90	-0.41	0.07	1.86
铁塔	开封府,大相国寺	0.22	0.56	0.88	-0.55	0.11	1.96
铁塔	清明上河园,开封府,大相国寺	0.22	0.56	0.88	-0.55	0.11	1.96
清明上河园,铁塔	开封府,大相国寺	0.22	0.56	0.88	-0.55	0.11	1.96
开封,铁塔	开封府,大相国寺	0.21	0.56	0.88	-0.55	0.11	1.97
开封,铁塔	清明上河园,开封府,大相国寺	0.21	0.56	0.88	-0.55	0.11	1.97
清明上河园,开封,铁塔	开封府,大相国寺	0.21	0.56	0.88	-0.55	0.11	1.97
开封府,大相国寺	龙亭,铁塔	0.16	0.57	0.90	-0.41	0.08	1.94
开封府,大相国寺	清明上河园,龙亭,铁塔	0.16	0.57	0.90	-0.41	0.08	1.94
清明上河园,开封府,大相国寺	龙亭,铁塔	0.16	0.57	0.90	-0.41	0.08	1.94
开封府,大相国寺	开封,龙亭,铁塔	0.16	0.57	0.90	-0.41	0.08	1.94
开封府,大相国寺	清明上河园,开封,龙亭,铁塔	0.16	0.57	0.90	-0.41	0.08	1.94
清明上河园,开封府,大相国寺	开封,龙亭,铁塔	0.16	0.57	0.90	-0.41	0.08	1.94
开封,天波杨府	龙亭,铁塔	0.17	0.57	0.90	-0.43	0.08	1.95
开封,天波杨府	清明上河园,龙亭,铁塔	0.17	0.57	0.90	-0.43	0.08	1.95
清明上河园,开封,天波杨府	龙亭,铁塔	0.17	0.57	0.90	-0.43	0.08	1.95
龙亭	大相国寺	0.24	0.57	0.87	-0.60	0.09	1.56
龙亭	清明上河园,大相国寺	0.24	0.57	0.87	-0.60	0.09	1.56
清明上河园,龙亭	大相国寺	0.24	0.57	0.87	-0.60	0.09	1.56
龙亭	开封,大相国寺	0.24	0.57	0.87	-0.60	0.09	1.61
龙亭	清明上河园,开封,大相国寺	0.24	0.57	0.87	-0.60	0.09	1.61
清明上河园,龙亭	开封,大相国寺	0.24	0.57	0.87	-0.60	0.09	1.61

续表

Premises	Conclusion	Support	Confidence	LaPlace	Gain	P-S	Lift
开封府，铁塔	天波杨府	0.16	0.57	0.91	−0.40	0.07	1.84
开封府，铁塔	清明上河园，天波杨府	0.16	0.57	0.91	−0.40	0.07	1.84
清明上河园，开封府，铁塔	天波杨府	0.16	0.57	0.91	−0.40	0.07	1.84
开封，龙亭	大相国寺	0.24	0.57	0.87	−0.59	0.09	1.56
开封，龙亭	清明上河园，大相国寺	0.24	0.57	0.87	−0.59	0.09	1.56
清明上河园，开封，龙亭	大相国寺	0.24	0.57	0.87	−0.59	0.09	1.56
开封，大相国寺	龙亭，铁塔	0.20	0.58	0.89	−0.51	0.10	1.97
开封，大相国寺	清明上河园，龙亭，铁塔	0.20	0.58	0.89	−0.51	0.10	1.97
清明上河园，开封，大相国寺	龙亭，铁塔	0.20	0.58	0.89	−0.51	0.10	1.97
开封	开封府	0.42	0.58	0.82	−1.02	0.11	1.34
开封	龙亭	0.42	0.58	0.82	−1.02	0.12	1.39
开封	清明上河园，开封府	0.42	0.58	0.82	−1.02	0.11	1.34
清明上河园，开封	开封府	0.42	0.58	0.82	−1.02	0.11	1.34
开封	清明上河园，龙亭	0.42	0.58	0.82	−1.02	0.12	1.39
清明上河园，开封	龙亭	0.42	0.58	0.82	−1.02	0.12	1.39
大相国寺	开封，开封府，铁塔	0.21	0.58	0.89	−0.52	0.11	2.12
开封，开封府，大相国寺	天波杨府	0.16	0.58	0.91	−0.39	0.07	1.88
大相国寺	清明上河园，开封，开封府，铁塔	0.21	0.58	0.89	−0.52	0.11	2.12
清明上河园，大相国寺	开封，开封府，铁塔	0.21	0.58	0.89	−0.52	0.11	2.12
开封，开封府，大相国寺	清明上河园，天波杨府	0.16	0.58	0.91	−0.39	0.07	1.88
清明上河园，开封，开封府，大相国寺	天波杨府	0.16	0.58	0.91	−0.39	0.07	1.88
开封府，铁塔	龙亭，大相国寺	0.16	0.59	0.91	−0.39	0.10	2.46
开封府，铁塔	清明上河园，龙亭，大相国寺	0.16	0.59	0.91	−0.39	0.10	2.46
清明上河园，开封府，铁塔	龙亭，大相国寺	0.16	0.59	0.91	−0.39	0.10	2.46
开封府，铁塔	开封，龙亭，大相国寺	0.16	0.59	0.91	−0.39	0.10	2.46

附表 关联规则研究结果

续表

Premises	Conclusion	Support	Confidence	LaPlace	Gain	P-S	Lift
开封府，铁塔	清明上河园，开封，龙亭，大相国寺	0.16	0.59	0.91	-0.39	0.10	2.46
清明上河园，开封府，铁塔	开封，龙亭，大相国寺	0.16	0.59	0.91	-0.39	0.10	2.46
开封府，大相国寺	天波杨府	0.17	0.59	0.91	-0.40	0.08	1.89
开封府，大相国寺	清明上河园，天波杨府	0.17	0.59	0.91	-0.40	0.08	1.89
清明上河园，开封府，大相国寺	天波杨府	0.17	0.59	0.91	-0.40	0.08	1.89
龙亭，铁塔	天波杨府	0.17	0.59	0.91	-0.41	0.08	1.89
龙亭，铁塔	清明上河园，天波杨府	0.17	0.59	0.91	-0.41	0.08	1.89
清明上河园，龙亭，铁塔	天波杨府	0.17	0.59	0.91	-0.41	0.08	1.89
龙亭，铁塔	开封，天波杨府	0.17	0.59	0.91	-0.41	0.08	1.95
开封，龙亭，铁塔	天波杨府	0.17	0.59	0.91	-0.41	0.08	1.89
龙亭，铁塔	清明上河园，开封，天波杨府	0.17	0.59	0.91	-0.41	0.08	1.95
清明上河园，龙亭，铁塔	开封，天波杨府	0.17	0.59	0.91	-0.41	0.08	1.95
开封，龙亭，铁塔	清明上河园，天波杨府	0.17	0.59	0.91	-0.41	0.08	1.89
清明上河园，开封，龙亭，铁塔	天波杨府	0.17	0.59	0.91	-0.41	0.08	1.89
大相国寺	开封府，铁塔	0.22	0.59	0.89	-0.52	0.11	2.13
大相国寺	清明上河园，开封府，铁塔	0.22	0.59	0.89	-0.52	0.11	2.13
清明上河园，大相国寺	开封府，铁塔	0.22	0.59	0.89	-0.52	0.11	2.13
开封，开封府，铁塔	龙亭，大相国寺	0.16	0.59	0.91	-0.39	0.10	2.47
开封，开封府，大相国寺	龙亭，铁塔	0.16	0.59	0.91	-0.39	0.08	2.02
开封，开封府，铁塔	清明上河园，龙亭，大相国寺	0.16	0.59	0.91	-0.39	0.10	2.47
清明上河园，开封，开封府，铁塔	龙亭，大相国寺	0.16	0.59	0.91	-0.39	0.10	2.47
开封，开封府，大相国寺	清明上河园，龙亭，铁塔	0.16	0.59	0.91	-0.39	0.08	2.02
清明上河园，开封，开封府，大相国寺	龙亭，铁塔	0.16	0.59	0.91	-0.39	0.08	2.02

续表

Premises	Conclusion	Support	Confidence	LaPlace	Gain	P-S	Lift
开封府	龙亭	0.26	0.60	0.88	−0.60	0.08	1.44
开封府	清明上河园,龙亭	0.26	0.60	0.88	−0.60	0.08	1.44
清明上河园,开封府	龙亭	0.26	0.60	0.88	−0.60	0.08	1.44
开封府	开封,龙亭	0.26	0.60	0.88	−0.60	0.08	1.45
开封府	清明上河园,开封,龙亭	0.26	0.60	0.88	−0.60	0.08	1.45
清明上河园,开封府	开封,龙亭	0.26	0.60	0.88	−0.60	0.08	1.45
开封,大相国寺	开封府,铁塔	0.21	0.60	0.90	−0.50	0.12	2.18
开封,大相国寺	清明上河园,开封府,铁塔	0.21	0.60	0.90	−0.50	0.12	2.18
清明上河园,开封,大相国寺	开封府,铁塔	0.21	0.60	0.90	−0.50	0.12	2.18
铁塔,大相国寺	开封府,龙亭	0.16	0.61	0.92	−0.37	0.09	2.34
铁塔,大相国寺	清明上河园,开封府,龙亭	0.16	0.61	0.92	−0.37	0.09	2.34
清明上河园,铁塔,大相国寺	开封府,龙亭	0.16	0.61	0.92	−0.37	0.09	2.34
铁塔,大相国寺	开封,开封府,龙亭	0.16	0.61	0.92	−0.37	0.09	2.34
铁塔,大相国寺	清明上河园,开封,开封府,龙亭	0.16	0.61	0.92	−0.37	0.09	2.34
清明上河园,铁塔,大相国寺	开封,开封府,龙亭	0.16	0.61	0.92	−0.37	0.09	2.34
开封,铁塔,大相国寺	开封府,龙亭	0.16	0.61	0.92	−0.37	0.09	2.36
开封,铁塔,大相国寺	清明上河园,开封府,龙亭	0.16	0.61	0.92	−0.37	0.09	2.36
清明上河园,开封,铁塔,大相国寺	开封府,龙亭	0.16	0.61	0.92	−0.37	0.09	2.36
龙亭	开封府	0.26	0.62	0.89	−0.58	0.08	1.44
龙亭	清明上河园,开封府	0.26	0.62	0.89	−0.58	0.08	1.44
清明上河园,龙亭	开封府	0.26	0.62	0.89	−0.58	0.08	1.44
龙亭	开封,开封府	0.26	0.62	0.89	−0.58	0.09	1.49
龙亭	清明上河园,开封,开封府	0.26	0.62	0.89	−0.58	0.09	1.49
清明上河园,龙亭	开封,开封府	0.26	0.62	0.89	−0.58	0.09	1.49
开封,开封府	龙亭	0.26	0.62	0.89	−0.57	0.09	1.49
开封,龙亭	开封府	0.26	0.62	0.89	−0.57	0.08	1.45
开封,开封府	清明上河园,龙亭	0.26	0.62	0.89	−0.57	0.09	1.49

续表

Premises	Conclusion	Support	Confidence	LaPlace	Gain	P-S	Lift
清明上河园，开封，开封府	龙亭	0.26	0.62	0.89	-0.57	0.09	1.49
开封，龙亭	清明上河园，开封府	0.26	0.62	0.89	-0.57	0.08	1.45
清明上河园，开封，龙亭	开封府	0.26	0.62	0.89	-0.57	0.08	1.45
开封府，龙亭	天波杨府	0.16	0.63	0.92	-0.36	0.08	2.01
开封府，龙亭	清明上河园，天波杨府	0.16	0.63	0.92	-0.36	0.08	2.01
清明上河园，开封府，龙亭	天波杨府	0.16	0.63	0.92	-0.36	0.08	2.01
开封府，龙亭	开封，天波杨府	0.16	0.63	0.92	-0.36	0.08	2.07
开封，开封府，龙亭	天波杨府	0.16	0.63	0.92	-0.36	0.08	2.01
开封府，龙亭	铁塔，大相国寺	0.16	0.63	0.92	-0.36	0.09	2.34
开封府，龙亭	清明上河园，开封，天波杨府	0.16	0.63	0.92	-0.36	0.08	2.07
清明上河园，开封府，龙亭	开封，天波杨府	0.16	0.63	0.92	-0.36	0.08	2.07
开封，开封府，龙亭	清明上河园，天波杨府	0.16	0.63	0.92	-0.36	0.08	2.01
清明上河园，开封，开封府，龙亭	天波杨府	0.16	0.63	0.92	-0.36	0.08	2.01
开封府，龙亭	清明上河园，铁塔，大相国寺	0.16	0.63	0.92	-0.36	0.09	2.34
清明上河园，开封府，龙亭	铁塔，大相国寺	0.16	0.63	0.92	-0.36	0.09	2.34
开封府，龙亭	开封，铁塔，大相国寺	0.16	0.63	0.92	-0.36	0.09	2.36
开封，开封府，龙亭	铁塔，大相国寺	0.16	0.63	0.92	-0.36	0.09	2.34
开封府，龙亭	清明上河园，开封，铁塔，大相国寺	0.16	0.63	0.92	-0.36	0.09	2.36
清明上河园，开封府，龙亭	开封，铁塔，大相国寺	0.16	0.63	0.92	-0.36	0.09	2.36
开封，开封府，龙亭	清明上河园，铁塔，大相国寺	0.16	0.63	0.92	-0.36	0.09	2.34
清明上河园，开封，开封府，龙亭	铁塔，大相国寺	0.16	0.63	0.92	-0.36	0.09	2.34
天波杨府	开封，大相国寺	0.19	0.63	0.91	-0.43	0.08	1.76
天波杨府	清明上河园，开封，大相国寺	0.19	0.63	0.91	-0.43	0.08	1.76

续表

Premises	Conclusion	Support	Confidence	LaPlace	Gain	P-S	Lift
清明上河园,天波杨府	开封,大相国寺	0.19	0.63	0.91	-0.43	0.08	1.76
开封府	开封,铁塔	0.27	0.64	0.89	-0.59	0.11	1.68
开封府	开封,大相国寺	0.27	0.64	0.89	-0.59	0.12	1.80
开封府	清明上河园,开封,铁塔	0.27	0.64	0.89	-0.59	0.11	1.68
清明上河园,开封府	开封,铁塔	0.27	0.64	0.89	-0.59	0.11	1.68
开封府	清明上河园,开封,大相国寺	0.27	0.64	0.89	-0.59	0.12	1.80
清明上河园,开封府	开封,大相国寺	0.27	0.64	0.89	-0.59	0.12	1.80
开封府,大相国寺	龙亭	0.18	0.64	0.92	-0.39	0.06	1.53
开封府,大相国寺	清明上河园,龙亭	0.18	0.64	0.92	-0.39	0.06	1.53
清明上河园,开封府,大相国寺	龙亭	0.18	0.64	0.92	-0.39	0.06	1.53
开封府,大相国寺	开封,龙亭	0.18	0.64	0.92	-0.39	0.06	1.54
开封府,大相国寺	清明上河园,开封,龙亭	0.18	0.64	0.92	-0.39	0.06	1.54
清明上河园,开封府,大相国寺	开封,龙亭	0.18	0.64	0.92	-0.39	0.06	1.54
开封府	铁塔	0.28	0.64	0.89	-0.59	0.11	1.67
开封府	清明上河园,铁塔	0.28	0.64	0.89	-0.59	0.11	1.67
清明上河园,开封府	铁塔	0.28	0.64	0.89	-0.59	0.11	1.67
开封,天波杨府	大相国寺	0.19	0.65	0.92	-0.41	0.08	1.76
开封,天波杨府	清明上河园,大相国寺	0.19	0.65	0.92	-0.41	0.08	1.76
清明上河园,开封,天波杨府	大相国寺	0.19	0.65	0.92	-0.41	0.08	1.76
天波杨府	大相国寺	0.20	0.65	0.92	-0.42	0.09	1.77
天波杨府	清明上河园,大相国寺	0.20	0.65	0.92	-0.42	0.09	1.77
清明上河园,天波杨府	大相国寺	0.20	0.65	0.92	-0.42	0.09	1.77
大相国寺	龙亭	0.24	0.65	0.91	-0.49	0.09	1.56
大相国寺	清明上河园,龙亭	0.24	0.65	0.91	-0.49	0.09	1.56
清明上河园,大相国寺	龙亭	0.24	0.65	0.91	-0.49	0.09	1.56
大相国寺	开封,龙亭	0.24	0.65	0.91	-0.49	0.09	1.56
大相国寺	清明上河园,开封,龙亭	0.24	0.65	0.91	-0.49	0.09	1.56

续表

Premises	Conclusion	Support	Confidence	LaPlace	Gain	P-S	Lift
清明上河园，大相国寺	开封，龙亭	0.24	0.65	0.91	-0.49	0.09	1.56
开封，开封府	铁塔	0.27	0.66	0.90	-0.56	0.12	1.72
开封，开封府	大相国寺	0.27	0.66	0.90	-0.56	0.12	1.80
开封，开封府	清明上河园，铁塔	0.27	0.66	0.90	-0.56	0.12	1.72
清明上河园，开封，开封府	铁塔	0.27	0.66	0.90	-0.56	0.12	1.72
开封，开封府	清明上河园，大相国寺	0.27	0.66	0.90	-0.56	0.12	1.80
清明上河园，开封，开封府	大相国寺	0.27	0.66	0.90	-0.56	0.12	1.80
开封府	大相国寺	0.29	0.66	0.90	-0.58	0.13	1.81
开封府	清明上河园，大相国寺	0.29	0.66	0.90	-0.58	0.13	1.81
清明上河园，开封府	大相国寺	0.29	0.66	0.90	-0.58	0.13	1.81
开封，开封府，大相国寺	龙亭	0.18	0.67	0.93	-0.37	0.07	1.60
开封，开封府，大相国寺	清明上河园，龙亭	0.18	0.67	0.93	-0.37	0.07	1.60
清明上河园，开封，开封府，大相国寺	龙亭	0.18	0.67	0.93	-0.37	0.07	1.60
天波杨府	开封，铁塔	0.21	0.67	0.92	-0.41	0.09	1.76
天波杨府	清明上河园，开封，铁塔	0.21	0.67	0.92	-0.41	0.09	1.76
清明上河园，天波杨府	开封，铁塔	0.21	0.67	0.92	-0.41	0.09	1.76
开封，大相国寺	龙亭	0.24	0.67	0.91	-0.47	0.09	1.61
开封，大相国寺	清明上河园，龙亭	0.24	0.67	0.91	-0.47	0.09	1.61
清明上河园，开封，大相国寺	龙亭	0.24	0.67	0.91	-0.47	0.09	1.61
龙门石窟	白马寺	0.16	0.67	0.94	-0.31	0.12	3.97
龙门石窟	清明上河园，白马寺	0.16	0.67	0.94	-0.31	0.12	3.97
清明上河园，龙门石窟	白马寺	0.16	0.67	0.94	-0.31	0.12	3.97
洛阳	开封	0.16	0.68	0.94	-0.31	-0.01	0.94
洛阳	白马寺	0.16	0.68	0.94	-0.31	0.12	3.99
洛阳	清明上河园，开封	0.16	0.68	0.94	-0.31	-0.01	0.94
清明上河园，洛阳	开封	0.16	0.68	0.94	-0.31	-0.01	0.94
洛阳	清明上河园，白马寺	0.16	0.68	0.94	-0.31	0.12	3.99

续表

Premises	Conclusion	Support	Confidence	LaPlace	Gain	P-S	Lift
清明上河园,洛阳	白马寺	0.16	0.68	0.94	−0.31	0.12	3.99
龙亭,大相国寺	开封府,铁塔	0.16	0.68	0.94	−0.31	0.10	2.46
龙亭,大相国寺	清明上河园,开封府,铁塔	0.16	0.68	0.94	−0.31	0.10	2.46
清明上河园,龙亭,大相国寺	开封府,铁塔	0.16	0.68	0.94	−0.31	0.10	2.46
龙亭,大相国寺	开封,开封府,铁塔	0.16	0.68	0.94	−0.31	0.10	2.47
开封,龙亭,大相国寺	开封府,铁塔	0.16	0.68	0.94	−0.31	0.10	2.46
龙亭,大相国寺	清明上河园,开封,开封府,铁塔	0.16	0.68	0.94	−0.31	0.10	2.47
清明上河园,龙亭,大相国寺	开封,开封府,铁塔	0.16	0.68	0.94	−0.31	0.10	2.47
开封,龙亭,大相国寺	清明上河园,开封府,铁塔	0.16	0.68	0.94	−0.31	0.10	2.46
清明上河园,开封,龙亭,大相国寺	开封府,铁塔	0.16	0.68	0.94	−0.31	0.10	2.46
天波杨府	铁塔	0.21	0.68	0.92	−0.41	0.09	1.78
天波杨府	清明上河园,铁塔	0.21	0.68	0.92	−0.41	0.09	1.78
清明上河园,天波杨府	铁塔	0.21	0.68	0.92	−0.41	0.09	1.78
开封,天波杨府	铁塔	0.21	0.69	0.93	−0.40	0.09	1.80
开封,天波杨府	清明上河园,铁塔	0.21	0.69	0.93	−0.40	0.09	1.80
清明上河园,开封,天波杨府	铁塔	0.21	0.69	0.93	−0.40	0.09	1.80
铁塔	开封,大相国寺	0.27	0.69	0.91	−0.50	0.13	1.95
铁塔	清明上河园,开封,大相国寺	0.27	0.69	0.91	−0.50	0.13	1.95
清明上河园,铁塔	开封,大相国寺	0.27	0.69	0.91	−0.50	0.13	1.95
铁塔	大相国寺	0.27	0.70	0.92	−0.50	0.13	1.90
铁塔	清明上河园,大相国寺	0.27	0.70	0.92	−0.50	0.13	1.90
清明上河园,铁塔	大相国寺	0.27	0.70	0.92	−0.50	0.13	1.90
开封,铁塔	大相国寺	0.27	0.70	0.92	−0.49	0.13	1.91
开封,铁塔	清明上河园,大相国寺	0.27	0.70	0.92	−0.49	0.13	1.91
清明上河园,开封,铁塔	大相国寺	0.27	0.70	0.92	−0.49	0.13	1.91
龙亭	铁塔	0.29	0.70	0.91	−0.54	0.13	1.82

续表

Premises	Conclusion	Support	Confidence	LaPlace	Gain	P-S	Lift
龙亭	清明上河园,铁塔	0.29	0.70	0.91	-0.54	0.13	1.82
清明上河园,龙亭	铁塔	0.29	0.70	0.91	-0.54	0.13	1.82
龙亭	开封,铁塔	0.29	0.70	0.91	-0.54	0.13	1.84
龙亭	清明上河园,开封,铁塔	0.29	0.70	0.91	-0.54	0.13	1.84
清明上河园,龙亭	开封,铁塔	0.29	0.70	0.91	-0.54	0.13	1.84
龙亭,铁塔	大相国寺	0.20	0.70	0.93	-0.38	0.10	1.91
龙亭,铁塔	清明上河园,大相国寺	0.20	0.70	0.93	-0.38	0.10	1.91
清明上河园,龙亭,铁塔	大相国寺	0.20	0.70	0.93	-0.38	0.10	1.91
龙亭,铁塔	开封,大相国寺	0.20	0.70	0.93	-0.38	0.10	1.97
开封,龙亭,铁塔	大相国寺	0.20	0.70	0.93	-0.38	0.10	1.91
龙亭,铁塔	清明上河园,开封,大相国寺	0.20	0.70	0.93	-0.38	0.10	1.97
清明上河园,龙亭,铁塔	开封,大相国寺	0.20	0.70	0.93	-0.38	0.10	1.97
开封,龙亭,铁塔	清明上河园,大相国寺	0.20	0.70	0.93	-0.38	0.10	1.91
清明上河园,开封,龙亭,铁塔	大相国寺	0.20	0.70	0.93	-0.38	0.10	1.91
天波杨府	开封,开封府	0.22	0.70	0.93	-0.40	0.09	1.68
天波杨府	清明上河园,开封,开封府	0.22	0.70	0.93	-0.40	0.09	1.68
清明上河园,天波杨府	开封,开封府	0.22	0.70	0.93	-0.40	0.09	1.68
开封,龙亭	铁塔	0.29	0.70	0.91	-0.54	0.13	1.83
开封,龙亭	清明上河园,铁塔	0.29	0.70	0.91	-0.54	0.13	1.83
清明上河园,开封,龙亭	铁塔	0.29	0.70	0.91	-0.54	0.13	1.83
龙亭,天波杨府	开封府	0.16	0.70	0.94	-0.30	0.06	1.63
龙亭,天波杨府	清明上河园,开封府	0.16	0.70	0.94	-0.30	0.06	1.63
清明上河园,龙亭,天波杨府	开封府	0.16	0.70	0.94	-0.30	0.06	1.63
龙亭,天波杨府	开封,开封府	0.16	0.70	0.94	-0.30	0.07	1.69
开封,龙亭,天波杨府	开封府	0.16	0.70	0.94	-0.30	0.06	1.63
龙亭,天波杨府	清明上河园,开封,开封府	0.16	0.70	0.94	-0.30	0.07	1.69

续表

Premises	Conclusion	Support	Confidence	LaPlace	Gain	P-S	Lift
清明上河园，龙亭，天波杨府	开封，开封府	0.16	0.70	0.94	-0.30	0.07	1.69
开封，龙亭，天波杨府	清明上河园，开封府	0.16	0.70	0.94	-0.30	0.06	1.63
清明上河园，开封，龙亭，天波杨府	开封府	0.16	0.70	0.94	-0.30	0.06	1.63
开封府，天波杨府	铁塔	0.16	0.70	0.95	-0.29	0.07	1.83
开封府，天波杨府	清明上河园，铁塔	0.16	0.70	0.95	-0.29	0.07	1.83
清明上河园，开封府，天波杨府	铁塔	0.16	0.70	0.95	-0.29	0.07	1.83
龙亭，铁塔	开封府	0.21	0.71	0.93	-0.38	0.08	1.64
开封府，龙亭	大相国寺	0.18	0.71	0.94	-0.34	0.09	1.93
龙亭，铁塔	清明上河园，开封府	0.21	0.71	0.93	-0.38	0.08	1.64
清明上河园，龙亭，铁塔	开封府	0.21	0.71	0.93	-0.38	0.08	1.64
开封府，龙亭	清明上河园，大相国寺	0.18	0.71	0.94	-0.34	0.09	1.93
清明上河园，开封府，龙亭	大相国寺	0.18	0.71	0.94	-0.34	0.09	1.93
龙亭，铁塔	开封，开封府	0.21	0.71	0.93	-0.38	0.08	1.70
开封，龙亭，铁塔	开封府	0.21	0.71	0.93	-0.38	0.08	1.64
开封府，龙亭	开封，大相国寺	0.18	0.71	0.94	-0.34	0.09	1.99
开封，开封府，龙亭	大相国寺	0.18	0.71	0.94	-0.34	0.09	1.93
龙亭，铁塔	清明上河园，开封，开封府	0.21	0.71	0.93	-0.38	0.08	1.70
清明上河园，龙亭，铁塔	开封，开封府	0.21	0.71	0.93	-0.38	0.08	1.70
开封，龙亭，铁塔	清明上河园，开封府	0.21	0.71	0.93	-0.38	0.08	1.64
清明上河园，开封，龙亭，铁塔	开封府	0.21	0.71	0.93	-0.38	0.08	1.64
开封府，龙亭	清明上河园，开封，大相国寺	0.18	0.71	0.94	-0.34	0.09	1.99
清明上河园，开封府，龙亭	开封，大相国寺	0.18	0.71	0.94	-0.34	0.09	1.99
开封，开封府，龙亭	清明上河园，大相国寺	0.18	0.71	0.94	-0.34	0.09	1.93
清明上河园，开封，开封府，龙亭	大相国寺	0.18	0.71	0.94	-0.34	0.09	1.93
开封府，天波杨府	开封，大相国寺	0.16	0.71	0.95	-0.29	0.08	2.01

续表

Premises	Conclusion	Support	Confidence	LaPlace	Gain	P-S	Lift
开封府，天波杨府	清明上河园，开封，大相国寺	0.16	0.71	0.95	-0.29	0.08	2.01
清明上河园，开封府，天波杨府	开封，大相国寺	0.16	0.71	0.95	-0.29	0.08	2.01
铁塔	开封，开封府	0.27	0.72	0.92	-0.49	0.12	1.72
铁塔	清明上河园，开封，开封府	0.27	0.72	0.92	-0.49	0.12	1.72
清明上河园，铁塔	开封，开封府	0.27	0.72	0.92	-0.49	0.12	1.72
清明上河园	开封	0.72	0.72	0.86	-1.28	0.00	1.00
开封府，天波杨府	龙亭	0.16	0.72	0.95	-0.29	0.07	1.72
开封府，天波杨府	清明上河园，龙亭	0.16	0.72	0.95	-0.29	0.07	1.72
清明上河园，开封府，天波杨府	龙亭	0.16	0.72	0.95	-0.29	0.07	1.72
开封府，天波杨府	开封，龙亭	0.16	0.72	0.95	-0.29	0.07	1.73
开封府，天波杨府	清明上河园，开封，龙亭	0.16	0.72	0.95	-0.29	0.07	1.73
清明上河园，开封府，天波杨府	开封，龙亭	0.16	0.72	0.95	-0.29	0.07	1.73
铁塔	开封府	0.28	0.72	0.92	-0.49	0.11	1.67
铁塔	清明上河园，开封府	0.28	0.72	0.92	-0.49	0.11	1.67
清明上河园，铁塔	开封府	0.28	0.72	0.92	-0.49	0.11	1.67
开封，天波杨府	开封府	0.22	0.72	0.94	-0.39	0.09	1.67
开封，天波杨府	清明上河园，开封府	0.22	0.72	0.94	-0.39	0.09	1.67
清明上河园，开封，天波杨府	开封府	0.22	0.72	0.94	-0.39	0.09	1.67
开封，铁塔	开封府	0.27	0.72	0.92	-0.48	0.11	1.68
开封，铁塔	清明上河园，开封府	0.27	0.72	0.92	-0.48	0.11	1.68
清明上河园，开封，铁塔	开封府	0.27	0.72	0.92	-0.48	0.11	1.68
天波杨府	开封府	0.23	0.72	0.93	-0.40	0.09	1.68
天波杨府	清明上河园，开封府	0.23	0.72	0.93	-0.40	0.09	1.68
清明上河园，天波杨府	开封府	0.23	0.72	0.93	-0.40	0.09	1.68
大相国寺	开封，铁塔	0.27	0.72	0.93	-0.47	0.13	1.91
大相国寺	清明上河园，开封，铁塔	0.27	0.72	0.93	-0.47	0.13	1.91
清明上河园，大相国寺	开封，铁塔	0.27	0.72	0.93	-0.47	0.13	1.91

续表

Premises	Conclusion	Support	Confidence	LaPlace	Gain	P-S	Lift
大相国寺	铁塔	0.27	0.73	0.93	−0.47	0.13	1.90
大相国寺	清明上河园，铁塔	0.27	0.73	0.93	−0.47	0.13	1.90
清明上河园，大相国寺	铁塔	0.27	0.73	0.93	−0.47	0.13	1.90
开封，开封府，天波杨府	大相国寺	0.16	0.74	0.95	−0.27	0.08	2.01
开封，开封府，天波杨府	清明上河园，大相国寺	0.16	0.74	0.95	−0.27	0.08	2.01
清明上河园，开封，开封府，天波杨府	大相国寺	0.16	0.74	0.95	−0.27	0.08	2.01
天波杨府	龙亭	0.23	0.74	0.94	−0.39	0.10	1.78
天波杨府	清明上河园，龙亭	0.23	0.74	0.94	−0.39	0.10	1.78
清明上河园，天波杨府	龙亭	0.23	0.74	0.94	−0.39	0.10	1.78
天波杨府	开封，龙亭	0.23	0.74	0.94	−0.39	0.10	1.78
天波杨府	清明上河园，开封，龙亭	0.23	0.74	0.94	−0.39	0.10	1.78
清明上河园，天波杨府	开封，龙亭	0.23	0.74	0.94	−0.39	0.10	1.78
龙亭，天波杨府	铁塔	0.17	0.74	0.95	−0.29	0.08	1.94
龙亭，天波杨府	清明上河园，铁塔	0.17	0.74	0.95	−0.29	0.08	1.94
清明上河园，龙亭，天波杨府	铁塔	0.17	0.74	0.95	−0.29	0.08	1.94
龙亭，天波杨府	开封，铁塔	0.17	0.74	0.95	−0.29	0.08	1.96
开封，龙亭，天波杨府	铁塔	0.17	0.74	0.95	−0.29	0.08	1.94
龙亭，天波杨府	清明上河园，开封，铁塔	0.17	0.74	0.95	−0.29	0.08	1.96
清明上河园，龙亭，天波杨府	开封，铁塔	0.17	0.74	0.95	−0.29	0.08	1.96
开封，龙亭，天波杨府	清明上河园，铁塔	0.17	0.74	0.95	−0.29	0.08	1.94
清明上河园，开封，龙亭，天波杨府	铁塔	0.17	0.74	0.95	−0.29	0.08	1.94
开封府，铁塔	龙亭	0.21	0.74	0.94	−0.35	0.09	1.78
开封府，铁塔	清明上河园，龙亭	0.21	0.74	0.94	−0.35	0.09	1.78
清明上河园，开封府，铁塔	龙亭	0.21	0.74	0.94	−0.35	0.09	1.78
开封府，铁塔	开封，龙亭	0.21	0.74	0.94	−0.35	0.09	1.79

附表　关联规则研究结果

续表

Premises	Conclusion	Support	Confidence	LaPlace	Gain	P-S	Lift
开封府，铁塔	清明上河园，开封，龙亭	0.21	0.74	0.94	-0.35	0.09	1.79
清明上河园，开封府，铁塔	开封，龙亭	0.21	0.74	0.94	-0.35	0.09	1.79
开封，开封府，天波杨府	龙亭	0.16	0.75	0.95	-0.27	0.07	1.78
开封，开封府，天波杨府	清明上河园，龙亭	0.16	0.75	0.95	-0.27	0.07	1.78
清明上河园，开封，开封府，天波杨府	龙亭	0.16	0.75	0.95	-0.27	0.07	1.78
开封府，天波杨府	大相国寺	0.17	0.75	0.95	-0.28	0.09	2.04
开封府，天波杨府	清明上河园，大相国寺	0.17	0.75	0.95	-0.28	0.09	2.04
清明上河园，开封府，天波杨府	大相国寺	0.17	0.75	0.95	-0.28	0.09	2.04
开封府，大相国寺	开封，铁塔	0.21	0.75	0.94	-0.36	0.11	1.97
开封府，大相国寺	清明上河园，开封，铁塔	0.21	0.75	0.94	-0.36	0.11	1.97
清明上河园，开封府，大相国寺	开封，铁塔	0.21	0.75	0.94	-0.36	0.11	1.97
开封，大相国寺	铁塔	0.27	0.75	0.93	-0.44	0.13	1.95
开封，大相国寺	清明上河园，铁塔	0.27	0.75	0.93	-0.44	0.13	1.95
清明上河园，开封，大相国寺	铁塔	0.27	0.75	0.93	-0.44	0.13	1.95
铁塔，天波杨府	开封府	0.16	0.75	0.96	-0.27	0.07	1.73
铁塔，天波杨府	清明上河园，开封府	0.16	0.75	0.96	-0.27	0.07	1.73
清明上河园，铁塔，天波杨府	开封府	0.16	0.75	0.96	-0.27	0.07	1.73
大相国寺	开封，开封府	0.27	0.75	0.93	-0.46	0.12	1.80
大相国寺	清明上河园，开封，开封府	0.27	0.75	0.93	-0.46	0.12	1.80
清明上河园，大相国寺	开封，开封府	0.27	0.75	0.93	-0.46	0.12	1.80
开封，开封府，铁塔	龙亭	0.21	0.75	0.95	-0.34	0.09	1.79
开封，开封府，铁塔	清明上河园，龙亭	0.21	0.75	0.95	-0.34	0.09	1.79
清明上河园，开封，开封府，铁塔	龙亭	0.21	0.75	0.95	-0.34	0.09	1.79
开封府，铁塔，大相国寺	龙亭	0.16	0.75	0.96	-0.27	0.07	1.80

续表

Premises	Conclusion	Support	Confidence	LaPlace	Gain	P-S	Lift
开封府，铁塔，大相国寺	清明上河园，龙亭	0.16	0.75	0.96	-0.27	0.07	1.80
清明上河园，开封府，铁塔，大相国寺	龙亭	0.16	0.75	0.96	-0.27	0.07	1.80
开封府，铁塔，大相国寺	开封，龙亭	0.16	0.75	0.96	-0.27	0.07	1.81
开封府，铁塔，大相国寺	清明上河园，开封，龙亭	0.16	0.75	0.96	-0.27	0.07	1.81
清明上河园，开封府，铁塔，大相国寺	开封，龙亭	0.16	0.75	0.96	-0.27	0.07	1.81
开封府，大相国寺	铁塔	0.22	0.75	0.95	-0.36	0.11	1.96
开封府，大相国寺	清明上河园，铁塔	0.22	0.75	0.95	-0.36	0.11	1.96
清明上河园，开封府，大相国寺	铁塔	0.22	0.75	0.95	-0.36	0.11	1.96
开封，开封府，铁塔，大相国寺	龙亭	0.16	0.76	0.96	-0.27	0.07	1.82
开封，开封府，铁塔，大相国寺	清明上河园，龙亭	0.16	0.76	0.96	-0.27	0.07	1.82
清明上河园，开封，开封府，铁塔，大相国寺	龙亭	0.16	0.76	0.96	-0.27	0.07	1.82
铁塔	龙亭	0.29	0.76	0.93	-0.48	0.13	1.82
铁塔	清明上河园，龙亭	0.29	0.76	0.93	-0.48	0.13	1.82
清明上河园，铁塔	龙亭	0.29	0.76	0.93	-0.48	0.13	1.82
铁塔	开封，龙亭	0.29	0.76	0.93	-0.48	0.13	1.83
铁塔	清明上河园，开封，龙亭	0.29	0.76	0.93	-0.48	0.13	1.83
清明上河园，铁塔	开封，龙亭	0.29	0.76	0.93	-0.48	0.13	1.83
铁塔，大相国寺	龙亭	0.20	0.76	0.95	-0.33	0.09	1.83
铁塔，大相国寺	清明上河园，龙亭	0.20	0.76	0.95	-0.33	0.09	1.83
清明上河园，铁塔，大相国寺	龙亭	0.20	0.76	0.95	-0.33	0.09	1.83
铁塔，大相国寺	开封，龙亭	0.20	0.76	0.95	-0.33	0.09	1.84
铁塔，大相国寺	清明上河园，开封，龙亭	0.20	0.76	0.95	-0.33	0.09	1.84
清明上河园，铁塔，大相国寺	开封，龙亭	0.20	0.76	0.95	-0.33	0.09	1.84
开封，天波杨府	龙亭	0.23	0.77	0.95	-0.37	0.10	1.83
开封，天波杨府	清明上河园，龙亭	0.23	0.77	0.95	-0.37	0.10	1.83

续表

Premises	Conclusion	Support	Confidence	LaPlace	Gain	P-S	Lift
清明上河园，开封，天波杨府	龙亭	0.23	0.77	0.95	-0.37	0.10	1.83
龙亭，大相国寺	开封	0.18	0.77	0.96	-0.29	0.08	1.78
龙亭，大相国寺	清明上河园，开封府	0.18	0.77	0.96	-0.29	0.08	1.78
清明上河园，龙亭，大相国寺	开封府	0.18	0.77	0.96	-0.29	0.08	1.78
龙亭，大相国寺	开封，开封府	0.18	0.77	0.96	-0.29	0.08	1.85
开封，龙亭，大相国寺	开封府	0.18	0.77	0.96	-0.29	0.08	1.78
龙亭，大相国寺	清明上河园，开封，开封府	0.18	0.77	0.96	-0.29	0.08	1.85
清明上河园，龙亭，大相国寺	开封，开封府	0.18	0.77	0.96	-0.29	0.08	1.85
开封，龙亭，大相国寺	清明上河园，开封府	0.18	0.77	0.96	-0.29	0.08	1.78
清明上河园，开封，龙亭，大相国寺	开封府	0.18	0.77	0.96	-0.29	0.08	1.78
开封，铁塔	龙亭	0.29	0.77	0.94	-0.47	0.13	1.84
开封，铁塔	清明上河园，龙亭	0.29	0.77	0.94	-0.47	0.13	1.84
清明上河园，开封，铁塔	龙亭	0.29	0.77	0.94	-0.47	0.13	1.84
开封，铁塔，大相国寺	龙亭	0.20	0.77	0.95	-0.33	0.09	1.84
开封，铁塔，大相国寺	清明上河园，龙亭	0.20	0.77	0.95	-0.33	0.09	1.84
清明上河园，开封，铁塔，大相国寺	龙亭	0.20	0.77	0.95	-0.33	0.09	1.84
开封府，铁塔	开封，大相国寺	0.21	0.77	0.95	-0.34	0.12	2.18
开封府，铁塔	清明上河园，开封，大相国寺	0.21	0.77	0.95	-0.34	0.12	2.18
清明上河园，开封府，铁塔	开封，大相国寺	0.21	0.77	0.95	-0.34	0.12	2.18
开封，大相国寺	开封府	0.27	0.77	0.94	-0.44	0.12	1.80
开封，大相国寺	清明上河园，开封府	0.27	0.77	0.94	-0.44	0.12	1.80
清明上河园，开封，大相国寺	开封府	0.27	0.77	0.94	-0.44	0.12	1.80
开封，开封府，铁塔	大相国寺	0.21	0.78	0.95	-0.34	0.11	2.12
开封，开封府，大相国寺	铁塔	0.21	0.78	0.95	-0.34	0.11	2.03

续表

Premises	Conclusion	Support	Confidence	LaPlace	Gain	P-S	Lift
开封，开封府，铁塔	清明上河园，大相国寺	0.21	0.78	0.95	-0.34	0.11	2.12
清明上河园，开封，开封府，铁塔	大相国寺	0.21	0.78	0.95	-0.34	0.11	2.12
开封，开封府，大相国寺	清明上河园，铁塔	0.21	0.78	0.95	-0.34	0.11	2.03
清明上河园，开封，开封府，大相国寺	铁塔	0.21	0.78	0.95	-0.34	0.11	2.03
开封府，铁塔	大相国寺	0.22	0.78	0.95	-0.34	0.11	2.13
开封府，铁塔	清明上河园，大相国寺	0.22	0.78	0.95	-0.34	0.11	2.13
清明上河园，开封府，铁塔	大相国寺	0.22	0.78	0.95	-0.34	0.11	2.13
大相国寺	开封府	0.29	0.78	0.94	-0.45	0.13	1.81
大相国寺	清明上河园，开封府	0.29	0.78	0.94	-0.45	0.13	1.81
清明上河园，大相国寺	开封府	0.29	0.78	0.94	-0.45	0.13	1.81
开封府，龙亭，铁塔	大相国寺	0.16	0.79	0.96	-0.25	0.09	2.15
开封府，龙亭，铁塔	清明上河园，大相国寺	0.16	0.79	0.96	-0.25	0.09	2.15
清明上河园，开封府，龙亭，铁塔	大相国寺	0.16	0.79	0.96	-0.25	0.09	2.15
开封府，龙亭，铁塔	开封，大相国寺	0.16	0.79	0.96	-0.25	0.09	2.22
开封，开封府，龙亭，铁塔	大相国寺	0.16	0.79	0.96	-0.25	0.09	2.15
开封府，龙亭，铁塔	清明上河园，开封，大相国寺	0.16	0.79	0.96	-0.25	0.09	2.22
清明上河园，开封府，龙亭，铁塔	开封，大相国寺	0.16	0.79	0.96	-0.25	0.09	2.22
开封，开封府，龙亭，铁塔	清明上河园，大相国寺	0.16	0.79	0.96	-0.25	0.09	2.15
清明上河园，开封，开封府，龙亭，铁塔	大相国寺	0.16	0.79	0.96	-0.25	0.09	2.15
大相国寺，天波杨府	开封，开封府	0.16	0.79	0.97	-0.24	0.08	1.90
大相国寺，天波杨府	清明上河园，开封，开封府	0.16	0.79	0.97	-0.24	0.08	1.90
清明上河园，大相国寺，天波杨府	开封，开封府	0.16	0.79	0.97	-0.24	0.08	1.90
开封府，龙亭	铁塔	0.21	0.79	0.96	-0.31	0.11	2.07

续表

Premises	Conclusion	Support	Confidence	LaPlace	Gain	P-S	Lift
开封府，龙亭	清明上河园，铁塔	0.21	0.79	0.96	−0.31	0.11	2.07
清明上河园，开封府，龙亭	铁塔	0.21	0.79	0.96	−0.31	0.11	2.07
开封府，龙亭	开封，铁塔	0.21	0.79	0.96	−0.31	0.11	2.09
开封，开封府，龙亭	铁塔	0.21	0.79	0.96	−0.31	0.11	2.07
开封府，龙亭	清明上河园，开封，铁塔	0.21	0.79	0.96	−0.31	0.11	2.09
清明上河园，开封府，龙亭	开封，铁塔	0.21	0.79	0.96	−0.31	0.11	2.09
开封，开封府，龙亭	清明上河园，铁塔	0.21	0.79	0.96	−0.31	0.11	2.07
清明上河园，开封，开封府，龙亭	铁塔	0.21	0.79	0.96	−0.31	0.11	2.07
龙亭，铁塔，大相国寺	开封府	0.16	0.79	0.97	−0.25	0.07	1.84
龙亭，铁塔，大相国寺	清明上河园，开封府	0.16	0.79	0.97	−0.25	0.07	1.84
清明上河园，龙亭，铁塔，大相国寺	开封府	0.16	0.79	0.97	−0.25	0.07	1.84
龙亭，铁塔，大相国寺	开封，开封府	0.16	0.79	0.97	−0.25	0.08	1.91
开封，龙亭，铁塔，大相国寺	开封府	0.16	0.79	0.97	−0.25	0.07	1.84
龙亭，铁塔，大相国寺	清明上河园，开封，开封府	0.16	0.79	0.97	−0.25	0.08	1.91
清明上河园，龙亭，铁塔，大相国寺	开封，开封府	0.16	0.79	0.97	−0.25	0.08	1.91
开封，龙亭，铁塔，大相国寺	清明上河园，开封府	0.16	0.79	0.97	−0.25	0.07	1.84
清明上河园，开封，龙亭，铁塔，大相国寺	开封府	0.16	0.79	0.97	−0.25	0.07	1.84
铁塔，大相国寺	开封，开封府	0.21	0.80	0.96	−0.32	0.10	1.92
铁塔，大相国寺	清明上河园，开封，开封府	0.21	0.80	0.96	−0.32	0.10	1.92
清明上河园，铁塔，大相国寺	开封，开封府	0.21	0.80	0.96	−0.32	0.10	1.92
开封，铁塔，大相国寺	开封府	0.21	0.81	0.96	−0.32	0.10	1.87
开封，铁塔，大相国寺	清明上河园，开封府	0.21	0.81	0.96	−0.32	0.10	1.87

续表

Premises	Conclusion	Support	Confidence	LaPlace	Gain	P-S	Lift
清明上河园，开封，铁塔，大相国寺	开封府	0.21	0.81	0.96	-0.32	0.10	1.87
铁塔，大相国寺	开封府	0.22	0.81	0.96	-0.32	0.10	1.87
铁塔，大相国寺	清明上河园，开封府	0.22	0.81	0.96	-0.32	0.10	1.87
清明上河园，铁塔，大相国寺	开封府	0.22	0.81	0.96	-0.32	0.10	1.87
铁塔，天波杨府	龙亭	0.17	0.81	0.97	-0.25	0.08	1.94
铁塔，天波杨府	清明上河园，龙亭	0.17	0.81	0.97	-0.25	0.08	1.94
清明上河园，铁塔，天波杨府	龙亭	0.17	0.81	0.97	-0.25	0.08	1.94
铁塔，天波杨府	开封，龙亭	0.17	0.81	0.97	-0.25	0.08	1.95
铁塔，天波杨府	清明上河园，开封，龙亭	0.17	0.81	0.97	-0.25	0.08	1.95
清明上河园，铁塔，天波杨府	开封，龙亭	0.17	0.81	0.97	-0.25	0.08	1.95
开封，大相国寺，天波杨府	开封府	0.16	0.82	0.97	-0.23	0.08	1.91
开封，大相国寺，天波杨府	清明上河园，开封府	0.16	0.82	0.97	-0.23	0.08	1.91
清明上河园，开封，大相国寺，天波杨府	开封府	0.16	0.82	0.97	-0.23	0.08	1.91
开封，铁塔，天波杨府	龙亭	0.17	0.83	0.97	-0.24	0.08	1.98
开封，铁塔，天波杨府	清明上河园，龙亭	0.17	0.83	0.97	-0.24	0.08	1.98
清明上河园，开封，铁塔，天波杨府	龙亭	0.17	0.83	0.97	-0.24	0.08	1.98
大相国寺，天波杨府	开封府	0.17	0.83	0.97	-0.24	0.08	1.92
大相国寺，天波杨府	清明上河园，开封府	0.17	0.83	0.97	-0.24	0.08	1.92
清明上河园，大相国寺，天波杨府	开封府	0.17	0.83	0.97	-0.24	0.08	1.92
龙亭，大相国寺	铁塔	0.20	0.86	0.97	-0.27	0.11	2.23
龙亭，大相国寺	清明上河园，铁塔	0.20	0.86	0.97	-0.27	0.11	2.23
清明上河园，龙亭，大相国寺	铁塔	0.20	0.86	0.97	-0.27	0.11	2.23
龙亭，大相国寺	开封，铁塔	0.20	0.86	0.97	-0.27	0.11	2.25
开封，龙亭，大相国寺	铁塔	0.20	0.86	0.97	-0.27	0.11	2.23

附表 关联规则研究结果

续表

Premises	Conclusion	Support	Confidence	LaPlace	Gain	P-S	Lift
龙亭，大相国寺	清明上河园，开封，铁塔	0.20	0.86	0.97	-0.27	0.11	2.25
清明上河园，龙亭，大相国寺	开封，铁塔	0.20	0.86	0.97	-0.27	0.11	2.25
开封，龙亭，大相国寺	清明上河园，铁塔	0.20	0.86	0.97	-0.27	0.11	2.23
清明上河园，开封，龙亭，大相国寺	铁塔	0.20	0.86	0.97	-0.27	0.11	2.23
开封府，龙亭，大相国寺	铁塔	0.16	0.89	0.98	-0.20	0.09	2.31
开封府，龙亭，大相国寺	清明上河园，铁塔	0.16	0.89	0.98	-0.20	0.09	2.31
清明上河园，开封府，龙亭，大相国寺	铁塔	0.16	0.89	0.98	-0.20	0.09	2.31
开封府，龙亭，大相国寺	开封，铁塔	0.16	0.89	0.98	-0.20	0.09	2.33
开封，开封府，龙亭，大相国寺	铁塔	0.16	0.89	0.98	-0.20	0.09	2.31
开封府，龙亭，大相国寺	清明上河园，开封，铁塔	0.16	0.89	0.98	-0.20	0.09	2.33
清明上河园，开封府，龙亭，大相国寺	开封，铁塔	0.16	0.89	0.98	-0.20	0.09	2.33
开封，开封府，龙亭，大相国寺	清明上河园，铁塔	0.16	0.89	0.98	-0.20	0.09	2.31
清明上河园，开封，开封府，龙亭，大相国寺	铁塔	0.16	0.89	0.98	-0.20	0.09	2.31
洛阳	龙门石窟	0.21	0.90	0.98	-0.26	0.16	3.81
洛阳	清明上河园，龙门石窟	0.21	0.90	0.98	-0.26	0.16	3.81
清明上河园，洛阳	龙门石窟	0.21	0.90	0.98	-0.26	0.16	3.81
龙门石窟	洛阳	0.21	0.90	0.98	-0.26	0.16	3.81
龙门石窟	清明上河园，洛阳	0.21	0.90	0.98	-0.26	0.16	3.81
清明上河园，龙门石窟	洛阳	0.21	0.90	0.98	-0.26	0.16	3.81
白马寺	龙门石窟	0.16	0.93	0.99	-0.18	0.12	3.97
白马寺	清明上河园，龙门石窟	0.16	0.93	0.99	-0.18	0.12	3.97
清明上河园，白马寺	龙门石窟	0.16	0.93	0.99	-0.18	0.12	3.97
白马寺	洛阳	0.16	0.94	0.99	-0.18	0.12	3.99

续表

Premises	Conclusion	Support	Confidence	LaPlace	Gain	P-S	Lift
白马寺	清明上河园,洛阳	0.16	0.94	0.99	-0.18	0.12	3.99
清明上河园,白马寺	洛阳	0.16	0.94	0.99	-0.18	0.12	3.99

附表1-7 到红旗渠的游客到达景区关联频繁项结果

支持度	项1	项2	项3	项4	项5	项6
0.293	红旗渠	林州				
0.214	红旗渠	武陵源				
0.204	红旗渠	天子山				
0.197	红旗渠	袁家界				
0.188	红旗渠	张家界				
0.184	红旗渠	张家界大峡谷				
0.181	红旗渠	十里画廊				
0.178	红旗渠	黄龙洞				
0.174	红旗渠	张家界国家森林公园				
0.168	红旗渠	黄石寨				
0.164	红旗渠	杨家界				
0.158	红旗渠	安阳				
0.204	武陵源	天子山				
0.197	武陵源	袁家界				
0.174	武陵源	张家界				
0.174	武陵源	张家界大峡谷				
0.181	武陵源	十里画廊				
0.171	武陵源	黄龙洞				
0.174	武陵源	张家界国家森林公园				
0.168	武陵源	黄石寨				
0.164	武陵源	杨家界				
0.197	天子山	袁家界				
0.168	天子山	张家界				
0.168	天子山	张家界大峡谷				
0.181	天子山	十里画廊				
0.168	天子山	黄龙洞				
0.168	天子山	张家界国家森林公园				
0.168	天子山	黄石寨				
0.164	天子山	杨家界				

续表

支持度	项1	项2	项3	项4	项5	项6
0.161	袁家界	张家界				
0.161	袁家界	张家界大峡谷				
0.174	袁家界	十里画廊				
0.161	袁家界	黄龙洞				
0.164	袁家界	张家界国家森林公园				
0.161	袁家界	黄石寨				
0.164	袁家界	杨家界				
0.174	张家界	张家界大峡谷				
0.158	十里画廊	杨家界				
0.204	红旗渠	武陵源	天子山			
0.197	红旗渠	武陵源	袁家界			
0.174	红旗渠	武陵源	张家界			
0.174	红旗渠	武陵源	张家界大峡谷			
0.181	红旗渠	武陵源	十里画廊			
0.171	红旗渠	武陵源	黄龙洞			
0.174	红旗渠	武陵源	张家界国家森林公园			
0.168	红旗渠	武陵源	黄石寨			
0.164	红旗渠	武陵源	杨家界			
0.197	红旗渠	天子山	袁家界			
0.168	红旗渠	天子山	张家界			
0.168	红旗渠	天子山	张家界大峡谷			
0.181	红旗渠	天子山	十里画廊			
0.168	红旗渠	天子山	黄龙洞			
0.168	红旗渠	天子山	张家界国家森林公园			
0.168	红旗渠	天子山	黄石寨			
0.164	红旗渠	天子山	杨家界			
0.161	红旗渠	袁家界	张家界			
0.161	红旗渠	袁家界	张家界大峡谷			
0.174	红旗渠	袁家界	十里画廊			
0.161	红旗渠	袁家界	黄龙洞			
0.164	红旗渠	袁家界	张家界国家森林公园			
0.161	红旗渠	袁家界	黄石寨			
0.164	红旗渠	袁家界	杨家界			

续表

支持度	项1	项2	项3	项4	项5	项6
0.174	红旗渠	张家界	张家界大峡谷			
0.158	红旗渠	十里画廊	杨家界			
0.197	武陵源	天子山	袁家界			
0.168	武陵源	天子山	张家界			
0.168	武陵源	天子山	张家界大峡谷			
0.181	武陵源	天子山	十里画廊			
0.168	武陵源	天子山	黄龙洞			
0.168	武陵源	天子山	张家界国家森林公园			
0.168	武陵源	天子山	黄石寨			
0.164	武陵源	天子山	杨家界			
0.161	武陵源	袁家界	张家界			
0.161	武陵源	袁家界	张家界大峡谷			
0.174	武陵源	袁家界	十里画廊			
0.161	武陵源	袁家界	黄龙洞			
0.164	武陵源	袁家界	张家界国家森林公园			
0.161	武陵源	袁家界	黄石寨			
0.164	武陵源	袁家界	杨家界			
0.164	武陵源	张家界	张家界大峡谷			
0.158	武陵源	十里画廊	杨家界			
0.161	天子山	袁家界	张家界			
0.161	天子山	袁家界	张家界大峡谷			
0.174	天子山	袁家界	十里画廊			
0.161	天子山	袁家界	黄龙洞			
0.164	天子山	袁家界	张家界国家森林公园			
0.161	天子山	袁家界	黄石寨			
0.164	天子山	袁家界	杨家界			
0.158	天子山	张家界	张家界大峡谷			
0.158	天子山	十里画廊	杨家界			
0.158	袁家界	十里画廊	杨家界			
0.197	红旗渠	武陵源	天子山	袁家界		
0.168	红旗渠	武陵源	天子山	张家界		
0.168	红旗渠	武陵源	天子山	张家界大峡谷		
0.181	红旗渠	武陵源	天子山	十里画廊		
0.168	红旗渠	武陵源	天子山	黄龙洞		

续表

支持度	项1	项2	项3	项4	项5	项6
0.168	红旗渠	武陵源	天子山	张家界国家森林公园		
0.168	红旗渠	武陵源	天子山	黄石寨		
0.164	红旗渠	武陵源	天子山	杨家界		
0.161	红旗渠	武陵源	袁家界	张家界		
0.161	红旗渠	武陵源	袁家界	张家界大峡谷		
0.174	红旗渠	武陵源	袁家界	十里画廊		
0.161	红旗渠	武陵源	袁家界	黄龙洞		
0.164	红旗渠	武陵源	袁家界	张家界国家森林公园		
0.161	红旗渠	武陵源	袁家界	黄石寨		
0.164	红旗渠	武陵源	袁家界	杨家界		
0.164	红旗渠	武陵源	张家界	张家界大峡谷		
0.158	红旗渠	武陵源	十里画廊	杨家界		
0.161	红旗渠	天子山	袁家界	张家界		
0.161	红旗渠	天子山	袁家界	张家界大峡谷		
0.174	红旗渠	天子山	袁家界	十里画廊		
0.161	红旗渠	天子山	袁家界	黄龙洞		
0.164	红旗渠	天子山	袁家界	张家界国家森林公园		
0.161	红旗渠	天子山	袁家界	黄石寨		
0.164	红旗渠	天子山	袁家界	杨家界		
0.158	红旗渠	天子山	张家界	张家界大峡谷		
0.158	红旗渠	天子山	十里画廊	杨家界		
0.158	红旗渠	袁家界	十里画廊	杨家界		
0.161	武陵源	天子山	袁家界	张家界		
0.161	武陵源	天子山	袁家界	张家界大峡谷		
0.174	武陵源	天子山	袁家界	十里画廊		
0.161	武陵源	天子山	袁家界	黄龙洞		
0.164	武陵源	天子山	袁家界	张家界国家森林公园		
0.161	武陵源	天子山	袁家界	黄石寨		
0.164	武陵源	天子山	袁家界	杨家界		
0.158	武陵源	天子山	张家界	张家界大峡谷		
0.158	武陵源	天子山	十里画廊	杨家界		
0.158	武陵源	袁家界	十里画廊	杨家界		
0.158	天子山	袁家界	十里画廊	杨家界		

续表

支持度	项1	项2	项3	项4	项5	项6
0.161	红旗渠	武陵源	天子山	袁家界	张家界	
0.161	红旗渠	武陵源	天子山	袁家界	张家界大峡谷	
0.174	红旗渠	武陵源	天子山	袁家界	十里画廊	
0.161	红旗渠	武陵源	天子山	袁家界	黄龙洞	
0.164	红旗渠	武陵源	天子山	袁家界	张家界国家森林公园	
0.161	红旗渠	武陵源	天子山	袁家界	黄石寨	
0.164	红旗渠	武陵源	天子山	袁家界	杨家界	
0.158	红旗渠	武陵源	天子山	张家界	张家界大峡谷	
0.158	红旗渠	武陵源	天子山	十里画廊	杨家界	
0.158	红旗渠	武陵源	袁家界	十里画廊	杨家界	
0.158	红旗渠	天子山	袁家界	十里画廊	杨家界	
0.158	武陵源	天子山	袁家界	十里画廊	杨家界	
0.158	红旗渠	武陵源	天子山	袁家界	十里画廊	杨家界

附表1-8　到红旗渠的游客到达景区关联规则结果

Premises	Conclusion	Support	Confidence	LaPlace	Gain	P-S	Lift
武陵源	杨家界	0.16	0.77	0.96	-0.26	0.13	4.68
武陵源	红旗渠，杨家界	0.16	0.77	0.96	-0.26	0.13	4.68
红旗渠，武陵源	杨家界	0.16	0.77	0.96	-0.26	0.13	4.68
武陵源	天子山，杨家界	0.16	0.77	0.96	-0.26	0.13	4.68
武陵源	袁家界，张家界国家森林公园	0.16	0.77	0.96	-0.26	0.13	4.68
武陵源	袁家界，杨家界	0.16	0.77	0.96	-0.26	0.13	4.68
武陵源	张家界，张家界大峡谷	0.16	0.77	0.96	-0.26	0.13	4.41
武陵源	红旗渠，天子山，杨家界	0.16	0.77	0.96	-0.26	0.13	4.68
红旗渠，武陵源	天子山，杨家界	0.16	0.77	0.96	-0.26	0.13	4.68
武陵源	红旗渠，袁家界，张家界国家森林公园	0.16	0.77	0.96	-0.26	0.13	4.68
红旗渠，武陵源	袁家界，张家界国家森林公园	0.16	0.77	0.96	-0.26	0.13	4.68
武陵源	红旗渠，袁家界，杨家界	0.16	0.77	0.96	-0.26	0.13	4.68
红旗渠，武陵源	袁家界，杨家界	0.16	0.77	0.96	-0.26	0.13	4.68
武陵源	红旗渠，张家界，张家界大峡谷	0.16	0.77	0.96	-0.26	0.13	4.41
红旗渠，武陵源	张家界，张家界大峡谷	0.16	0.77	0.96	-0.26	0.13	4.41
武陵源	天子山，袁家界，张家界国家森林公园	0.16	0.77	0.96	-0.26	0.13	4.68

续表

Premises	Conclusion	Support	Confidence	LaPlace	Gain	P-S	Lift
武陵源	天子山，袁家界，杨家界	0.16	0.77	0.96	-0.26	0.13	4.68
武陵源	红旗渠，天子山，袁家界，张家界国家森林公园	0.16	0.77	0.96	-0.26	0.13	4.68
红旗渠，武陵源	天子山，袁家界，张家界国家森林公园	0.16	0.77	0.96	-0.26	0.13	4.68
武陵源	红旗渠，天子山，袁家界，杨家界	0.16	0.77	0.96	-0.26	0.13	4.68
红旗渠，武陵源	天子山，袁家界，杨家界	0.16	0.77	0.96	-0.26	0.13	4.68
天子山	张家界，张家界大峡谷	0.16	0.77	0.96	-0.25	0.12	4.44
天子山	十里画廊，杨家界	0.16	0.77	0.96	-0.25	0.13	4.90
天子山	红旗渠，张家界，张家界大峡谷	0.16	0.77	0.96	-0.25	0.12	4.44
红旗渠，天子山	张家界，张家界大峡谷	0.16	0.77	0.96	-0.25	0.12	4.44
天子山	红旗渠，十里画廊，杨家界	0.16	0.77	0.96	-0.25	0.13	4.90
红旗渠，天子山	十里画廊，杨家界	0.16	0.77	0.96	-0.25	0.13	4.90
天子山	武陵源，张家界，张家界大峡谷	0.16	0.77	0.96	-0.25	0.12	4.71
武陵源，天子山	张家界，张家界大峡谷	0.16	0.77	0.96	-0.25	0.12	4.44
天子山	武陵源，十里画廊，杨家界	0.16	0.77	0.96	-0.25	0.13	4.90
武陵源，天子山	十里画廊，杨家界	0.16	0.77	0.96	-0.25	0.13	4.90
天子山	袁家界，十里画廊，杨家界	0.16	0.77	0.96	-0.25	0.13	4.90
天子山	红旗渠，武陵源，张家界，张家界大峡谷	0.16	0.77	0.96	-0.25	0.12	4.71
红旗渠，天子山	武陵源，张家界，张家界大峡谷	0.16	0.77	0.96	-0.25	0.12	4.71
武陵源，天子山	红旗渠，张家界，张家界大峡谷	0.16	0.77	0.96	-0.25	0.12	4.44
红旗渠，武陵源，天子山	张家界，张家界大峡谷	0.16	0.77	0.96	-0.25	0.12	4.44
天子山	红旗渠，武陵源，十里画廊，杨家界	0.16	0.77	0.96	-0.25	0.13	4.90
红旗渠，天子山	武陵源，十里画廊，杨家界	0.16	0.77	0.96	-0.25	0.13	4.90
武陵源，天子山	红旗渠，十里画廊，杨家界	0.16	0.77	0.96	-0.25	0.13	4.90
红旗渠，武陵源，天子山	十里画廊，杨家界	0.16	0.77	0.96	-0.25	0.13	4.90

续表

Premises	Conclusion	Support	Confidence	LaPlace	Gain	P-S	Lift
天子山	红旗渠，袁家界，十里画廊，杨家界	0.16	0.77	0.96	−0.25	0.13	4.90
红旗渠，天子山	袁家界，十里画廊，杨家界	0.16	0.77	0.96	−0.25	0.13	4.90
天子山	武陵源，袁家界，十里画廊，杨家界	0.16	0.77	0.96	−0.25	0.13	4.90
武陵源，天子山	袁家界，十里画廊，杨家界	0.16	0.77	0.96	−0.25	0.13	4.90
天子山	红旗渠，武陵源，袁家界，十里画廊，杨家界	0.16	0.77	0.96	−0.25	0.13	4.90
红旗渠，天子山	武陵源，袁家界，十里画廊，杨家界	0.16	0.77	0.96	−0.25	0.13	4.90
武陵源，天子山	红旗渠，袁家界，十里画廊，杨家界	0.16	0.77	0.96	−0.25	0.13	4.90
红旗渠，武陵源，天子山	袁家界，十里画廊，杨家界	0.16	0.77	0.96	−0.25	0.13	4.90
武陵源	黄石寨	0.17	0.78	0.96	−0.26	0.13	4.68
武陵源	红旗渠，黄石寨	0.17	0.78	0.96	−0.26	0.13	4.68
红旗渠，武陵源	黄石寨	0.17	0.78	0.96	−0.26	0.13	4.68
武陵源	天子山，张家界	0.17	0.78	0.96	−0.26	0.13	4.68
武陵源	天子山，张家界大峡谷	0.17	0.78	0.96	−0.26	0.13	4.68
武陵源	天子山，黄龙洞	0.17	0.78	0.96	−0.26	0.13	4.68
武陵源	天子山，张家界国家森林公园	0.17	0.78	0.96	−0.26	0.13	4.68
武陵源	天子山，黄石寨	0.17	0.78	0.96	−0.26	0.13	4.68
武陵源	红旗渠，天子山，张家界	0.17	0.78	0.96	−0.26	0.13	4.68
红旗渠，武陵源	天子山，张家界	0.17	0.78	0.96	−0.26	0.13	4.68
武陵源	红旗渠，天子山，张家界大峡谷	0.17	0.78	0.96	−0.26	0.13	4.68
红旗渠，武陵源	天子山，张家界大峡谷	0.17	0.78	0.96	−0.26	0.13	4.68
武陵源	红旗渠，天子山，黄龙洞	0.17	0.78	0.96	−0.26	0.13	4.68
红旗渠，武陵源	天子山，黄龙洞	0.17	0.78	0.96	−0.26	0.13	4.68
武陵源	红旗渠，天子山，张家界国家森林公园	0.17	0.78	0.96	−0.26	0.13	4.68
红旗渠，武陵源	天子山，张家界国家森林公园	0.17	0.78	0.96	−0.26	0.13	4.68
武陵源	红旗渠，天子山，黄石寨	0.17	0.78	0.96	−0.26	0.13	4.68
红旗渠，武陵源	天子山，黄石寨	0.17	0.78	0.96	−0.26	0.13	4.68
天子山	袁家界，张家界	0.16	0.79	0.96	−0.25	0.13	4.90

附表 关联规则研究结果

续表

Premises	Conclusion	Support	Confidence	LaPlace	Gain	P-S	Lift
天子山	袁家界，张家界大峡谷	0.16	0.79	0.96	−0.25	0.13	4.90
天子山	袁家界，黄龙洞	0.16	0.79	0.96	−0.25	0.13	4.90
天子山	袁家界，黄石寨	0.16	0.79	0.96	−0.25	0.13	4.90
天子山	红旗渠，袁家界，张家界	0.16	0.79	0.96	−0.25	0.13	4.90
红旗渠，天子山	袁家界，张家界	0.16	0.79	0.96	−0.25	0.13	4.90
天子山	红旗渠，袁家界，张家界大峡谷	0.16	0.79	0.96	−0.25	0.13	4.90
红旗渠，天子山	袁家界，张家界大峡谷	0.16	0.79	0.96	−0.25	0.13	4.90
天子山	红旗渠，袁家界，黄龙洞	0.16	0.79	0.96	−0.25	0.13	4.90
红旗渠，天子山	袁家界，黄龙洞	0.16	0.79	0.96	−0.25	0.13	4.90
天子山	红旗渠，袁家界，黄石寨	0.16	0.79	0.96	−0.25	0.13	4.90
红旗渠，天子山	袁家界，黄石寨	0.16	0.79	0.96	−0.25	0.13	4.90
天子山	武陵源，袁家界，张家界	0.16	0.79	0.96	−0.25	0.13	4.90
武陵源，天子山	袁家界，张家界	0.16	0.79	0.96	−0.25	0.13	4.90
天子山	武陵源，袁家界，张家界大峡谷	0.16	0.79	0.96	−0.25	0.13	4.90
武陵源，天子山	袁家界，张家界大峡谷	0.16	0.79	0.96	−0.25	0.13	4.90
天子山	武陵源，袁家界，黄龙洞	0.16	0.79	0.96	−0.25	0.13	4.90
武陵源，天子山	袁家界，黄龙洞	0.16	0.79	0.96	−0.25	0.13	4.90
天子山	武陵源，袁家界，黄石寨	0.16	0.79	0.96	−0.25	0.13	4.90
武陵源，天子山	袁家界，黄石寨	0.16	0.79	0.96	−0.25	0.13	4.90
天子山	红旗渠，武陵源，袁家界，张家界	0.16	0.79	0.96	−0.25	0.13	4.90
红旗渠，天子山	武陵源，袁家界，张家界	0.16	0.79	0.96	−0.25	0.13	4.90
武陵源，天子山	红旗渠，袁家界，张家界	0.16	0.79	0.96	−0.25	0.13	4.90
红旗渠，武陵源，天子山	袁家界，张家界	0.16	0.79	0.96	−0.25	0.13	4.90
天子山	红旗渠，武陵源，袁家界，张家界大峡谷	0.16	0.79	0.96	−0.25	0.13	4.90
红旗渠，天子山	武陵源，袁家界，张家界大峡谷	0.16	0.79	0.96	−0.25	0.13	4.90
武陵源，天子山	红旗渠，袁家界，张家界大峡谷	0.16	0.79	0.96	−0.25	0.13	4.90
红旗渠，武陵源，天子山	袁家界，张家界大峡谷	0.16	0.79	0.96	−0.25	0.13	4.90
天子山	红旗渠，武陵源，袁家界，黄龙洞	0.16	0.79	0.96	−0.25	0.13	4.90
红旗渠，天子山	武陵源，袁家界，黄龙洞	0.16	0.79	0.96	−0.25	0.13	4.90

续表

Premises	Conclusion	Support	Confidence	LaPlace	Gain	P-S	Lift
武陵源，天子山	红旗渠，袁家界，黄龙洞	0.16	0.79	0.96	−0.25	0.13	4.90
红旗渠，武陵源，天子山	袁家界，黄龙洞	0.16	0.79	0.96	−0.25	0.13	4.90
天子山	红旗渠，武陵源，袁家界，黄石寨	0.16	0.79	0.96	−0.25	0.13	4.90
红旗渠，天子山	武陵源，袁家界，黄石寨	0.16	0.79	0.96	−0.25	0.13	4.90
武陵源，天子山	红旗渠，袁家界，黄石寨	0.16	0.79	0.96	−0.25	0.13	4.90
红旗渠，武陵源，天子山	袁家界，黄石寨	0.16	0.79	0.96	−0.25	0.13	4.90
武陵源	黄龙洞	0.17	0.80	0.96	−0.26	0.13	4.50
武陵源	红旗渠，黄龙洞	0.17	0.80	0.96	−0.26	0.13	4.50
红旗渠，武陵源	黄龙洞	0.17	0.80	0.96	−0.26	0.13	4.50
袁家界	十里画廊，杨家界	0.16	0.80	0.97	−0.24	0.13	5.07
袁家界	红旗渠，十里画廊，杨家界	0.16	0.80	0.97	−0.24	0.13	5.07
红旗渠，袁家界	十里画廊，杨家界	0.16	0.80	0.97	−0.24	0.13	5.07
袁家界	武陵源，十里画廊，杨家界	0.16	0.80	0.97	−0.24	0.13	5.07
武陵源，袁家界	十里画廊，杨家界	0.16	0.80	0.97	−0.24	0.13	5.07
袁家界	天子山，十里画廊，杨家界	0.16	0.80	0.97	−0.24	0.13	5.07
天子山，袁家界	十里画廊，杨家界	0.16	0.80	0.97	−0.24	0.13	5.07
袁家界	红旗渠，武陵源，十里画廊，杨家界	0.16	0.80	0.97	−0.24	0.13	5.07
红旗渠，袁家界	武陵源，十里画廊，杨家界	0.16	0.80	0.97	−0.24	0.13	5.07
武陵源，袁家界	红旗渠，十里画廊，杨家界	0.16	0.80	0.97	−0.24	0.13	5.07
红旗渠，武陵源，袁家界	十里画廊，杨家界	0.16	0.80	0.97	−0.24	0.13	5.07
袁家界	红旗渠，天子山，十里画廊，杨家界	0.16	0.80	0.97	−0.24	0.13	5.07
红旗渠，袁家界	天子山，十里画廊，杨家界	0.16	0.80	0.97	−0.24	0.13	5.07
天子山，袁家界	红旗渠，十里画廊，杨家界	0.16	0.80	0.97	−0.24	0.13	5.07
红旗渠，天子山，袁家界	十里画廊，杨家界	0.16	0.80	0.97	−0.24	0.13	5.07

续表

Premises	Conclusion	Support	Confidence	LaPlace	Gain	P-S	Lift
袁家界	武陵源，天子山，十里画廊，杨家界	0.16	0.80	0.97	-0.24	0.13	5.07
武陵源，袁家界	天子山，十里画廊，杨家界	0.16	0.80	0.97	-0.24	0.13	5.07
天子山，袁家界	武陵源，十里画廊，杨家界	0.16	0.80	0.97	-0.24	0.13	5.07
武陵源，天子山，袁家界	十里画廊，杨家界	0.16	0.80	0.97	-0.24	0.13	5.07
袁家界	红旗渠，武陵源，天子山，十里画廊，杨家界	0.16	0.80	0.97	-0.24	0.13	5.07
红旗渠，袁家界	武陵源，天子山，十里画廊，杨家界	0.16	0.80	0.97	-0.24	0.13	5.07
武陵源，袁家界	红旗渠，天子山，十里画廊，杨家界	0.16	0.80	0.97	-0.24	0.13	5.07
红旗渠，武陵源，袁家界	天子山，十里画廊，杨家界	0.16	0.80	0.97	-0.24	0.13	5.07
天子山，袁家界	红旗渠，武陵源，十里画廊，杨家界	0.16	0.80	0.97	-0.24	0.13	5.07
红旗渠，天子山，袁家界	武陵源，十里画廊，杨家界	0.16	0.80	0.97	-0.24	0.13	5.07
武陵源，天子山，袁家界	红旗渠，十里画廊，杨家界	0.16	0.80	0.97	-0.24	0.13	5.07
红旗渠，武陵源，天子山，袁家界	十里画廊，杨家界	0.16	0.80	0.97	-0.24	0.13	5.07
天子山	杨家界	0.16	0.81	0.97	-0.24	0.13	4.90
天子山	红旗渠，杨家界	0.16	0.81	0.97	-0.24	0.13	4.90
红旗渠，天子山	杨家界	0.16	0.81	0.97	-0.24	0.13	4.90
天子山	武陵源，杨家界	0.16	0.81	0.97	-0.24	0.13	4.90
武陵源，天子山	杨家界	0.16	0.81	0.97	-0.24	0.13	4.90
天子山	袁家界，张家界国家森林公园	0.16	0.81	0.97	-0.24	0.13	4.90
天子山	袁家界，杨家界	0.16	0.81	0.97	-0.24	0.13	4.90
天子山	红旗渠，武陵源，杨家界	0.16	0.81	0.97	-0.24	0.13	4.90
红旗渠，天子山	武陵源，杨家界	0.16	0.81	0.97	-0.24	0.13	4.90
武陵源，天子山	红旗渠，杨家界	0.16	0.81	0.97	-0.24	0.13	4.90
红旗渠，武陵源，天子山	杨家界	0.16	0.81	0.97	-0.24	0.13	4.90
天子山	红旗渠，袁家界，张家界国家森林公园	0.16	0.81	0.97	-0.24	0.13	4.90

续表

Premises	Conclusion	Support	Confidence	LaPlace	Gain	P-S	Lift
红旗渠，天子山	袁家界，张家界国家森林公园	0.16	0.81	0.97	-0.24	0.13	4.90
天子山	红旗渠，袁家界，杨家界	0.16	0.81	0.97	-0.24	0.13	4.90
红旗渠，天子山	袁家界，杨家界	0.16	0.81	0.97	-0.24	0.13	4.90
天子山	武陵源，袁家界，张家界国家森林公园	0.16	0.81	0.97	-0.24	0.13	4.90
武陵源，天子山	袁家界，张家界国家森林公园	0.16	0.81	0.97	-0.24	0.13	4.90
天子山	武陵源，袁家界，杨家界	0.16	0.81	0.97	-0.24	0.13	4.90
武陵源，天子山	袁家界，杨家界	0.16	0.81	0.97	-0.24	0.13	4.90
天子山	红旗渠，武陵源，袁家界，张家界国家森林公园	0.16	0.81	0.97	-0.24	0.13	4.90
红旗渠，天子山	武陵源，袁家界，张家界国家森林公园	0.16	0.81	0.97	-0.24	0.13	4.90
武陵源，天子山	红旗渠，袁家界，张家界国家森林公园	0.16	0.81	0.97	-0.24	0.13	4.90
红旗渠，武陵源，天子山	袁家界，张家界国家森林公园	0.16	0.81	0.97	-0.24	0.13	4.90
天子山	红旗渠，武陵源，袁家界，杨家界	0.16	0.81	0.97	-0.24	0.13	4.90
红旗渠，天子山	武陵源，袁家界，杨家界	0.16	0.81	0.97	-0.24	0.13	4.90
武陵源，天子山	红旗渠，袁家界，杨家界	0.16	0.81	0.97	-0.24	0.13	4.90
红旗渠，武陵源，天子山	袁家界，杨家界	0.16	0.81	0.97	-0.24	0.13	4.90
武陵源	张家界	0.17	0.82	0.97	-0.25	0.13	4.35
武陵源	张家界大峡谷	0.17	0.82	0.97	-0.25	0.13	4.43
武陵源	张家界国家森林公园	0.17	0.82	0.97	-0.25	0.14	4.68
武陵源	红旗渠，张家界	0.17	0.82	0.97	-0.25	0.13	4.35
红旗渠，武陵源	张家界	0.17	0.82	0.97	-0.25	0.13	4.35
武陵源	红旗渠，张家界大峡谷	0.17	0.82	0.97	-0.25	0.13	4.43
红旗渠，武陵源	张家界大峡谷	0.17	0.82	0.97	-0.25	0.13	4.43
武陵源	红旗渠，张家界国家森林公园	0.17	0.82	0.97	-0.25	0.14	4.68
红旗渠，武陵源	张家界国家森林公园	0.17	0.82	0.97	-0.25	0.14	4.68
武陵源	袁家界，十里画廊	0.17	0.82	0.97	-0.25	0.14	4.68
武陵源	红旗渠，袁家界，十里画廊	0.17	0.82	0.97	-0.25	0.14	4.68
红旗渠，武陵源	袁家界，十里画廊	0.17	0.82	0.97	-0.25	0.14	4.68

续表

Premises	Conclusion	Support	Confidence	LaPlace	Gain	P-S	Lift
武陵源	天子山，袁家界，十里画廊	0.17	0.82	0.97	-0.25	0.14	4.68
武陵源	红旗渠，天子山，袁家界，十里画廊	0.17	0.82	0.97	-0.25	0.14	4.68
红旗渠，武陵源	天子山，袁家界，十里画廊	0.17	0.82	0.97	-0.25	0.14	4.68
袁家界	张家界	0.16	0.82	0.97	-0.23	0.12	4.36
袁家界	张家界大峡谷	0.16	0.82	0.97	-0.23	0.12	4.43
袁家界	黄龙洞	0.16	0.82	0.97	-0.23	0.13	4.60
袁家界	黄石寨	0.16	0.82	0.97	-0.23	0.13	4.87
袁家界	红旗渠，张家界	0.16	0.82	0.97	-0.23	0.12	4.36
红旗渠，袁家界	张家界	0.16	0.82	0.97	-0.23	0.12	4.36
袁家界	红旗渠，张家界大峡谷	0.16	0.82	0.97	-0.23	0.12	4.43
红旗渠，袁家界	张家界大峡谷	0.16	0.82	0.97	-0.23	0.12	4.43
袁家界	红旗渠，黄龙洞	0.16	0.82	0.97	-0.23	0.13	4.60
红旗渠，袁家界	黄龙洞	0.16	0.82	0.97	-0.23	0.13	4.60
袁家界	红旗渠，黄石寨	0.16	0.82	0.97	-0.23	0.13	4.87
红旗渠，袁家界	黄石寨	0.16	0.82	0.97	-0.23	0.13	4.87
袁家界	武陵源，张家界	0.16	0.82	0.97	-0.23	0.13	4.68
武陵源，袁家界	张家界	0.16	0.82	0.97	-0.23	0.12	4.36
袁家界	武陵源，张家界大峡谷	0.16	0.82	0.97	-0.23	0.13	4.68
武陵源，袁家界	张家界大峡谷	0.16	0.82	0.97	-0.23	0.12	4.43
袁家界	武陵源，黄龙洞	0.16	0.82	0.97	-0.23	0.13	4.77
武陵源，袁家界	黄龙洞	0.16	0.82	0.97	-0.23	0.13	4.60
袁家界	武陵源，黄石寨	0.16	0.82	0.97	-0.23	0.13	4.87
武陵源，袁家界	黄石寨	0.16	0.82	0.97	-0.23	0.13	4.87
袁家界	天子山，张家界	0.16	0.82	0.97	-0.23	0.13	4.87
天子山，袁家界	张家界	0.16	0.82	0.97	-0.23	0.12	4.36
袁家界	天子山，张家界大峡谷	0.16	0.82	0.97	-0.23	0.13	4.87
天子山，袁家界	张家界大峡谷	0.16	0.82	0.97	-0.23	0.12	4.43
袁家界	天子山，黄龙洞	0.16	0.82	0.97	-0.23	0.13	4.87
天子山，袁家界	黄龙洞	0.16	0.82	0.97	-0.23	0.13	4.60
袁家界	天子山，黄石寨	0.16	0.82	0.97	-0.23	0.13	4.87
天子山，袁家界	黄石寨	0.16	0.82	0.97	-0.23	0.13	4.87
袁家界	红旗渠，武陵源，张家界	0.16	0.82	0.97	-0.23	0.13	4.68
红旗渠，袁家界	武陵源，张家界	0.16	0.82	0.97	-0.23	0.13	4.68
武陵源，袁家界	红旗渠，张家界	0.16	0.82	0.97	-0.23	0.12	4.36

续表

Premises	Conclusion	Support	Confidence	LaPlace	Gain	P-S	Lift
红旗渠，武陵源，袁家界	张家界	0.16	0.82	0.97	-0.23	0.12	4.36
袁家界	红旗渠，武陵源，张家界大峡谷	0.16	0.82	0.97	-0.23	0.13	4.68
红旗渠，袁家界	武陵源，张家界大峡谷	0.16	0.82	0.97	-0.23	0.13	4.68
武陵源，袁家界	红旗渠，张家界大峡谷	0.16	0.82	0.97	-0.23	0.12	4.43
红旗渠，武陵源，袁家界	张家界大峡谷	0.16	0.82	0.97	-0.23	0.12	4.43
袁家界	红旗渠，武陵源，黄龙洞	0.16	0.82	0.97	-0.23	0.13	4.77
红旗渠，袁家界	武陵源，黄龙洞	0.16	0.82	0.97	-0.23	0.13	4.77
武陵源，袁家界	红旗渠，黄龙洞	0.16	0.82	0.97	-0.23	0.13	4.60
红旗渠，武陵源，袁家界	黄龙洞	0.16	0.82	0.97	-0.23	0.13	4.60
袁家界	红旗渠，武陵源，黄石寨	0.16	0.82	0.97	-0.23	0.13	4.87
红旗渠，袁家界	武陵源，黄石寨	0.16	0.82	0.97	-0.23	0.13	4.87
武陵源，袁家界	红旗渠，黄石寨	0.16	0.82	0.97	-0.23	0.13	4.87
红旗渠，武陵源，袁家界	黄石寨	0.16	0.82	0.97	-0.23	0.13	4.87
袁家界	红旗渠，天子山，张家界	0.16	0.82	0.97	-0.23	0.13	4.87
红旗渠，袁家界	天子山，张家界	0.16	0.82	0.97	-0.23	0.13	4.87
天子山，袁家界	红旗渠，张家界	0.16	0.82	0.97	-0.23	0.12	4.36
红旗渠，天子山，袁家界	张家界	0.16	0.82	0.97	-0.23	0.12	4.36
袁家界	红旗渠，天子山，张家界大峡谷	0.16	0.82	0.97	-0.23	0.13	4.87
红旗渠，袁家界	天子山，张家界大峡谷	0.16	0.82	0.97	-0.23	0.13	4.87
天子山，袁家界	红旗渠，张家界大峡谷	0.16	0.82	0.97	-0.23	0.12	4.43
红旗渠，天子山，袁家界	张家界大峡谷	0.16	0.82	0.97	-0.23	0.12	4.43
袁家界	红旗渠，天子山，黄龙洞	0.16	0.82	0.97	-0.23	0.13	4.87
红旗渠，袁家界	天子山，黄龙洞	0.16	0.82	0.97	-0.23	0.13	4.87
天子山，袁家界	红旗渠，黄龙洞	0.16	0.82	0.97	-0.23	0.13	4.60
红旗渠，天子山，袁家界	黄龙洞	0.16	0.82	0.97	-0.23	0.13	4.60
袁家界	红旗渠，天子山，黄石寨	0.16	0.82	0.97	-0.23	0.13	4.87
红旗渠，袁家界	天子山，黄石寨	0.16	0.82	0.97	-0.23	0.13	4.87
天子山，袁家界	红旗渠，黄石寨	0.16	0.82	0.97	-0.23	0.13	4.87
红旗渠，天子山，袁家界	黄石寨	0.16	0.82	0.97	-0.23	0.13	4.87

附表 关联规则研究结果

续表

Premises	Conclusion	Support	Confidence	LaPlace	Gain	P-S	Lift
袁家界	武陵源，天子山，张家界	0.16	0.82	0.97	-0.23	0.13	4.87
武陵源，袁家界	天子山，张家界	0.16	0.82	0.97	-0.23	0.13	4.87
天子山，袁家界	武陵源，张家界	0.16	0.82	0.97	-0.23	0.13	4.68
武陵源，天子山，袁家界	张家界	0.16	0.82	0.97	-0.23	0.12	4.36
袁家界	武陵源，天子山，张家界大峡谷	0.16	0.82	0.97	-0.23	0.13	4.87
武陵源，袁家界	天子山，张家界大峡谷	0.16	0.82	0.97	-0.23	0.13	4.87
天子山，袁家界	武陵源，张家界大峡谷	0.16	0.82	0.97	-0.23	0.13	4.68
武陵源，天子山，袁家界	张家界大峡谷	0.16	0.82	0.97	-0.23	0.12	4.43
袁家界	武陵源，天子山，黄龙洞	0.16	0.82	0.97	-0.23	0.13	4.87
武陵源，袁家界	天子山，黄龙洞	0.16	0.82	0.97	-0.23	0.13	4.87
天子山，袁家界	武陵源，黄龙洞	0.16	0.82	0.97	-0.23	0.13	4.77
武陵源，天子山，袁家界	黄龙洞	0.16	0.82	0.97	-0.23	0.13	4.60
袁家界	武陵源，天子山，黄石寨	0.16	0.82	0.97	-0.23	0.13	4.87
武陵源，袁家界	天子山，黄石寨	0.16	0.82	0.97	-0.23	0.13	4.87
天子山，袁家界	武陵源，黄石寨	0.16	0.82	0.97	-0.23	0.13	4.87
武陵源，天子山，袁家界	黄石寨	0.16	0.82	0.97	-0.23	0.13	4.87
袁家界	红旗渠，武陵源，天子山，张家界	0.16	0.82	0.97	-0.23	0.13	4.87
红旗渠，袁家界	武陵源，天子山，张家界	0.16	0.82	0.97	-0.23	0.13	4.87
武陵源，袁家界	红旗渠，天子山，张家界	0.16	0.82	0.97	-0.23	0.13	4.87
红旗渠，武陵源，袁家界	天子山，张家界	0.16	0.82	0.97	-0.23	0.13	4.87
天子山，袁家界	红旗渠，武陵源，张家界	0.16	0.82	0.97	-0.23	0.13	4.68
红旗渠，天子山，袁家界	武陵源，张家界	0.16	0.82	0.97	-0.23	0.13	4.68
武陵源，天子山，袁家界	红旗渠，张家界	0.16	0.82	0.97	-0.23	0.12	4.36
红旗渠，武陵源，天子山，袁家界	张家界	0.16	0.82	0.97	-0.23	0.12	4.36
袁家界	红旗渠，武陵源，天子山，张家界大峡谷	0.16	0.82	0.97	-0.23	0.13	4.87
红旗渠，袁家界	武陵源，天子山，张家界大峡谷	0.16	0.82	0.97	-0.23	0.13	4.87

续表

Premises	Conclusion	Support	Confidence	LaPlace	Gain	P-S	Lift
武陵源，袁家界	红旗渠，天子山，张家界大峡谷	0.16	0.82	0.97	-0.23	0.13	4.87
红旗渠，武陵源，袁家界	天子山，张家界大峡谷	0.16	0.82	0.97	-0.23	0.13	4.87
天子山，袁家界	红旗渠，武陵源，张家界大峡谷	0.16	0.82	0.97	-0.23	0.13	4.68
红旗渠，天子山，袁家界	武陵源，张家界大峡谷	0.16	0.82	0.97	-0.23	0.13	4.68
武陵源，天子山，袁家界	红旗渠，张家界大峡谷	0.16	0.82	0.97	-0.23	0.12	4.43
红旗渠，武陵源，天子山，袁家界	张家界大峡谷	0.16	0.82	0.97	-0.23	0.12	4.43
袁家界	红旗渠，武陵源，天子山，黄龙洞	0.16	0.82	0.97	-0.23	0.13	4.87
红旗渠，袁家界	武陵源，天子山，黄龙洞	0.16	0.82	0.97	-0.23	0.13	4.87
武陵源，袁家界	红旗渠，天子山，黄龙洞	0.16	0.82	0.97	-0.23	0.13	4.87
红旗渠，武陵源，袁家界	天子山，黄龙洞	0.16	0.82	0.97	-0.23	0.13	4.87
天子山，袁家界	红旗渠，武陵源，黄龙洞	0.16	0.82	0.97	-0.23	0.13	4.77
红旗渠，天子山，袁家界	武陵源，黄龙洞	0.16	0.82	0.97	-0.23	0.13	4.77
武陵源，天子山，袁家界	红旗渠，黄龙洞	0.16	0.82	0.97	-0.23	0.13	4.60
红旗渠，武陵源，天子山，袁家界	黄龙洞	0.16	0.82	0.97	-0.23	0.13	4.60
袁家界	红旗渠，武陵源，天子山，黄石寨	0.16	0.82	0.97	-0.23	0.13	4.87
红旗渠，袁家界	武陵源，天子山，黄石寨	0.16	0.82	0.97	-0.23	0.13	4.87
武陵源，袁家界	红旗渠，天子山，黄石寨	0.16	0.82	0.97	-0.23	0.13	4.87
红旗渠，武陵源，袁家界	天子山，黄石寨	0.16	0.82	0.97	-0.23	0.13	4.87
天子山，袁家界	红旗渠，武陵源，黄石寨	0.16	0.82	0.97	-0.23	0.13	4.87
红旗渠，天子山，袁家界	武陵源，黄石寨	0.16	0.82	0.97	-0.23	0.13	4.87
武陵源，天子山，袁家界	红旗渠，黄石寨	0.16	0.82	0.97	-0.23	0.13	4.87
红旗渠，武陵源，天子山，袁家界	黄石寨	0.16	0.82	0.97	-0.23	0.13	4.87
天子山	张家界	0.17	0.82	0.97	-0.24	0.13	4.39

续表

Premises	Conclusion	Support	Confidence	LaPlace	Gain	P-S	Lift
天子山	张家界大峡谷	0.17	0.82	0.97	-0.24	0.13	4.47
天子山	黄龙洞	0.17	0.82	0.97	-0.24	0.13	4.63
天子山	张家界国家森林公园	0.17	0.82	0.97	-0.24	0.13	4.72
天子山	黄石寨	0.17	0.82	0.97	-0.24	0.13	4.90
天子山	红旗渠，张家界	0.17	0.82	0.97	-0.24	0.13	4.39
红旗渠，天子山	张家界	0.17	0.82	0.97	-0.24	0.13	4.39
天子山	红旗渠，张家界大峡谷	0.17	0.82	0.97	-0.24	0.13	4.47
红旗渠，天子山	张家界大峡谷	0.17	0.82	0.97	-0.24	0.13	4.47
天子山	红旗渠，黄龙洞	0.17	0.82	0.97	-0.24	0.13	4.63
红旗渠，天子山	黄龙洞	0.17	0.82	0.97	-0.24	0.13	4.63
天子山	红旗渠，张家界国家森林公园	0.17	0.82	0.97	-0.24	0.13	4.72
红旗渠，天子山	张家界国家森林公园	0.17	0.82	0.97	-0.24	0.13	4.72
天子山	红旗渠，黄石寨	0.17	0.82	0.97	-0.24	0.13	4.90
红旗渠，天子山	黄石寨	0.17	0.82	0.97	-0.24	0.13	4.90
天子山	武陵源，张家界	0.17	0.82	0.97	-0.24	0.13	4.72
武陵源，天子山	张家界	0.17	0.82	0.97	-0.24	0.13	4.39
天子山	武陵源，张家界大峡谷	0.17	0.82	0.97	-0.24	0.13	4.72
武陵源，天子山	张家界大峡谷	0.17	0.82	0.97	-0.24	0.13	4.47
天子山	武陵源，黄龙洞	0.17	0.82	0.97	-0.24	0.13	4.81
武陵源，天子山	黄龙洞	0.17	0.82	0.97	-0.24	0.13	4.63
天子山	武陵源，张家界国家森林公园	0.17	0.82	0.97	-0.24	0.13	4.72
武陵源，天子山	张家界国家森林公园	0.17	0.82	0.97	-0.24	0.13	4.72
天子山	武陵源，黄石寨	0.17	0.82	0.97	-0.24	0.13	4.90
武陵源，天子山	黄石寨	0.17	0.82	0.97	-0.24	0.13	4.90
天子山	红旗渠，武陵源，张家界	0.17	0.82	0.97	-0.24	0.13	4.72
红旗渠，天子山	武陵源，张家界	0.17	0.82	0.97	-0.24	0.13	4.72
武陵源，天子山	红旗渠，张家界	0.17	0.82	0.97	-0.24	0.13	4.39
红旗渠，武陵源，天子山	张家界	0.17	0.82	0.97	-0.24	0.13	4.39
天子山	红旗渠，武陵源，张家界大峡谷	0.17	0.82	0.97	-0.24	0.13	4.72
红旗渠，天子山	武陵源，张家界大峡谷	0.17	0.82	0.97	-0.24	0.13	4.72
武陵源，天子山	红旗渠，张家界大峡谷	0.17	0.82	0.97	-0.24	0.13	4.47
红旗渠，武陵源，天子山	张家界大峡谷	0.17	0.82	0.97	-0.24	0.13	4.47

续表

Premises	Conclusion	Support	Confidence	LaPlace	Gain	P-S	Lift
天子山	红旗渠,武陵源,黄龙洞	0.17	0.82	0.97	-0.24	0.13	4.81
红旗渠,天子山	武陵源,黄龙洞	0.17	0.82	0.97	-0.24	0.13	4.81
武陵源,天子山	红旗渠,黄龙洞	0.17	0.82	0.97	-0.24	0.13	4.63
红旗渠,武陵源,天子山	黄龙洞	0.17	0.82	0.97	-0.24	0.13	4.63
天子山	红旗渠,武陵源,张家界国家森林公园	0.17	0.82	0.97	-0.24	0.13	4.72
红旗渠,天子山	武陵源,张家界国家森林公园	0.17	0.82	0.97	-0.24	0.13	4.72
武陵源,天子山	红旗渠,张家界国家森林公园	0.17	0.82	0.97	-0.24	0.13	4.72
红旗渠,武陵源,天子山	张家界国家森林公园	0.17	0.82	0.97	-0.24	0.13	4.72
天子山	红旗渠,武陵源,黄石寨	0.17	0.82	0.97	-0.24	0.13	4.90
红旗渠,天子山	武陵源,黄石寨	0.17	0.82	0.97	-0.24	0.13	4.90
武陵源,天子山	红旗渠,黄石寨	0.17	0.82	0.97	-0.24	0.13	4.90
红旗渠,武陵源,天子山	黄石寨	0.17	0.82	0.97	-0.24	0.13	4.90
袁家界	张家界国家森林公园	0.16	0.83	0.97	-0.23	0.13	4.78
袁家界	杨家界	0.16	0.83	0.97	-0.23	0.13	5.07
袁家界	红旗渠,张家界国家森林公园	0.16	0.83	0.97	-0.23	0.13	4.78
红旗渠,袁家界	张家界国家森林公园	0.16	0.83	0.97	-0.23	0.13	4.78
袁家界	红旗渠,杨家界	0.16	0.83	0.97	-0.23	0.13	5.07
红旗渠,袁家界	杨家界	0.16	0.83	0.97	-0.23	0.13	5.07
袁家界	武陵源,张家界国家森林公园	0.16	0.83	0.97	-0.23	0.13	4.78
武陵源,袁家界	张家界国家森林公园	0.16	0.83	0.97	-0.23	0.13	4.78
袁家界	武陵源,杨家界	0.16	0.83	0.97	-0.23	0.13	5.07
武陵源,袁家界	杨家界	0.16	0.83	0.97	-0.23	0.13	5.07
袁家界	天子山,张家界国家森林公园	0.16	0.83	0.97	-0.23	0.13	4.97
天子山,袁家界	张家界国家森林公园	0.16	0.83	0.97	-0.23	0.13	4.78
袁家界	天子山,杨家界	0.16	0.83	0.97	-0.23	0.13	5.07
天子山,袁家界	杨家界	0.16	0.83	0.97	-0.23	0.13	5.07
袁家界	红旗渠,武陵源,张家界国家森林公园	0.16	0.83	0.97	-0.23	0.13	4.78
红旗渠,袁家界	武陵源,张家界国家森林公园	0.16	0.83	0.97	-0.23	0.13	4.78

续表

Premises	Conclusion	Support	Confidence	LaPlace	Gain	P-S	Lift
武陵源，袁家界	红旗渠，张家界国家森林公园	0.16	0.83	0.97	-0.23	0.13	4.78
红旗渠，武陵源，袁家界	张家界国家森林公园	0.16	0.83	0.97	-0.23	0.13	4.78
袁家界	红旗渠，武陵源，杨家界	0.16	0.83	0.97	-0.23	0.13	5.07
红旗渠，袁家界	武陵源，杨家界	0.16	0.83	0.97	-0.23	0.13	5.07
武陵源，袁家界	红旗渠，杨家界	0.16	0.83	0.97	-0.23	0.13	5.07
红旗渠，武陵源，袁家界	杨家界	0.16	0.83	0.97	-0.23	0.13	5.07
袁家界	红旗渠，天子山，张家界国家森林公园	0.16	0.83	0.97	-0.23	0.13	4.97
红旗渠，袁家界	天子山，张家界国家森林公园	0.16	0.83	0.97	-0.23	0.13	4.97
天子山，袁家界	红旗渠，张家界国家森林公园	0.16	0.83	0.97	-0.23	0.13	4.78
红旗渠，天子山，袁家界	张家界国家森林公园	0.16	0.83	0.97	-0.23	0.13	4.78
袁家界	红旗渠，天子山，杨家界	0.16	0.83	0.97	-0.23	0.13	5.07
红旗渠，袁家界	天子山，杨家界	0.16	0.83	0.97	-0.23	0.13	5.07
天子山，袁家界	红旗渠，杨家界	0.16	0.83	0.97	-0.23	0.13	5.07
红旗渠，天子山，袁家界	杨家界	0.16	0.83	0.97	-0.23	0.13	5.07
袁家界	武陵源，天子山，张家界国家森林公园	0.16	0.83	0.97	-0.23	0.13	4.97
武陵源，袁家界	天子山，张家界国家森林公园	0.16	0.83	0.97	-0.23	0.13	4.97
天子山，袁家界	武陵源，张家界国家森林公园	0.16	0.83	0.97	-0.23	0.13	4.78
武陵源，天子山，袁家界	张家界国家森林公园	0.16	0.83	0.97	-0.23	0.13	4.78
袁家界	武陵源，天子山，杨家界	0.16	0.83	0.97	-0.23	0.13	5.07
武陵源，袁家界	天子山，杨家界	0.16	0.83	0.97	-0.23	0.13	5.07
天子山，袁家界	武陵源，杨家界	0.16	0.83	0.97	-0.23	0.13	5.07
武陵源，天子山，袁家界	杨家界	0.16	0.83	0.97	-0.23	0.13	5.07
袁家界	红旗渠，武陵源，天子山，张家界国家森林公园	0.16	0.83	0.97	-0.23	0.13	4.97
红旗渠，袁家界	武陵源，天子山，张家界国家森林公园	0.16	0.83	0.97	-0.23	0.13	4.97

续表

Premises	Conclusion	Support	Confidence	LaPlace	Gain	P-S	Lift
武陵源，袁家界	红旗渠，天子山，张家界国家森林公园	0.16	0.83	0.97	-0.23	0.13	4.97
红旗渠，武陵源，袁家界	天子山，张家界国家森林公园	0.16	0.83	0.97	-0.23	0.13	4.97
天子山，袁家界	红旗渠，武陵源，张家界国家森林公园	0.16	0.83	0.97	-0.23	0.13	4.78
红旗渠，天子山，袁家界	武陵源，张家界国家森林公园	0.16	0.83	0.97	-0.23	0.13	4.78
武陵源，天子山，袁家界	红旗渠，张家界国家森林公园	0.16	0.83	0.97	-0.23	0.13	4.78
红旗渠，武陵源，天子山，袁家界	张家界国家森林公园	0.16	0.83	0.97	-0.23	0.13	4.78
袁家界	红旗渠，武陵源，天子山，杨家界	0.16	0.83	0.97	-0.23	0.13	5.07
红旗渠，袁家界	武陵源，天子山，杨家界	0.16	0.83	0.97	-0.23	0.13	5.07
武陵源，袁家界	红旗渠，天子山，杨家界	0.16	0.83	0.97	-0.23	0.13	5.07
红旗渠，武陵源，袁家界	天子山，杨家界	0.16	0.83	0.97	-0.23	0.13	5.07
天子山，袁家界	红旗渠，武陵源，杨家界	0.16	0.83	0.97	-0.23	0.13	5.07
红旗渠，天子山，袁家界	武陵源，杨家界	0.16	0.83	0.97	-0.23	0.13	5.07
武陵源，天子山，袁家界	红旗渠，杨家界	0.16	0.83	0.97	-0.23	0.13	5.07
红旗渠，武陵源，天子山，袁家界	杨家界	0.16	0.83	0.97	-0.23	0.13	5.07
张家界	天子山，张家界大峡谷	0.16	0.84	0.98	-0.22	0.13	5.02
张家界	红旗渠，天子山，张家界大峡谷	0.16	0.84	0.98	-0.22	0.13	5.02
红旗渠，张家界	天子山，张家界大峡谷	0.16	0.84	0.98	-0.22	0.13	5.02
张家界	武陵源，天子山，张家界大峡谷	0.16	0.84	0.98	-0.22	0.13	5.02
张家界	红旗渠，武陵源，天子山，张家界大峡谷	0.16	0.84	0.98	-0.22	0.13	5.02
红旗渠，张家界	武陵源，天子山，张家界大峡谷	0.16	0.84	0.98	-0.22	0.13	5.02
武陵源	十里画廊	0.18	0.85	0.97	-0.25	0.14	4.68
武陵源	红旗渠，十里画廊	0.18	0.85	0.97	-0.25	0.14	4.68
红旗渠，武陵源	十里画廊	0.18	0.85	0.97	-0.25	0.14	4.68
武陵源	天子山，十里画廊	0.18	0.85	0.97	-0.25	0.14	4.68

续表

Premises	Conclusion	Support	Confidence	LaPlace	Gain	P-S	Lift
武陵源	红旗渠, 天子山, 十里画廊	0.18	0.85	0.97	-0.25	0.14	4.68
红旗渠, 武陵源	天子山, 十里画廊	0.18	0.85	0.97	-0.25	0.14	4.68
天子山	袁家界, 十里画廊	0.17	0.85	0.98	-0.23	0.14	4.90
天子山	红旗渠, 袁家界, 十里画廊	0.17	0.85	0.98	-0.23	0.14	4.90
红旗渠, 天子山	袁家界, 十里画廊	0.17	0.85	0.98	-0.23	0.14	4.90
天子山	武陵源, 袁家界, 十里画廊	0.17	0.85	0.98	-0.23	0.14	4.90
武陵源, 天子山	袁家界, 十里画廊	0.17	0.85	0.98	-0.23	0.14	4.90
天子山	红旗渠, 武陵源, 袁家界, 十里画廊	0.17	0.85	0.98	-0.23	0.14	4.90
红旗渠, 天子山	武陵源, 袁家界, 十里画廊	0.17	0.85	0.98	-0.23	0.14	4.90
武陵源, 天子山	红旗渠, 袁家界, 十里画廊	0.17	0.85	0.98	-0.23	0.14	4.90
红旗渠, 武陵源, 天子山	袁家界, 十里画廊	0.17	0.85	0.98	-0.23	0.14	4.90
张家界大峡谷	天子山, 张家界	0.16	0.86	0.98	-0.21	0.13	5.11
张家界大峡谷	红旗渠, 天子山, 张家界	0.16	0.86	0.98	-0.21	0.13	5.11
红旗渠, 张家界大峡谷	天子山, 张家界	0.16	0.86	0.98	-0.21	0.13	5.11
张家界大峡谷	武陵源, 天子山, 张家界	0.16	0.86	0.98	-0.21	0.13	5.11
张家界大峡谷	红旗渠, 武陵源, 天子山, 张家界	0.16	0.86	0.98	-0.21	0.13	5.11
红旗渠, 张家界大峡谷	武陵源, 天子山, 张家界	0.16	0.86	0.98	-0.21	0.13	5.11
张家界	袁家界	0.16	0.86	0.98	-0.21	0.12	4.36
张家界	红旗渠, 袁家界	0.16	0.86	0.98	-0.21	0.12	4.36
红旗渠, 张家界	袁家界	0.16	0.86	0.98	-0.21	0.12	4.36
张家界	武陵源, 袁家界	0.16	0.86	0.98	-0.21	0.12	4.36
张家界	天子山, 袁家界	0.16	0.86	0.98	-0.21	0.12	4.36
张家界	红旗渠, 武陵源, 袁家界	0.16	0.86	0.98	-0.21	0.12	4.36
红旗渠, 张家界	武陵源, 袁家界	0.16	0.86	0.98	-0.21	0.12	4.36
张家界	红旗渠, 天子山, 袁家界	0.16	0.86	0.98	-0.21	0.12	4.36
红旗渠, 张家界	天子山, 袁家界	0.16	0.86	0.98	-0.21	0.12	4.36
张家界	武陵源, 天子山, 袁家界	0.16	0.86	0.98	-0.21	0.12	4.36

续表

Premises	Conclusion	Support	Confidence	LaPlace	Gain	P-S	Lift
张家界	红旗渠，武陵源，天子山，袁家界	0.16	0.86	0.98	-0.21	0.12	4.36
红旗渠，张家界	武陵源，天子山，袁家界	0.16	0.86	0.98	-0.21	0.12	4.36
十里画廊	杨家界	0.16	0.87	0.98	-0.20	0.13	5.31
十里画廊	红旗渠，杨家界	0.16	0.87	0.98	-0.20	0.13	5.31
红旗渠，十里画廊	杨家界	0.16	0.87	0.98	-0.20	0.13	5.31
十里画廊	武陵源，杨家界	0.16	0.87	0.98	-0.20	0.13	5.31
武陵源，十里画廊	杨家界	0.16	0.87	0.98	-0.20	0.13	5.31
十里画廊	天子山，杨家界	0.16	0.87	0.98	-0.20	0.13	5.31
天子山，十里画廊	杨家界	0.16	0.87	0.98	-0.20	0.13	5.31
十里画廊	袁家界，杨家界	0.16	0.87	0.98	-0.20	0.13	5.31
十里画廊	红旗渠，武陵源，杨家界	0.16	0.87	0.98	-0.20	0.13	5.31
红旗渠，十里画廊	武陵源，杨家界	0.16	0.87	0.98	-0.20	0.13	5.31
武陵源，十里画廊	红旗渠，杨家界	0.16	0.87	0.98	-0.20	0.13	5.31
红旗渠，武陵源，十里画廊	杨家界	0.16	0.87	0.98	-0.20	0.13	5.31
十里画廊	红旗渠，天子山，杨家界	0.16	0.87	0.98	-0.20	0.13	5.31
红旗渠，十里画廊	天子山，杨家界	0.16	0.87	0.98	-0.20	0.13	5.31
天子山，十里画廊	红旗渠，杨家界	0.16	0.87	0.98	-0.20	0.13	5.31
红旗渠，天子山，十里画廊	杨家界	0.16	0.87	0.98	-0.20	0.13	5.31
十里画廊	红旗渠，袁家界，杨家界	0.16	0.87	0.98	-0.20	0.13	5.31
红旗渠，十里画廊	袁家界，杨家界	0.16	0.87	0.98	-0.20	0.13	5.31
十里画廊	武陵源，天子山，杨家界	0.16	0.87	0.98	-0.20	0.13	5.31
武陵源，十里画廊	天子山，杨家界	0.16	0.87	0.98	-0.20	0.13	5.31
天子山，十里画廊	武陵源，杨家界	0.16	0.87	0.98	-0.20	0.13	5.31
武陵源，天子山，十里画廊	杨家界	0.16	0.87	0.98	-0.20	0.13	5.31
十里画廊	武陵源，袁家界，杨家界	0.16	0.87	0.98	-0.20	0.13	5.31
武陵源，十里画廊	袁家界，杨家界	0.16	0.87	0.98	-0.20	0.13	5.31
十里画廊	天子山，袁家界，杨家界	0.16	0.87	0.98	-0.20	0.13	5.31
天子山，十里画廊	袁家界，杨家界	0.16	0.87	0.98	-0.20	0.13	5.31
十里画廊	红旗渠，武陵源，天子山，杨家界	0.16	0.87	0.98	-0.20	0.13	5.31
红旗渠，十里画廊	武陵源，天子山，杨家界	0.16	0.87	0.98	-0.20	0.13	5.31

续表

Premises	Conclusion	Support	Confidence	LaPlace	Gain	P-S	Lift
武陵源，十里画廊	红旗渠，天子山，杨家界	0.16	0.87	0.98	-0.20	0.13	5.31
红旗渠，武陵源，十里画廊	天子山，杨家界	0.16	0.87	0.98	-0.20	0.13	5.31
天子山，十里画廊	红旗渠，武陵源，杨家界	0.16	0.87	0.98	-0.20	0.13	5.31
红旗渠，天子山，十里画廊	武陵源，杨家界	0.16	0.87	0.98	-0.20	0.13	5.31
武陵源，天子山，十里画廊	红旗渠，杨家界	0.16	0.87	0.98	-0.20	0.13	5.31
红旗渠，武陵源，天子山，十里画廊	杨家界	0.16	0.87	0.98	-0.20	0.13	5.31
十里画廊	红旗渠，武陵源，袁家界，杨家界	0.16	0.87	0.98	-0.20	0.13	5.31
红旗渠，十里画廊	武陵源，袁家界，杨家界	0.16	0.87	0.98	-0.20	0.13	5.31
武陵源，十里画廊	红旗渠，袁家界，杨家界	0.16	0.87	0.98	-0.20	0.13	5.31
红旗渠，武陵源，十里画廊	袁家界，杨家界	0.16	0.87	0.98	-0.20	0.13	5.31
十里画廊	红旗渠，天子山，袁家界，杨家界	0.16	0.87	0.98	-0.20	0.13	5.31
红旗渠，十里画廊	天子山，袁家界，杨家界	0.16	0.87	0.98	-0.20	0.13	5.31
天子山，十里画廊	红旗渠，袁家界，杨家界	0.16	0.87	0.98	-0.20	0.13	5.31
红旗渠，天子山，十里画廊	袁家界，杨家界	0.16	0.87	0.98	-0.20	0.13	5.31
十里画廊	武陵源，天子山，袁家界，杨家界	0.16	0.87	0.98	-0.20	0.13	5.31
武陵源，十里画廊	天子山，袁家界，杨家界	0.16	0.87	0.98	-0.20	0.13	5.31
天子山，十里画廊	武陵源，袁家界，杨家界	0.16	0.87	0.98	-0.20	0.13	5.31
武陵源，天子山，十里画廊	袁家界，杨家界	0.16	0.87	0.98	-0.20	0.13	5.31
十里画廊	红旗渠，武陵源，天子山，袁家界，杨家界	0.16	0.87	0.98	-0.20	0.13	5.31
红旗渠，十里画廊	武陵源，天子山，袁家界，杨家界	0.16	0.87	0.98	-0.20	0.13	5.31
武陵源，十里画廊	红旗渠，天子山，袁家界，杨家界	0.16	0.87	0.98	-0.20	0.13	5.31
红旗渠，武陵源，十里画廊	天子山，袁家界，杨家界	0.16	0.87	0.98	-0.20	0.13	5.31
天子山，十里画廊	红旗渠，武陵源，袁家界，杨家界	0.16	0.87	0.98	-0.20	0.13	5.31
红旗渠，天子山，十里画廊	武陵源，袁家界，杨家界	0.16	0.87	0.98	-0.20	0.13	5.31

续表

Premises	Conclusion	Support	Confidence	LaPlace	Gain	P-S	Lift
武陵源，天子山，十里画廊	红旗渠，袁家界，杨家界	0.16	0.87	0.98	−0.20	0.13	5.31
红旗渠，武陵源，天子山，十里画廊	袁家界，杨家界	0.16	0.87	0.98	−0.20	0.13	5.31
张家界大峡谷	袁家界	0.16	0.88	0.98	−0.21	0.12	4.43
张家界大峡谷	红旗渠，袁家界	0.16	0.88	0.98	−0.21	0.12	4.43
红旗渠，张家界大峡谷	袁家界	0.16	0.88	0.98	−0.21	0.12	4.43
张家界大峡谷	武陵源，袁家界	0.16	0.88	0.98	−0.21	0.12	4.43
张家界大峡谷	天子山，袁家界	0.16	0.88	0.98	−0.21	0.12	4.43
张家界大峡谷	红旗渠，武陵源，袁家界	0.16	0.88	0.98	−0.21	0.12	4.43
红旗渠，张家界大峡谷	武陵源，袁家界	0.16	0.88	0.98	−0.21	0.12	4.43
张家界大峡谷	红旗渠，天子山，袁家界	0.16	0.88	0.98	−0.21	0.12	4.43
红旗渠，张家界大峡谷	天子山，袁家界	0.16	0.88	0.98	−0.21	0.12	4.43
张家界大峡谷	武陵源，天子山，袁家界	0.16	0.88	0.98	−0.21	0.12	4.43
张家界大峡谷	红旗渠，武陵源，天子山，袁家界	0.16	0.88	0.98	−0.21	0.12	4.43
红旗渠，张家界大峡谷	武陵源，天子山，袁家界	0.16	0.88	0.98	−0.21	0.12	4.43
张家界	武陵源，张家界大峡谷	0.16	0.88	0.98	−0.21	0.13	5.03
张家界	红旗渠，武陵源，张家界大峡谷	0.16	0.88	0.98	−0.21	0.13	5.03
红旗渠，张家界	武陵源，张家界大峡谷	0.16	0.88	0.98	−0.21	0.13	5.03
袁家界	十里画廊	0.17	0.88	0.98	−0.22	0.14	4.88
袁家界	红旗渠，十里画廊	0.17	0.88	0.98	−0.22	0.14	4.88
红旗渠，袁家界	十里画廊	0.17	0.88	0.98	−0.22	0.14	4.88
袁家界	武陵源，十里画廊	0.17	0.88	0.98	−0.22	0.14	4.88
武陵源，袁家界	十里画廊	0.17	0.88	0.98	−0.22	0.14	4.88
袁家界	天子山，十里画廊	0.17	0.88	0.98	−0.22	0.14	4.88
天子山，袁家界	十里画廊	0.17	0.88	0.98	−0.22	0.14	4.88
袁家界	红旗渠，武陵源，十里画廊	0.17	0.88	0.98	−0.22	0.14	4.88
红旗渠，袁家界	武陵源，十里画廊	0.17	0.88	0.98	−0.22	0.14	4.88
武陵源，袁家界	红旗渠，十里画廊	0.17	0.88	0.98	−0.22	0.14	4.88
红旗渠，武陵源，袁家界	十里画廊	0.17	0.88	0.98	−0.22	0.14	4.88

附表 关联规则研究结果

续表

Premises	Conclusion	Support	Confidence	LaPlace	Gain	P-S	Lift
袁家界	红旗渠，天子山，十里画廊	0.17	0.88	0.98	-0.22	0.14	4.88
红旗渠，袁家界	天子山，十里画廊	0.17	0.88	0.98	-0.22	0.14	4.88
天子山，袁家界	红旗渠，十里画廊	0.17	0.88	0.98	-0.22	0.14	4.88
红旗渠，天子山，袁家界	十里画廊	0.17	0.88	0.98	-0.22	0.14	4.88
袁家界	武陵源，天子山，十里画廊	0.17	0.88	0.98	-0.22	0.14	4.88
武陵源，袁家界	天子山，十里画廊	0.17	0.88	0.98	-0.22	0.14	4.88
天子山，袁家界	武陵源，十里画廊	0.17	0.88	0.98	-0.22	0.14	4.88
武陵源，天子山，袁家界	十里画廊	0.17	0.88	0.98	-0.22	0.14	4.88
袁家界	红旗渠，武陵源，天子山，十里画廊	0.17	0.88	0.98	-0.22	0.14	4.88
红旗渠，袁家界	武陵源，天子山，十里画廊	0.17	0.88	0.98	-0.22	0.14	4.88
武陵源，袁家界	红旗渠，天子山，十里画廊	0.17	0.88	0.98	-0.22	0.14	4.88
红旗渠，武陵源，袁家界	天子山，十里画廊	0.17	0.88	0.98	-0.22	0.14	4.88
天子山，袁家界	红旗渠，武陵源，十里画廊	0.17	0.88	0.98	-0.22	0.14	4.88
红旗渠，天子山，袁家界	武陵源，十里画廊	0.17	0.88	0.98	-0.22	0.14	4.88
武陵源，天子山，袁家界	红旗渠，十里画廊	0.17	0.88	0.98	-0.22	0.14	4.88
红旗渠，武陵源，天子山，袁家界	十里画廊	0.17	0.88	0.98	-0.22	0.14	4.88
天子山	十里画廊	0.18	0.89	0.98	-0.23	0.14	4.90
天子山	红旗渠，十里画廊	0.18	0.89	0.98	-0.23	0.14	4.90
红旗渠，天子山	十里画廊	0.18	0.89	0.98	-0.23	0.14	4.90
天子山	武陵源，十里画廊	0.18	0.89	0.98	-0.23	0.14	4.90
武陵源，天子山	十里画廊	0.18	0.89	0.98	-0.23	0.14	4.90
天子山	红旗渠，武陵源，十里画廊	0.18	0.89	0.98	-0.23	0.14	4.90
红旗渠，天子山	武陵源，十里画廊	0.18	0.89	0.98	-0.23	0.14	4.90
武陵源，天子山	红旗渠，十里画廊	0.18	0.89	0.98	-0.23	0.14	4.90
红旗渠，武陵源，天子山	十里画廊	0.18	0.89	0.98	-0.23	0.14	4.90

续表

Premises	Conclusion	Support	Confidence	LaPlace	Gain	P-S	Lift
张家界大峡谷	武陵源，张家界	0.16	0.89	0.98	-0.20	0.13	5.12
张家界大峡谷	红旗渠，武陵源，张家界	0.16	0.89	0.98	-0.20	0.13	5.12
红旗渠，张家界大峡谷	武陵源，张家界	0.16	0.89	0.98	-0.20	0.13	5.12
张家界	天子山	0.17	0.89	0.98	-0.21	0.13	4.39
张家界	红旗渠，天子山	0.17	0.89	0.98	-0.21	0.13	4.39
红旗渠，张家界	天子山	0.17	0.89	0.98	-0.21	0.13	4.39
张家界	武陵源，天子山	0.17	0.89	0.98	-0.21	0.13	4.39
张家界	红旗渠，武陵源，天子山	0.17	0.89	0.98	-0.21	0.13	4.39
红旗渠，张家界	武陵源，天子山	0.17	0.89	0.98	-0.21	0.13	4.39
张家界，张家界大峡谷	天子山	0.16	0.91	0.99	-0.19	0.12	4.44
袁家界，十里画廊	杨家界	0.16	0.91	0.99	-0.19	0.13	5.51
张家界，张家界大峡谷	红旗渠，天子山	0.16	0.91	0.99	-0.19	0.12	4.44
红旗渠，张家界，张家界大峡谷	天子山	0.16	0.91	0.99	-0.19	0.12	4.44
袁家界，十里画廊	红旗渠，杨家界	0.16	0.91	0.99	-0.19	0.13	5.51
红旗渠，袁家界，十里画廊	杨家界	0.16	0.91	0.99	-0.19	0.13	5.51
武陵源，张家界	天子山，张家界大峡谷	0.16	0.91	0.99	-0.19	0.13	5.40
武陵源，张家界大峡谷	天子山，张家界	0.16	0.91	0.99	-0.19	0.13	5.40
张家界，张家界大峡谷	武陵源，天子山	0.16	0.91	0.99	-0.19	0.12	4.44
袁家界，十里画廊	武陵源，杨家界	0.16	0.91	0.99	-0.19	0.13	5.51
武陵源，袁家界，十里画廊	杨家界	0.16	0.91	0.99	-0.19	0.13	5.51
袁家界，十里画廊	天子山，杨家界	0.16	0.91	0.99	-0.19	0.13	5.51
天子山，袁家界，十里画廊	杨家界	0.16	0.91	0.99	-0.19	0.13	5.51
武陵源，张家界	红旗渠，天子山，张家界大峡谷	0.16	0.91	0.99	-0.19	0.13	5.40
红旗渠，武陵源，张家界	天子山，张家界大峡谷	0.16	0.91	0.99	-0.19	0.13	5.40
武陵源，张家界大峡谷	红旗渠，天子山，张家界	0.16	0.91	0.99	-0.19	0.13	5.40
红旗渠，武陵源，张家界大峡谷	天子山，张家界	0.16	0.91	0.99	-0.19	0.13	5.40

续表

Premises	Conclusion	Support	Confidence	LaPlace	Gain	P-S	Lift
张家界,张家界大峡谷	红旗渠,武陵源,天子山	0.16	0.91	0.99	-0.19	0.12	4.44
红旗渠,张家界,张家界大峡谷	武陵源,天子山	0.16	0.91	0.99	-0.19	0.12	4.44
袁家界,十里画廊	红旗渠,武陵源,杨家界	0.16	0.91	0.99	-0.19	0.13	5.51
红旗渠,袁家界,十里画廊	武陵源,杨家界	0.16	0.91	0.99	-0.19	0.13	5.51
武陵源,袁家界,十里画廊	红旗渠,杨家界	0.16	0.91	0.99	-0.19	0.13	5.51
红旗渠,武陵源,袁家界,十里画廊	杨家界	0.16	0.91	0.99	-0.19	0.13	5.51
袁家界,十里画廊	红旗渠,天子山,杨家界	0.16	0.91	0.99	-0.19	0.13	5.51
红旗渠,袁家界,十里画廊	天子山,杨家界	0.16	0.91	0.99	-0.19	0.13	5.51
天子山,袁家界,十里画廊	红旗渠,杨家界	0.16	0.91	0.99	-0.19	0.13	5.51
红旗渠,天子山,袁家界,十里画廊	杨家界	0.16	0.91	0.99	-0.19	0.13	5.51
袁家界,十里画廊	武陵源,天子山,杨家界	0.16	0.91	0.99	-0.19	0.13	5.51
武陵源,袁家界,十里画廊	天子山,杨家界	0.16	0.91	0.99	-0.19	0.13	5.51
天子山,袁家界,十里画廊	武陵源,杨家界	0.16	0.91	0.99	-0.19	0.13	5.51
武陵源,天子山,袁家界,十里画廊	杨家界	0.16	0.91	0.99	-0.19	0.13	5.51
袁家界,十里画廊	红旗渠,武陵源,天子山,杨家界	0.16	0.91	0.99	-0.19	0.13	5.51
红旗渠,袁家界,十里画廊	武陵源,天子山,杨家界	0.16	0.91	0.99	-0.19	0.13	5.51
武陵源,袁家界,十里画廊	红旗渠,天子山,杨家界	0.16	0.91	0.99	-0.19	0.13	5.51
红旗渠,武陵源,袁家界,十里画廊	天子山,杨家界	0.16	0.91	0.99	-0.19	0.13	5.51
天子山,袁家界,十里画廊	红旗渠,武陵源,杨家界	0.16	0.91	0.99	-0.19	0.13	5.51
红旗渠,天子山,袁家界,十里画廊	武陵源,杨家界	0.16	0.91	0.99	-0.19	0.13	5.51
武陵源,天子山,袁家界,十里画廊	红旗渠,杨家界	0.16	0.91	0.99	-0.19	0.13	5.51

续表

Premises	Conclusion	Support	Confidence	LaPlace	Gain	P-S	Lift
红旗渠，武陵源，天子山，袁家界，十里画廊	杨家界	0.16	0.91	0.99	-0.19	0.13	5.51
黄龙洞	袁家界	0.16	0.91	0.99	-0.19	0.13	4.60
黄龙洞	红旗渠，袁家界	0.16	0.91	0.99	-0.19	0.13	4.60
红旗渠，黄龙洞	袁家界	0.16	0.91	0.99	-0.19	0.13	4.60
黄龙洞	武陵源，袁家界	0.16	0.91	0.99	-0.19	0.13	4.60
黄龙洞	天子山，袁家界	0.16	0.91	0.99	-0.19	0.13	4.60
黄龙洞	红旗渠，武陵源，袁家界	0.16	0.91	0.99	-0.19	0.13	4.60
红旗渠，黄龙洞	武陵源，袁家界	0.16	0.91	0.99	-0.19	0.13	4.60
黄龙洞	红旗渠，天子山，袁家界	0.16	0.91	0.99	-0.19	0.13	4.60
红旗渠，黄龙洞	天子山，袁家界	0.16	0.91	0.99	-0.19	0.13	4.60
黄龙洞	武陵源，天子山，袁家界	0.16	0.91	0.99	-0.19	0.13	4.60
黄龙洞	红旗渠，武陵源，天子山，袁家界	0.16	0.91	0.99	-0.19	0.13	4.60
红旗渠，黄龙洞	武陵源，天子山，袁家界	0.16	0.91	0.99	-0.19	0.13	4.60
张家界大峡谷	天子山	0.17	0.91	0.99	-0.20	0.13	4.47
张家界大峡谷	红旗渠，天子山	0.17	0.91	0.99	-0.20	0.13	4.47
红旗渠，张家界大峡谷	天子山	0.17	0.91	0.99	-0.20	0.13	4.47
张家界大峡谷	武陵源，天子山	0.17	0.91	0.99	-0.20	0.13	4.47
张家界大峡谷	红旗渠，武陵源，天子山	0.17	0.91	0.99	-0.20	0.13	4.47
红旗渠，张家界大峡谷	武陵源，天子山	0.17	0.91	0.99	-0.20	0.13	4.47
武陵源	袁家界	0.20	0.92	0.99	-0.23	0.16	4.68
武陵源	红旗渠，袁家界	0.20	0.92	0.99	-0.23	0.16	4.68
红旗渠，武陵源	袁家界	0.20	0.92	0.99	-0.23	0.16	4.68
武陵源	天子山，袁家界	0.20	0.92	0.99	-0.23	0.16	4.68
武陵源	红旗渠，天子山，袁家界	0.20	0.92	0.99	-0.23	0.16	4.68
红旗渠，武陵源	天子山，袁家界	0.20	0.92	0.99	-0.23	0.16	4.68
武陵源，张家界	袁家界	0.16	0.92	0.99	-0.19	0.13	4.68
武陵源，张家界大峡谷	袁家界	0.16	0.92	0.99	-0.19	0.13	4.68
武陵源，张家界	红旗渠，袁家界	0.16	0.92	0.99	-0.19	0.13	4.68
红旗渠，武陵源，张家界	袁家界	0.16	0.92	0.99	-0.19	0.13	4.68
武陵源，张家界大峡谷	红旗渠，袁家界	0.16	0.92	0.99	-0.19	0.13	4.68

续表

Premises	Conclusion	Support	Confidence	LaPlace	Gain	P-S	Lift
红旗渠，武陵源，张家界大峡谷	袁家界	0.16	0.92	0.99	-0.19	0.13	4.68
武陵源，张家界	天子山，袁家界	0.16	0.92	0.99	-0.19	0.13	4.68
武陵源，张家界大峡谷	天子山，袁家界	0.16	0.92	0.99	-0.19	0.13	4.68
武陵源，张家界	红旗渠，天子山，袁家界	0.16	0.92	0.99	-0.19	0.13	4.68
红旗渠，武陵源，张家界	天子山，袁家界	0.16	0.92	0.99	-0.19	0.13	4.68
武陵源，张家界大峡谷	红旗渠，天子山，袁家界	0.16	0.92	0.99	-0.19	0.13	4.68
红旗渠，武陵源，张家界大峡谷	天子山，袁家界	0.16	0.92	0.99	-0.19	0.13	4.68
张家界	武陵源	0.17	0.93	0.99	-0.20	0.13	4.35
张家界	张家界大峡谷	0.17	0.93	0.99	-0.20	0.14	5.05
张家界	红旗渠，武陵源	0.17	0.93	0.99	-0.20	0.13	4.35
红旗渠，张家界	武陵源	0.17	0.93	0.99	-0.20	0.13	4.35
张家界	红旗渠，张家界大峡谷	0.17	0.93	0.99	-0.20	0.14	5.05
红旗渠，张家界	张家界大峡谷	0.17	0.93	0.99	-0.20	0.14	5.05
天子山，张家界	张家界大峡谷	0.16	0.94	0.99	-0.18	0.13	5.11
天子山，张家界大峡谷	张家界	0.16	0.94	0.99	-0.18	0.13	5.02
天子山，张家界	红旗渠，张家界大峡谷	0.16	0.94	0.99	-0.18	0.13	5.11
红旗渠，天子山，张家界	张家界大峡谷	0.16	0.94	0.99	-0.18	0.13	5.11
天子山，张家界大峡谷	红旗渠，张家界	0.16	0.94	0.99	-0.18	0.13	5.02
红旗渠，天子山，张家界大峡谷	张家界	0.16	0.94	0.99	-0.18	0.13	5.02
天子山，张家界	武陵源，张家界大峡谷	0.16	0.94	0.99	-0.18	0.13	5.40
武陵源，天子山，张家界	张家界大峡谷	0.16	0.94	0.99	-0.18	0.13	5.11
天子山，张家界大峡谷	武陵源，张家界	0.16	0.94	0.99	-0.18	0.13	5.40
武陵源，天子山，张家界大峡谷	张家界	0.16	0.94	0.99	-0.18	0.13	5.02
天子山，张家界	红旗渠，武陵源，张家界大峡谷	0.16	0.94	0.99	-0.18	0.13	5.40
红旗渠，天子山，张家界	武陵源，张家界大峡谷	0.16	0.94	0.99	-0.18	0.13	5.40

续表

Premises	Conclusion	Support	Confidence	LaPlace	Gain	P-S	Lift
武陵源,天子山,张家界	红旗渠,张家界大峡谷	0.16	0.94	0.99	-0.18	0.13	5.11
红旗渠,武陵源,天子山,张家界	张家界大峡谷	0.16	0.94	0.99	-0.18	0.13	5.11
天子山,张家界大峡谷	红旗渠,武陵源,张家界	0.16	0.94	0.99	-0.18	0.13	5.40
红旗渠,天子山,张家界大峡谷	武陵源,张家界	0.16	0.94	0.99	-0.18	0.13	5.40
武陵源,天子山,张家界大峡谷	红旗渠,张家界	0.16	0.94	0.99	-0.18	0.13	5.02
红旗渠,武陵源,天子山,张家界大峡谷	张家界	0.16	0.94	0.99	-0.18	0.13	5.02
武陵源,黄龙洞	袁家界	0.16	0.94	0.99	-0.18	0.13	4.77
武陵源,黄龙洞	红旗渠,袁家界	0.16	0.94	0.99	-0.18	0.13	4.77
红旗渠,武陵源,黄龙洞	袁家界	0.16	0.94	0.99	-0.18	0.13	4.77
武陵源,黄龙洞	天子山,袁家界	0.16	0.94	0.99	-0.18	0.13	4.77
武陵源,黄龙洞	红旗渠,天子山,袁家界	0.16	0.94	0.99	-0.18	0.13	4.77
红旗渠,武陵源,黄龙洞	天子山,袁家界	0.16	0.94	0.99	-0.18	0.13	4.77
张家界国家森林公园	袁家界	0.16	0.94	0.99	-0.18	0.13	4.78
张家界国家森林公园	红旗渠,袁家界	0.16	0.94	0.99	-0.18	0.13	4.78
红旗渠,张家界国家森林公园	袁家界	0.16	0.94	0.99	-0.18	0.13	4.78
张家界国家森林公园	武陵源,袁家界	0.16	0.94	0.99	-0.18	0.13	4.78
武陵源,张家界国家森林公园	袁家界	0.16	0.94	0.99	-0.18	0.13	4.78
武陵源,张家界	张家界大峡谷	0.16	0.94	0.99	-0.18	0.13	5.12
武陵源,张家界大峡谷	张家界	0.16	0.94	0.99	-0.18	0.13	5.03
张家界,张家界大峡谷	武陵源	0.16	0.94	0.99	-0.18	0.13	4.41
张家界国家森林公园	天子山,袁家界	0.16	0.94	0.99	-0.18	0.13	4.78
张家界国家森林公园	红旗渠,武陵源,袁家界	0.16	0.94	0.99	-0.18	0.13	4.78

续表

Premises	Conclusion	Support	Confidence	LaPlace	Gain	P-S	Lift
红旗渠，张家界国家森林公园	武陵源，袁家界	0.16	0.94	0.99	-0.18	0.13	4.78
武陵源，张家界国家森林公园	红旗渠，袁家界	0.16	0.94	0.99	-0.18	0.13	4.78
红旗渠，武陵源，张家界国家森林公园	袁家界	0.16	0.94	0.99	-0.18	0.13	4.78
武陵源，张家界	红旗渠，张家界大峡谷	0.16	0.94	0.99	-0.18	0.13	5.12
红旗渠，武陵源，张家界	张家界大峡谷	0.16	0.94	0.99	-0.18	0.13	5.12
武陵源，张家界大峡谷	红旗渠，张家界	0.16	0.94	0.99	-0.18	0.13	5.03
红旗渠，武陵源，张家界大峡谷	张家界	0.16	0.94	0.99	-0.18	0.13	5.03
张家界，张家界大峡谷	红旗渠，武陵源	0.16	0.94	0.99	-0.18	0.13	4.41
红旗渠，张家界，张家界大峡谷	武陵源	0.16	0.94	0.99	-0.18	0.13	4.41
张家界国家森林公园	红旗渠，天子山，袁家界	0.16	0.94	0.99	-0.18	0.13	4.78
红旗渠，张家界国家森林公园	天子山，袁家界	0.16	0.94	0.99	-0.18	0.13	4.78
张家界国家森林公园	武陵源，天子山，袁家界	0.16	0.94	0.99	-0.18	0.13	4.78
武陵源，张家界国家森林公园	天子山，袁家界	0.16	0.94	0.99	-0.18	0.13	4.78
张家界国家森林公园	红旗渠，武陵源，天子山，袁家界	0.16	0.94	0.99	-0.18	0.13	4.78
红旗渠，张家界国家森林公园	武陵源，天子山，袁家界	0.16	0.94	0.99	-0.18	0.13	4.78
武陵源，张家界国家森林公园	红旗渠，天子山，袁家界	0.16	0.94	0.99	-0.18	0.13	4.78
红旗渠，武陵源，张家界国家森林公园	天子山，袁家界	0.16	0.94	0.99	-0.18	0.13	4.78
黄龙洞	天子山	0.17	0.94	0.99	-0.19	0.13	4.63
黄龙洞	红旗渠，天子山	0.17	0.94	0.99	-0.19	0.13	4.63
红旗渠，黄龙洞	天子山	0.17	0.94	0.99	-0.19	0.13	4.63
黄龙洞	武陵源，天子山	0.17	0.94	0.99	-0.19	0.13	4.63
黄龙洞	红旗渠，武陵源，天子山	0.17	0.94	0.99	-0.19	0.13	4.63

续表

Premises	Conclusion	Support	Confidence	LaPlace	Gain	P-S	Lift
红旗渠,黄龙洞	武陵源,天子山	0.17	0.94	0.99	-0.19	0.13	4.63
张家界大峡谷	武陵源	0.17	0.95	0.99	-0.19	0.13	4.43
张家界大峡谷	张家界	0.17	0.95	0.99	-0.19	0.14	5.05
张家界大峡谷	红旗渠,武陵源	0.17	0.95	0.99	-0.19	0.13	4.43
红旗渠,张家界大峡谷	武陵源	0.17	0.95	0.99	-0.19	0.13	4.43
张家界大峡谷	红旗渠,张家界	0.17	0.95	0.99	-0.19	0.14	5.05
红旗渠,张家界大峡谷	张家界	0.17	0.95	0.99	-0.19	0.14	5.05
武陵源	天子山	0.20	0.95	0.99	-0.22	0.16	4.68
武陵源	红旗渠,天子山	0.20	0.95	0.99	-0.22	0.16	4.68
红旗渠,武陵源	天子山	0.20	0.95	0.99	-0.22	0.16	4.68
杨家界	十里画廊	0.16	0.96	0.99	-0.17	0.13	5.31
杨家界	红旗渠,十里画廊	0.16	0.96	0.99	-0.17	0.13	5.31
红旗渠,杨家界	十里画廊	0.16	0.96	0.99	-0.17	0.13	5.31
杨家界	武陵源,十里画廊	0.16	0.96	0.99	-0.17	0.13	5.31
武陵源,杨家界	十里画廊	0.16	0.96	0.99	-0.17	0.13	5.31
杨家界	天子山,十里画廊	0.16	0.96	0.99	-0.17	0.13	5.31
天子山,杨家界	十里画廊	0.16	0.96	0.99	-0.17	0.13	5.31
杨家界	袁家界,十里画廊	0.16	0.96	0.99	-0.17	0.13	5.51
袁家界,杨家界	十里画廊	0.16	0.96	0.99	-0.17	0.13	5.31
杨家界	红旗渠,武陵源,十里画廊	0.16	0.96	0.99	-0.17	0.13	5.31
红旗渠,杨家界	武陵源,十里画廊	0.16	0.96	0.99	-0.17	0.13	5.31
武陵源,杨家界	红旗渠,十里画廊	0.16	0.96	0.99	-0.17	0.13	5.31
红旗渠,武陵源,杨家界	十里画廊	0.16	0.96	0.99	-0.17	0.13	5.31
杨家界	红旗渠,天子山,十里画廊	0.16	0.96	0.99	-0.17	0.13	5.31
红旗渠,杨家界	天子山,十里画廊	0.16	0.96	0.99	-0.17	0.13	5.31
天子山,杨家界	红旗渠,十里画廊	0.16	0.96	0.99	-0.17	0.13	5.31
红旗渠,天子山,杨家界	十里画廊	0.16	0.96	0.99	-0.17	0.13	5.31
杨家界	红旗渠,袁家界,十里画廊	0.16	0.96	0.99	-0.17	0.13	5.51
红旗渠,杨家界	袁家界,十里画廊	0.16	0.96	0.99	-0.17	0.13	5.51
袁家界,杨家界	红旗渠,十里画廊	0.16	0.96	0.99	-0.17	0.13	5.31

续表

Premises	Conclusion	Support	Confidence	LaPlace	Gain	P-S	Lift
红旗渠，袁家界，杨家界	十里画廊	0.16	0.96	0.99	-0.17	0.13	5.31
武陵源，张家界，张家界大峡谷	天子山	0.16	0.96	0.99	-0.17	0.12	4.71
杨家界	武陵源，天子山，十里画廊	0.16	0.96	0.99	-0.17	0.13	5.31
武陵源，杨家界	天子山，十里画廊	0.16	0.96	0.99	-0.17	0.13	5.31
天子山，杨家界	武陵源，十里画廊	0.16	0.96	0.99	-0.17	0.13	5.31
武陵源，天子山，杨家界	十里画廊	0.16	0.96	0.99	-0.17	0.13	5.31
杨家界	武陵源，袁家界，十里画廊	0.16	0.96	0.99	-0.17	0.13	5.51
武陵源，杨家界	袁家界，十里画廊	0.16	0.96	0.99	-0.17	0.13	5.51
袁家界，杨家界	武陵源，十里画廊	0.16	0.96	0.99	-0.17	0.13	5.31
武陵源，袁家界，杨家界	十里画廊	0.16	0.96	0.99	-0.17	0.13	5.31
杨家界	天子山，袁家界，十里画廊	0.16	0.96	0.99	-0.17	0.13	5.51
天子山，杨家界	袁家界，十里画廊	0.16	0.96	0.99	-0.17	0.13	5.51
袁家界，杨家界	天子山，十里画廊	0.16	0.96	0.99	-0.17	0.13	5.31
天子山，袁家界，杨家界	十里画廊	0.16	0.96	0.99	-0.17	0.13	5.31
武陵源，张家界，张家界大峡谷	红旗渠，天子山	0.16	0.96	0.99	-0.17	0.12	4.71
红旗渠，武陵源，张家界，张家界大峡谷	天子山	0.16	0.96	0.99	-0.17	0.12	4.71
杨家界	红旗渠，武陵源，天子山，十里画廊	0.16	0.96	0.99	-0.17	0.13	5.31
红旗渠，杨家界	武陵源，天子山，十里画廊	0.16	0.96	0.99	-0.17	0.13	5.31
武陵源，杨家界	红旗渠，天子山，十里画廊	0.16	0.96	0.99	-0.17	0.13	5.31
红旗渠，武陵源，杨家界	天子山，十里画廊	0.16	0.96	0.99	-0.17	0.13	5.31
天子山，杨家界	红旗渠，武陵源，十里画廊	0.16	0.96	0.99	-0.17	0.13	5.31
红旗渠，天子山，杨家界	武陵源，十里画廊	0.16	0.96	0.99	-0.17	0.13	5.31

续表

Premises	Conclusion	Support	Confidence	LaPlace	Gain	P-S	Lift
武陵源，天子山，杨家界	红旗渠，十里画廊	0.16	0.96	0.99	-0.17	0.13	5.31
红旗渠，武陵源，天子山，杨家界	十里画廊	0.16	0.96	0.99	-0.17	0.13	5.31
杨家界	红旗渠，武陵源，袁家界，十里画廊	0.16	0.96	0.99	-0.17	0.13	5.51
红旗渠，杨家界	武陵源，袁家界，十里画廊	0.16	0.96	0.99	-0.17	0.13	5.51
武陵源，杨家界	红旗渠，袁家界，十里画廊	0.16	0.96	0.99	-0.17	0.13	5.51
红旗渠，武陵源，杨家界	袁家界，十里画廊	0.16	0.96	0.99	-0.17	0.13	5.51
袁家界，杨家界	红旗渠，武陵源，十里画廊	0.16	0.96	0.99	-0.17	0.13	5.31
红旗渠，袁家界，杨家界	武陵源，十里画廊	0.16	0.96	0.99	-0.17	0.13	5.31
武陵源，袁家界，杨家界	红旗渠，十里画廊	0.16	0.96	0.99	-0.17	0.13	5.31
红旗渠，武陵源，袁家界，杨家界	十里画廊	0.16	0.96	0.99	-0.17	0.13	5.31
杨家界	红旗渠，天子山，袁家界，十里画廊	0.16	0.96	0.99	-0.17	0.13	5.51
红旗渠，杨家界	天子山，袁家界，十里画廊	0.16	0.96	0.99	-0.17	0.13	5.51
天子山，杨家界	红旗渠，袁家界，十里画廊	0.16	0.96	0.99	-0.17	0.13	5.51
红旗渠，天子山，杨家界	袁家界，十里画廊	0.16	0.96	0.99	-0.17	0.13	5.51
袁家界，杨家界	红旗渠，天子山，十里画廊	0.16	0.96	0.99	-0.17	0.13	5.31
红旗渠，袁家界，杨家界	天子山，十里画廊	0.16	0.96	0.99	-0.17	0.13	5.31
天子山，袁家界，杨家界	红旗渠，十里画廊	0.16	0.96	0.99	-0.17	0.13	5.31
红旗渠，天子山，袁家界，杨家界	十里画廊	0.16	0.96	0.99	-0.17	0.13	5.31
杨家界	武陵源，天子山，袁家界，十里画廊	0.16	0.96	0.99	-0.17	0.13	5.51
武陵源，杨家界	天子山，袁家界，十里画廊	0.16	0.96	0.99	-0.17	0.13	5.51
天子山，杨家界	武陵源，袁家界，十里画廊	0.16	0.96	0.99	-0.17	0.13	5.51
武陵源，天子山，杨家界	袁家界，十里画廊	0.16	0.96	0.99	-0.17	0.13	5.51
袁家界，杨家界	武陵源，天子山，十里画廊	0.16	0.96	0.99	-0.17	0.13	5.31

附表　关联规则研究结果

续表

Premises	Conclusion	Support	Confidence	LaPlace	Gain	P-S	Lift
武陵源，袁家界，杨家界	天子山，十里画廊	0.16	0.96	0.99	-0.17	0.13	5.31
天子山，袁家界，杨家界	武陵源，十里画廊	0.16	0.96	0.99	-0.17	0.13	5.31
武陵源，天子山，袁家界，杨家界	十里画廊	0.16	0.96	0.99	-0.17	0.13	5.31
杨家界	红旗渠，武陵源，天子山，袁家界，十里画廊	0.16	0.96	0.99	-0.17	0.13	5.51
红旗渠，杨家界	武陵源，天子山，袁家界，十里画廊	0.16	0.96	0.99	-0.17	0.13	5.51
武陵源，杨家界	红旗渠，天子山，袁家界，十里画廊	0.16	0.96	0.99	-0.17	0.13	5.51
红旗渠，武陵源，杨家界	天子山，袁家界，十里画廊	0.16	0.96	0.99	-0.17	0.13	5.51
天子山，杨家界	红旗渠，武陵源，袁家界，十里画廊	0.16	0.96	0.99	-0.17	0.13	5.51
红旗渠，天子山，杨家界	武陵源，袁家界，十里画廊	0.16	0.96	0.99	-0.17	0.13	5.51
武陵源，天子山，杨家界	红旗渠，袁家界，十里画廊	0.16	0.96	0.99	-0.17	0.13	5.51
红旗渠，武陵源，天子山，杨家界	袁家界，十里画廊	0.16	0.96	0.99	-0.17	0.13	5.51
袁家界，杨家界	红旗渠，武陵源，天子山，十里画廊	0.16	0.96	0.99	-0.17	0.13	5.31
红旗渠，袁家界，杨家界	武陵源，天子山，十里画廊	0.16	0.96	0.99	-0.17	0.13	5.31
武陵源，袁家界，杨家界	红旗渠，天子山，十里画廊	0.16	0.96	0.99	-0.17	0.13	5.31
红旗渠，武陵源，袁家界，杨家界	天子山，十里画廊	0.16	0.96	0.99	-0.17	0.13	5.31
天子山，袁家界，杨家界	红旗渠，武陵源，十里画廊	0.16	0.96	0.99	-0.17	0.13	5.31
红旗渠，天子山，袁家界，杨家界	武陵源，十里画廊	0.16	0.96	0.99	-0.17	0.13	5.31
武陵源，天子山，袁家界，杨家界	红旗渠，十里画廊	0.16	0.96	0.99	-0.17	0.13	5.31
红旗渠，武陵源，天子山，袁家界，杨家界	十里画廊	0.16	0.96	0.99	-0.17	0.13	5.31
黄石寨	袁家界	0.16	0.96	0.99	-0.17	0.13	4.87

续表

Premises	Conclusion	Support	Confidence	LaPlace	Gain	P-S	Lift
黄石寨	红旗渠，袁家界	0.16	0.96	0.99	-0.17	0.13	4.87
红旗渠，黄石寨	袁家界	0.16	0.96	0.99	-0.17	0.13	4.87
黄石寨	武陵源，袁家界	0.16	0.96	0.99	-0.17	0.13	4.87
武陵源，黄石寨	袁家界	0.16	0.96	0.99	-0.17	0.13	4.87
天子山，张家界	袁家界	0.16	0.96	0.99	-0.17	0.13	4.87
天子山，张家界大峡谷	袁家界	0.16	0.96	0.99	-0.17	0.13	4.87
天子山，黄龙洞	袁家界	0.16	0.96	0.99	-0.17	0.13	4.87
黄石寨	天子山，袁家界	0.16	0.96	0.99	-0.17	0.13	4.87
天子山，黄石寨	袁家界	0.16	0.96	0.99	-0.17	0.13	4.87
黄石寨	红旗渠，武陵源，袁家界	0.16	0.96	0.99	-0.17	0.13	4.87
红旗渠，黄石寨	武陵源，袁家界	0.16	0.96	0.99	-0.17	0.13	4.87
武陵源，黄石寨	红旗渠，袁家界	0.16	0.96	0.99	-0.17	0.13	4.87
红旗渠，武陵源，黄石寨	袁家界	0.16	0.96	0.99	-0.17	0.13	4.87
天子山，张家界	红旗渠，袁家界	0.16	0.96	0.99	-0.17	0.13	4.87
红旗渠，天子山，张家界	袁家界	0.16	0.96	0.99	-0.17	0.13	4.87
天子山，张家界大峡谷	红旗渠，袁家界	0.16	0.96	0.99	-0.17	0.13	4.87
红旗渠，天子山，张家界大峡谷	袁家界	0.16	0.96	0.99	-0.17	0.13	4.87
天子山，黄龙洞	红旗渠，袁家界	0.16	0.96	0.99	-0.17	0.13	4.87
红旗渠，天子山，黄龙洞	袁家界	0.16	0.96	0.99	-0.17	0.13	4.87
黄石寨	红旗渠，天子山，袁家界	0.16	0.96	0.99	-0.17	0.13	4.87
红旗渠，黄石寨	天子山，袁家界	0.16	0.96	0.99	-0.17	0.13	4.87
天子山，黄石寨	红旗渠，袁家界	0.16	0.96	0.99	-0.17	0.13	4.87
红旗渠，天子山，黄石寨	袁家界	0.16	0.96	0.99	-0.17	0.13	4.87
天子山，张家界	武陵源，袁家界	0.16	0.96	0.99	-0.17	0.13	4.87
武陵源，天子山，张家界	袁家界	0.16	0.96	0.99	-0.17	0.13	4.87
天子山，张家界大峡谷	武陵源，袁家界	0.16	0.96	0.99	-0.17	0.13	4.87
武陵源，天子山，张家界大峡谷	袁家界	0.16	0.96	0.99	-0.17	0.13	4.87
天子山，黄龙洞	武陵源，袁家界	0.16	0.96	0.99	-0.17	0.13	4.87

续表

Premises	Conclusion	Support	Confidence	LaPlace	Gain	P-S	Lift
武陵源，天子山，黄龙洞	袁家界	0.16	0.96	0.99	-0.17	0.13	4.87
黄石寨	武陵源，天子山，袁家界	0.16	0.96	0.99	-0.17	0.13	4.87
武陵源，黄石寨	天子山，袁家界	0.16	0.96	0.99	-0.17	0.13	4.87
天子山，黄石寨	武陵源，袁家界	0.16	0.96	0.99	-0.17	0.13	4.87
武陵源，天子山，黄石寨	袁家界	0.16	0.96	0.99	-0.17	0.13	4.87
天子山，张家界	红旗渠，武陵源，袁家界	0.16	0.96	0.99	-0.17	0.13	4.87
红旗渠，天子山，张家界	武陵源，袁家界	0.16	0.96	0.99	-0.17	0.13	4.87
武陵源，天子山，张家界	红旗渠，袁家界	0.16	0.96	0.99	-0.17	0.13	4.87
红旗渠，武陵源，天子山，张家界	袁家界	0.16	0.96	0.99	-0.17	0.13	4.87
天子山，张家界大峡谷	红旗渠，武陵源，袁家界	0.16	0.96	0.99	-0.17	0.13	4.87
红旗渠，天子山，张家界大峡谷	武陵源，袁家界	0.16	0.96	0.99	-0.17	0.13	4.87
武陵源，天子山，张家界大峡谷	红旗渠，袁家界	0.16	0.96	0.99	-0.17	0.13	4.87
红旗渠，武陵源，天子山，张家界大峡谷	袁家界	0.16	0.96	0.99	-0.17	0.13	4.87
天子山，黄龙洞	红旗渠，武陵源，袁家界	0.16	0.96	0.99	-0.17	0.13	4.87
红旗渠，天子山，黄龙洞	武陵源，袁家界	0.16	0.96	0.99	-0.17	0.13	4.87
武陵源，天子山，黄龙洞	红旗渠，袁家界	0.16	0.96	0.99	-0.17	0.13	4.87
红旗渠，武陵源，天子山，黄龙洞	袁家界	0.16	0.96	0.99	-0.17	0.13	4.87
黄石寨	红旗渠，武陵源，天子山，袁家界	0.16	0.96	0.99	-0.17	0.13	4.87
红旗渠，黄石寨	武陵源，天子山，袁家界	0.16	0.96	0.99	-0.17	0.13	4.87
武陵源，黄石寨	红旗渠，天子山，袁家界	0.16	0.96	0.99	-0.17	0.13	4.87
红旗渠，武陵源，黄石寨	天子山，袁家界	0.16	0.96	0.99	-0.17	0.13	4.87
天子山，黄石寨	红旗渠，武陵源，袁家界	0.16	0.96	0.99	-0.17	0.13	4.87
红旗渠，天子山，黄石寨	武陵源，袁家界	0.16	0.96	0.99	-0.17	0.13	4.87

续表

Premises	Conclusion	Support	Confidence	LaPlace	Gain	P-S	Lift
武陵源，天子山，黄石寨	红旗渠，袁家界	0.16	0.96	0.99	−0.17	0.13	4.87
红旗渠，武陵源，天子山，黄石寨	袁家界	0.16	0.96	0.99	−0.17	0.13	4.87
张家界国家森林公园	天子山	0.17	0.96	0.99	−0.18	0.13	4.72
张家界国家森林公园	红旗渠，天子山	0.17	0.96	0.99	−0.18	0.13	4.72
红旗渠，张家界国家森林公园	天子山	0.17	0.96	0.99	−0.18	0.13	4.72
武陵源，张家界	天子山	0.17	0.96	0.99	−0.18	0.13	4.72
武陵源，张家界大峡谷	天子山	0.17	0.96	0.99	−0.18	0.13	4.72
张家界国家森林公园	武陵源，天子山	0.17	0.96	0.99	−0.18	0.13	4.72
武陵源，张家界国家森林公园	天子山	0.17	0.96	0.99	−0.18	0.13	4.72
武陵源，张家界	红旗渠，天子山	0.17	0.96	0.99	−0.18	0.13	4.72
红旗渠，武陵源，张家界	天子山	0.17	0.96	0.99	−0.18	0.13	4.72
武陵源，张家界大峡谷	红旗渠，天子山	0.17	0.96	0.99	−0.18	0.13	4.72
红旗渠，武陵源，张家界大峡谷	天子山	0.17	0.96	0.99	−0.18	0.13	4.72
张家界国家森林公园	红旗渠，武陵源，天子山	0.17	0.96	0.99	−0.18	0.13	4.72
红旗渠，张家界国家森林公园	武陵源，天子山	0.17	0.96	0.99	−0.18	0.13	4.72
武陵源，张家界国家森林公园	红旗渠，天子山	0.17	0.96	0.99	−0.18	0.13	4.72
红旗渠，武陵源，张家界国家森林公园	天子山	0.17	0.96	0.99	−0.18	0.13	4.72
黄龙洞	武陵源	0.17	0.96	0.99	−0.18	0.13	4.50
黄龙洞	红旗渠，武陵源	0.17	0.96	0.99	−0.18	0.13	4.50
红旗渠，黄龙洞	武陵源	0.17	0.96	0.99	−0.18	0.13	4.50
十里画廊	袁家界	0.17	0.96	0.99	−0.19	0.14	4.88
十里画廊	红旗渠，袁家界	0.17	0.96	0.99	−0.19	0.14	4.88
红旗渠，十里画廊	袁家界	0.17	0.96	0.99	−0.19	0.14	4.88
十里画廊	武陵源，袁家界	0.17	0.96	0.99	−0.19	0.14	4.88
武陵源，十里画廊	袁家界	0.17	0.96	0.99	−0.19	0.14	4.88
十里画廊	天子山，袁家界	0.17	0.96	0.99	−0.19	0.14	4.88
天子山，十里画廊	袁家界	0.17	0.96	0.99	−0.19	0.14	4.88

续表

Premises	Conclusion	Support	Confidence	LaPlace	Gain	P-S	Lift
十里画廊	红旗渠，武陵源，袁家界	0.17	0.96	0.99	-0.19	0.14	4.88
红旗渠，十里画廊	武陵源，袁家界	0.17	0.96	0.99	-0.19	0.14	4.88
武陵源，十里画廊	红旗渠，袁家界	0.17	0.96	0.99	-0.19	0.14	4.88
红旗渠，武陵源，十里画廊	袁家界	0.17	0.96	0.99	-0.19	0.14	4.88
十里画廊	红旗渠，天子山，袁家界	0.17	0.96	0.99	-0.19	0.14	4.88
红旗渠，十里画廊	天子山，袁家界	0.17	0.96	0.99	-0.19	0.14	4.88
天子山，十里画廊	红旗渠，袁家界	0.17	0.96	0.99	-0.19	0.14	4.88
红旗渠，天子山，十里画廊	袁家界	0.17	0.96	0.99	-0.19	0.14	4.88
十里画廊	武陵源，天子山，袁家界	0.17	0.96	0.99	-0.19	0.14	4.88
武陵源，十里画廊	天子山，袁家界	0.17	0.96	0.99	-0.19	0.14	4.88
天子山，十里画廊	武陵源，袁家界	0.17	0.96	0.99	-0.19	0.14	4.88
武陵源，天子山，十里画廊	袁家界	0.17	0.96	0.99	-0.19	0.14	4.88
十里画廊	红旗渠，武陵源，天子山，袁家界	0.17	0.96	0.99	-0.19	0.14	4.88
红旗渠，十里画廊	武陵源，天子山，袁家界	0.17	0.96	0.99	-0.19	0.14	4.88
武陵源，十里画廊	红旗渠，天子山，袁家界	0.17	0.96	0.99	-0.19	0.14	4.88
红旗渠，武陵源，十里画廊	天子山，袁家界	0.17	0.96	0.99	-0.19	0.14	4.88
天子山，十里画廊	红旗渠，武陵源，袁家界	0.17	0.96	0.99	-0.19	0.14	4.88
红旗渠，天子山，十里画廊	武陵源，袁家界	0.17	0.96	0.99	-0.19	0.14	4.88
武陵源，天子山，十里画廊	红旗渠，袁家界	0.17	0.96	0.99	-0.19	0.14	4.88
红旗渠，武陵源，天子山，十里画廊	袁家界	0.17	0.96	0.99	-0.19	0.14	4.88
天子山	袁家界	0.20	0.97	0.99	-0.21	0.16	4.90
天子山	红旗渠，袁家界	0.20	0.97	0.99	-0.21	0.16	4.90
红旗渠，天子山	袁家界	0.20	0.97	0.99	-0.21	0.16	4.90
天子山	武陵源，袁家界	0.20	0.97	0.99	-0.21	0.16	4.90
武陵源，天子山	袁家界	0.20	0.97	0.99	-0.21	0.16	4.90
天子山	红旗渠，武陵源，袁家界	0.20	0.97	0.99	-0.21	0.16	4.90
红旗渠，天子山	武陵源，袁家界	0.20	0.97	0.99	-0.21	0.16	4.90
武陵源，天子山	红旗渠，袁家界	0.20	0.97	0.99	-0.21	0.16	4.90
红旗渠，武陵源，天子山	袁家界	0.20	0.97	0.99	-0.21	0.16	4.90

附表 1-9　到鸡冠洞的游客到达景区关联规则结果

Premises	Conclusion	Support	Confidence	LaPlace	Gain	P-S	Lift
龙门石窟	王城公园	0.11	0.56	0.93	−0.28	0.08	3.65
龙门石窟	鸡冠洞，王城公园	0.11	0.56	0.93	−0.28	0.08	3.65
鸡冠洞，龙门石窟	王城公园	0.11	0.56	0.93	−0.28	0.08	3.65
龙门石窟	栾川，白马寺	0.11	0.56	0.93	−0.28	0.09	5.11
龙门石窟	栾川，白云山	0.11	0.56	0.93	−0.28	0.09	5.11
龙门石窟	洛阳，王城公园	0.11	0.56	0.93	−0.28	0.08	3.65
洛阳，龙门石窟	王城公园	0.11	0.56	0.93	−0.28	0.08	3.65
龙门石窟	白马寺，王城公园	0.11	0.56	0.93	−0.28	0.08	3.65
龙门石窟	鸡冠洞，栾川，白马寺	0.11	0.56	0.93	−0.28	0.09	5.11
鸡冠洞，龙门石窟	栾川，白马寺	0.11	0.56	0.93	−0.28	0.09	5.11
龙门石窟	鸡冠洞，栾川，白云山	0.11	0.56	0.93	−0.28	0.09	5.11
鸡冠洞，龙门石窟	栾川，白云山	0.11	0.56	0.93	−0.28	0.09	5.11
龙门石窟	鸡冠洞，洛阳，王城公园	0.11	0.56	0.93	−0.28	0.08	3.65
鸡冠洞，龙门石窟	洛阳，王城公园	0.11	0.56	0.93	−0.28	0.08	3.65
洛阳，龙门石窟	鸡冠洞，王城公园	0.11	0.56	0.93	−0.28	0.08	3.65
鸡冠洞，洛阳，龙门石窟	王城公园	0.11	0.56	0.93	−0.28	0.08	3.65
龙门石窟	鸡冠洞，白马寺，王城公园	0.11	0.56	0.93	−0.28	0.08	3.65
鸡冠洞，龙门石窟	白马寺，王城公园	0.11	0.56	0.93	−0.28	0.08	3.65
龙门石窟	栾川，洛阳，白马寺	0.11	0.56	0.93	−0.28	0.09	5.11
洛阳，龙门石窟	栾川，白马寺	0.11	0.56	0.93	−0.28	0.09	5.11
龙门石窟	栾川，洛阳，白云山	0.11	0.56	0.93	−0.28	0.09	5.11
洛阳，龙门石窟	栾川，白云山	0.11	0.56	0.93	−0.28	0.09	5.11
龙门石窟	洛阳，白马寺，王城公园	0.11	0.56	0.93	−0.28	0.08	3.65
洛阳，龙门石窟	白马寺，王城公园	0.11	0.56	0.93	−0.28	0.08	3.65
龙门石窟	鸡冠洞，栾川，洛阳，白马寺	0.11	0.56	0.93	−0.28	0.09	5.11
鸡冠洞，龙门石窟	栾川，洛阳，白马寺	0.11	0.56	0.93	−0.28	0.09	5.11
洛阳，龙门石窟	鸡冠洞，栾川，白马寺	0.11	0.56	0.93	−0.28	0.09	5.11
鸡冠洞，洛阳，龙门石窟	栾川，白马寺	0.11	0.56	0.93	−0.28	0.09	5.11
龙门石窟	鸡冠洞，栾川，洛阳，白云山	0.11	0.56	0.93	−0.28	0.09	5.11
鸡冠洞，龙门石窟	栾川，洛阳，白云山	0.11	0.56	0.93	−0.28	0.09	5.11
洛阳，龙门石窟	鸡冠洞，栾川，白云山	0.11	0.56	0.93	−0.28	0.09	5.11
鸡冠洞，洛阳，龙门石窟	栾川，白云山	0.11	0.56	0.93	−0.28	0.09	5.11

续表

Premises	Conclusion	Support	Confidence	LaPlace	Gain	P-S	Lift
龙门石窟	鸡冠洞，洛阳，白马寺，王城公园	0.11	0.56	0.93	-0.28	0.08	3.65
鸡冠洞，龙门石窟	洛阳，白马寺，王城公园	0.11	0.56	0.93	-0.28	0.08	3.65
洛阳，龙门石窟	鸡冠洞，白马寺，王城公园	0.11	0.56	0.93	-0.28	0.08	3.65
鸡冠洞，洛阳，龙门石窟	白马寺，王城公园	0.11	0.56	0.93	-0.28	0.08	3.65
洛阳	龙门石窟	0.20	0.56	0.89	-0.50	0.13	2.88
洛阳	鸡冠洞，龙门石窟	0.20	0.56	0.89	-0.50	0.13	2.88
鸡冠洞，洛阳	龙门石窟	0.20	0.56	0.89	-0.50	0.13	2.88
白马寺	栾川	0.11	0.63	0.94	-0.24	0.00	0.96
白马寺	鸡冠洞，栾川	0.11	0.63	0.94	-0.24	0.00	0.96
鸡冠洞，白马寺	栾川	0.11	0.63	0.94	-0.24	0.00	0.96
白马寺	栾川，洛阳	0.11	0.63	0.94	-0.24	0.07	2.61
洛阳，白马寺	栾川	0.11	0.63	0.94	-0.24	0.00	0.96
白马寺	栾川，龙门石窟	0.11	0.63	0.94	-0.24	0.08	4.11
白马寺	龙门石窟，王城公园	0.11	0.63	0.94	-0.24	0.09	5.75
白马寺	鸡冠洞，栾川，洛阳	0.11	0.63	0.94	-0.24	0.07	2.61
鸡冠洞，白马寺	栾川，洛阳	0.11	0.63	0.94	-0.24	0.07	2.61
洛阳，白马寺	鸡冠洞，栾川	0.11	0.63	0.94	-0.24	0.00	0.96
鸡冠洞，洛阳，白马寺	栾川	0.11	0.63	0.94	-0.24	0.00	0.96
白马寺	鸡冠洞，栾川，龙门石窟	0.11	0.63	0.94	-0.24	0.08	4.11
鸡冠洞，白马寺	栾川，龙门石窟	0.11	0.63	0.94	-0.24	0.08	4.11
白马寺	鸡冠洞，龙门石窟，王城公园	0.11	0.63	0.94	-0.24	0.09	5.75
鸡冠洞，白马寺	龙门石窟，王城公园	0.11	0.63	0.94	-0.24	0.09	5.75
白马寺	栾川，洛阳，龙门石窟	0.11	0.63	0.94	-0.24	0.08	4.11
洛阳，白马寺	栾川，龙门石窟	0.11	0.63	0.94	-0.24	0.08	4.11
白马寺	洛阳，龙门石窟，王城公园	0.11	0.63	0.94	-0.24	0.09	5.75
洛阳，白马寺	龙门石窟，王城公园	0.11	0.63	0.94	-0.24	0.09	5.75
白马寺	鸡冠洞，栾川，洛阳，龙门石窟	0.11	0.63	0.94	-0.24	0.08	4.11
鸡冠洞，白马寺	栾川，洛阳，龙门石窟	0.11	0.63	0.94	-0.24	0.08	4.11
洛阳，白马寺	鸡冠洞，栾川，龙门石窟	0.11	0.63	0.94	-0.24	0.08	4.11
鸡冠洞，洛阳，白马寺	栾川，龙门石窟	0.11	0.63	0.94	-0.24	0.08	4.11

续表

Premises	Conclusion	Support	Confidence	LaPlace	Gain	P-S	Lift
白马寺	鸡冠洞，洛阳，龙门石窟，王城公园	0.11	0.63	0.94	-0.24	0.09	5.75
鸡冠洞，白马寺	洛阳，龙门石窟，王城公园	0.11	0.63	0.94	-0.24	0.09	5.75
洛阳，白马寺	鸡冠洞，龙门石窟，王城公园	0.11	0.63	0.94	-0.24	0.09	5.75
鸡冠洞，洛阳，白马寺	龙门石窟，王城公园	0.11	0.63	0.94	-0.24	0.09	5.75
栾川，洛阳	龙门石窟	0.15	0.64	0.93	-0.33	0.11	3.25
栾川，洛阳	鸡冠洞，龙门石窟	0.15	0.64	0.93	-0.33	0.11	3.25
鸡冠洞，栾川，洛阳	龙门石窟	0.15	0.64	0.93	-0.33	0.11	3.25
鸡冠洞	栾川	0.65	0.65	0.83	-1.35	0.00	1.00
龙门石窟	白马寺	0.13	0.67	0.95	-0.26	0.10	3.83
龙门石窟	白云山	0.13	0.67	0.95	-0.26	0.10	5.11
龙门石窟	鸡冠洞，白马寺	0.13	0.67	0.95	-0.26	0.10	3.83
鸡冠洞，龙门石窟	白马寺	0.13	0.67	0.95	-0.26	0.10	3.83
龙门石窟	鸡冠洞，白云山	0.13	0.67	0.95	-0.26	0.10	5.11
鸡冠洞，龙门石窟	白云山	0.13	0.67	0.95	-0.26	0.10	5.11
龙门石窟	洛阳，白马寺	0.13	0.67	0.95	-0.26	0.10	3.83
洛阳，龙门石窟	白马寺	0.13	0.67	0.95	-0.26	0.10	3.83
龙门石窟	洛阳，白云山	0.13	0.67	0.95	-0.26	0.10	5.11
洛阳，龙门石窟	白云山	0.13	0.67	0.95	-0.26	0.10	5.11
龙门石窟	鸡冠洞，洛阳，白马寺	0.13	0.67	0.95	-0.26	0.10	3.83
鸡冠洞，龙门石窟	洛阳，白马寺	0.13	0.67	0.95	-0.26	0.10	3.83
洛阳，龙门石窟	鸡冠洞，白马寺	0.13	0.67	0.95	-0.26	0.10	3.83
鸡冠洞，洛阳，龙门石窟	白马寺	0.13	0.67	0.95	-0.26	0.10	3.83
龙门石窟	鸡冠洞，洛阳，白云山	0.13	0.67	0.95	-0.26	0.10	5.11
鸡冠洞，龙门石窟	洛阳，白云山	0.13	0.67	0.95	-0.26	0.10	5.11
洛阳，龙门石窟	鸡冠洞，白云山	0.13	0.67	0.95	-0.26	0.10	5.11
鸡冠洞，洛阳，龙门石窟	白云山	0.13	0.67	0.95	-0.26	0.10	5.11
洛阳	栾川	0.24	0.69	0.92	-0.46	0.01	1.05
洛阳	鸡冠洞，栾川	0.24	0.69	0.92	-0.46	0.01	1.05
鸡冠洞，洛阳	栾川	0.24	0.69	0.92	-0.46	0.01	1.05
王城公园	龙门石窟	0.11	0.71	0.96	-0.20	0.08	3.65

附表　关联规则研究结果

续表

Premises	Conclusion	Support	Confidence	LaPlace	Gain	P-S	Lift
王城公园	鸡冠洞，龙门石窟	0.11	0.71	0.96	−0.20	0.08	3.65
鸡冠洞，王城公园	龙门石窟	0.11	0.71	0.96	−0.20	0.08	3.65
栾川，龙门石窟	白马寺	0.11	0.71	0.96	−0.20	0.08	4.11
栾川，龙门石窟	白云山	0.11	0.71	0.96	−0.20	0.09	5.48
王城公园	洛阳，龙门石窟	0.11	0.71	0.96	−0.20	0.08	3.65
洛阳，王城公园	龙门石窟	0.11	0.71	0.96	−0.20	0.08	3.65
王城公园	龙门石窟，白马寺	0.11	0.71	0.96	−0.20	0.09	5.48
白马寺，王城公园	龙门石窟	0.11	0.71	0.96	−0.20	0.08	3.65
栾川，龙门石窟	鸡冠洞，白马寺	0.11	0.71	0.96	−0.20	0.08	4.11
鸡冠洞，栾川，龙门石窟	白马寺	0.11	0.71	0.96	−0.20	0.08	4.11
栾川，龙门石窟	鸡冠洞，白云山	0.11	0.71	0.96	−0.20	0.09	5.48
鸡冠洞，栾川，龙门石窟	白云山	0.11	0.71	0.96	−0.20	0.09	5.48
王城公园	鸡冠洞，洛阳，龙门石窟	0.11	0.71	0.96	−0.20	0.08	3.65
鸡冠洞，王城公园	洛阳，龙门石窟	0.11	0.71	0.96	−0.20	0.08	3.65
洛阳，王城公园	鸡冠洞，龙门石窟	0.11	0.71	0.96	−0.20	0.08	3.65
鸡冠洞，洛阳，王城公园	龙门石窟	0.11	0.71	0.96	−0.20	0.08	3.65
王城公园	鸡冠洞，龙门石窟，白马寺	0.11	0.71	0.96	−0.20	0.09	5.48
鸡冠洞，王城公园	龙门石窟，白马寺	0.11	0.71	0.96	−0.20	0.09	5.48
白马寺，王城公园	鸡冠洞，龙门石窟	0.11	0.71	0.96	−0.20	0.08	3.65
鸡冠洞，白马寺，王城公园	龙门石窟	0.11	0.71	0.96	−0.20	0.08	3.65
栾川，龙门石窟	洛阳，白马寺	0.11	0.71	0.96	−0.20	0.08	4.11
栾川，洛阳，龙门石窟	白马寺	0.11	0.71	0.96	−0.20	0.08	4.11
栾川，龙门石窟	洛阳，白云山	0.11	0.71	0.96	−0.20	0.09	5.48
栾川，洛阳，龙门石窟	白云山	0.11	0.71	0.96	−0.20	0.09	5.48
王城公园	洛阳，龙门石窟，白马寺	0.11	0.71	0.96	−0.20	0.09	5.48
洛阳，王城公园	龙门石窟，白马寺	0.11	0.71	0.96	−0.20	0.09	5.48
白马寺，王城公园	洛阳，龙门石窟	0.11	0.71	0.96	−0.20	0.08	3.65
洛阳，白马寺，王城公园	龙门石窟	0.11	0.71	0.96	−0.20	0.08	3.65
栾川，龙门石窟	鸡冠洞，洛阳，白马寺	0.11	0.71	0.96	−0.20	0.08	4.11
鸡冠洞，栾川，龙门石窟	洛阳，白马寺	0.11	0.71	0.96	−0.20	0.08	4.11

续表

Premises	Conclusion	Support	Confidence	LaPlace	Gain	P-S	Lift
栾川，洛阳，龙门石窟	鸡冠洞，白马寺	0.11	0.71	0.96	-0.20	0.08	4.11
鸡冠洞，栾川，洛阳，龙门石窟	白马寺	0.11	0.71	0.96	-0.20	0.08	4.11
栾川，龙门石窟	鸡冠洞，洛阳，白云山	0.11	0.71	0.96	-0.20	0.09	5.48
鸡冠洞，栾川，龙门石窟	洛阳，白云山	0.11	0.71	0.96	-0.20	0.09	5.48
栾川，洛阳，龙门石窟	鸡冠洞，白云山	0.11	0.71	0.96	-0.20	0.09	5.48
鸡冠洞，栾川，洛阳，龙门石窟	白云山	0.11	0.71	0.96	-0.20	0.09	5.48
王城公园	鸡冠洞，洛阳，龙门石窟，白马寺	0.11	0.71	0.96	-0.20	0.09	5.48
鸡冠洞，王城公园	洛阳，龙门石窟，白马寺	0.11	0.71	0.96	-0.20	0.09	5.48
洛阳，王城公园	鸡冠洞，龙门石窟，白马寺	0.11	0.71	0.96	-0.20	0.09	5.48
鸡冠洞，洛阳，王城公园	龙门石窟，白马寺	0.11	0.71	0.96	-0.20	0.09	5.48
白马寺，王城公园	鸡冠洞，洛阳，龙门石窟	0.11	0.71	0.96	-0.20	0.08	3.65
鸡冠洞，白马寺，王城公园	洛阳，龙门石窟	0.11	0.71	0.96	-0.20	0.08	3.65
洛阳，白马寺，王城公园	鸡冠洞，龙门石窟	0.11	0.71	0.96	-0.20	0.08	3.65
鸡冠洞，洛阳，白马寺，王城公园	龙门石窟	0.11	0.71	0.96	-0.20	0.08	3.65
白马寺	龙门石窟	0.13	0.75	0.96	-0.22	0.10	3.83
白马寺	古墓博物馆	0.13	0.75	0.96	-0.22	0.11	5.75
白马寺	鸡冠洞，龙门石窟	0.13	0.75	0.96	-0.22	0.10	3.83
鸡冠洞，白马寺	龙门石窟	0.13	0.75	0.96	-0.22	0.10	3.83
白马寺	鸡冠洞，古墓博物馆	0.13	0.75	0.96	-0.22	0.11	5.75
鸡冠洞，白马寺	古墓博物馆	0.13	0.75	0.96	-0.22	0.11	5.75
白马寺	洛阳，龙门石窟	0.13	0.75	0.96	-0.22	0.10	3.83
洛阳，白马寺	龙门石窟	0.13	0.75	0.96	-0.22	0.10	3.83
白马寺	洛阳，古墓博物馆	0.13	0.75	0.96	-0.22	0.11	5.75
洛阳，白马寺	古墓博物馆	0.13	0.75	0.96	-0.22	0.11	5.75
白马寺	王城公园，古墓博物馆	0.13	0.75	0.96	-0.22	0.11	5.75
白马寺	鸡冠洞，洛阳，龙门石窟	0.13	0.75	0.96	-0.22	0.10	3.83
鸡冠洞，白马寺	洛阳，龙门石窟	0.13	0.75	0.96	-0.22	0.10	3.83

附表 关联规则研究结果

续表

Premises	Conclusion	Support	Confidence	LaPlace	Gain	P-S	Lift
洛阳，白马寺	鸡冠洞，龙门石窟	0.13	0.75	0.96	-0.22	0.10	3.83
鸡冠洞，洛阳，白马寺	龙门石窟	0.13	0.75	0.96	-0.22	0.10	3.83
白马寺	鸡冠洞，洛阳，古墓博物馆	0.13	0.75	0.96	-0.22	0.11	5.75
鸡冠洞，白马寺	洛阳，古墓博物馆	0.13	0.75	0.96	-0.22	0.11	5.75
洛阳，白马寺	鸡冠洞，古墓博物馆	0.13	0.75	0.96	-0.22	0.11	5.75
鸡冠洞，洛阳，白马寺	古墓博物馆	0.13	0.75	0.96	-0.22	0.11	5.75
白马寺	鸡冠洞，王城公园，古墓博物馆	0.13	0.75	0.96	-0.22	0.11	5.75
鸡冠洞，白马寺	王城公园，古墓博物馆	0.13	0.75	0.96	-0.22	0.11	5.75
白马寺	洛阳，王城公园，古墓博物馆	0.13	0.75	0.96	-0.22	0.11	5.75
洛阳，白马寺	王城公园，古墓博物馆	0.13	0.75	0.96	-0.22	0.11	5.75
白马寺	鸡冠洞，洛阳，王城公园，古墓博物馆	0.13	0.75	0.96	-0.22	0.11	5.75
鸡冠洞，白马寺	洛阳，王城公园，古墓博物馆	0.13	0.75	0.96	-0.22	0.11	5.75
洛阳，白马寺	鸡冠洞，王城公园，古墓博物馆	0.13	0.75	0.96	-0.22	0.11	5.75
鸡冠洞，洛阳，白马寺	王城公园，古墓博物馆	0.13	0.75	0.96	-0.22	0.11	5.75
龙门石窟	栾川	0.15	0.78	0.96	-0.24	0.02	1.19
龙门石窟	鸡冠洞，栾川	0.15	0.78	0.96	-0.24	0.02	1.19
鸡冠洞，龙门石窟	栾川	0.15	0.78	0.96	-0.24	0.02	1.19
龙门石窟	栾川，洛阳	0.15	0.78	0.96	-0.24	0.11	3.25
洛阳，龙门石窟	栾川	0.15	0.78	0.96	-0.24	0.02	1.19
龙门石窟	鸡冠洞，栾川，洛阳	0.15	0.78	0.96	-0.24	0.11	3.25
鸡冠洞，龙门石窟	栾川，洛阳	0.15	0.78	0.96	-0.24	0.11	3.25
洛阳，龙门石窟	鸡冠洞，栾川	0.15	0.78	0.96	-0.24	0.02	1.19
鸡冠洞，洛阳，龙门石窟	栾川	0.15	0.78	0.96	-0.24	0.02	1.19
白云山	栾川	0.11	0.83	0.98	-0.15	0.02	1.28
白云山	鸡冠洞，栾川	0.11	0.83	0.98	-0.15	0.02	1.28
鸡冠洞，白云山	栾川	0.11	0.83	0.98	-0.15	0.02	1.28
白云山	栾川，洛阳	0.11	0.83	0.98	-0.15	0.08	3.48
洛阳，白云山	栾川	0.11	0.83	0.98	-0.15	0.02	1.28
龙门石窟，白马寺	栾川	0.11	0.83	0.98	-0.15	0.02	1.28

续表

Premises	Conclusion	Support	Confidence	LaPlace	Gain	P-S	Lift
白云山	栾川，龙门石窟	0.11	0.83	0.98	-0.15	0.09	5.48
龙门石窟，白云山	栾川	0.11	0.83	0.98	-0.15	0.02	1.28
龙门石窟，白马寺	王城公园	0.11	0.83	0.98	-0.15	0.09	5.48
白云山	鸡冠洞，栾川，洛阳	0.11	0.83	0.98	-0.15	0.08	3.48
鸡冠洞，白云山	栾川，洛阳	0.11	0.83	0.98	-0.15	0.08	3.48
洛阳，白云山	鸡冠洞，栾川	0.11	0.83	0.98	-0.15	0.02	1.28
鸡冠洞，洛阳，白云山	栾川	0.11	0.83	0.98	-0.15	0.02	1.28
龙门石窟，白马寺	鸡冠洞，栾川	0.11	0.83	0.98	-0.15	0.02	1.28
鸡冠洞，龙门石窟，白马寺	栾川	0.11	0.83	0.98	-0.15	0.02	1.28
白云山	鸡冠洞，栾川，龙门石窟	0.11	0.83	0.98	-0.15	0.09	5.48
鸡冠洞，白云山	栾川，龙门石窟	0.11	0.83	0.98	-0.15	0.09	5.48
龙门石窟，白云山	鸡冠洞，栾川	0.11	0.83	0.98	-0.15	0.02	1.28
鸡冠洞，龙门石窟，白云山	栾川	0.11	0.83	0.98	-0.15	0.02	1.28
龙门石窟，白马寺	鸡冠洞，王城公园	0.11	0.83	0.98	-0.15	0.09	5.48
鸡冠洞，龙门石窟，白马寺	王城公园	0.11	0.83	0.98	-0.15	0.09	5.48
龙门石窟，白马寺	栾川，洛阳	0.11	0.83	0.98	-0.15	0.08	3.48
洛阳，龙门石窟，白马寺	栾川	0.11	0.83	0.98	-0.15	0.02	1.28
白云山	栾川，洛阳，龙门石窟	0.11	0.83	0.98	-0.15	0.09	5.48
洛阳，白云山	栾川，龙门石窟	0.11	0.83	0.98	-0.15	0.09	5.48
龙门石窟，白云山	栾川，洛阳	0.11	0.83	0.98	-0.15	0.08	3.48
洛阳，龙门石窟，白云山	栾川	0.11	0.83	0.98	-0.15	0.02	1.28
龙门石窟，白马寺	洛阳，王城公园	0.11	0.83	0.98	-0.15	0.09	5.48
洛阳，龙门石窟，白马寺	王城公园	0.11	0.83	0.98	-0.15	0.09	5.48
龙门石窟，白马寺	鸡冠洞，栾川，洛阳	0.11	0.83	0.98	-0.15	0.08	3.48
鸡冠洞，龙门石窟，白马寺	栾川，洛阳	0.11	0.83	0.98	-0.15	0.08	3.48
洛阳，龙门石窟，白马寺	鸡冠洞，栾川	0.11	0.83	0.98	-0.15	0.02	1.28
鸡冠洞，洛阳，龙门石窟，白马寺	栾川	0.11	0.83	0.98	-0.15	0.02	1.28

续表

Premises	Conclusion	Support	Confidence	LaPlace	Gain	P-S	Lift
白云山	鸡冠洞，栾川，洛阳，龙门石窟	0.11	0.83	0.98	-0.15	0.09	5.48
鸡冠洞，白云山	栾川，洛阳，龙门石窟	0.11	0.83	0.98	-0.15	0.09	5.48
洛阳，白云山	鸡冠洞，栾川，龙门石窟	0.11	0.83	0.98	-0.15	0.09	5.48
鸡冠洞，洛阳，白云山	栾川，龙门石窟	0.11	0.83	0.98	-0.15	0.09	5.48
龙门石窟，白云山	鸡冠洞，栾川，洛阳	0.11	0.83	0.98	-0.15	0.08	3.48
鸡冠洞，龙门石窟，白云山	栾川，洛阳	0.11	0.83	0.98	-0.15	0.08	3.48
洛阳，龙门石窟，白云山	鸡冠洞，栾川	0.11	0.83	0.98	-0.15	0.02	1.28
鸡冠洞，洛阳，龙门石窟，白云山	栾川	0.11	0.83	0.98	-0.15	0.02	1.28
龙门石窟，白马寺	鸡冠洞，洛阳，王城公园	0.11	0.83	0.98	-0.15	0.09	5.48
鸡冠洞，龙门石窟，白马寺	洛阳，王城公园	0.11	0.83	0.98	-0.15	0.09	5.48
洛阳，龙门石窟，白马寺	鸡冠洞，王城公园	0.11	0.83	0.98	-0.15	0.09	5.48
鸡冠洞，洛阳，龙门石窟，白马寺	王城公园	0.11	0.83	0.98	-0.15	0.09	5.48
王城公园	古墓博物馆	0.13	0.86	0.98	-0.17	0.11	6.57
王城公园	鸡冠洞，古墓博物馆	0.13	0.86	0.98	-0.17	0.11	6.57
鸡冠洞，王城公园	古墓博物馆	0.13	0.86	0.98	-0.17	0.11	6.57
王城公园	洛阳，古墓博物馆	0.13	0.86	0.98	-0.17	0.11	6.57
洛阳，王城公园	古墓博物馆	0.13	0.86	0.98	-0.17	0.11	6.57
王城公园	白马寺，古墓博物馆	0.13	0.86	0.98	-0.17	0.11	6.57
白马寺，王城公园	古墓博物馆	0.13	0.86	0.98	-0.17	0.11	6.57
王城公园	鸡冠洞，洛阳，古墓博物馆	0.13	0.86	0.98	-0.17	0.11	6.57
鸡冠洞，王城公园	洛阳，古墓博物馆	0.13	0.86	0.98	-0.17	0.11	6.57
洛阳，王城公园	鸡冠洞，古墓博物馆	0.13	0.86	0.98	-0.17	0.11	6.57
鸡冠洞，洛阳，王城公园	古墓博物馆	0.13	0.86	0.98	-0.17	0.11	6.57
王城公园	鸡冠洞，白马寺，古墓博物馆	0.13	0.86	0.98	-0.17	0.11	6.57
鸡冠洞，王城公园	白马寺，古墓博物馆	0.13	0.86	0.98	-0.17	0.11	6.57
白马寺，王城公园	鸡冠洞，古墓博物馆	0.13	0.86	0.98	-0.17	0.11	6.57
鸡冠洞，白马寺，王城公园	古墓博物馆	0.13	0.86	0.98	-0.17	0.11	6.57

续表

Premises	Conclusion	Support	Confidence	LaPlace	Gain	P-S	Lift
王城公园	洛阳，白马寺，古墓博物馆	0.13	0.86	0.98	-0.17	0.11	6.57
洛阳，王城公园	白马寺，古墓博物馆	0.13	0.86	0.98	-0.17	0.11	6.57
白马寺，王城公园	洛阳，古墓博物馆	0.13	0.86	0.98	-0.17	0.11	6.57
洛阳，白马寺，王城公园	古墓博物馆	0.13	0.86	0.98	-0.17	0.11	6.57
王城公园	鸡冠洞，洛阳，白马寺，古墓博物馆	0.13	0.86	0.98	-0.17	0.11	6.57
鸡冠洞，王城公园	洛阳，白马寺，古墓博物馆	0.13	0.86	0.98	-0.17	0.11	6.57
洛阳，王城公园	鸡冠洞，白马寺，古墓博物馆	0.13	0.86	0.98	-0.17	0.11	6.57
鸡冠洞，洛阳，王城公园	白马寺，古墓博物馆	0.13	0.86	0.98	-0.17	0.11	6.57
白马寺，王城公园	鸡冠洞，洛阳，古墓博物馆	0.13	0.86	0.98	-0.17	0.11	6.57
鸡冠洞，白马寺，王城公园	洛阳，古墓博物馆	0.13	0.86	0.98	-0.17	0.11	6.57
洛阳，白马寺，王城公园	鸡冠洞，古墓博物馆	0.13	0.86	0.98	-0.17	0.11	6.57
鸡冠洞，洛阳，白马寺，王城公园	古墓博物馆	0.13	0.86	0.98	-0.17	0.11	6.57
白马寺	王城公园	0.15	0.88	0.98	-0.20	0.13	5.75
白马寺	鸡冠洞，王城公园	0.15	0.88	0.98	-0.20	0.13	5.75
鸡冠洞，白马寺	王城公园	0.15	0.88	0.98	-0.20	0.13	5.75
白马寺	洛阳，王城公园	0.15	0.88	0.98	-0.20	0.13	5.75
洛阳，白马寺	王城公园	0.15	0.88	0.98	-0.20	0.13	5.75
白马寺	鸡冠洞，洛阳，王城公园	0.15	0.88	0.98	-0.20	0.13	5.75
鸡冠洞，白马寺	洛阳，王城公园	0.15	0.88	0.98	-0.20	0.13	5.75
洛阳，白马寺	鸡冠洞，王城公园	0.15	0.88	0.98	-0.20	0.13	5.75
鸡冠洞，洛阳，白马寺	王城公园	0.15	0.88	0.98	-0.20	0.13	5.75